中国易学文化传承解读丛书

掌上乾坤

——解析奇门遁甲

尹锋 著

中国商业出版社

图书在版编目(CIP)数据

掌上乾坤：解析奇门遁甲 / 尹锋著. —北京：中国商业出版社，2009. 4

ISBN 978-7-5044-6417-0

Ⅰ. 掌… Ⅱ. 尹… Ⅲ. ①奇门遁甲—研究② 八卦—研究 Ⅳ. B992. 2

中国版本图书馆 CIP数据核字（2009）第 044380 号

责任编辑　孙启泰

*

中国商业出版社出版发行

010-63180647　www.c-cbook.com

（100053 北京广安门内报国寺 1 号）

新华书店总店北京发行所经销

北京龙跃印务有限公司印刷

*

2009 年 4 月第 1 版　2009 年 4 月第 1 次印刷

710×1000 毫米　16 开　28 印张　385 千字

定价：48.00 元

* * * *

(如有印装质量问题可更换)

《中国易学文化传承解读丛书》出版前言

中国传统文化以诗、书、易、礼、春秋为源头经典。《三字经》上曾讲“诗、书、易，礼、春秋，号六经，当讲求”，又说“有连山，有归藏，有周易，三易详”。在这六种（其中礼，有周礼、礼记二种）经典中，又以易经为最重要的经典。儒家将其列为群经之首，道家将其列为三玄之冠。因此，武汉大学哲学学院博士生导师唐明邦教授将易经称之为“中华文化的源头活水”。

易经文化的传承，一向分为两大部分，一部分是义理的传承，主要从哲学、政治学、社会学、伦理学等人文科学的方面进行阐释、发挥，以指导现实社会发展的方方面面；另一部分就是数术的传承，主要从未来学、预测学、咨询文化的角度进行阐释、发挥，乃至创新、改造，以适应现实社会生活和各色人等的心理咨询需求。

该套丛书，虽然也有部分文章着重从义理方面进行阐发解读，但大部分著作主要是从数术角度进行传承，进行解读。这十几部书涉及到数术中的绝大部分种类，既有古代称之为“三式”的太乙、奇门、六壬，又有八卦、六爻、梅花易数以及四柱命理等，都是作者近几年最新的研究和实践成果。

数术文化，源远流长。中华传统文化从本质上讲是一种没有宗教的文化(所谓本土宗教道教，也是在佛教等外来宗教传播的形势下，才以道家老子为鼻祖而新创的一种宗教)，而易经数术文化在中国历史上在一定意义上发挥着“准宗教”的作用，起着抚慰广大人民心灵的作用，换言之，发挥着社会心理学的作用。这就是它“野火烧不尽，春风吹又生”，能够顽强生存下来，得到持久传承的原因。即使到现代科学如此昌明的今天，有人称之为电子时代，信息化社会，但它不仅未能消亡，反而仍然在生生不息地传承着。

当今社会上人们对数术文化有着不同见解和看法。有人将它斥为“封建迷信”，有人将其视为“预测学”或“民俗学”，也有少数人盲目痴迷它，但大多数人处于不了解的状况。

为了使广大读者能够深层次地了解传统文化中的数术文化，以便独立地确定自己的意见和见解，我们出版了这部“中国易学文化传承解读丛书”，参与解读的作者都是个人研究的心得和实验的成果，正确与否，只是一家之言，一得之见。广大读者可以从中辨别真伪，或赞同，或批判，或质疑，或否定。

本丛书的很多内容讲的是预测及占筮技术。对此，我们比较赞同著名作家柯云路先生的观点，他在给本丛书之一的《梅花新易》一书的序中写到：“占筮技术在当今的实际应用则是该谨慎的。一个，是因为这种占筮技术本身的作用还是有其限度的，现代人该更多依靠科学决策。另一个，这一行良莠不齐，很容易给各种江湖骗子可乘之机。所以，对于一般大众来讲，我的告诫常常是：命一般不算，起码要少算。算错了，被误导，就真不如不算，那很有损害。而要真正使自己活得好，倒是该从大处掌握《易经》中的道理，那就是乾卦讲的‘天行健，君子以自强不息’，还有坤卦讲的‘地势坤，君子以厚德载物’。大的道理是十分简易的，再加上做事中正，为人诚信，与时偕行，知道进退，《易经》的大道理就都有了”。

目　录

序　一

费秉勋

1994年，有六位学易者在郑州向我举行了拜师仪式。岁月匆匆，其后，他们有的忙于本职无暇学易；有的于易畏难而退；也有的与我失去联系。至今已历十四五载，六人中业易精进有成者，惟尹锋一人而已。

1995年秋，我曾去河西尹锋的故里小住，那时他还在乡间务农，但因以易为人解难，数年后便在山丹县城立业。尹锋断易不打妄语，不故弄玄虚，一切以学理为依归，故信任者益众，不久即全家移居张掖市。

前者，尹锋已出版《掌上奇门》一书，颇得好评。尹锋则加紧学习，谨慎实践，探颐索隐，夙夜匪懈，今又成《掌上乾坤》、《斗转星移》二书，我初读原稿，心里非常高兴。

尹锋的这两部新作，比起《掌上奇门》来，有了很大的深化，进一步揭示了奇门遁甲深邃的中国文化背景。他做学问不浮不躁，细心吸纳了古籍中天文律历的重要论述，采撷了古今学者的有关易图，广泛借鉴了当代天文历法的研究成果。搜集资料之全，见出治学的沉稳澹定。尹锋出身风水世家，可以肯定，从知识层面来说，他已经超过先辈，视野亦较先辈开阔，这一方面是时代的赋予，一方面也是自己努力的结果。

近年来，坊间常常可以看到从事术数操作者所写的书。这些书良莠不齐，不谈易理则罢，一谈易理，往往捉襟见肘，等而下之者，则显出浓重的江湖气，常用虚妄之说，愚弄读者。尹锋多年注意以知识武装自己，故提笔为文，心地畅亮，引文引自何处，明确标出。这是学人应有的传统学风。明确标示引文出处，一是尊重原作者劳动，一是说明其来有自，既非道听途说，也非无端冥想。由此联想到一位教授在上世纪90年代初写出的一本标为“指南”的书，全书原封不动地抄了我著作中八段文字，书后的参考书目罗列了三十种，却不敢提我的书。像这样的教授这样做学问，比起自修成长却严肃写书的青年来，真应当好好自省一番。

宇宙无垠，易道深邃，永远难以穷尽其奥，任何时候都不能满足，以永记此理与尹锋及读者诸君共勉。

2008 年 12 月　**费秉勋**

费秉勋，1939 年生，陕西蓝田人，著名学者，国学、易学大家。研究涉及易学、史学、古典文学、语言学、音韵学、舞蹈史、文艺评论、书法、古琴等诸多领域，且俱至臻境，鲜有能望其项背者。出版专著十五部，发表学术论文 130 余篇。专著《贾平凹论》获第三届中国当代文学研究奖，《中国舞蹈奇观》获陕西省首届艺术科学研究成果优秀专著奖。

现为西北大学中文系教授，中国易学院院长，中国舞蹈家协会理论委员会委员、西安文史馆馆员，享受国务院特殊津贴。

序　二

俞长江

前几年，读到尹锋先生所著《掌上奇门》一书，非常惊奇一个青年才俊何以能把奇门遁甲之术研究得如此深透，运用得如此娴炼。尔后相交，继而深谈，得知尹锋先生家学渊源，系风水世家，五代习易，在陕甘宁一带，颇负盛名，更得西北大学教授、易学造诣玄深的费秉勋先生耳提面命之教，才有《掌上奇门》一书的深刻见解。尹锋先生作为一个酷爱易学的年轻学子，不含任何功利目的，潜心奇门遁甲之术的研究，在短短几年的时间里又相继完成了将近六十万字的《掌上乾坤》、《斗转星移》二部书稿，现在即将付梓。凡是受过文字折磨之苦，有搜索枯肠、呕心沥血撰写书稿经验的人都会知道，假如不是尹锋先生数年如一日，迎接晨霜晓露，伴随午夜青灯，一壶浓茶、一本黄卷、心无旁骛地进行钻研写作，完成二部具有真知灼见的专著，那无疑是痴人说梦，根本没有可能。尹锋先生其情可敬，其功可贺，其志可嘉！

中国历史上作为广义易学的数术，诸如奇门遁甲、卜筮、星命、相术、太乙、大六壬、星占、堪舆等等，多达数十种。人们习惯于把其中掌握起来难度极大的奇门遁甲术与太乙数、大六壬术合在一起，统称“三式”，在历史上既有“精通三式乃为神”之说，可见人们对于三式，尤其是对奇门遁甲术崇拜的程度和它本身繁难玄微的蕴藉。

据我国目前官方认可的惟一易学科研机构“中国易经研究会”科研课题调查，中国六大图书馆，即国家图书馆、首都图书馆、中国社科院图书馆、北京大学图书馆、上海图书馆、宁波天一阁，馆藏易学书籍，上迄先秦，下止辛亥革命的 1911 年，即达二千七百余种，其中包括隋、唐、宋、明、清有关奇门遁甲术的书籍一百一十九种。易学包括奇门遁甲的书籍，不但卷帙浩繁，著注之家，雀跃蜂起，再加之语言艰涩、故弄玄虚、扑朔迷离、鲁鱼亥豕之讹误，比比皆是，读懂已非易事，何况研究？自古以来，青丝读经，皓首空归而不得堂奥深旨者确实不少。像尹锋先生这样，在奇门遁甲之术研究上，昆山之巅取玉，骊龙之口撷珠，在当前奇门遁甲研究领域，不说凤毛麟角，也属业有专攻，独树一帜。所以如此，盖因尹锋先生是一位敦厚诚孚、言辞谨切、远浮却躁、潜心务学之人。

读尹锋先生新作《掌上乾坤》《斗转星移》，二书对奇门遁甲的论述分析深刻简明，张弛有度，古朴率真，箴锋内寓。尤其是对奇门排局布式的天文律历背景，论证透彻，条理明晰；对实际应用的决策方法，科学规范，理法兼顾。内容广泛而又剔除哗众取宠的乖戾之谈，取象环宇，汪洋恣肆，然而如六辔在手，纵策翻腾不失王良造父之道。在众多奇门遁甲研究著作中，尹锋先生与他的老师费秉勋教授的著作堪称翘楚。

我亦研易习易几十春秋，20 世纪 80 年代，当易学尤其是奇门遁甲术尚为禁忌出版物时，我即以《遐思苦耕录》的冠名，出版六部包括奇门遁甲术在内的易学专著，也算粗浅涉猎，但每与尹锋先生谈及奇门，论及遁甲，终感汗颜。我也书写过学易者箴言百条，其中有一条，也想倚老卖老赠给后学者，那就是：学易者必须克服多躁、多畏、多欲、多言、多勇、多虑、多疑之短，多躁者必无沉潜之识，多畏者必无卓越之见，多欲者必无慷慨之节，多言者必无笃实之心，多勇者必无文化之雅，多虑者必无果断之决，多疑者必无生死与共之友。只有像尹锋先生那样，沉潜、卓越、慷慨、笃实才是易者之本。

言长纸短，就此止笔。

2008 年 12 月　俞长江

俞长江，1939 年生，祖籍浙江绍兴，号会稽山人，著名学者，国学、易学大家。师承国学、经学大师黄寿祺老先生（清光绪状元，经学大师尚秉和先生嫡传弟子）及著名美学、哲学大家李泽厚先生，著述、主编出版著作

32部，共约1800万字，世所罕见。2003至2004年在美国芝加哥大学、旧金山大学、伊利诺州大学、南加州大学等六所高等学府，向美国汉学家及学界鸿儒讲授《易经》、《道德经》，影响巨大。

现为中国社会科学院一级研究员、教授、博导，中国易经研究会副会长、中国硬笔书法协会副会长、中国易学院首席顾问。

序　三

刘一恒

《周易》是一部按照模拟宇宙自然统一规律的“象数模型”来阐发义理，并指导人们实践的决策学经典。由易理衍生的《奇门遁甲》，严格遵循《周易》“法天象地”这一要旨，依据天道左旋、地道右转和太乙下行九宫的天体运行模式进行排局布式和推演判断。局象构式三重，上层象天，排列九星，中层象人，开列八门，下层象地，排布八卦；随冬夏二至立阴阳二遁，一顺一逆，布列“三奇”、“六仪”；观察其所临之处，以推断天、地、人事之吉凶。由此可见，奇门有着浓厚的天文背景和确切的历法依据。因此，通晓奇门之天文背景，把握历法之自然规律，明辨局象之生克关系，是正确掌握奇门要领、科学推断局象之关键。著名易学专家尹锋先生2004年出版的《掌上奇门》大作，之所以能在易学界引起强烈反响，在易学万花苑中独秀一枝，正是由于抓住了奇门之精髓和灵魂。

《掌上奇门》出版之后，尹锋先生又广泛搜集深藏坊间及师传口授的有关奇门之“孤本”、“秘诀”及古天文历法方面的典籍、资料，继续深入细致地探讨奇门之天文背景与推演之历法规律。最近，他综合近几年奇门研究的最新成果，并佐以大量的实证案例，著成奇门新作《掌上乾坤》、《斗转星移》。这必将为易学研究的现代发展，为奇门应用的模式更新，更好发挥其在现代社会生活中的决策咨询功能而产生积极的推动作用。余为序。

2008年12月10日

刘一恒，1944年6月生，祖籍陕西乾县。原空军某基地司令员、高级工程师，西安交通大学兼职教授，科学易研究专家。

现为中国易学院首席顾问，中华易学大会副主席。

前　言

1999年笔者完成了《掌上奇门》一书的写作，由于当时各种因素的影响，未能及时付梓印行，延至2004年1月才得以出版。此书出版后，笔者本想将多年研究风水的有关心得与资料整理出版，一则琐事繁多，无暇顾及，二则看过此书的好多热心易友建议在奇门方面再写一两部更有深度的作品，所以在易友们的鼓励下，只能“不负厚望，再接再厉”了，拖拖拉拉几年过去了，时至今日才将《掌上乾坤》与《斗转星移》二书诚惶诚恐地呈现在读者诸君面前。

《掌上乾坤》是在《掌上奇门》一书的基础上完成的，除增加了不少内容以外，原有的大部分内容都进行了重写，强调基础性的东西较多，对奇门遁甲学中最权威的两部经典《烟波钓叟歌》与《奇门遁甲总序》进行了解读，对古籍中有关的具体实用方法进行了归类与分析，尽量使其具有条理清晰、论述透彻的特点。案例部分由于是当时的实录，这次在整理时，在不动原始记录的基础上，对其不规范甚至是错误的地方进行了补注，尽量使其更加完善。二书的共同点是对奇门遁甲的各种法则进行了归类、分析、整理、挖掘，将繁杂的推演程序简单化、规范化，放在掌上进行推演，将操作推断从繁杂的过程中解脱出来，实现了古人“若能了达阴阳理，天地都来一掌中”的初衷，尽量体现出“易则易知，简则易从”的易学思维原理。

《斗转星移》是《掌上乾坤》的姊妹篇，二书互有联系，又各自独立。《斗转星移》可视为笔者对奇门遁甲研究上升到更深层次的一部著作，尤其是对奇门遁甲产生的天文历法背景、科学思维模式、实用决策方法进行了更进一步的探索研究。案例部分，一是对古籍中已发现的案例进行了整理，并对古人在具体应用中所使用的方法与思路进行了分析探讨；二是笔者自己的实践案例，在整理时将原始记录中有几种方法同时占断的验案收录了不少，这样一则体现了《周易》信息预测在占断方式、方法上信息同步的可行性，二则也为易学预测方法提供了一种横向联系、综合归纳的研究方向，与现代科学研究中的“信息融合”技术颇多相似之处，这对完善易学预测体系不无裨益。在“经典荟萃”一章中，将古籍中最具代表性的精华篇章抽录出来，进行了校点整理，使读者能有一个可靠明了的范本，以期引领读者窥探奇门遁甲之堂奥。

二书在论证奇门遁甲的天文背景方面，部分文字略有重复，这是行文的需要，要引用古今有关资料，只能这样，决非笔者有意为之，在此说明，以期读者的理解。

尹　锋

2008 年 12 月 2 日于西安

第一章
奇门遁甲的思维模式与实用价值

一、排局布式的天文背景

奇门遁甲是先哲通过“仰观”、“俯察”而对宇宙自然变化与万物运动规律的一种哲学表达，是对自然原型的一种象数模拟。奇门诸要素的运用，阴阳局的排布，局象的分析判断，无不是在依据“观象授时”的天文历法背景与万物之间的全息对应规律进行的，这是奇门遁甲原始模式的理论基础。

所谓历法，就是根据天象变化规律来计量时间，判别气候，划分季节的一种法则。古代先贤通过长期对日月星辰的观察，逐步了解和掌握了地球、月亮和太阳的运行规律，通过月亮的圆缺变化周期（即朔望月），计算出每月长度及回归年长度，并根据气候变化制定出相应的二十四节气，这是中国历法所特有的创造与发明。二十四节气是节气与中气的总称，节为月令之开始，气为月令之中气。二十四节气是根据地球绕太阳公转的运动规律而制定的，因此每一个节气都能真实地反映太阳所在的位置。地球绕太阳运行的轨道不是圆形的，也不是轴线平行的，而是椭圆形的，且倾斜66度34分，绕太阳一周之后，在其赤道上下留一条∽形的轨迹，也就是太阳在天空中周日视运动的轨道称为黄道，∽形的两个波峰一个为“冬至”节气，坎宫一阳始生之地，标志着奇门阳遁局的开始，显示出阳气自冬至开始而递次增强。另一波峰为“夏至”节气，离宫一阴始生之地，标志着奇门阴遁局的开始，显示出自夏至之后阴气递次增强。其中包含“阴极阳生，阳极阴生”的太极原理。地球绕太阳一周为360度，二十四节气的春分点为0点，将黄道等分为二十四段，每段15度，太阳每行够15度就表示到了一个节气。每宫管45度故一宫有三节气，八宫二十四节气尽矣。

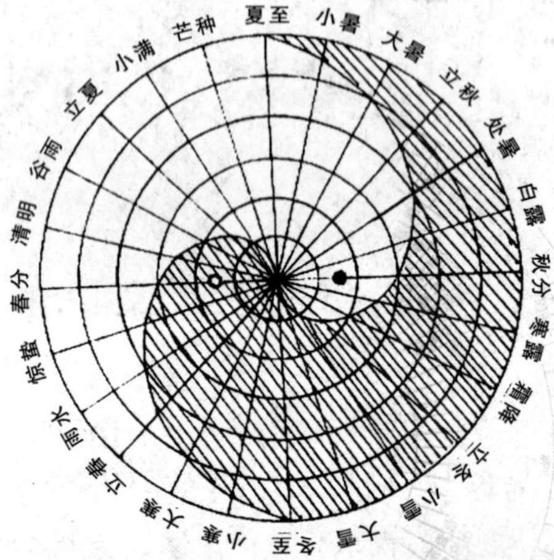

原始实测太极图（田合禄《周易真原》）

奇门在二十四节气的基础上又进一步将每一个节气分为上、中、下三元，每一元五日，三元十五日为一节气，实为古天文历之七十二候，奇门“烟波钓叟赋”中“太公删成七十二”即为此说。在古典名著《三国演义》中，诸葛亮与东吴鲁肃论及“用兵之道”时说：“《七十二候图》，成图于周公，将节气周天三百六十日，分类别之。五日为候，三候为气；六气为时，四进成岁。将一年之中的节气更替，万物衰荣一一道明；何时虹藏不见，何时雷始收声，何时土润溽暑，何时雾霾蒸腾……如此只须谙熟于胸，融汇于心，运用得当，便可胜于百万雄兵！”由此可见奇门遁甲是以二十四节气和七十二候为基础建立起来的一种时空坐标系，用以推断天地万物的生成变化规律。

著名易学家常秉义先生在《周易与历法》一书中说：“易学是一门同天文、历数、气象、物候等科学相结合的综合性实证科学。《周易》是占筮书。筮，数也，筮法源于古历法，而历法本身就是一种准确的预测……奇门遁甲占测术共四千三百二十条，六壬占术共三千多条，纳甲筮法共四千零九十六条，加之月建、日建、时辰及六爻占辞，其信息量之巨是难以想像的。不论何种占法，都与天文历数密切相关，如奇门、六壬、太乙、纳甲、风水等等皆离不开河洛数理九宫八卦及节气律历星宿度数。一言以蔽之，离不天文历法的时空背景”。

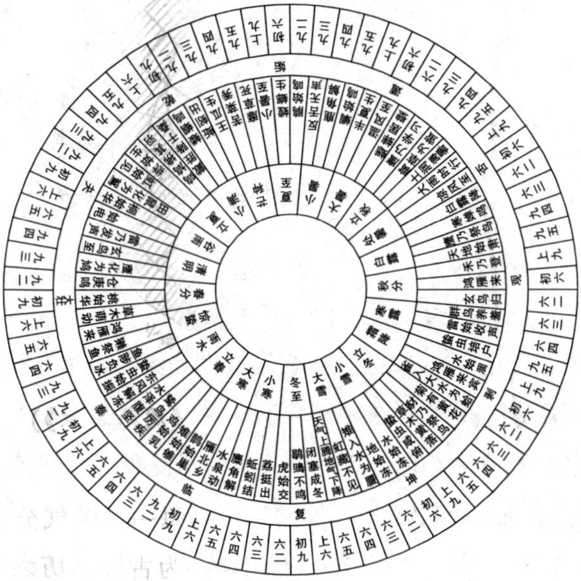

卦气七十二候图

二、象数模型的自然原理

《周易系辞》云：“河出图、洛出书，圣人则之”。其意为黄河出现龙图，洛水出现龟书，圣人效法“河图”作八卦、效法“洛书”作九畴。古往今来，无数学子为此作出了种种的推理、推测与论证，更有人推测是外星洛书人在远古时期在地球上留下的杰作，是穿越时空的千年智慧，是中华文明的源头活水。

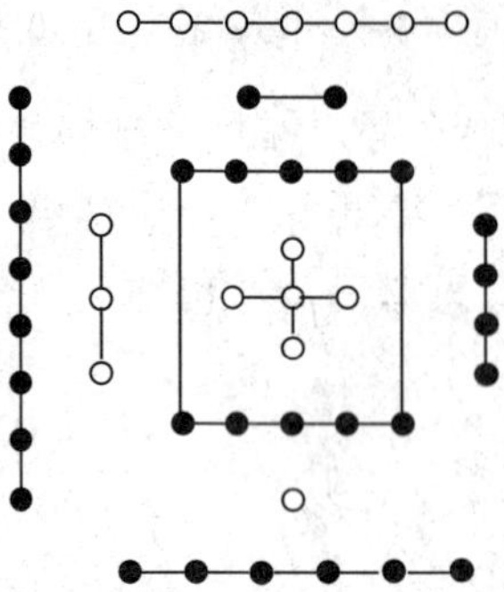
河图

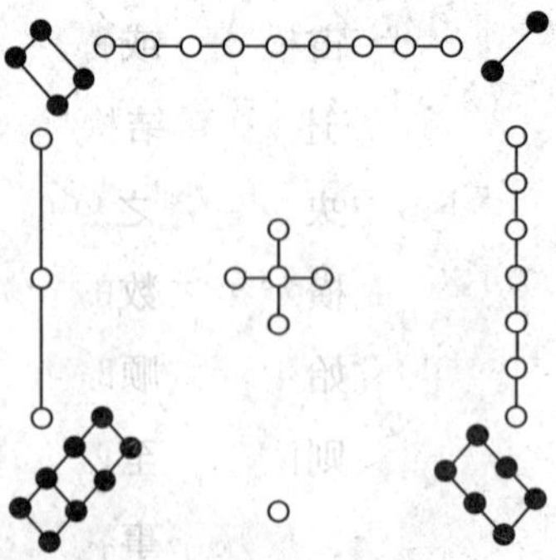
洛书

河图、洛书分别是中国古代的天文与地理方位图

奇门专家张志春先生在其专著《神奇之门》中说："空间符号主要是河图、洛书、先天八卦和后天八卦。以后天八卦和洛书九宫相配，表示地面上的九个方位，即东、南、西、北、东南、西北、西南、东北和中央；以先天八卦和河图相配，表示上下左右、正转反转、天高地卑、山泽通气、风雷相搏、水火不相容的立体动态球形空间"。河图反映的是以地球为中心的宇宙空间结构，为先天本体宇宙模式，或称广义宇宙图。河图中共有代表"天地之数"的五十五数，以白点为单数为阳，代表天；以黑点为双数为阴，代表地。一阳六阴，位于宇宙之北，二阴七阳位于宇宙之南，三阳八阴位于宇宙之东，四阴九阳位于宇宙之西，五阳十阴位于宇宙之中，即人类生存的地球。又以一二三四五为生数，六七八九十为成数。北方，阳气初生之地，"天一生水，地六成之"。东方，日出之处，阳气渐长，"天三生木、地八成之"。南方，阳气盛极而阴生，"地二生火，天七成之"。西方，日落之处。阴气渐增。"地四生金，天九成之"。中央为中心太极，"天五生土、地十成之"。奇数得阳而合，偶数得阴而居，说明天地之道孤阴不生，独阳不长，而必须阴阳相合，互根互存，其左旋（顺时针方向）表示五行相生，一六水生三八木，三八木生二七火，二七火生五十土，五十土生四九金，四九金生一六水，四正之数相对表示生中有克，寓克于生，体现出奇偶相配，生成相依，阴阳聚会的特点。

洛书为后天宇宙模式，或称狭义宇宙图。洛书是由河图演化而来的（演化过程在此不作赘述）。其结构为“戴九、履一、左三、右七、二四为肩、六八为足、五居中央、龟背之象也。”（《易楔图书》蔡元定语）。图式总数为四十五数，其纵横对角之数的和均为十五数，以奇数为阳，象征天道运行规律，阳气由北方始生，按顺时针方向左旋转，阳气递增，至东方渐盛，达南方后极盛，阳极则阴生，至西方阴气渐盛，达北方后阴气盛极，阴极则阳生。如此阴阳变化，反映了事物运动升降往复的周期变化规律，五居中央为太极，是三天与二地之和的象征。在洛书五行中起调和作用，体现了事物阴阳平衡，得其中和，来复反转，生化不已的规律，成为世界万物不断变化、发展、更新的自然法则。

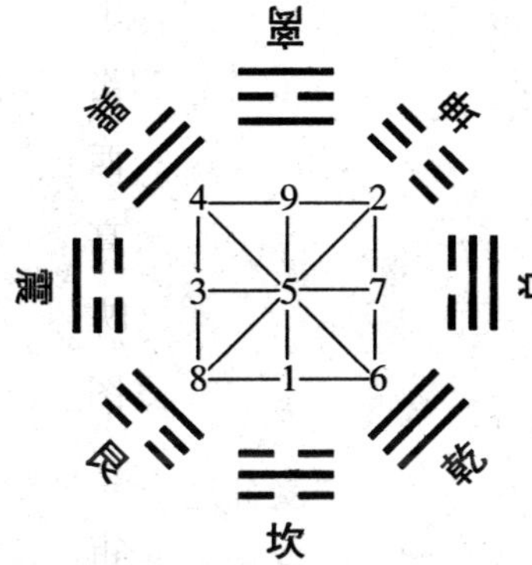

后天八卦洛书图（引自费秉勋《八卦占卜新解》1989年版）

欧阳红先生在《易图新辨》中写道：“洛书之‘四正四维皆合于十五’数阵，在易学发展中影响甚广，渗透颇深。自《易纬》首配八卦，到《内经灵枢》成八宫九风篇，《内经太素》有九宫八风图，其后象数易家以及纳象数解易之义理易家，无不广采其说，数术易如奇门遁甲术，兵家易如九宫八卦阵，莫不源于此。”他又说：“洛书用数为九，河图用数为十，较洛书多一数即十。河图用十，是突出生化，（生成变化）。0为基，1为初，9为极，10为满；满则进，进而再生，再生又为0。在十进制中，进位的是0，是新一轮的0。因此河图用10，是易理周而复始之义，即再生再造。再生就是复归、转化、升华，是物质之不灭。洛书用九，1为始，9为终，9不进，复为1，是突出循回、周始、孕育，旧的终结为新的诞生之交接。河洛数理是宏观论、整体论与微观论、个别论的统一。”

古人在仰观天象、俯察地理，发现了宇宙万物的迁移交换，万物兴衰过程，了解到天地间有一定的规律存在，并根据易理的统计、分析、归纳，在洛书九宫的基础上找出了一条可寻的轨迹，建立了一种独特的奇门时空数理模型，这是古人时空观念模型化、系统化的体现。时间和空间的概念来自古天文学，没有天体的空间坐标位置，便不会有时间概念的产生。而任何一门科学都离不开时空。现代科学证明：时间的周期性变化对人类的生存活动有着重要的影响，空间随时间的周期性变化对人类的生存与活动亦有着重要的影响。“周期性不仅是一种普遍存在的现象，很可能是宇宙运动的最基本形式。两千多年前，我国思想家庄子说：天道循环，周而复始。宇宙如果一直膨胀，就会冻死；如果一直收缩，就会热死。宇宙只有周期性的膨胀、收缩，才能保持活力。人类最古老最现代的精英都从周期性的角度思考着宇宙的本质。”（《春去春又回——地球上的周期性现象探秘》代敏编著）。

时空规律是空间中各种物质的规律，反过来说，各种物质的规律就是时空的规律，要认识自然间各种事物的规律，首先要认识时空规律。当某一事物在某一时空坐标里产生和发展，它就是这个时间与空间的一个子系统。它是一种物质，是时空的成分，那么此事物的发展规律就是时空的规律，时间产生于天体运动，天体运动的结果则体现在时间坐标上，时空之间相互联系又彼此对应，古人的这一观点与现代辩证观点是十分吻合的。这就是世界是运动的、发展的、变化的，但却是有规律可循的。人为天地作用的产物，应顺应这种自然的客观规律和社会规律，而不能违背它、改变它，但却可以和利用这种规律，指导人生、趋利避害、设计未来。

著名学者，西北大学教授费秉勋先生（笔者的恩师）说：“可以看出，在构成奇门遁甲模式构架的三大要素——空间、时间、数理当中，每一要素都渗透着其他两种要素，空间中有时间和数理，时间中有数理和空间，数理既是时间也是空间。这还是就静态而言的，如果将具体的时辰输入盘中，天盘上的时空数，都按照固有的自然法则，一齐运动飞转，构成千汇万状的格局，反映了世界的复杂性。而且奇门遁甲的任何一个方位都不是固定的，而是游动的，不是绝对的，而是相对的。即以中央这个方位来说，同一时间它可以是地球上甚至宇宙中的任一点，随着中央的游动，其他八方也相应地发生游动和变化。如以洛阳为中央，西安为西为兑宫，郑州为东为震宫；但若以开封为中央，西安、洛阳、郑州都成为西方兑宫了。所以我们说奇门遁甲的结构模式是立体的、多维的、运动的，因而它可以演示复杂世界万事万物的运行变化及其相互关系，对自然科学、社会科学、人体科学等的研究，在思维上都会有模式启示的意义和价值。”（引自《飞盘奇门遁甲》费秉勋著）

奇门时空数理模型，是古人综合模拟天道、地道、人道的宇宙巨大的系统模型，是反映未来世界趋势的一种造型，从宏观上看，它力求全面探讨天、地、人三才之道，在特殊的环境依照一定的推理依据，输入系统，判断或预测出事物的发展前景，进而选择最佳行动方案，体现了周易变易思维的应用，在处理信息的过程中，特别重视天、地、人三盘之间的一切有关信息，天盘代表天时，地盘代表地理方位，人盘代表人事，将所测事物的信息输入相关的时间与空间之中，作出合乎情理的推演。奇门的整体性要求，在描述宇宙宏观和微观事物中，九宫、八方的分系统和子系统是纳入系统的整体目标，即系统的分项指标具有整体性，各个组成部分的九星、八门、九宫、奇仪、八神之间的互相联系，服从奇门数理模型的整体的目的要求，服从整体功能，在整体功能的基础上展开系统符号（九星、八门、九宫、奇仪、八神）之间的活动，这种活动的总和，形成了奇门时空数理模型的有机体，这就是奇门系统的整体性，它全面的说明了宇宙万物对立统一的变化规律。

奇门遁甲遵循“天人合一”的哲学观，将阴阳五行与四时八方相结合，构成了一个动态的平衡的生态系统，由于这个系统的各个子系统每一宫的（天、地、人、神四盘）都包含着整体的全部信息，且分别具有阴阳五行性质，阴阳五行在天、地、人三盘的框架中发展变化，达到“合一”（信息感应沟通），这种以天人感应为核心的“天人合一”理论，是通过阴阳五行四时八方的组合而构成体系的，是以物类的相似和数的机同为感应基础。常秉义先生在其著作《周易与历法》一书中写道：“八十年代，我国科学界发现了地球与人体相一致的经络和穴位系统，从而首创了地球经络穴位结构理论，在国际科学界引起轰动。这一理论的意义在于，地球经络、穴位结构不仅与人体经络、穴位结构完全相对应，而且与《周易系辞》中天、地、人'三才之道'正相吻合。这就有力地证明了古人'天人相应'、'人与天地参'等命题完全是科学的概念。”他又说：“古人始终认为，万事万物的变化无不依循同一个规律进行，这个规律就是阴阳五行，阴阳五行是宇宙万事万物的全息元。洛书九宫讲天盘、地盘、人盘，是典型的全息盘！其内含阴阳五行生克机蕴，变化莫测，不可一端。只有把它看作为多维的、立体的宇宙空间造型，才能入其奥窍。八卦正是一个内含'六虚'的模拟天球，人事万物皆在其中。为什么古代各种预测都以洛书九宫为图式，正是基于这种全息观念，从中把握时空节律点上的吉凶。”

奇门遁甲模型系统是对事物本质的一种高度反映，它具有简单、直观、易于把握的规律特点，尤其是运用者观察九宫符号系统中的各种变化关系，就会对事物的整体特征和结构本质具体化与形象化，其符号系统严密的逻辑关系，又是对事物定化与量化的综合分析。站在当代科学的高度和辩证法的高度，我们就会发现，奇门遁甲时空数理模型是建立在科学基础上的，它的理论体系与思维方法是辩证的，认识世界从多维立体时空的整体角度，对宇宙万物进行全方位综合分析与论证，体现出天人相应、天人合一、对应平衡、中和一致等思维方式，这种思维方式是科学的是符合客观实际的。

三、天人感应的全息原理

“天人感应”思想萌芽发生于先秦时期，至西汉时期董仲舒将阴阳五行学说与儒家论理纲常相结合，并吸取了当时天文观测的科学成果，进一步将天人之学发展成了庞大而系统的理论体系“宇宙全息理论”。有了《易经》中的“同声相应，同气相求”之理，才有了“铜山西崩，灵钟东应”之说。

古人在观测天象的过程中将星体命名并加以区分，在命名时有的直接反映了当时游牧时代的生产生活情况，并与古文字的象形有关，如牛郎、织女星及二十八宿中的箕 (簸箕)、斗 (盛酒器具)、奎 (大猪)、娄 (牧畜之苑)、毕 (带网的猎具)、张 (逮鸟之网)、翼 (鸟翼)、轸 (鸟尾) 星等。在历史发展过程中由于等级社会的产生，星体命名中逐渐出现了太子、后妃 (勾陈)、天牢、华盖等象征国家机构、建筑等的星名。先哲将天空中位置相对不变的星体称之为恒星，并以此为参照，借以观察天体运行的基本规律。古人认为，满天星斗都排列有序地由东向西运行，只有北极星不动，似乎其他星辰都在围绕它旋转，中国最早的历书《夏小正》中记载：“斗柄指东，天下皆春；斗柄指南，天下皆夏；斗柄指西，天下皆秋；斗柄指北，天下皆冬。”北斗七星以其斗柄旋转的授时功能而被附会为天帝御驾，正如《论语》中孔子云：“为政以德，譬如北辰，居其所而众星拱之。”孔子之言可证“斗为帝车”之说。《史记·天官书》：“斗为帝车，运于中央，临制四乡，分阴阳，建四时，均五行，移节度，定诸纪，皆系于斗。”《易经·彖传》称：“观乎天文，以察时变。”

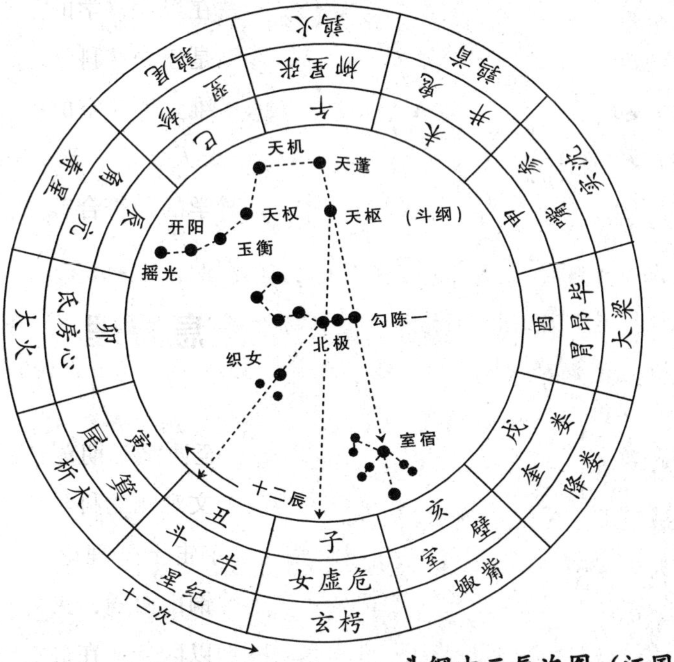

斗纲十二辰次图 (江国梁·1990)

奇门遁甲就是以天体运行，四季变化以及时空变化规律，把宇宙万物纳入到特定的时空范畴当中，运用符号系统模型中的原始参数所显示的数理进行推演，决断吉凶。其奥秘在于把天、地、人三才之道（奇门又叫三盘）组成了一个巨系统，支配这一系统运转的是类比天地万物的阴阳、五行、天干、地支、九星、八门等宇宙密码符号，通过密码符号所显示的相关信息，察往知来，这是华夏文化所独有的宇宙观和方法论。正如《京氏易传》中所言："生吉凶之义，始于五行，终于八卦。从无入有，见灾于星辰也。阴阳之义岁月分也。岁月即分，吉凶定矣。故曰八卦成象，象在其中矣，六爻上下，天地阴阳，运转有无之象，配乎人事。八卦仰观俯察在乎人，隐显灾祥在乎天，考天时、察人事在乎卦。"《易·系辞》亦言："天垂象，见吉凶，圣人则之。"这些话充分反映了古人对天人关系的认识，人们通过天象运行规律来发现察知未来事物的发展规律，分析人在此规律中适时而变，不墨守成规，这就是古人天人感应的整体思维方式。"宇宙中的一切层次上的系统皆为全息系统，系统之所以能控制子系统，在于系统与子系统、子系统与子系统相互全息，换言之，系统对子系统或系统间的控制是全息控制；事物的进化、相互作用是全息协同效应；通过涨落或突变而出现的新的组织决不是无中生有，而只是潜在信息在全息协同作用中的显化，无序只是潜在的有序。相似论所研究的只是外在的共同点，即近似性，这只是一种外在的类比，相似性的内在根据则在于全息性，相似性只是全息律的显态表现；泛系方法论主要是一种系统方法，是系统论的泛化研究，研究的对象主要是事物之间的相互关系。全息论则不仅研究事物间的相互关系，而且还研究关系的本质及形成，并从内在与外在、潜在与显在相统一的角度在信息基础上真正把关系与实体、相似和相异统一起来了。"（《宇宙全息统一论》62页，王存臻、严春友著1995年山东人民出版社）

天人感应即宇宙或自然界对人的影响，天体运行的宇宙时空是客观事物的体现，人生活于其中，是自然界的一组成部分，受宇宙自然万物的变化影响，不可避免地要发生某些不以人的意志为转移的事，随着社会的发展，迫在眉睫的危机和灾难横亘在人类面前：自然灾害、能源危机、战争掠夺、环境污染、物种灭绝、癌症与艾滋病等等，不断威胁着人类社会，并且日益加剧。科学界、学术界对天人关系的研究也重视了起来，各种研究成果与相关著作应运而生。根据有关研究表明：作为宇宙界一个天体的地球，与其他天体处于某种关系之中，受这种天体间相互关系的影响，地球的地质、地震、生态环境、海洋、气象、自然灾害等均会发生一定变化，如冰川期的到来与消失及由此引起的地球生物的灭绝和演化等。由于地球本身的变化而造成对人类的影响，如流行病、自然灾害等。同时探讨了中国古代的天人感应观、有机论自然观，从客观的自然关系中挖掘其中的合理点。还提出了天地人是一个巨系统，即一个超级自然社会综合体。其中，关于天体与地球、天体与人类、地球与人类的研究已进入具体阶段，相信运用古人天人合一的自然原理，会为当代社会给出一套解决问题的方法和答案。

“古老的东方哲学至今还散发着青春的活力，而它那全息思想的萌芽却刚刚引起为数不多的人们的注意。阴阳八卦中那些先天的模式决定了宇宙万物的先天构造，而那些变化万端的排列组合反映了宇宙万物万事的显现，这说明阴、阳两爻和太极图反映了宇宙中无所不在的阴阳——两仪与宇宙万物的全息关系。从阴阳整体看，它与由万事万物构成的宇宙整体信息，从万事万物以不同的方式和不同的程度分有阴阳，阴阳又是宇宙万事万物的最小全息元。因为宇宙万事万物都是由‘阴阳’产生、决定的，就是说‘阴阳’中潜在着宇宙万事万物，而后者是前者的展开或曰显现。前者潜在的包含着后者的一切信息，后者显现出前者的全部内涵，是谓二者全息。由‘阴阳’这最小的全息元开始，八卦、六十四卦及所有卦又都依次成为大小不同的宇宙万事万物的全息元，因为从阴阳开始，上至八卦及所有卦象所代表的基本元素都是宇宙万事万物之不同层次上的本原，都在一定层次上不同程度地决定着宇宙万事万物的存在和变化。另外，既然每一事物都包含着‘阴阳’、‘八卦’，就说明万事万物之间乃至万事万物同整体宇宙之间存在着全息对应关系，而《周易》的高妙之所在，大概也就在于它在一定程度上直觉、深刻而又朴素地把握了宇宙万事万物中的内在的全息对应关系。”（《宇宙全息统一论》4 页，王存臻、严春友著 1995 年山东人民出版社）

四、符号系统的信息演示功能

古人把世界万物取象比类，分为五种属性，并认为它是宇宙自然现象运动变化的根源，而阴阳之气又是构成世界万物的基本条件，整个宇宙只是阴阳五行的组合。而八卦代表的各种物象，是由阴爻和阳爻组成，阴阳爻不同次序的排列而产生了六十四卦，表现出的是阴阳相感的结果，体现出了宇宙发展变化基本模式，而奇门遁甲的布式结构模型中，阴阳、五行、八卦、天干、地支、八门、九星以及天、地、人三盘之间的互动相感，反映出了宇宙万物的全息秩序。在奇门遁甲的运行系统中，通过对系统目标的确定，把事物的各个部分、各个方面、各种因素、各种联系和相互作用结合起来全面地加以分析，从不同的侧面、不同的层次和不同的状态进行综合研究，然后分析系统目标可能采取的手段、方法和途径，以最少的能量消耗，占据有利的时间和空间方位，最大限度地实现总体性目标。这样一来，既可以认识事物，又可以解决问题，即可以研究现状，又可以预测未来。其整体性、动态性、综合性、模型化、程序化是奇门系统模型的基本特点，也是其系统的基本原则，整体性是奇门模拟系统的根据和出发点，这完全符合系统方法论，最优化是系统方法的基本条件，离开了最优化，系统方法也就失去了现实意义，奇门模型是实现最优化的主要手段和途径，也是奇门系统的最重要组成部分。程序化作为奇门系统方法解决问题的逻辑推理过程，由于其系统模型的科学性，也是优于其他传统决策方法的显著特点，同时是一种解决问题的最佳决策方法。

易学广大悉备、变化万千、鉴古析今、推断未来，奇门遁甲以其符号系统摹拟出宇宙万象的数学物理模型，以九宫、八卦、八门、九星、三奇、六仪、八神等符号构建起了一个宏观的宇宙系统，体现了宇宙自身及社会万物的运动变化规律。其系统内部，九宫在空间上方位有序，时间上季节相依，随着时空的变化各宫中符号系统也随之发生变化，系统之间互动互联、错综复杂，运用系统之间的生克制化原理辩证分析，便可知此解彼，预测未来。

各种事件现象必伴随着某种信息，奇门遁甲以通过问测进入信息输入系统，运用天、地、人三盘符号系统的各种符号信息载体，通过空间位置的确立与时间概念的定位以及阴阳遁局的产生，宫与宫之间、各宫中代表天、地、人三盘的各种符号之间，通过阴阳五行生克制化等运算过程，再经过对反馈信息，演绎、归纳、类比，通过符号系统所现之象的相互关系，对事物的分析从从现象到本质，按其内在规律，推演出最终的信息结果。

信息是现代科学的一个重要范畴和研究领域，信息是客观存在的，与漫长的人类社会共生共存。信息是可以识别、存贮、转移和传递的，中国的先哲早在几千年前已经认识到了这一点，并且掌握了信息学的基本知识，奇门遁甲的所设计的符号系统便全面地为人们展现了一个互动流转的信息演示过程。当我们把问测时间看作是符号系统的“指令输入”，而后紧接着便会产生一系列的逻辑推演程序：首先是确定阴阳局数按时辰推盘演局，相当于信息传递过程中的“指令编码”，然后根据各宫中天、地、人三盘的组合关系及宫与宫之间的生克关系进行推演，它相当于信息反馈过程中的“数码演算”与“推理解码”，最后得出结果解疑释惑，即“显示信息”。由此可见，在奇门遁甲系统中出现的符号成了信息互动流转的物质载体，体现了奇门遁甲在信息演示过程中将象数、时空、数理融为一体的宏观思维模式。就是因为其中包含着微妙玄通的深刻哲理，并且由天、地、人三盘模拟天道、地道、人道而探索宇宙万象及其运动变化规律，并向自然宇宙及社会万物的各个领域无限延伸，正是这种玄妙深奥的哲理为人们求取信息带来了方便。

任何信息必以一定的物质为载体，因为信息出自物质。以奇门遁甲来说，符号便是主要的物质载体。而这种物质载体的主要特点则是符号之间运算的辩证科学性，其间包含了宇宙万象及其运动变化的客观规律，其原因就在于符号系统中蕴藏着深奥的哲理。这种哲理就是由天盘、地盘、人盘三盘相加而摹拟宇宙自然运动和社会变化规律。物质是信息的载体，通过对物质现象的演绎归纳与分析，类推比拟出未知领域的变化。这种模拟方法已成为现代科学技术研究中的常用方法，例如现代仿生学就是以生物的许多灵巧、快速、高效的导航、识别、计算、生物合成和能量转换系统为原型，与人造机器进行类比、模拟、仿制而成的。著名逻辑学家格·克劳斯说："一般说，获得正确类比推理的可能性是基于自然界本身是一个合乎规律的体系，其各个部分都是相互联系的。"

在本世纪三四十年代兴起的系统论、控制论、信息论的研究，为类比推理方式从事物共有的系统、信息、结构、功能等方面沟通各个领域，为实现不同学科的整合创造了条件。在探讨天体演化、生物起源、物质结构之谜时，它已经开始在分子、原子乃至基本粒子水平上运用东方文化的传统思维对微观世界与宏观世界、生物界与非生物界进行重新认识和研究，并借助类比推理方式，从总体上把握不同物质、不同体系、不同形态的各种学科系统。

1978 年美国地质调查局出版的《地震情报通报》中，刊登了一幅幽默的照片：一只闭眼张口，惊恐万状的黑猩猩。其照片的上方道："为什么我能预测地震而地震学家不能?"其实中国的先哲早已为此而进行了苦苦探索，并取得了累累硕果。正如著名科学家爱因斯坦在给友人的一封信中说的那样："西方科学的发展是以两个伟大成就为基础，那就是西腊哲学家发明的形式逻辑体系（在欧几里德几何学中），以及通过系统的实验，发现有可能找出因果关系（在文艺复兴时期），在我看来中国贤哲没有走上这一步，那是用不着惊奇的，令人惊奇的倒是这些发现（在中国）全都做出来了。"

五、直观整体的实用决策方法

奇门遁甲学说，是我国劳动人民千百年来认识世界和改造世界的智慧结晶，是反映天地人生变化规律、决断吉凶，防患于未然的一门预测科学，它将时间、空间、数理相互融合，运用十干、八门、九星、九宫、八卦多种机能，组合为天、地、人三盘，以其阴阳顺逆，五行迭运之理，推断吉凶。上层象天而置九星，共奇仪而一时一易，象天之旋转；中层象人，以开八门，时时易位，象人事变化之多端；下层象地，以分八卦，而置九宫，地盘九星与奇仪五日方移，法地道之贞静。将天时、地理、人和三者之间的关系，巧妙地运用于三盘之中，反馈出事物的兴衰和人事的吉凶。《周易系辞》云："《易》之为书也，广大悉备，有天道焉，有人道焉，有地道焉。""易与天地准，故能弥纶天地之道。"蕴藏了古人探索宇宙自然的经验，并教给人类适变、知变、应变的方法。不但启示事物发生的微妙契机，而且指引人们临机应变，避凶趋吉。因而不是消极的占卜，而且是积极的处世智慧、生活指南。

列宁说："世界上除了运动的物质以外，便没有别的东西。而运动的物质若不在时间和空间中，便无运动的可能。"敦俊义教授在其专著（与刘英教授合著）《易经与广义预测》一书中写道："任何事与物，包括预测的任何事与物，它的发展皆在一定的时间与空间中进行。时间与空间是事物发展和变化的形式之一，既不能设想离开时间和空间的事物变化，又不能设想事物的发展变化离开时间和空间。时间是事物运动的顺序性、间隔性、持续性。时间是一维的，时间的流逝是依次相继，永远向前，一去不复返的。空间是事物本身的伸张性、广延性。任何物体的存在都占有一定位置，具有一定的体积和一定的形状，空间就是表示物体彼此间的并存关系和变化状态，表示物体的体积、形状、位置和排序。在客观世界里，事物发展变化的惟一存在形式就是时间和空间，相应的时间和空间离不开物质的运动，离开物质运动的时间和空间是不存在的。"奇门遁甲的结构模式，将空间、时间与物质运动联系起来理解，把它们之间的不可分离性作为不言而喻的前提，并运用九宫中的各种组合因素作出推理，不能不说是正确的。这种时空数理模型本身就是一种统计学和几何学，因为它是依照自然法则，由假设到求证，都有科学的推理方法，对判断宇宙万物的发展变化，荣枯得失，将会起到指导性的意义。

奇门遁甲类归于"术数"学范畴，其原理是依据《周易·系辞》中："天垂象，见吉凶，圣人则之。"的自然法则，将天、地、人作为一个整体来研究，因为人是自然界的一个组成部分，人在天地间生存、运动；宇宙万物都在时间与空间中运动，天、地、人及自然万物的运动无一不受着宇宙法则的影响与制约，古人为了寻找这种客观存在的无形力量之规律，探索出了各种方式、方法，构建了一系列解决实际问题的时空模型，奇门遁甲就是其中的一种，这是古代先哲探索宇宙的智慧结晶。

在历史上，古代“术数”学对天文学、气象学、数学、哲学、军事学、医学都曾发生过启示性和开拓性的作用。但同时也应看到，作为“术数”学中的高层次学说奇门遁甲，与其他“术数”学一样，在历史的长河中，由于时代的局限性，再加上历代统治者及江湖术士的穿凿附会，其中有大量的神秘主义和迷信色彩。正如著名学者、易学大家费秉勋教授所言，在“中国神秘文化的不同门类中，科学与迷信的比率多寡不齐,有些门类中已经引出了具有极高价值的应用成果，而对它们的理论把握却还停留在必然王国，企图在较短的历史时期里对其中的科学成分进行真正的、明晰的剥离，显然是不现实的。中医实质也属于神秘文化，但由于它的应用价值显示得很早很大，已经取得了合法的历史地位，人们很容易凭感觉把它从神秘文化中划出来，实际上中医的高层次理论和易占完全是一个体系。……在理论体系方面哲理性和严密性几乎可与中医伦比的易占，其理论构架气象博大恢宏，带有超高层性，但有不少环节却是缺乏实证的虚幻冥证。易占对现代中国人来说无异于天书,对它的文化依托、哲理构架、各个环节，都需要进行新型研究，发掘其中宝贵的文化价值，批判谬误，引向应用，这是相当艰巨的工作。”（费秉勋《中国神秘文化丛书·序》1989 年）因此，对奇门遁甲的学术价值和科学价值，应有长远的眼光去对待，以辩证法的观点和科学的角度去分析研究，只有这样，才能揭开长期以来覆盖着的神秘面纱，披沙拣金，取其精华，弃其糟粕。

第二章
奇门遁甲符号系统的基本概念

一、阴阳五行

1. 太极阴阳

《易传·系辞》云：“易有太极，是生两仪，两仪（即阴阳）生四象，四象生八卦，八卦定吉凶，吉凶生大业。”当“太极”一词在《周易》里面首次出现时，便体现出吉凶与大业之关系。同时《易传》提出“一阴一阳之谓道”的宇宙观，其阴阳可以“范围天地”而“曲成万物”，阴阳之间的相互作用，可以效法宇宙万物的运动变化规律。

太极阴阳图

太极图构成了阴阳和谐，对称协调的统一体，体现出阴阳不是孤立的，而是互补互根，互为依存的，阳中有阴，阴中有阳，“阴阳合德而刚柔有体”，阴阳矛盾双方对立统一，相反相成。阴阳矛盾蕴藏了事物的不断变化发展，阳极阴生，阴极阳生，“刚柔相推而生变化”，反映了阴阳之间的消长转化与质量互变规律，揭示出“穷则变，变则通，通则久”的深刻哲理。正如《道德经》中所言：“万物负阴而抱阳，冲气以为和”。太极图构画出的是一幅宇宙形态图，在这幅图中，人们看到了宇宙世界的运动、和谐和对立统一，看到了物穷则变的自然法则，道出了万物起源的基本奥秘。

进入二十世纪以来，代表西方文化的现代科学迅速发展，遮盖全球，但相对论的创立者，二十世纪最伟大的科学家爱因斯坦却对中国古代圣哲的智慧赞叹道：“西方科学的发展是以两个伟大的成就为基础，那就是希腊哲学家发明的形式逻辑体系（在欧几里德几何中），以及通过系统的实验发现有可能找出因果关系（在文艺复兴时期）。在我看来，中国古代的贤哲没有走上这两步那是用不着惊奇的，令人惊奇的倒是这些发现（在中国）全都做出来了。”对量子力学做出特殊贡献的丹麦科学家玻尔先生，由于将基础物质的“粒子说”与“波动说”结合起来认识基本粒子，提出了“互补学说”，并因此而荣获诺贝尔物理学奖。美国物理学家卡普拉在其名著《物理学之“道”》一书写道：“玻尔充分地认识到他关于互补性的概念与中国思想之间的相似性，他在1937年访问中国，是在详尽地阐述了自己对量子理论的解释之后，古代中国关于对立两极的概念使他产生了深刻的印象。10年之后，他由于在科学上的杰出成就和对丹麦文化生活的重要贡献而被封爵，当他必须为自己的礼仪罩袍选择一个适当的图案时，他选定了中国的太极图，这个图形象征着‘阴’、‘阳’两极的互补关系。

玻尔的太极图徽章

玻尔通过为自己的罩袍选择这个标记和‘对立物是互补的’（Cantraia sunt complementa）的题词，来表示他承认古代东方的智慧与现代西方的科学的深刻的和谐的一致。”由此可见，太极思维模式在高科技发展的今天，照样焕发着五彩十色的光芒，启发着人们的科学思维，将永远是穿越时空的智慧。

阴阳学说，是我国古代先民在认识和发现各种事物与现象的实践中，通过观察与思考而建立的一种庞大的哲学思想体系。它具有朴素的辨证法思想，古人把各种自然现象的观察结果加以综合分析和归纳，利用阴阳和五行作了最简练的概括和说明，用以阐述自然界一切现象和事物的关系，并且把它运用到诸如天文学、气象学、医学、术数学等各个领域。

阴阳概念是先哲通过对各种事物和现象的观察，把宇宙万事万物的存在，分为阴与阳两大类，并建立起“一阴一阳之谓道”的哲学范畴，通过阴阳二气的相互转化与作用，来反映宇宙的运行规律。《周易·乾凿度》云：“乾坤者，阴阳之根本，万物之祖宗也。”乾为纯阳，坤为纯阴，二者既是对立的又是统一的，孤阴不生，孤阳不长，阴和阳是互相转化、生生不息的，惟有相互作用，才能产生变化，生成万物。表现这个规律的形象图形就是太极图。太极图中，当阳最盛的时候，阴已悄悄出现；当阴最盛的时候，阳已悄悄出现，盛极而衰，否极泰来，体现出先哲认识宇宙万物的深刻哲理。

先哲通过仰观俯察，远取诸身，近取诸物，认为凡是积极向上的事物都属阳，如：日、天、昼、动、上、快、强、刚、健等，凡是消极被动的事物都属阴，如：月、地、夜、静、下、慢、弱、柔等。阴阳之间相互联系，是相互对立又相互依从的统一体。阴与阳的每一个侧面都以另一侧面作为自己存在的前提，即：没有阴，阳不能存在；没有阳，阴不能存在。《素问·阴阳应象大论》曰：“阴在内，阳守之，阳在外，阴使之也。”阴阳对立，即是指自然界的万物万象，其内部同时存在着相反的两种属性，也即存在着对立的阴阳两个方面。诸如：电有正负极，磁场有阴阳极（南北极），原子由“正”电子核和“负”电子组成等等。阴阳转化，即是指事物或现象的两种阴、阳属性，处于动态平衡之中。阴阳消长，此进彼退。阳极阴生，阴极阳生，事物和现象在其一定条件下向其对立的方面转化。《易经·系辞》云："日往月则来，月往日则来，日月相推而明生焉。寒往则暑来，暑往则寒来，寒暑相推而成岁月焉。"这种阴阳依存、对立、转化的观点，明确揭示了世界事物都是按照一定规律不断变化、发展、更新的自然界普遍法则，指出了一事物与他事物以及各事物内部之间相互影响、相互作用、相互制约的关系，揭示出事物运动的普遍规律，具有现代惟物辨证法的世界观和方法论。

2. 五行原理

有关五行的理论前面章节已有详述，在这里只作简单介绍。

宋明理学的奠基人之一周敦颐在其《太极图说》中说："无极而太极，太极动而生阳，动极而静，静而生阴，静极复动。一动一静，互为其根。分阴分阳，两仪立焉。阳变阴合，而水火木金土五气顺布，四时行焉。五行一阴阳也，阴阳一太极也，太极本无极也。五行之生也，各一其性，无极之真，二五之精，妙合而凝。乾道成男，坤道成女，二气交感，化生万物，万物生而变化无穷矣。大哉《易》也，斯其至矣！"周子对阴阳五行的认识与见解可谓玄妙精微。

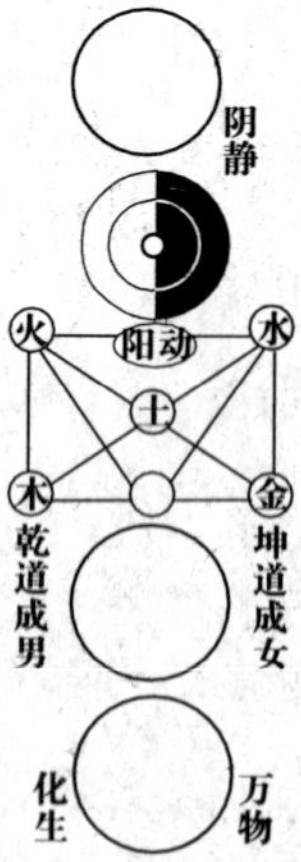

周氏太极图

先哲将世间的万事万物类比为"金、木、水、火、土"五种形态，这种归类是仰观俯察的结果。就我们身边万事万物的变化及其发展规律，不难发现，先哲对此五行的确立，以及在其建立的易学模型中，充分运用五行之间的生克制化关系，模拟世界万物的发展变化规律，是十分辩证而又十分科学地来看待和认识这个世界的。

用我们现代较为通俗易懂的语言来理解，我们完全可以这样表述五行间的关系即：做为一个本体或称之为是世间万物的任何一个事物，我们权且称其为“自我”，而“自我”在这个世界上的存在肯定不是孤立和与世隔绝地存在的，因此，凡有助于该“自我”存在发展的因素，我们就可统称其为“生我”，而阻碍该“自我”发展的各类因素，我们又可统称其为“克我”。同时，该“自我”的存在，本身又会对其周围众多的其他事物的存在和发展，产生或多或少的有利影响即“我生”，或不利影响即“我克”等作用。

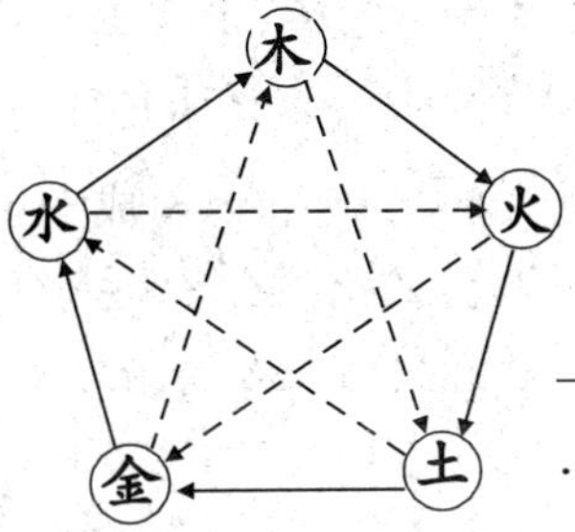

五行生克关系图

因此，事物本身“自我”的存在及其与该事物相关的“生我”、“克我”、“我生”、“我克”等四种状态，便出现了“自我”、“生我”、“克我”、“我生”、“我克”等五种生克关系，这也就是宇宙万物之间的相互关系，用极其简单的“生”与“克”表述了天地万物在五行相生与相克的作用下，对人类产生的各种影响。那么，何为“金、木、水、火、土”呢？世间的众多物象、时空又为何“金”或“木”，而非“水”或“火”呢？其实这一切属性的确立或称之为是定位，也非来自于古人的臆断或凭空创造，如：从“四季”看“五行”，我们就可以发现，我们的祖先正是严格而又细致地在对大自然及其发展变化规律做了长时间、大量分析的总结后，方才有其对世界独特而又客观认识世界的世界观的。如："春 木旺，火相，水休，金囚，土死"这一观点，大家都很清楚，春天正是万木春发的时节，可以说是没有任何事态可以阻止植物、种子钻出泥土发芽吐绿脚步的，正所谓"野火烧不尽，春风吹又生"，正是表征了在这一特定的时间段里，该一物性所特有的势不可挡的强劲态势；同理，入夏时节的炎炎酷热，形同烈火，也是该一时间段内，此一物性的"火"热性，表现得最为强劲。所以说，五行的来源、阴阳的确立、八卦的生成，正是基于我们的祖先对客观世界长时间的观察、分析和总结的基础之上的，是建立在"仰观天象，俯察地理"的高度浓缩与概括，是有着其严谨的科学性的。对此，五行理论中还不仅只做了定性的分析，而且结合五行在不同时空场中所处的"旺、相、休、囚、死"，以及五行间的"生我、克我、我生、我克及自我"等五种关系做出了定量分析。由此，使我们对世界的认识、对事态的发展，所做的各种分析和预测，不仅变得有章可循、有规可矩，并且变得更加科学化和规范化。然而，现实之中，由于我们对该理论体系的认识、掌握和应用程度高低有所不同，从而影响到我们对众多事态发展趋势的错误分析和判断。所以，这也就要求我们在认识和应用时，必须全面而又准确地把握和运用好"五行"这一最基本的概念。

五行学说是古人把自然界的事物和现象，取象比类，区分为金、木、水、火、土五种基本物质属性，自然界各种事物和现象的发展和变化都是这五种物质不断运动和相互作用的结果，金、木、水、火、土五种物质之间的相互对立、依存和转化形成了宇宙万物的生成规律，这个观念是朴素而又惟物的，与近代科学"元素周期表"和"物质不灭定律"极其相似，有异曲同工之妙。有兴趣的读者可以去研究相关资料。

五行相生关系：金→水→木→火→土→金

五行相克关系：金→木→土→水→火→金

五行属性：

金——表示具有清静、肃杀、从革属性功能的事物和现象

木——表示具有生发、条达、曲直属性功能的事物和现象

水——表示具有润下、寒冷属性功能的事物和现象

火——表示具有炎热、向上属性功能的事物和现象

土——表示具有长养、化育属性功能的事物和现象

五行归类简表

五行	五方	五季	五气	五化	五色	五味	五脏	五腑	五官	五体	五志
木	东	春	风	生	青	酸	肝	胆	目	筋	怒
火	南	夏	暑	长	赤	苦	心	小肠	舌	脉	喜
土	中	长夏	湿	化	黄	甘	脾	胃	口	肌	思
金	西	秋	燥	收	白	辛	肺	大肠	鼻	皮	悲
水	北	冬	寒	藏	黑	咸	肾	膀胱	耳	骨	恐

五行相生相克，体现出自然界的各种事物之间，在其互相制约中发生周期性的变化。现代科学发现的元素周期规律证实了中国古代五行周期变化的合理性。同时，五行之间生中有克，克中有生，宋末徐大升对这种辨证关系有精辟的论述，现摘录于下：

金赖土生，土多金埋；土赖火生，火多土焦；火赖木生、木多火赤；木赖水生，水多木漂；水赖金生，金多水浊。

金能生水，水多金沉；水能生木，木盛水缩；木能生火，火多木焚；火能生土，土多火晦；土能生金，金多土变。

金能克木，木坚金缺；木能克土，土重木折；土能克水，水多土流；水能克火，火炎水热；火能克金，金多火熄。

金衰遇火，必见销熔；火弱逢水，必为熄灭；水弱逢土，必为淤塞；土衰遇木，必遭倾陷；木弱逢金，必为砍斫。

强金得水，方挫其锋；强水得木，方泄其势；强木得火，方化其顽；强火得土，方止其焰；强土得金，方止其害。

五行旺相休囚表

生旺 / 五行	旺	相	休	囚	死
木	春旺	冬相	夏休	四季囚	秋死
火	夏旺	春相	四季休	秋囚	冬死
土	四季旺	夏相	秋休	冬囚	春死
金	秋旺	四季相	冬休	春囚	夏死
水	冬旺	秋相	春休	夏囚	四季死

二、天干地支

天干、地支是中国古代先哲利用太阳系的周期率而创造出的一种计算时间与代表空间的符号，用以了解自然界事物生存发展的动向。干支既是数量、矢量，也是具有周期性质的时空生物向量，是一个具有独立性质的集合系统，蕴含着深刻的时空背景，体现了古天文学时空的相对性和一致性。

天干与地支依次相配，顺序叠加，排列规律是天干循环六次，地支循环五次，便构成了“六十甲子”，阳干配合阳支，阴干配合阴支，干支相配，循环相连，用于纪年、纪月、纪日、纪时，这种历法是我国所特有的。

六十甲子来源于土、水、木三星的天文相会现象，木星绕太阳一周十二年，土星绕太阳一周三十年，水星绕太阳一周约 0.25 年，它们之间的最小公倍数是六十年，也就是说大约六十年土、水、木三星相会。十二月建制来源于太阴，即月亮在地球绕太阳一周内，月亮环绕地球约十二周，即十二个月。下面将天干、地支分别进行分析研究。

1. 天　干

天干是古人在仰观天象的基础上，以阴阳五行的形式描述时空的一种概念符号，古人以十天干代表了地球附近行星对地球的作用力。十天干是天空星体的代名词。

天干顺序：甲、乙、丙、丁、戊、己、庚、辛、壬、癸。

天干阴阳：甲、丙、戊、庚、壬属阳。乙、丁、己、辛、癸属阴。

天干五行与四时方位：春季东方甲乙木，夏季南方丙丁火，秋季西方庚辛金，冬季北方壬癸水，戊己中央四季土。

天干五行图

天干相生：甲乙木生丙丁火；丙丁火生戊己土；戊己土生庚辛金；庚辛金生壬癸水；壬癸水生甲乙木。

天干相克：甲乙木克戊己土；戊己土克壬癸水；壬癸水克丙丁火；丙丁火克庚辛金；庚辛金克甲乙木。

天干相合：甲与己合，乙与庚合，丙与辛合，丁与壬合，戊与癸合。

天干合化图

天干相化：甲己化土，乙庚化金，丙辛化水，丁壬化木，戊癸化火。合化是有条件的，有时可化，有时合而不化，如戊癸合化火，在夏季火旺之时，合化成功，在秋季火休之时合而不化，在冬季水过旺，土太弱之时，土随水荡，从化为水，在应用中要具体分析。

天干相冲：甲庚冲、乙辛冲、丙壬冲、丁癸冲。冲实际是克，但此克为阳克阳，阴克阴，同性相克，力大于异性相克。

十天干喻意：

甲木为纯阳之木，名为大林之木。有参天之势，其性坚质硬，可做栋梁之材，故为阳木。

乙木为纯阴之木，名为花草之木，有娇艳大地之美，其性柔质软，情满人间，故为阴木。

丙火为纯阳之火，名为太阳火，有光明天地之功，其性猛烈，欺雪侮霜，普照万物，故为阳火。

丁火为纯阴之火，名为太阴火，有明照千家万户之功，其性柔质弱，为人不为己，故为阴火。

戊为纯阳之土，名为城垣之土，为万物之司令，其性高亢，质硬而向阳，生育万物，故为阳土。

己为纯阴之土，名为田园之土，有培木止水之能。其性湿质软，低洼向阴，造福人间，故为阴土。

庚为纯阳之金，名为剑戟，有刚健肃杀之力。其性刚质硬，肃杀万物，故为阳金。

辛为纯阴之金，名为珠玉，有镶嵌珠宝之用。其性温柔，质温清韵，装饰人间，故为阴金。

壬为纯阳之水，名为江、河、湖、海。通天河而周流不息，其性猛质硬，灌溉万物，故为阳水。

癸为纯阴之水，名为雨露之水，有气化之神。其性至静至弱，滋生万物，故为阴水。

2. 地 支

先哲俯察地理，根据地理结构和时空方位，创造出了对应的五行、现象和时序符号。

地支顺序：子、丑、寅、卯、辰、巳、午、未、申、酉、戌、亥。

地支阴阳：子、寅、辰、午、申、戌属阳；丑、卯、巳、未、酉、亥属阴。

地支五行：亥子属水、寅卯属木，巳午属火，申酉属金，辰戌丑未属土。

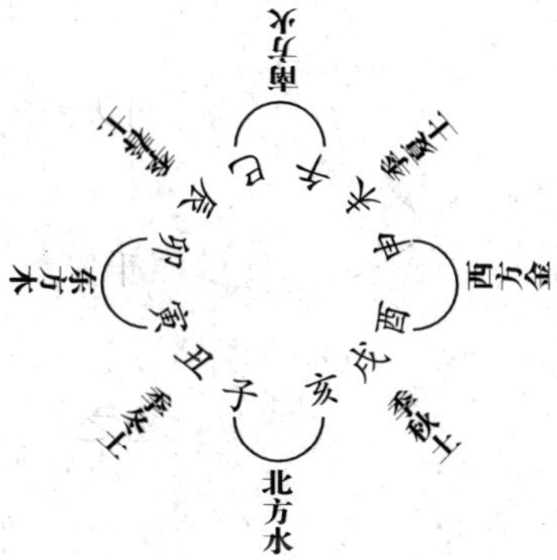

地支五行图

地支配四季：春季寅卯辰，夏季巳午未，秋季申酉戌，冬季亥子丑。

地支配方位：亥子丑居北方，寅卯辰居东方，巳午未居南方、申酉戌居西方。又有：子居北，午居南，卯在东，酉在西，丑寅在东北，辰巳在东南，未申在西南，戌亥在西北之说。

地支配生肖： 子为鼠、丑为牛、寅为虎、卯为兔、辰为龙、巳为蛇、午为马、未为羊、申为猴、酉为鸡、戌为狗、亥为猪。

地支配月建：正月建寅，二月建卯、三月建辰、四月建巳、五月建午、六月建未、七月建申、八月建酉、九月建戌、十月建亥、十一月建子、十二月建丑。

地支与时辰 ：子时为 23~1 点、丑时为 1~3 点、寅时为 3~5 点、卯时为

5~7 点、辰时为 7~9 点、巳时为 9~11 点、午时为 11~13 点、未时为 13~15 点、申时为 15~17 点、酉时为 17~19 点、戌时为 19~21 点、亥时为 21~23 点。

地支相冲：子午相冲、丑未相冲，寅申相冲，卯酉相冲，辰戌相冲，巳亥相冲。《难易寻源》曰："地支相冲，斗也……对立斗争者冲、互不相能，两两破碎。"在具体应用时，逢冲有吉有凶，冲去福神为凶，冲去忌神为吉。

地支相冲图

地支相合：子与丑合，寅与亥合，卯与戌合，辰与酉合，巳与申合，午与未合。合者和也，有相合和好之意，但有生合，克合之分别，应用时应具体分析。

地支相合图

地支相刑：（1）单向刑：寅刑巳、巳刑申、申刑寅，为恃势之刑；丑刑戌、戌刑未、未刑丑，为无恩之刑。（2）双向刑：子刑卯、卯刑子、为无礼之刑。（3）自刑：辰、午、酉、亥自身刑自身。地支相刑，又称"三刑”有地支之间互相残伤、刑杀之意。

地支相害：相害有受害或被害之意，子未相害、丑午相害、寅巳相害、卯辰相害、申亥相害、酉戌相害。在实际应用中以生克为主。

地支合局：又称“地支三合局”。十二地支中生、旺、墓三支相合化成金、木、水、火四局。申子辰化水局，巳酉丑化金局，寅午戌化火局，亥卯未化木局。三合化局，有吉有凶，一般的说，化生者为吉，化克者为凶。

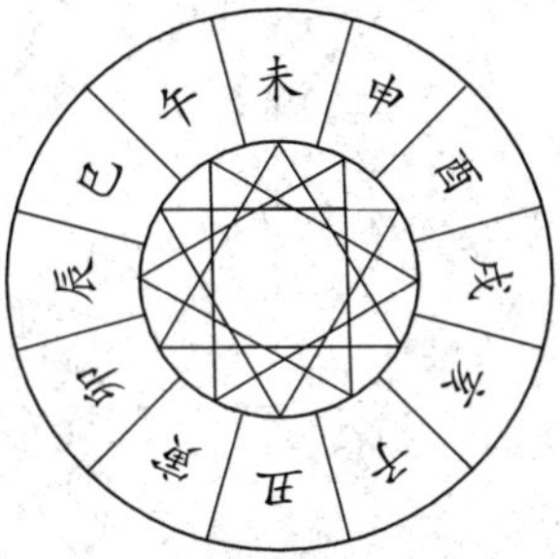

地支三合图

3. 干支的应用与组合

(1) 干支纪年

纪年法是我国古代历法的重要组成部分，从古延用至今，现行之公元纪年是西方的历法，可将公元纪年换算为干支纪年，从现有资料可知，公元纪年的元年为我国东汉时期平帝元始元年，这一年的干支为辛酉，公元二年是壬戌，公元三年是癸亥，公元四年是甲子。可以看出：公元元年比公元后的第一个甲子早了三年，因此公元后的纪年换算为干支纪年时，要先减去三年，然后除六十，以余数定其干支。

如：求公元 1984 年之干支，以（1984–3）÷60=33……1 则可知为甲子，因甲子为六十纳音之始。

又如：求公元 1974 年之干支，以（1974–3）÷60=32……51，因六十纳音甲子为始为 1，则甲戌为 11，甲申为 21，甲午为 31，甲辰为 41，甲寅则为 51，可得出公元 1974 年干支为甲寅。余皆仿此。

为了方便读者，现将六十纳音排序列表于下，可助其查阅。

六十甲子纳音表

1 甲子	2 乙丑	3 丙寅	4 丁卯	5 戊辰	6 己巳	7 庚午	8 辛未	9 壬申	10 癸酉
11 甲戌	12 乙亥	13 丙子	14 丁丑	15 戊寅	16 己卯	17 庚辰	18 辛巳	19 壬午	20 癸未
21 甲申	22 乙酉	23 丙戌	24 丁亥	25 戊子	26 己丑	27 庚寅	28 辛卯	29 壬辰	30 癸巳
31 甲午	32 乙未	33 丙申	34 丁酉	35 戊戌	36 己亥	37 庚子	38 辛丑	39 壬寅	40 癸卯
41 甲辰	42 乙巳	43 丙午	44 丁未	45 戊申	46 己酉	47 庚戌	48 辛亥	49 壬子	50 癸丑
51 甲寅	52 乙卯	53 丙辰	54 丁巳	55 戊午	56 己未	57 庚申	58 辛酉	59 壬戌	60 癸亥

(2) 干支纪月

干支纪月首先要搞清楚十二月建的概念。远古时期，先哲仰观天象，以北斗星绕北极星环行的区域划为十二等分，与四时的十二个月相对应，依次序为正月建寅，二月建卯，三月建辰，四月建巳，五月建午，六月建未，七月建申，八月建酉，九月建戌，十月建亥，十一月建子，十二月建丑。其每年各月的干支组合则有其一定的规律，干支纪月法的第一年（即甲子年）正月该怎样确实呢？地支为寅，天干为丙，正月即为丙寅月，这是因为干支组合中的第一个组合为甲子，第二为乙丑，第三则为丙寅，由此可知，正月丙寅，二月丁卯，三月戊辰，四月己巳，五月庚午，六月辛未，七月壬申……十二月丁丑。

知道了第一年（甲子年）的每月干支组合，那么第二年（乙丑年）以及下面的其他年份的每月干支组合又怎么推算呢？古人根据其固有的循环规律总结出了相应的口诀，可在实际中运用，口诀如下：

甲己之年丙作首，乙庚之岁戊为头。

丙辛之年寻庚上，丁壬壬位顺行走。

戊癸之年何方发，甲寅头上好追求。

其意为甲年与己年，正月从丙寅开始依次顺行十二月建；乙年与庚年，正月从戊寅开始依次顺行十二月建；丙年与辛年，正月从庚寅开始依次顺行十二月建；丁年与壬年，正月从壬寅开始依次顺行十二月建；戊年与癸年，正月从甲寅开始依次顺行十二月建。

年的天干与相应的纪月干支表

年天干 / 月份	甲、己	乙、庚	丙、辛	丁、壬	戊、癸
正　月	丙　寅	戊　寅	庚　寅	壬　寅	甲　寅
二　月	丁　卯	己　卯	辛　卯	癸　卯	乙　卯
三　月	戊　辰	庚　辰	壬　辰	甲　辰	丙　辰
四　月	己　巳	辛　巳	癸　巳	乙　巳	丁　巳
五　月	庚　午	壬　午	甲　午	丙　午	戊　午
六　月	辛　未	癸　未	乙　未	丁　未	己　未
七　月	壬　申	甲　申	丙　申	戊　申	庚　申
八　月	癸　酉	乙　酉	丁　酉	己　酉	辛　酉
九　月	甲　戌	丙　戌	戊　戌	庚　戌	壬　戌
十　月	乙　亥	丁　亥	己　亥	辛　亥	癸　亥
十一月	丙　子	戊　子	庚　子	壬　子	甲　子
十二月	丁　丑	己　丑	辛　丑	癸　丑	乙　丑

(3) 干支纪日

干支纪日起源很早，经过近代史学家多方考证认为：至迟从春秋时期鲁隐公三年即公元前七七二年二月己巳日起，我国就有了连续用干支纪日之纪录，此后从未间断。从那时起至清朝末年，官方颁布文告、记录史事用的都是干支纪日。辛亥革命以后，官方采用西方历即改为序数纪日，但干支纪日在民间仍继续流传，且官方出版的万年历上都有相应的日干支排列，只要手头有一本万年历，就可很容易查出用事之日的干支，且有些长于此研究者，根据古传口诀及有关规律，总结出了快速推日干支的方法，有兴趣的读者可购卖此方面的书籍研读，或从网上查阅有关资料，此处不再作详细介绍。

(4) 干支纪时

古代将一昼夜分为十二时辰，即一个时辰相当于现在的两小时，其十二时辰与现在 24 小时的对应关系：子时为 23~1 点、丑时为 1~3 点、寅时为 3~5 点、卯时为 5~7 点、辰时为 7~9 点、巳时为 9~11 点、午时为 11~13 点、未时为 13~15 点、申时为 15~17 点、酉时为 17~19 点、戌时为 19~21 点、亥时为 21~23 点。从甲子日开始，这一天的时辰干支依次为甲子、乙丑、丙寅、丁卯、戊辰、己巳、庚午、辛未、壬申、癸酉、甲戌、乙亥。乙丑日的时辰干支则接着甲子日亥时往下推，为丙子、丁丑、戊寅、己卯、庚辰……丁亥。根据其固有的规律，为此古人也总结了一首口诀如下：

甲己还加甲，乙庚丙作初。

丙辛从戊起，丁壬庚子居。

戊癸何方发，壬子不须移。

其意为甲日与己日，从甲子开始顺行十二时辰；乙日与庚日，从丙子开始顺行十二时辰；丙日与辛日，从戊子开始顺行十二时辰；丁日与壬日，从庚子开始顺行十二时辰；戊日与癸日，从壬子开始顺行十二时辰。

列表如下：

十二辰纪时 / 纪时干支 / 日的天干	子时	丑时	寅时	卯时	辰时	巳时	午时	未时	辛时	酉时	戌时	亥时
甲、己	甲子	乙丑	丙寅	丁卯	戊辰	己巳	庚午	辛未	壬申	癸酉	甲戌	乙亥
乙、庚	丙子	丁丑	戊寅	己卯	庚辰	辛巳	壬午	癸未	甲申	乙酉	丙戌	丁亥
丙、辛	戊子	己丑	庚寅	辛卯	壬辰	癸巳	甲午	乙未	丙申	丁酉	戊戌	己亥
丁、壬	庚子	辛丑	壬寅	癸卯	甲辰	乙巳	丙午	丁未	戊申	己酉	庚戌	辛亥
戊、癸	壬子	癸丑	甲寅	乙卯	丙辰	丁巳	戊午	己未	庚申	辛酉	壬戌	癸亥

三、八卦·九宫

1. 八　卦

八卦是由“—”、“- -”两种符号组成的，“—”象征阳性物质，叫阳爻；“- -”象征阴性物质，称阴爻。古人以自然界的各种事物类归于八卦，构造出一种宇宙模式，并建立起了一个完整而庞大的易学理论体系，“八卦成列，象在其中矣。”“刚柔相摩，八卦相荡”等，充分反映了自然界的运动变化过程和万事万物的生成规律，为人类认识世界和把握世界提供了重要的依据。

《易·系辞》云：“易有太极，是年两仪，两仪生四象，四象生八卦。”卦有先天与后天之分，先天为体，后天为用。先天八卦又称伏羲八卦，传为伏羲氏所创，《周易·系辞》中言：“古者包牺氏之王天下也，仰则观象于天，俯则观法于地，观鸟兽之文与地之宜，近取诸身，远取诸物，于是始作八卦，以通神明之德，以类万物之情。”包牺氏即指伏羲氏，此说为伏羲氏创先天八卦之依据。

《周易·说卦传》云：“天地定位，山泽通气，雷风相薄，水火不相射。八卦相错，数往者顺，知来者逆。”是言乾为天在上，坤为地在下，故为天地定位；兑为泽，艮为山，山泽之气互通交换，故为山泽通气；震为雷，巽为风，雷风相向鼓作，故为雷风相薄；坎为水为月，离为火为日，水火日月相济相易，故为水火不相射。先天八卦阴阳正配，如艮兑相对为少男配少女，坎离相对为中男配中女，震巽相对为长男配长女，乾坤相对为老父配老母。尚秉和先生云：“先天方位，乾南坤北，离东坎西，一阴一阳，相偶相对，乃天地自然之法象。”由此可见，先天八卦反映了宇宙自然变化规律及时空统一模型。

先天卦位为：乾南、坤北、离东、坎西、兑东南、艮西北、巽西南、震东北；先天卦数为乾一、兑二、离三、震四、巽五、坎六、艮七、坤八；

《周易·说卦传》云：“帝出乎震，齐乎巽，相见乎离，致役乎坤，战乎乾，劳乎坎，成言乎艮。万物‘出乎震’，震，东方也；‘齐乎巽’，巽，东南也，齐也者，言万物之洁齐也；离也者，明也，万物皆‘相见’，南方之卦也，圣人南面而听天下，向明而治，盖取诸此也；坤也者，地也，万物皆致养焉，故曰‘致役乎坤’；兑，正秋也，万物之所说也，故曰‘说言乎兑’；‘战乎乾’，乾，西北之卦也，言阴阳相薄也；坎者，水也，正北方之卦也，劳卦也，万物之所归也，故曰‘劳乎坎’；艮，东北之卦也，万物之所成终，而所成始也，故曰‘成言乎艮’。”在后天八卦所建立的时空模型当中，日月运行，四季交替，万物生成，阴阳相济，反映出宇宙万物的演化规律。

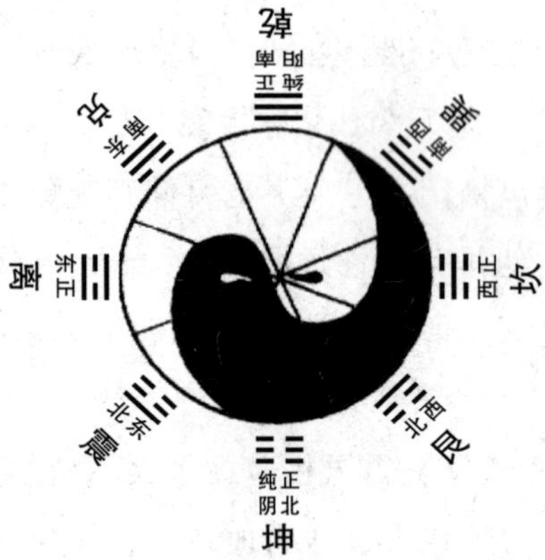

先天八卦太极图

后天八卦方位图

后天卦位为乾西北、坤西南、巽东南、艮东北、离南、坎北、震东、兑西，卦数合洛书九宫、坎一、坤二、震三、巽四、（中五)、乾六、兑七、艮八、离九。

八卦的基本卦象，乾为天，坤为地，震为雷，巽为风，坎为水，离为火，艮为山，兑为泽。

先天八卦立足于人之先，阐释自然生态环境之理，后天八卦立足于人之用，揭示了人观自然生态之理。先天讲自然本然规律，后天讲人为利用自然而有所作为的规律，先天讲天道，后天讲人道，先天讲对待，后天讲流行，先天为易之本，后天为易之用。先天八卦体现了宇宙万物阴阳矛盾的对立统一，推摩变易规律，显示事物发展螺旋变化周期。后天八卦是由先天八卦相交以后变换位置而来，其中四正卦各以一爻互交、四隅卦各以两爻互交，表示阴阳交变，生生不息。后天八卦含四方、四时、五行、八节，反映出了万事万物的生成规律，是时空合一的象数结构模式。奇门遁甲在运用中，用后天八卦方位，先天八卦序数。

八卦除代表八种构成世界的重要物质外，周易“说卦”又进行了引申归类，至宋代邵康节在《梅花易数》一书中，归类得更为具体，今人在有关资料中也多有发挥。

2. 九　宫

“九宫”为洛书九宫的简称，是中国古代数术学的理论基础之一，奇门遁甲在此基础上，建立起了天、地、人三盘的宇宙模式，运用五行生克机理，推测人事万物。朱熹在《周易本义》中云：“戴九、履一、左三、右七、二四为肩、六八为足、五居中央”。

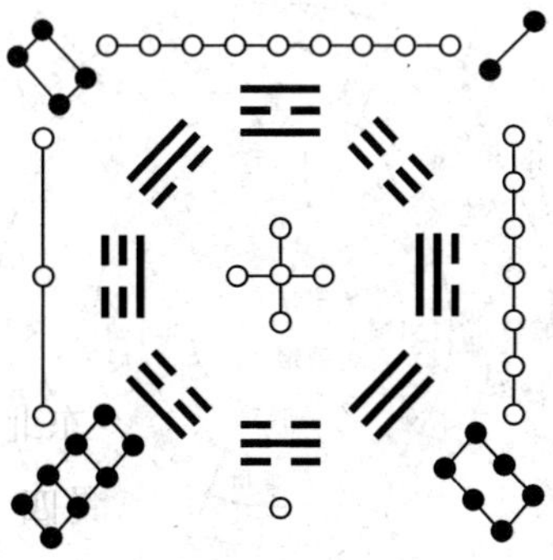

后天卦配洛书图

先哲在观测天象时发现，北斗七星（九星）绕北极星顺时针左旋一周为一年。古人以北极星为体，北斗为用，以北斗为北极帝星所乘之车，北斗绕北极而旋转，就是北极帝星乘车临御八方之象，谓："太乙下行九宫"。根据太乙游宫斗柄旋指的八宫方位，便能推知四时、八节及二十四节气的节令转移和气象变化。《灵枢·九宫八风篇》中云："是故太乙入徙，立于中宫，乃朝八风，以占吉凶也。"《易纬·乾凿度》中又说"易一阴一阳合为十五之谓道。阳变七之九，阴变八之六，亦合于十五，则象变之数若一。阳动而进，变七之九，象其气之息也。阴动而退，变八之六，象其气消也。故太乙取其数以行九宫，四维四正皆合于十五。"郑玄注："太乙者，北辰之神名也。居其所曰太乙出入所游，息于紫宫之内外，其星因以为名焉。四正四维，以八卦神所居，故亦名之曰宫。太乙下行八卦之宫，每回还于中央，中央者，北辰之所居，故因谓之九宫。天数大分以阳出，以阴入，阳起于子，阴起于午，是以太乙下九宫，从坎宫始，坎中男，是以言无始也；自此而从于坤宫，坤母也；又自此而震宫，震长男也；又自此而巽宫，巽，长女也；所行者半矣，还息于中央之宫；即又此而从于乾宫，乾，父也；自此而从于兑宫，兑，少女也；又自此而从于艮宫，艮，少男也；又自此而从于离宫，离，中女也；行则周矣，上游息于太乙天一之宫。"由此可见太乙（天一）运行与地之九宫的对应关系。

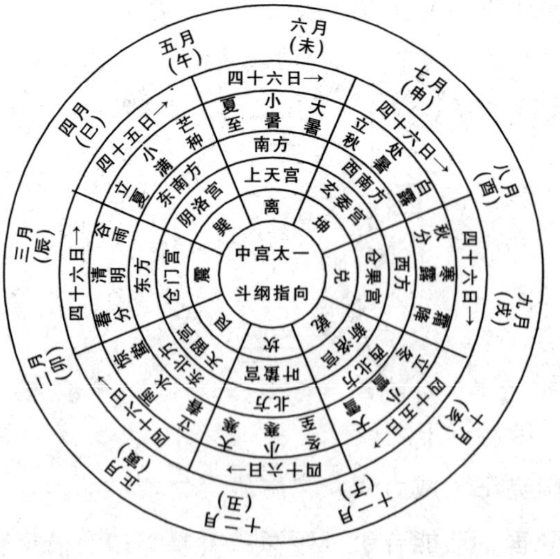

太乙游宫示意图(常秉义《易经图典精华》)

洛书九宫立足于古天文观“太乙下九宫”说，以北极（太乙）为中心，斗柄所指以定八方。以北斗七星绕北极星顺时针左旋一周为一年，当斗柄落到地面最低点时，就是冬至节气，当斗柄升到地面的最高点时就是夏至节气。方位的确定，当斗柄落到地面的最低点时，斗柄所指为北方。当斗柄升到地面最高点时，斗柄所指为南方。当斗柄向左平伸时，斗柄所指为东方。当斗柄向右平伸时，斗柄所指为西方。古代“斗柄东指，天下皆春；斗柄南指，天下皆夏；斗柄西指，天下皆秋；斗柄北指，天下皆冬。”之说来源于此。

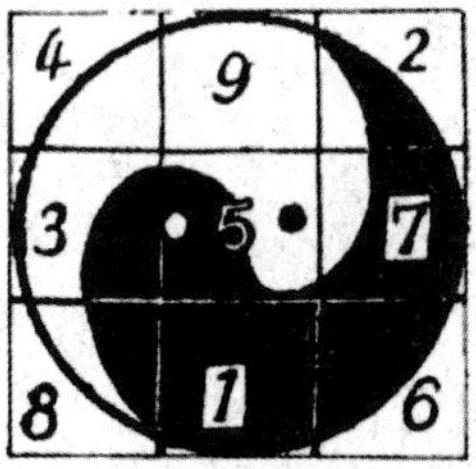

九宫太极图

洛书九宫的特点是，无论横竖及对角线三个数相加之和俱为十五数。中宫五数起中间调和作用，致使纵横斜合和为十五，体现万物相对平衡，相对稳定的状态，同时有生机藏于其中的意思。

四、奇仪·八门

1. 奇　仪

奇门遁甲中，甲为十干之首，统领其他诸干，至尊至贵，甲属木，最怕阳干庚金之克，阳克阳，威力最大，甲木受克则群龙无首，故要将甲隐遁，保护起来，免遭受害，乙能合庚，则庚贪合乙木而忘克甲木，丙、丁属火，火为木之子女，火克可金，犹为子女护卫母亲一样，故在奇门遁甲中将乙、丙、丁称为三奇。又据《玉霄鉴》认为，古人以正月为一年的开始，日出于乙，所以称乙为日奇，老人星的出现预示着瑞祥，而其常出现在丁位，所以称丁为星奇。月亮在夜间照亮时，到达丙位则天下最亮，故称丙为月奇。在干支组合而成的“六十甲子”中，共有六个甲旬头（甲子、甲戌、甲申、甲午、甲辰、甲寅），称为“天乙贵神”，在演局时，将“六甲”常隐于诸旬首之下，故谓之“遁甲”。

甲为旬首，乙、丙、丁为三奇，旬首之甲与戊、己、庚、辛、壬、癸相配，称为六仪。甲子配戊、甲戌配己、甲申配庚、甲午配辛、甲辰配壬、甲寅配癸。

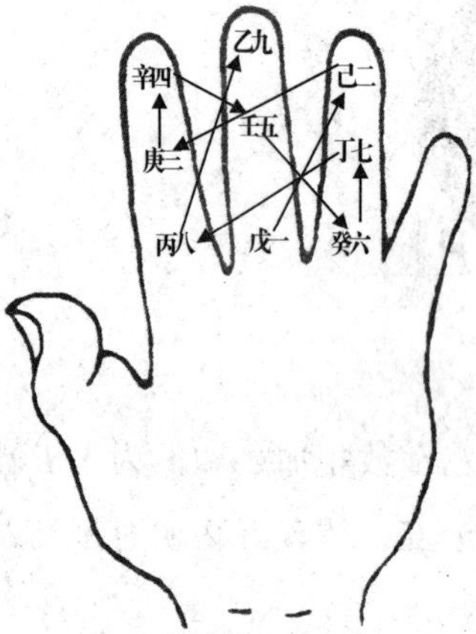

阳遁一局地盘图

【图一】

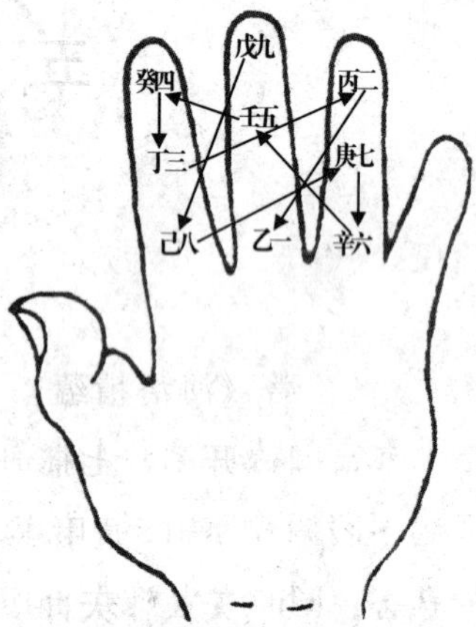

阴遁九局地盘图

【图二】

三奇、六仪在地盘的排列顺序为：戊、己、庚、辛、壬、癸、丁、丙、乙。阳遁顺飞九宫，阴遁逆飞九宫，根据局数，某局便从某宫起甲子戊，如阳遁一局，便从坎一宫起甲子戊，顺飞九宫（如上图一），阴遁九局便从离九宫起甲子戊，逆飞九宫（如上图二）。天盘奇仪随时局而起变化，与地盘奇仪相加构成种种格局，后面章节将作全面阐述。

2. 八　门

奇门遁甲盘，由天、地、人三盘组成。“上层象天而置九星，中层象人，以开八门，下层象地以分八卦，以镇八方”。八门为人盘、与地盘八卦相对应。开门在乾属金，休门在坎属水，生门在艮属土，伤门在震属木，杜门在巽属木，景门在离属火，死门在坤属土，惊门在兑属金。八门以时局的变化而运行八方，开、休、生为三吉门，景门为次吉，其余诸门为凶，但各有所用。各门的基本特性是：开门主顺利、通畅；休门主养息、安适；生门主生存、生长；伤门主伤残、损失；杜门主杜塞、阻碍；景门主诱惑、假象、虚幻之事；死门主绝境、大凶；惊门主震惊、险情、惶恐不安。

八门的具体运用，在后面章节中将详细解说。

五、九星·八神

1. 九　星

清·江慎修著《河洛精蕴》中云：“北斗七星，一枢、二机、三璇、四权为魁、五衡、六开阳，七摇光为杓。开阳、摇光之旁有小星，左为辅，右为弼，合为九星。”奇门遁甲中的九星便指北斗七星与辅弼二星，并将其九星命名为：天蓬、天芮、天冲、天辅、天禽、天心、天柱、天任、天英。古人在观测天象时发现，“九星”绕北极星顺时针左旋一周为一年，实际上是由于地球自转与公转看到北极星不同位置的结果。北斗七星（九星）在天文学上，其亮度、光谱和磁场强度都有周期变化规律，古人正是根据北斗七星（九星）的这一天文学性质，经过千百年的实践总结，建立了一套北斗七星（九星）与地球之间的相互影响关系和运算规律。

现代天文学证实：恒星与行星有明显区别，行星不是发光实体，如金木水火土五星及地球、月亮。恒星是燃烧发光体，是气团，是原子核反应堆，如：太阳及北斗七星（九星），它发光发热，发出物质流，物质流就是消耗自己的能量，像气功师发功消耗自己的能量一样，恒星发射能量的大小方向不同，产生对地球人类生存的吉凶。古人认识到“九星”是一种天体宇宙的坐标系，对宇宙万物有特殊的影响，进而创造出了一种模拟宇宙天体运行规律的模型，对各星赋予其不同的特性，且与地之九洲分野相对应，反映出了古人万物一体和天人感应的整体思想，对认识世界和预知未来起到了积极的作用。

“九星”与地盘九宫的对应关系为：天蓬在坎宫属水，天芮在坤宫属土，天冲在震宫属木，天辅在巽宫属木，天禽在中宫属土，天心在乾宫属金，天柱在兑宫属金，天任在艮宫属土，天英在离宫属火。九星随时局变化而运行于九宫。

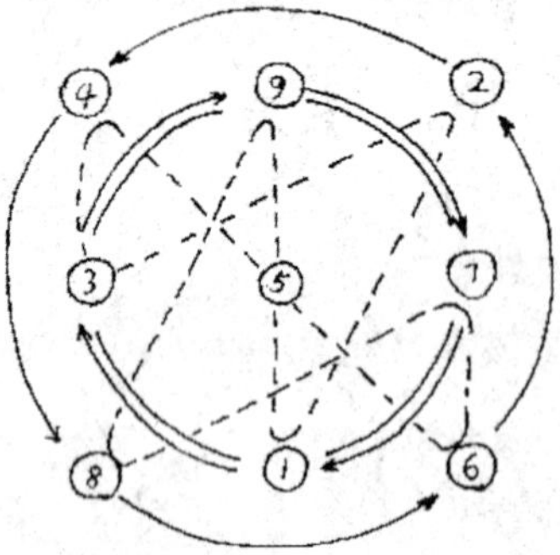

洛书阴阳气旋图（引自张惠民著《中国风水应用学》）

古代传下来的奇门遁甲有两种，一种为活盘，一种为飞盘，天盘九星的运行方式也不同，活盘奇门阴阳局都以顺时针方向运行八方，飞盘奇门则阳遁顺飞九宫，阴遁逆飞九宫。九星功能属性各异，随时移位，像天道之旋转。以活盘奇门之法，中宫天禽星寄二坤宫与天芮星同位，两星一凶一吉，在具体应用中，吉凶有别，以何为据，实难定论，同时阴阳局九星俱顺时针方向运行，这种运行方式，不符合宇宙间的阴阳变易规律。飞盘奇门，阳遁以九星顺飞九宫，阴遁以九星逆飞九宫，阳顺阴逆表现出阴阳二遁的不同性质和变化。反映了事物的运动升降往复的周期变化规律,与洛书阴阳气旋原理相符。但有一点，活盘与飞盘，九星带三奇六仪同步运行，如：天蓬为凶星，但是下带三奇，三奇又为吉神，各自属性不同，是吉是凶，很难定论判断。笔者在实践中用活盘奇门的模式定天盘奇仪、人盘八门及八神，九星则以飞盘之法运行，这样九星、奇仪的功能各自为用，与理相符。并且在数年的实践应用中，发现这种推演方法，对事物的预测、判断更为具体、准确。具体步骤将在后文《烟波钓叟赋新解》中作详细的说明。

2. 八　神

八神又称为“八诈门盘”，是奇门推演布局的重要组成部分。八神的顺序为：值符、螣蛇、太阴、六合、白虎（下有勾陈），玄武（下有朱雀）、九地、九天。阳遁顺时针方向运行八方，阴遁逆时针方向运行八方。八神是古人依据河图洛书认识到宇宙螺旋气场对自然界的影响而构造的一种模式。河图揭示的是顺时针的左旋阳性气场，而洛书则揭示了逆时针的右旋阴性气场。是古代先哲对宇宙螺旋场效应的全息性的高度概括和总结。易学家张志春先生称“八神”是一种外来的神秘力量，“气场”对事物的作用。笔者认为，这种“神秘力量”应该是科学尚未探明的一种影响宇宙万物的能量场，这将有待于科学进一步的发现。

八神的应用，后面的章节中将会专门详解。

第三章　奇门经典导读

一、“烟波钓叟歌”新解

“烟波钓叟歌”是奇门遁甲的经典。作者与时代无法考证，此诀将奇门遁甲的基本理论，推演方法和步骤进行了详解。诀中“若能了达阴阳理，天地都来一掌中”之句，道出了古人在推演奇门时，是在掌上进行的，而不用制作的盘，笔者在研究中，将这种方法进行了系统而全面的整理挖掘，在数年的实践应用中，发现掌上推演即快又准，并省去了用盘、表等工序，况且制作的盘无法推出九宫飞星，今将这种掌上推演法公诸于世，在后面歌诀的注解中将进行详细的说明。

【阴阳顺逆妙难求，二至还乡一九宫】

阴阳是宇宙万物的两大属性。系辞云：“易有太极，是生两仪。阴阳两仪体现了物质对立双方矛盾统一的自然规律，阳极阴生，阴极阳生，孤阴不生、孤阳不长，一切事物的变化和发展，全在于阴阳二气的转化运动。奇门遁甲分阴阳二遁，冬至时‘六阴盛极，一阳来复’，冬至为十一月中气，为子月，子属坎一宫，故阳遁一局从坎宫开始，顺行其气；夏至时‘六阳剥尽，一阴始生’。夏至为五月中气，为午月、午属离九宫，阴遁九局从离宫开始逆行其气。”

【若能了达阴阳理，天地都来一掌中】

如果能将阴阳五行之理领会渗透，再将九宫、八卦、八门、九星、八神、奇仪运行于手掌之上，宇宙万物都在自己的掌握之中。

【轩辕黄帝战蚩尤，涿鹿经今苦未休。偶梦天神授符决，登坛致祭谨虔修。神龙负图出洛水，彩凤衔书碧云里。因命风后演成文，遁甲奇门从此始。】

这一段讲述了奇门遁甲的起源，牵强附会，不足为据，为古代伪托之说。

【一千八百当时制，太公删成七十二。逮于汉代张子房，一十八局为精艺。】

此处讲遁甲局由繁到简的发展过程。据说，黄帝始创遁甲时共有四千三百二十局，实为阴历一年，二十四节气，一节十五日，每天十二个时辰，一个时辰为一局，则一年为四千三百二十局。但这四千三百二十局中，在排演局时，阴阳二遁，二十四节气，上、中、下三元局数共有四次重复。例如：夏至下元，白露下元、寒露上元、立冬上元，都为阴遁六局，这样一来，四千三百二十除以四，实际则为一千零八十局。到后来，也就是流传至今的奇门排局法，分为阴遁九局，阳遁九局，每局可演六十个时辰、阴阳二遁共十八局可演成一千零八十局。姜太公、吕尚和张良对奇门的发展，无史料可证，不足为信。

【先须掌上排九宫，纵横十五在其中。】

“天有九星，以镇九宫，地有九宫，以应九洲”。此第一步便以后天八卦与洛书相结合，一宫为坎居北，二宫为坤居西南，三宫为震居东，四宫为巽居东南，五居中宫，六宫为乾居西北，七宫为兑居西，八宫为艮居东北，九宫为离居南。洛书九宫，戴九、履一、左三、右七、二、四为肩、六、八为足、五居其中。九宫纵横之数的和，俱为十五数，为洛书之奇妙性。

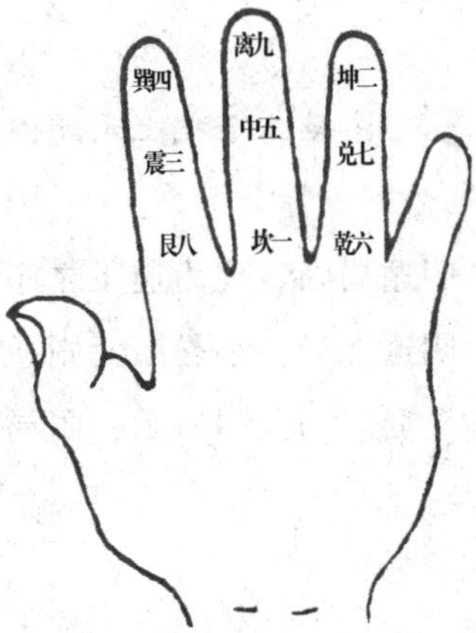

掌上排九宫图

【次将八卦论八节，一气统三为正宗。】

坎宫为一阳始生之地，离宫为一阴始生之地。冬至一阳始生，在坎宫，一卦管三节，坎宫为冬至、小寒、大寒三节；艮宫为立春、雨水、惊蛰三节；震宫为春分、清明、谷雨三节；巽宫为立夏、小满、芒种三节。离宫一阴始生，为夏至、小暑、大暑三节；坤宫为立秋、处暑、白露三节；兑宫为秋分、寒露、霜降；乾宫为立冬、小雪、大雪三节。

奇门排局与二十四节气密切相关，如坎宫三节气冬至、小寒、大寒，表明为阳局顺飞之序，冬至在坎宫，上元为阳遁一局；小寒次之，则顺飞一位至坤宫，上元为阳遁二局；大寒居小寒之后再顺飞一位，上元为阳遁三局如下图所示，阳局仿此。

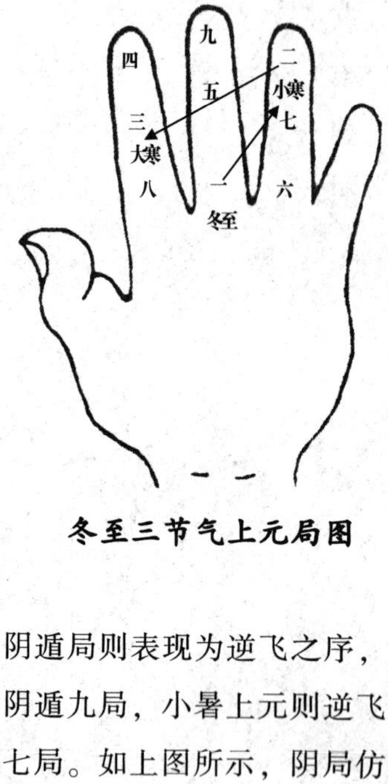

冬至三节气上元局图

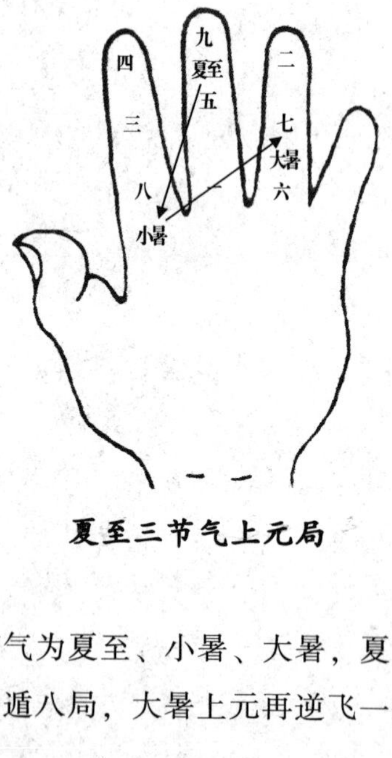

夏至三节气上元局

阴遁局则表现为逆飞之序，如离宫三节气为夏至、小暑、大暑，夏至上元为阴遁九局，小暑上元则逆飞一位，为阴遁八局，大暑上元再逆飞一位为阴遁七局。如上图所示，阴局仿此。

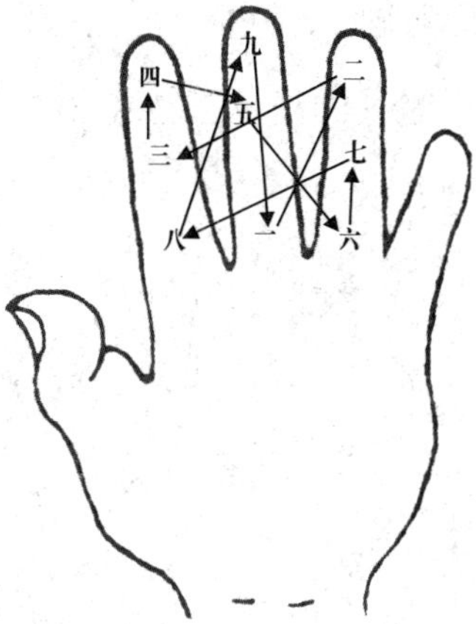

阳局九宫顺飞图

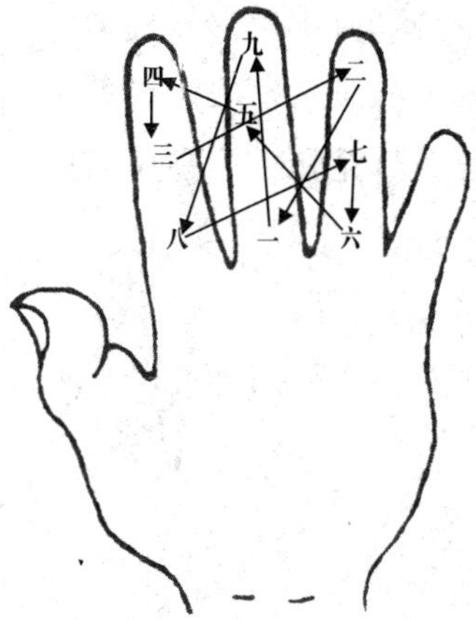

阴局九宫逆飞图

《奇门五总龟》中有一歌诀，备录于此，以作参考。

冬至小寒及大寒，天地人元一二三。
立春雨水并惊蛰，依艮顺增八九一。
春分清明并谷雨，但起震宫三四五。
立夏小满芒种气，四五六兮依此列。
夏至小暑及大暑，九八七兮还退数。
立秋暑处并白露，从二却行于一九。
秋分寒露及霜降，七六五兮依此向。
立冬小雪及大雪，六五四兮依此诀。

真正掌握了奇门演局的规律后，就会省去许多麻烦，而不用去死记硬背这些歌诀，掌上一推，便可一目了然。

【阴阳二遁分顺逆，一气三元人莫测】

从阳局九宫顺飞图和阴局九宫逆飞图中所示的运行路线，每局的地盘三奇六仪便依此规律而定，阳遁局顺布六仪，逆布三奇；阴遁局逆布六仪，顺布三奇。其为戊（甲子戊）、己（甲戌己）、庚（甲申庚）、辛（甲午辛）、壬（甲辰壬）、癸（甲寅癸），丁、丙、乙。如阳遁一局与阴遁九局之地盘图示。

下面所示的奇门演局规律中，仅可以推出每节气的上元局数，其中、下元局数的推演规律则为，阳遁局中元在上元的基础上顺飞六宫，下元在中元的基础上顺飞六宫。例如冬至上元阳遁一局，中元在上元坎一宫的基础上顺飞六宫，到兑宫，为阳遁七局。

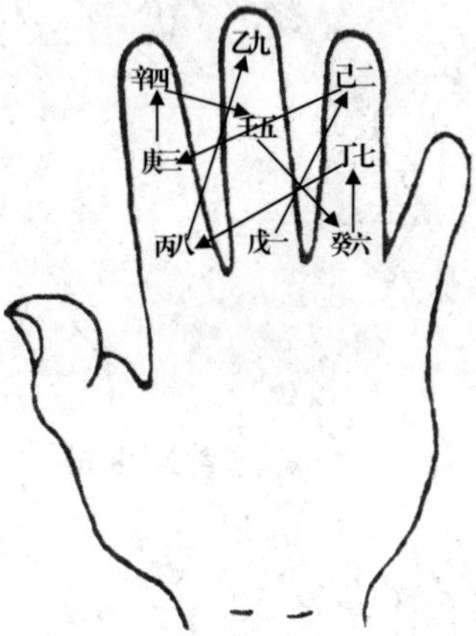

阳遁一局地盘图

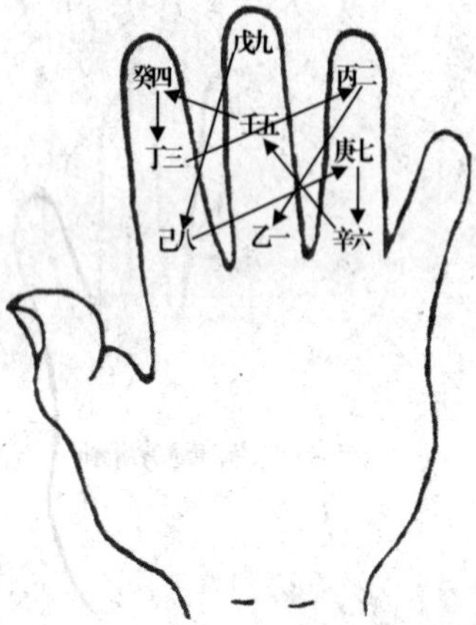

阴遁九局地盘图

下元在中元兑七宫的基础上再顺飞六宫，到巽宫，为阳遁四局，如下（图一）所示，阳遁仿此。

【图一】

阴遁局的中下元局数与阳遁相反，其规律是中元在上元的基础上逆飞退六位，下元在中元的基础上逆飞退六位。例如：夏至上元为阴遁九局，中元在上元离九宫的基础上逆飞退六位，到震宫，为阴遁三局；下元在中元震三宫的基础上再逆飞退六位，到乾宫，为阴遁六局。如下（图二）所示，阴遁仿此。

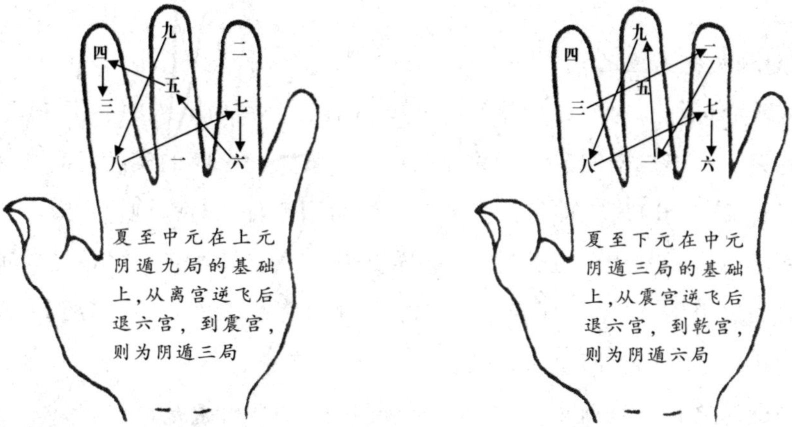

【图二】

阳局顺推六宫，阴局逆退六宫，究其原因为，一局为五天，一天十二个时辰，一元即一局，正好六十个时辰，六十个时辰在排局时十个为一组，分为六组，即六个旬头，排局时每一旬占一宫，为同一值符和值使。一旬十个时辰一换宫，一局六十个时辰正好占六个宫位，所以上元到中元，中元到下元，阳遁顺进六宫，阴遁逆退六宫。

【五日都来换一元】

一节气分为三元，一元为五天，以甲、己二干，配子、午、卯、酉为上元，配寅、申、巳、亥为中元，配辰、戌、丑、未为下元。五日一换局，如甲子日开始至戊辰日，此五日为上元，每天十二个时辰，五天六十个时辰刚好转圆六十甲子，己巳日则为中元，至癸酉日，又为五天；接着下元又从甲戌日到戊寅日五天。紧接着己卯日又为上元局开始，周而复始，循环往复。例如：冬至上元阳遁一局，若从甲子日开始，至戊辰日为上元局，中元阳遁七局即从己巳日开始，至癸酉日，下元阳遁四局则从甲戌日开始至戊寅日。

又如：夏至上元阴九局，若从巳酉日开始，至癸丑日为上元局；中元阴遁三局则从甲寅日开始至戊午日；下元阴遁六局则为己未日至癸亥日五天。

“一气三元”与“一气统三”不同，“一气统三”指一节气统领三节气。“一气三元”则指一节气之内分为上、中、下三元，一气十五日，五日为一元。

【超神接气为准的】

从前面可知，时家奇门按每节气十五日，分别用上、中、下三元起局，一元五天，一年二十四节气，共计三百六十日，而一年的实际时间却为三百六十五日又三个时辰，即每一个节气平均为十五日二时六刻（古时的一个时辰为两小时，一刻为十五分钟），这样以来，每个节气交节之日，并不能完全与符头（甲子、甲午、己卯、己酉）即上元第一天的日干重合到一起，便出现“正授”、“超神”、“置闰”、“接气”之说。

当交接之日正好碰上上元符头，即日干支为甲子、甲午、己卯、己酉，古人称之为“正授”。如1989年农历二月十三己卯日，这一天子时交春分节，符头和节气重合到了一起，这种情况便为“正授”。由于每一节气的实际时间长于纪日干支，所以，“正授”是不会保持不变的，如1989年春分节为“正授”。而到下一节气农历二月二十九日清明节时，上元甲午符头却到了节前头一天二十七日，这种情况便叫做“超神”。随着节气的推移，“超神”的天数也在增加，当上元符头超过节气九天的时候，就要“置闰”。所谓“置闰”，就是重复一个节气的上、中、下三元。例如1996年农历四月二十六日己卯，上元符头已超过夏至节（农历五月六日）九日，这样便可“置闰”，将芒种节上、中、下三元重复一遍，至农历五月十一甲午日才开始为夏至上元局，这种上元符头跑到节气后边的情况，又叫“接气”。

须要注意的是，并非在每一个节气都可以“置闰”，置闰只能在特定的两个节气中进行，这两个节气就是“芒种”和“大雪”，如果不是在这两个节气时，即是超过九天也不能置闰，究其原因是这两个节气恰在冬至、夏至之前，阳遁从冬至开始，阴遁从夏至开始，在二至之前的节气置闰，就是要在阳遁、阴遁从夏至、冬至开始之前把符头调整好，使符头和节气尽量接近，而不致超过的太多。

另外，古人还有一种不用置闰的方法，叫“折补法”，亦称“拆补局”。《奇门法窍》一书中提倡这种方法。“拆补局”是把奇门局的上、中、下三元放在一个节气之中，仍以甲子、甲午、己卯、己酉为上元符头，甲寅、甲申、己巳、己亥为中元符头，甲辰、甲戌、己丑、己未为下元符头，当进入某节之后，即用该节气的奇门局，在一个节气的十五天中，日干支符头为甲子、甲午、己卯、己酉者，就用该节气的奇门上元局，符头为甲寅、甲申、己巳、己亥者，就用该节气的奇门中元局，符头为甲辰、甲戌、己丑，己未者，就用该节气的奇门下元局。由于进入某节气的日干支不可能恰好为奇门局的“正授”时，多数情况在进入每节气所用的奇门元的日数必不满五日，即谓之“拆局”亦称之为“残局”，到了交下一节气之前，不管用完上、中、下三元的某一元之后，一般还有几天可以用来补刚开始的“残局”所缺的天数，这种情况就叫做“补局”。由此可见，拆补法奇门局的排列不可能完全按照上、中、下三元的顺序排列，常会出现残下—上—中—补下，残中—下—上—补中和残上—中—下—补上的排列，为了使大家更为清楚，下面举几例说明。

例一：

1973 年农历七月初十丙子日戊子时立秋，丙子的符头是甲戌，为下元符头，故从丙子日戊子时开始至十二戊寅日癸亥时为立秋下元阴遁八局，为下残局，十三己卯日甲子时至十七癸未日癸亥时为立秋上元阴遁二局，十八甲申日甲子时至二十二戊子日癸亥时为立秋中元阴遁五局，二十三己丑日甲子时至二十五辛卯日甲午时又为立秋下元阴遁八局，以补开始时候的下残局，己未时交处暑节，又开始为处暑下元之残局……

例二：

1964 年农历五月十二辛丑日丙申时交夏至节，辛丑日符头是己亥，为中元符头，故从辛丑日丙申时开始至十四日癸卯日癸亥时为夏至中元阴遁三局，为中残局。十五甲辰日甲子时至十九戊申日癸亥时为夏至下元阴遁六局，二十己酉日甲子时至二十四日癸丑日癸亥时为夏至上元阴遁九局，二十五甲寅日甲子时至二十八日丁己日甲辰时，又为夏至中元阴遁三局，以补开始时候的中残局。己巳时交小暑节，又开始为小暑中元之残局……。

例三：

1985年农历八月初九乙丑日辛巳时交秋分节，乙丑日符头是甲子，为上元符头，故从乙丑日辛巳时至戊辰日癸亥时为秋分上元阴遁七局，为上残局，十三己巳日甲子时至十七癸酉日癸亥时为秋分中元阴遁一局，十八甲日甲子时至二十二戊寅日癸亥时为秋分下元阴遁四局，二十三己卯日甲子时至二十四庚辰日癸未时又为秋分上元阴遁七局，以补开始时候的上残局。甲申时交寒露节，又开始为寒露上元之残局……。

拆补法的优点是用起来简便，张志春先生在《神奇之门》一书中提倡这一方法，并引用浙江赵汉雄先生的《“奇门遁甲用局表”的应用原理》一文加以佐证其合理性与科学性，读者可参考《神奇之门》一书。

“置闰法”与“拆补法”以哪种方法为依据，笔者认为应在实践中多加验证，得出最后的结论。

【认取九宫为九星，八门又逐九宫行】

九星分列九宫，天蓬属水居坎一宫，天芮属土居坤二宫，天冲属木居震三宫，天辅属木居巽四宫，天禽属土居中宫，天心属金居乾六宫，天柱属金居兑七宫，天任属土居艮八宫，天英属火居离九宫，此地盘九星之分布。

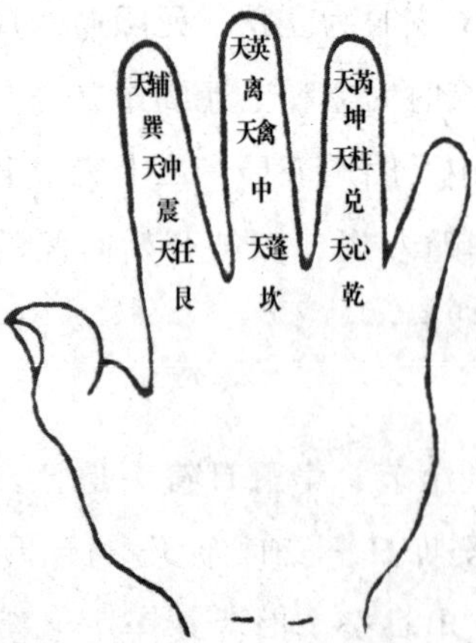

掌上九星地盘图

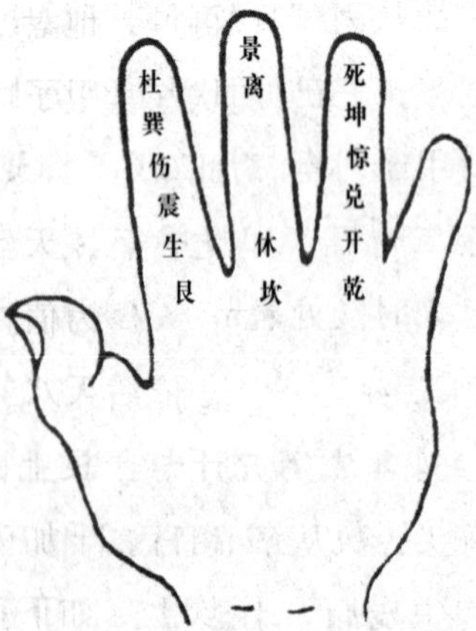

掌上八门地盘图

八门分配八方，休门属水居坎方，生门属土居艮方，伤门属木居震方，杜门属木居巽方，景门属火居离方，死门属土居坤方，惊门属金居兑方，开门属金居乾方，此地盘八门之排列。

【九宫逢甲为值符，八门值使自分明。符上之门为值使，十时一位堪凭据。】

值符为每个时辰的六甲旬头所对应的宫中之星，值使则为每个时辰的六甲旬头所对应的宫中之门，若旬头到中宫，则寄二坤宫，以死门为值使。例如：阳遁一局，从坎宫开始起甲子时，以甲子为旬头的十个时辰——甲子、乙丑、丙寅、丁卯、戊辰、己巳、庚午、辛未、壬申、癸酉的值符即为天蓬星，值使则为休门，甲戌到坤二宫，以甲戌为旬首的十个时辰的值符即为天芮星，值使为死门。阳遁局仿此。又如：阴遁九局，从离九宫开始起甲子时，以甲子为旬首的十个时辰的值符即为天英星，值使则为景门，甲戌到艮八宫，以甲戌为旬首的十个时辰的值符即为天任星，值使则为生门。阴遁仿此。

因每个值符和值使都管十个时辰，满十个时辰之后，下一符头又移入另一宫，又成为另一旬首的十个时辰，值符，值使随之又起变化，此为“十时一位”之意。

【值符常遣加时干】

值符确定之后，再加到地盘时干所居之宫，如阳遁一局甲、己之日甲子时，天蓬为值符，加坎一宫甲子戊上，乙丑时即将值符天蓬星加时干乙奇所居之离宫位上，余仿此。

确定了天盘值符之宫后，天盘奇仪之变化在此举例说明，例如：阳遁一局甲、己之日丙寅时，天蓬为值符，对应的地盘宫为坎一宫，今将天盘值符加时干丙奇于艮八宫，依后天八卦乾、坎、艮、震、巽、离、坤、兑的排列循环关系，则坎宫之干加于艮上，艮宫之干加于震上，震宫之干加于巽上，巽宫之干加于离上，离宫之干加于坤上，坤宫之干加于兑上，兑宫之干加于乾上，乾宫之干加于坎上（如下页图 A 所示），又如：阴遁九局甲、己之日丙寅时，天英为值符，对应的地盘宫为离九宫，将天盘值符加时干丙于坤二宫，依后天八卦之序，离宫之干加坤上，坤宫之干加兑上，兑宫之干加乾上，乾宫之干加坎上，坎宫之干加艮上，艮宫之干加震上，震宫之干加巽上，巽宫之干加离上，如图 B 所示。余仿此。

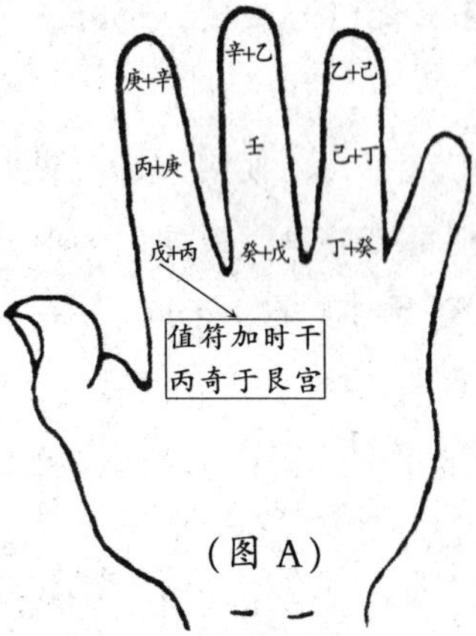

（图 A）

阳遁一局丙寅时天地盘
奇仪组合关系图

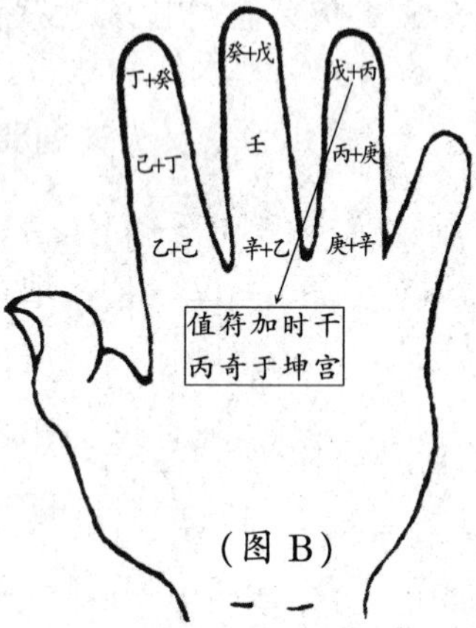

（图 B）

阴遁九局丙寅时天地盘
奇仪关系组合图

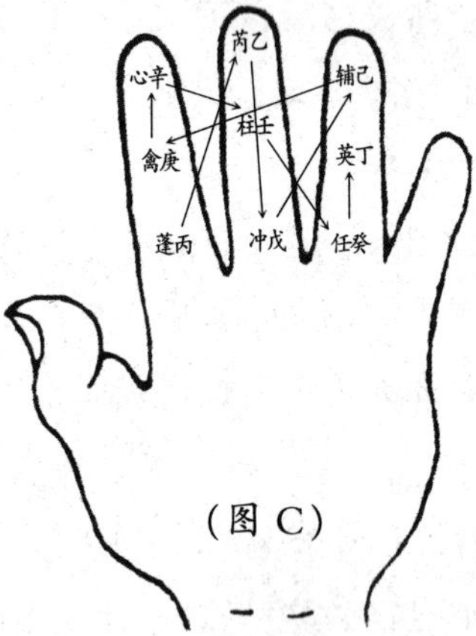

（图 C）

阳遁一局丙寅时天盘
九星运行图

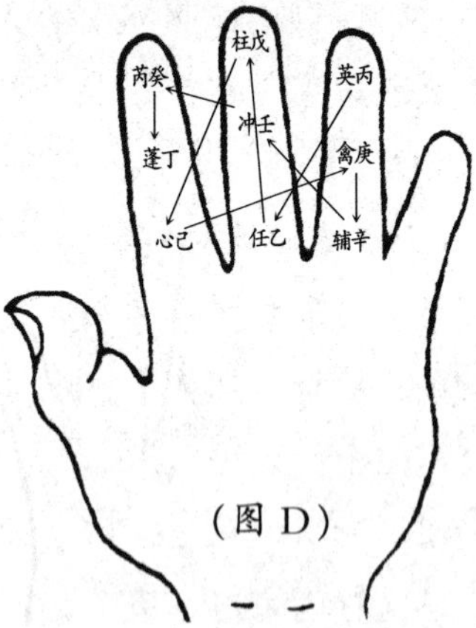

（图 D）

阴遁九局丙寅时天盘
九星运行图

掌握了天地盘奇仪的推演方法后，再推出飞盘九星的落宫。首先要记清楚阳遁、阴遁九星的顺飞、逆飞之序，阳遁顺飞九星，蓬、芮、冲、辅、禽、心、柱、任、英周而复始；阴遁逆飞九星，英、任、柱、心、禽、辅、冲、芮、蓬周而复始。例如：阳遁一局甲、己之日丙寅时，值符天蓬加时干丙奇于艮八宫，顺飞九星，则天芮到离宫，天冲到坎宫，天辅到坤宫，天禽到震宫，天心到巽宫，天柱到中宫，天任到乾宫，天英到兑宫（如图C所示），阳遁仿此。又如阴遁九局甲、己之日丙寅时，值符天英加时干丙奇于坤宫，逆飞九星，则天任到坎宫，天柱到离，天心到艮宫，天禽到兑宫，天辅到乾宫，天冲到中宫，天芮到巽宫，天蓬到震宫（如图D所示）阴遁仿此。

【值使逆顺遁宫去】

人盘八门的定位，是从地盘值使（值符）之宫开始，按阳遁顺飞九宫，阴遁逆飞九宫的原则，飞到所值时辰落宫，再将值使之门加于其宫，按休、生、伤、杜、景、死、惊、开之顺序，顺时针方向顺行八方，周而复始。例如：阳遁一局甲、己之日丙寅时，属甲子旬首，从坎一宫（地盘值使值符之宫）起甲子顺飞，乙丑到坤宫，丙寅到震宫，将值使休门加震宫之上，则生门到巽，伤门到离，杜门到坤，景门到兑，死门到乾，惊门到坎，开门到艮（如下左图所示），阳遁仿此。又如阴遁九局，甲、己之日丙寅时，属甲子旬，从离九宫门起甲子逆飞，乙丑到艮宫，丙寅到兑宫，将值使景门加兑宫之上。则死门到乾，惊门到坎，开门到艮，休门到震，生门到巽，伤门到离，杜门到坤（如下右图所示），阴遁仿此。

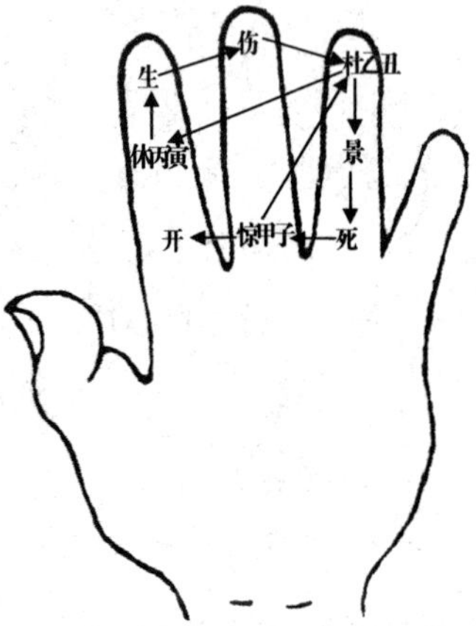

阳遁一局甲、己之日
丙寅时人盘八门图

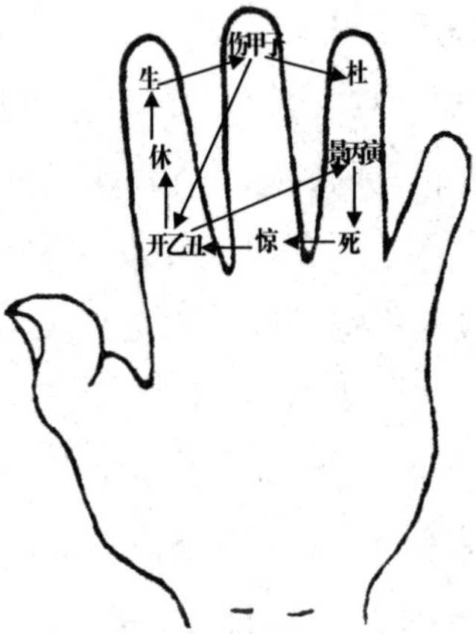

阴遁九局甲、己之日
丙寅时人盘八门图

【六甲元号六仪名，三奇即是乙丙丁。】

三奇、六仪在前面章节“奇仪”部分有详解，此处略。

【阳遁顺仪奇逆布，阴遁逆仪奇顺行。】

见前面“阴阳二遁分顺逆”之注。

【吉门偶尔合三奇，值此须云百事宜。】

人盘八门中，开、休、生为三吉之门，居北方三白之方。三吉门之一若合乙、丙、丁三奇之一，此方为吉，宜出行、修造、婚娶、埋葬等，百事大吉。如得门不得奇，亦可用；得奇不得门，不为吉；门奇俱不得，即为凶方，不可用事。

【更合从旁加检点，余宫不可有微疵。】

如得开、休、生三吉门，又合三奇，此时此宫有奇门虽吉，但还须看上、中、下三盘的组合情况，并要看其余各宫的组合，不能以此便为全吉。如合天、地、人三遁，鸟跌穴，龙返首，玉女守门， 三奇得使，欢怡等吉格则为吉；如合火入金乡、太白入荧、虎猖狂、龙逃走、雀投江、蛇夭娇、五不遇时、反伏吟、天网四张等凶格则为凶。

【三奇得使诚堪使，六甲遇之非小补，乙逢犬马丙鼠猴，六丁玉女骑龙虎。】

乙奇加甲戌、甲午地盘值符，丙奇加甲子、甲申地盘值符，丁奇加甲辰，甲寅地盘值符，为三奇得使，此时若有吉门相临，其吉非小。考三奇得使之理，自甲戌顺行，乙奇到亥，甲午顺行，乙奇到未，卯中有乙木，乙属卯，则亥卯未合成木局，自得旺气，故甲戌、甲午乙奇得使；甲子顺行，丙奇到寅，甲申顺行，丙奇到戌，午是丙的旺气，丙属午，则寅午合成火局，自得旺气，故甲子、甲申丙奇得使；甲辰顺行，丁奇到未，甲寅顺行，丁奇到巳，午中有丁火，丁亦属午，则巳午未三会而成火局，自得旺气，故甲辰甲寅丁奇得使也。

【又有三奇游六仪，号为玉女守门扉】

池本理注“三奇即是乙丙丁”一句时，有乙为一奇，丙为二奇，丁为三奇之说，“玉女守门”是指阴阳各局地盘丁奇所在之宫，值使加临之时，为

“玉门守门”时，如阳遁一局甲子旬庚午时，值使加地盘丁奇于兑宫，为玉女守门时，同理可推出甲戌旬己卯时，甲申旬戊子时，甲午旬丁酉时，甲辰旬丙午时，甲寅旬乙丑时亦为玉女守门时。又如阴遁九局地盘丁奇在震，依阴遁逆飞九宫之理，亦可推出以上各时为玉女守门时。同时其他各局也可推出同样的结论。

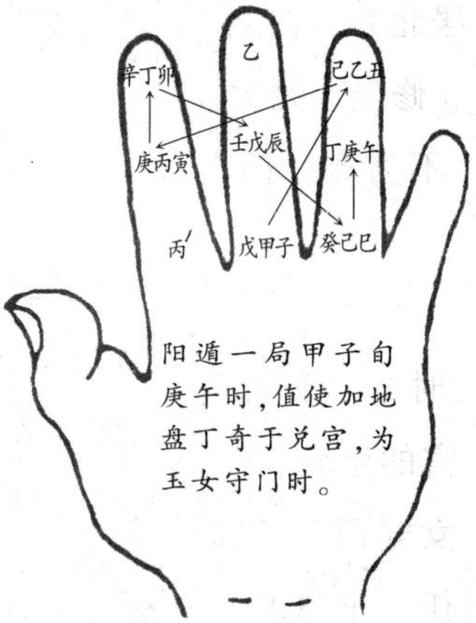

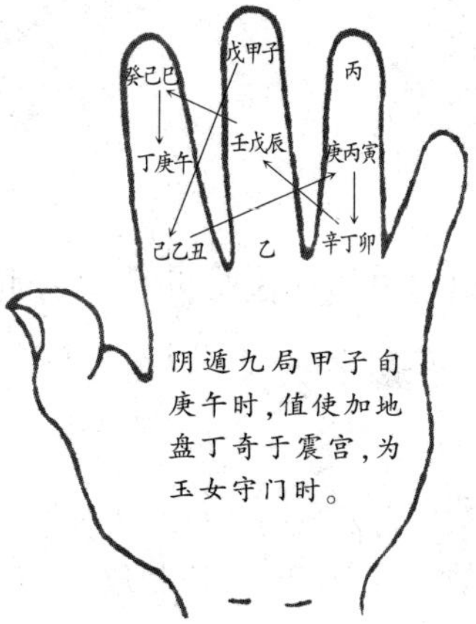

【若作阴私和合事，请君但向此中推。】

此两句与下文联系，是讲天三门、地四户之用，此方宜阴私和合之事，详解见下文。

【天三门兮地四户，问君此法如何处？太冲小吉与从魁，此是天门私出路，地户除危定与开，举事皆从此中去。】

天三门求法，以月将加用时顺行，看从魁、小吉、太冲临何位，即是天三门。首先要明白月将，正月中气雨水节后为登明亥将，二月中气春分节后为河魁戌将，三月中气谷雨节后为从魁酉将，四月中气小满节后为传送申将，五月中气夏至节后为小吉未将，六月中气大暑节后为胜光午将，七月中气处暑节后为太乙巳将，八月中气秋分节后为天罡辰将，九月中气霜降节后为太冲卯将，十月中气小雪节后为功曹寅将，十一月中气冬至节后为大吉丑将，十二月中气大寒节后为神后子将（如下图所示）。例如：正月雨水后为登明亥将，以午时用事，则以登明亥将加午上，太冲卯临戌位，小吉未临寅位，从魁酉临辰位，戌、寅、辰三方为天三门，余仿此。

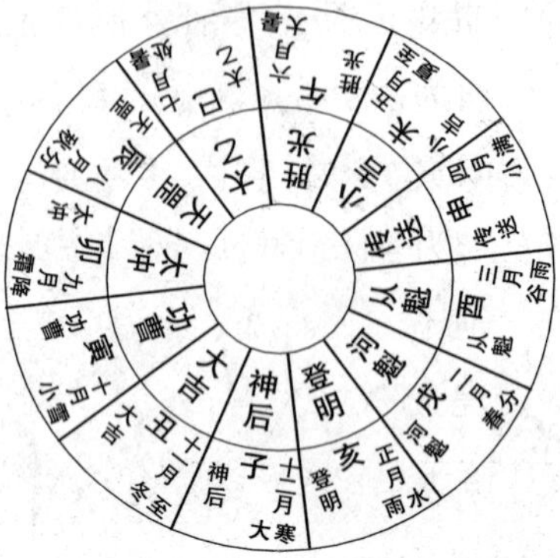

十二月月将图

地四户的求法是以月建加用时，除、定、危、开所落之方为地四户。诀云：“月建来加所用时，除定危开排来知，四星地户天门会，福星出入并皆宜”。以所用之时上顺行起建、除、满、平、定、执、破、危、成、收、开、闭。如十一月用子时，则从子上起建，丑上除、寅上满、卯上平、辰上定、巳上执、午上破、未上危、申上成、酉上收、戌上开、亥上闭。丑、辰、未、戌四方为地四户。余仿此。

地四户图

天三门，地四户之方，利于出行。

【六合太阴太常君，三辰原是地私门，更得奇门相照耀，出门百事总欣欣。】

求地私门，首先要明白阴阳贵人的概念。阳贵人歌诀为：“庚戊逢牛甲在羊，乙猴己鼠丙鸡方，丁猪癸蛇壬是兔，六辛逢虎贵为阳。”阴贵人歌诀为：“甲日阴牛庚戊羊，乙逢鼠位己猴乡，丙猪丁鸡辛见马，壬蛇癸兔属阴方。”由歌诀可知，庚戊丑为阳贵人，未为阴贵人；甲日未为阳贵，丑为阴贵；乙日申为阳贵，子为阴贵；己日子为阳贵，申为阴贵；丙日酉为阳贵，亥为阴贵；丁日亥为阳贵，酉为阴贵；壬日卯为阳贵，巳为阴贵；癸日巳为阳贵，卯为阴贵；辛日寅为阳贵，午为阴贵。

在十二时辰中，自寅至未为旦，用阳贵人，自申至丑为暮用阴贵人。再以月将加用时，看贵人落于何位，从此位上依次起贵人，螣蛇、朱雀、六合、勾陈、青龙、天空、白虎、太常、玄武、太阴、天后。贵人落亥、子、丑、寅、卯、辰位上顺行，落于巳、午、未、申、酉、戌位上逆行，最后再看六合、太阴、太常之方为地私门。例如：1996年九月初二日（癸未）午时，为旦，用阳贵人巳，初二日在九月中气霜降节前，为八月天罡辰将，将月将天罡辰加午上顺行，阳贵人巳临未上，应逆行，依次则六合临辰位，太常临亥位，太阴临酉位。此三方即为“地私门”若有奇门相临，诸事可为。

【太冲天马最为贵，卒然有难宜逃避，但当乘取天马行，剑戟如林不足畏。】

天马方即太冲方，前“天三门”中已讲过，这里又提出重点阐明，在遇到紧急危难之时，一时之间找不到得奇、得门的吉方，这时可以向天马太冲之方避难，虽刀剑如林，亦无所伤。列太冲天马方表表如下：

时辰 月份	子时	丑时	寅时	卯时	辰时	巳时	午时	未时	辛时	酉时	戌时	亥时
正　月	辰	巳	午	未	申	酉	戌	亥	子	丑	寅	卯
二　月	巳	午	未	申	酉	戌	亥	子	丑	寅	卯	辰
三　月	午	未	申	酉	戌	亥	子	丑	寅	卯	辰	巳
四　月	未	申	酉	戌	亥	子	丑	寅	卯	辰	巳	午
五　月	申	酉	戌	亥	子	丑	寅	卯	辰	巳	午	未
六　月	酉	戌	亥	子	丑	寅	卯	辰	巳	午	未	申
七　月	戌	亥	子	丑	寅	卯	辰	巳	午	未	申	酉
八　月	亥	子	丑	寅	卯	辰	巳	午	未	申	酉	戌
九　月	子	丑	寅	卯	辰	巳	午	未	申	酉	戌	亥
十　月	丑	寅	卯	辰	巳	午	未	申	酉	戌	亥	子
十一月	寅	卯	辰	巳	午	未	申	酉	戌	亥	子	丑
十二月	卯	辰	巳	午	未	申	酉	戌	亥	子	丑	寅

【三为生气五为死，胜在三兮衰在五，能识游三避五时，造化真机须记取。】

《三元经》曰：“天道不远，三五反复，趋三避五，恢然独处，三为生气，五为害气，故避五。”此说有三。

（一）如甲、己之日起甲子时，至丙寅时为三数，此为生气、宜举百事；至戊辰时为五数，为害气，凶不可用，故为避五也。余仿此。

（二）每月、每日，后三为生气，前五为死气，如寅月、日，子为后三生气，午为前五死气，宜坐子击午，是背生击死。余仿此。

（三）值使加震宫，宜向之，加中宫，宜避之。

【就中伏吟为最凶，天蓬加着地天蓬。】

天盘天蓬星加地盘天蓬星（坎一宫）上，九星仍在本宫未动，为九星伏吟。主孝服、损人口、不宜用兵，惟宜收敛财货。天盘值符加地盘值符为值符伏吟，奇仪在本宫不动，亦为伏吟。

【天蓬若到天英上，须知即是反吟宫。】

天蓬星在地盘属坎一宫，如随时局而动，加临到地盘离九宫天英星之上，坎离相对，便为九星反吟。其余八星同推。值符反吟为：天盘甲子加地盘甲午，天盘甲戌加地盘甲辰，天盘甲申加地盘甲寅，天盘甲午加地盘甲子，天盘甲辰加地盘甲戌，天盘甲寅加地盘甲申。凡星符对冲为反吟，遇奇门不为凶害，不然灾祸立至，不宜举兵动众。

【八门反伏皆如此，生在生兮死在死，假令吉宿得奇门，万事皆凶不堪使。】

凡门在本宫不动为伏吟，若到对宫，则为反吟。虽得奇而不可用，为凶。

【六仪击刑何太凶，甲子值符愁向东，戌刑在未申刑虎，寅巳辰辰午刑午。】

六仪击刑指六甲值符加临相刑之地。甲子值符加震宫，震宫有卯、子卯相刑；甲戌值符加坤宫，坤宫有未，戌未相刑；甲申值符加艮宫，艮宫有寅，申寅相刑；甲午值符加离宫，离宫有午，午午自刑；甲辰值符加巽宫，巽宫有辰，辰辰自刑；甲寅值符加巽宫，巽宫有巳，寅巳相刑。此指值符怕临所刑之地，六仪击刑为大凶，不可用事。

【三奇入墓细推寻，甲日那堪入坤宫，丙奇属火火墓戌，此时诸事不须为，更兼天乙来临六，月奇临六亦同论。】

五行生旺论阳生阴死，阳顺阴逆。乙为阴木，长生于午，逆行十二支，墓在戌位，故乙奇到乾六宫为入墓；丙为阳火，长生于寅，顺行十二支，墓库方亦在戌，故丙在乾六宫亦为入墓；丁为阴火，长生于酉逆行十二支，墓库在丑，丑在艮宫，故丁奇到艮八宫为入墓。三奇入墓，百事皆凶，纵得奇门亦不可用。

【又有时干入墓宫，课中时下忌相逢，戊戌壬辰兼丙戌，癸未丁丑一同凶。】

丙时，丙火之墓在戌；戊土与丙火同生于寅，墓亦在戌；壬辰时，壬水之墓在辰；丁丑时，丁火之墓在丑；癸未时，癸水之墓在未，己丑时，己土与丁火同生于酉，墓在丑。以上六个时辰为时干入墓宫，凶不可用。

【五不遇时龙不精，号为日月损光明，时干来克日干上，甲日须知时忌庚。】

五不遇时为：甲日庚午时，乙日辛未时，丙日壬辰时，丁日癸卯时，戊日甲寅时，己日乙丑、乙亥时，庚日丙子、丙戌时，辛日丁酉时，壬日戊申时，癸日己未时。阳干克阳干，阴干克阴干，同性相克为忌。五不遇时，百事为凶。

【奇与门兮共太阳，三般难得总加临，若还得二亦为吉，举措行藏必遂心。】

太阴为八神之一。阳遁，八神按顺时针方向运行八方；阴遁，八神按逆时针方向运行八方。八神的排列为：值符、螣蛇、太阴、六合、白虎、玄武、九地、九天。在奇门的盘局组合中，某一宫若得三奇之一和三吉门之一，为得奇得门，若又合神盘之太阴，谓之“真诈”；若合神盘之九地，谓之“重诈”；若合神盘之六合，谓之“休诈”。“真诈”宜隐遁、养生，“重诈”宜求财，上任，“休诈”宜合药、治病。三诈并宜嫁娶、远行、经商。

三诈有十分之利，得奇得门而无诈，得七分之利。若吉门合太阴，而无三奇，谓之有阴无奇。犯者不利。

【更得值符值使利，兵家用事最为贵，常从此地击其冲，百战百胜君须记。】

值符，天乙也；值使，八门也。居天乙击其所冲之方、坐生门以击死门，乃古代兵家取胜之法。

在古本的注解里又加入“亭亭”、“白奸”之说。“亭亭”者，天之贵神，背而击其冲，为胜。推法以月将加用时，神后子水下临之地为“亭亭”所居之方，如四月中气小满节后，传送申将主事，用午时，将传送申将加午上顺行十二支，神后子临戌方，则戌方为“亭亭”方。

“白奸”，天之奸神也。合于巳亥，格于寅申，当合之时俱背之（指“亭亭”与“白奸”同合一方），当格于不格，合于不合之时，背“亭亭”而向“白奸”。推法以月将加用时，寅、午、戌上见寅、申、巳、亥四孟神即是。如正月中气雨水节后，月将为亥，用午时，则孟神寅加午上，午方即“白奸”方。

【天乙之神所在宫，大将宜居击对冲。假令值符居离九，天英坐取击天蓬。】

天乙所在之宫，即值符宫。第一胜天乙宫，阳遁天盘值符所居之宫，阴遁用地盘值符所居之宫；第二胜九天宫；第三胜生门宫，以合三奇为妙。例如阳遁三局甲、己之日丁卯时，天盘值符临离九宫，正南为第一胜，九天在巽四宫，东南为第二胜，生门在兑七宫，正西为第三胜。又如：阴遁八局甲、己之日己巳时，地盘值符居艮八宫，东北为第一胜，九天在乾六宫，西北为第三胜，生门与丁奇在震三宫、正东为第三胜。

与三胜对应的有五不击。第一不击天乙宫，第二不击九天宫，第三不击生门宫，第四不击九地宫，第五不击值使宫。

【甲乙丙丁戊阳时，神居天上报君知，坐击须凭天上奇，阴时地下亦如之。若见三奇在五阳，偏宜为客自高强，忽然逢着五阴位，又宜为主好裁详。】

无论阳遁、阴遁，天干为甲、乙、丙、丁、戊干的时辰。为五阳时，天干为己、庚、辛、壬、癸五干的时辰，为五阴时。五阳时利以为客，天盘星代表客，地盘星代表主，“神居天上”是指五阳时天盘星旺相得奇而克地盘星之方，必可大胜，五阳时宜先举兵征伐，出行、求财、迁徙、嫁娶、起造皆吉。五阴时利为主，宜固守后动，利后举兵，潜藏不动，日常生活中出行、上任、婚姻、移徙、起造等皆不吉，宜密谋策划。

【值符前三六合位，太阴之神在前二，后一宫中为九天，后二之神为九地。】

八诈门（神盘）中，八神的顺序为值符，螣蛇、太阴、六合、白虎（下有勾陈）、玄武（下有朱雀）、九地、九天。阳遁顺时针方向运行八方，阴遁逆时针方向运行八方。此处是叙述八神中的四吉神的排列位置。

【九天之上好扬兵，九地潜藏可立营，伏兵但向太阴位，若逢六合利逃形。】

孙子云：“藏于九地，动于九天”。九天所临之宫，利于为客，主动出击；九地之方，宜于为主，屯兵固守；太阴之宫，宜于埋伏；六合之宫，利于逃亡。

【天地人分三遁名，天遁月精华盖临，地遁日精紫云蔽，人遁当知是太阴。生门六丙合六丁，此为天遁自分明，开门六乙合六己，地遁如斯而已矣，休门六丁共太阴，欲求人遁无过此。】

生门合天盘丙奇，下临地丁奇为天遁，为得丙奇（日奇）月华之蔽。

开门合天盘乙奇，下临地盘六己，为地遁。为得乙奇（日奇）日精之蔽。

休门合天盘丁奇，又合神盘太阴，为人遁。为得丁奇（星奇）星精之蔽。

【要知三遁何所宜，藏形遁迹斯为美。】

天、地、人三遁最宜藏形遁迹，同时宜行百事，吉无不利。

【庚为太白丙为荧，庚丙相加谁会得。】

庚金长生于巳，得禄于申、旺于酉，号太白金星；丙火长生于寅，得禄于巳，旺于午，南方火德，号为荧惑星。天盘六庚加地盘丙奇，天盘丙奇加地盘六庚，会形成两个凶格。

【六庚加丙白入荧，六丙加庚荧入白。】

天盘六庚加地盘丙奇，为太白入荧，金入火乡，受克而凶；宜防敌兵偷袭，百事皆凶。天盘丙奇加地盘六庚，为荧入太白，火入金多。上下相击，内往外灭，此时贼退，余事不利。

【白入荧兮贼即来，荧入白兮贼须灭。】

太白入荧，宜防贼来；荧入太白，贼恐自退。古诀云：“二星相入凶气横，任得奇门慎勿行，此星若也移方去，金火之乡是恶神。”

【丙为悖兮庚为格，格则不通悖乱逆，丙加天乙为悖符，天乙加丙为飞悖。】

“悖”或作“勃”是乱的意思，天盘六庚下临地盘年、月、日、时之干为“格”，则构成岁格、月格、日格、时格；天盘六丙下临地盘年、月、日、时之干为“悖”，则构成岁悖、月悖、日悖、时悖。

从理论上，丙为月奇。加甲子戊为“飞鸟跌穴”之吉格，甲子戊加丙奇为“青龙反首”之吉格，独有丙加甲申庚值符为“荧入太白”凶格，亦为值符伏悖；甲申庚值符加丙为“太白入荧”凶格，亦为值符飞悖，由此可见，凡甲申值符与庚年、庚月、庚日、庚时遇六丙加之皆为悖，若一概以丙加年、月、日、时之干为“悖”，于理不通。

【庚加日干为伏干】

庚为太白金星，主刑克，加日干，即为伏干格，亦称日格。此时主客斗伤皆不利。古诀云：“日干若遇六庚临，此名伏干格相侵，若是斗战皆不利，大都为主必遭侵”。如：谷雨上元阳遁五局甲子日壬申时，天禽为值符，时干壬在离九宫，以值符加时干落宫，则天盘六庚加地盘日干之上，为伏干格。

【日干加庚飞干格】

当日干在天盘，下临地盘六庚，为飞干格。此时战斗主客两伤，尤不利客。如惊蛰上元阳遁一局，乙丑日辛巳时，天芮为值符加地盘时干六辛于巽宫，则天盘乙奇（日干）加地盘六庚于震宫，即为飞干格。

【加一宫兮战在野，同一宫兮战于国。】

加一宫者，指当旬值使加临地盘六庚。同一宫者，指人盘值使加某宫，天盘甲申庚亦加某宫，或地盘值使之宫，天盘甲申庚加临。《遁甲赋》云："值使加庚好野战，庚加值使乃宫格，野战而精兵必败，宫格则失去英雄。"例如：阳遁一局甲己之日丁卯时，休门为值使，坎一宫为地盘值使之宫，甲申庚加临坎宫，为同一宫也。又如阳遁一局甲、己之日己巳时，人盘值使休门加乾六宫，甲申庚亦加六宫，亦为同一宫也，皆大凶之时。

【庚加值符天乙伏，值符加庚天乙飞。】

天盘六庚加地盘值符，为天乙伏宫格。交战主客皆不利，尤不利主。如立春下元阳遁三局甲、己之日壬申时，天芮为值符加时干六壬于乾六宫，则天盘甲申庚下临地盘值符之宫坤二宫，为天乙伏宫格。

天盘值符加地盘六庚，为天乙飞宫格，此时不宜出战，主客两伤，尤不利客。如：雨水上元阳遁九局，甲、己之日庚午时，天英为值符，时干六庚在坤二宫，以天英值符加地盘六庚于坤二宫，为天乙飞宫格。

【庚加癸兮为大格，加己为刑最不宜，加壬之时为上格，又嫌岁月日时逢。】

天盘六庚加地盘六癸为大格。六癸同甲寅，六庚同甲申，庚加癸乃寅申相冲，此时此方百事为凶，不宜远行，车破马死，造作人财破散，求人不在，反招其咎。如：阴遁四局，甲、己之日丙寅时，以值符天辅加时干六丙于乾六宫，则天盘六庚下临地盘六癸于艮八宫，名为大格。

天盘六庚加地盘六己为刑格。庚加己为甲申金加甲戌土，金来盗土，土能助庚，故名刑格。刑格出军，车破马伤 ，中道而止，士卒逃亡，追之反招其咎，求谋反破财、损名、得病。古诀云："六庚加六己，赤地须千里，远行车马堕，军兵半路止。"如阳遁三局甲、己之日丙寅时，地盘六庚在中宫寄二坤宫，以值符天冲加时干六丙于坎一宫，则六庚下临六己于巽四宫，为刑格。

天盘六庚加地盘六壬为上格，不宜行师。如小满上元阳遁五局，丙、辛之日己巳时，天任为值符加时干六己于乾六宫，则天盘六庚下临六壬于离九宫，即为上格。

天盘六庚加地盘年干为岁格，加地盘月干为月格，加地盘日干为日格，加地盘时干为时格。百事用之皆凶。凡测家宅，年干为父母，月干为兄弟，日干为己身，时干为妻、子，可断吉凶。

【更有一般奇格者，六庚慎勿加三奇，此时若也行兵去，匹马只轮无返期。】

天盘六庚加地盘乙、丙、丁三奇为奇格。对奇格要具体分析，如六庚加地盘丙奇、丁奇，同时又在离宫，为金入火乡，自受其制，不利为客，先举者败而难返。如天盘六庚加地盘乙奇，地盘又为震、巽二宫，乙被庚合，木受金克，不利主而利客。

【六癸加丁蛇夭矫，六丁加癸雀投江。】

天盘六癸加地盘丁奇、癸丁冲克，为蛇夭矫，百事为凶。如清明上元阳遁四局，丙、辛之日戊子时，天盘六癸加地盘丁奇于坎宫，为蛇夭矫。

天盘六丁加地盘六癸，丁为朱雀、癸属水，为朱雀投江，凶不可用。古诀云："六丁加六癸，朱雀入水流。口舌犹未罢，官事使人愁。""或有诉讼，自陷刑狱。或闻火起不必往救。"如立冬下元阴遁三局，甲、己之日壬申时，甲子戊天冲值符加时干六壬于艮八宫，则天盘丁奇下临六癸于兑七宫，为朱雀投江。

【六乙加辛龙逃走，六辛加乙虎猖狂。】

乙为木，为东方青龙，辛为金，为西方白虎。金克木，龙虎相斗，龙将逃遁，故六乙加辛为青龙逃走。此时不宜举兵，百事不利，举事客方反伤、失财、遗亡、破败。如小暑中元阴遁二局，丙、辛之日己亥时，甲午辛天任值符加时干六己于坎宫，则天盘乙奇加地盘六辛于艮八宫，即为青龙逃走。

天盘六辛加地盘乙奇，辛金为客而克乙木，故为白虎猖狂。此时不宜举事，主客两伤，求财有灾，婚姻、修造大凶，举动、出入、战斗必有惊诈。如立秋上元阴遁二局，甲、己之日壬申时，甲子戊天芮值符加时干六壬于兑七宫，则天盘六辛加地盘乙奇于震三宫，为白虎猖狂。

【请观四者是凶神，百事逢之莫措手。】

“四者”是指螣蛇夭矫、朱雀投江、青龙逃走、白虎猖狂四凶格。在十天干中，阴阳和则吉，不和则凶。阳干克阴干为合，如甲克己、丙克辛、戊克癸，虽克而相合；阴干克阳干为官星，如甲以辛为正官；阳克阳、阴克阴为七煞，为凶星，以上四者，乙辛、丁癸皆同类相侵，用之为凶。

【丙加甲兮鸟跌穴，甲加丙兮龙反首，只此二者是吉神，为事如意十八九。】

丙火为朱雀，甲木为鸟之巢穴，故天盘丙奇加地盘甲子，为飞鸟跌穴，甲木又为青龙，下生丙火，故天盘甲子加地盘丙奇为青龙反首。此两格百事皆吉，用之随心如意。如大寒中元阳遁九局，甲、己之日辛未时，天盘丙奇下临地盘甲子戊于离宫，为飞鸟跌穴。又如冬至上元阳遁一局，甲、己之日丙寅时，天盘甲子戊临地盘丙奇于艮宫，为青龙反首。

【八门若遇开休生，诸事逢之皆称情。伤宜捕捉终须获，杜好邀遮及隐形。景上投书并破阵，惊能擒讼有名声，若问死门何所主，只宜吊死与行刑。】

八门中开、休、生为三吉门，用事可以称情遂意。开门宜远行、征讨、见贵、求名，所向通达。休门宜和进万事，治兵、司业、百事皆吉。生门宜营造、求财、谋事、见贵、百事吉。伤门为凶门，出入易得疾病受灾伤，但宜于狩猎、捕鱼、索债追捕盗贼。杜门也是凶门，却宜于隐身藏形。景门宜上书、破阵、突围、派遣使者。惊门宜捕逃、争讼。死门宜吊唁、送葬、执行死刑。

【蓬任冲辅禽阳星，英芮柱心阴宿名。辅禽心星为上吉，冲任小吉未全亨。大凶蓬芮不堪使，小凶英柱不精明。大凶无气变为吉，小凶无气一同之。吉宿若能逢生旺，万举万全功必成。若遇休囚并废没，劝君不必进前程。】

此段说九星的阴阳吉凶。

天蓬、天任、天冲、天辅、天禽五星为阳星、天英、天芮、天柱、天心四星为阴星。天辅、天禽、天心三星为大吉之星，若逢生旺之时，则吉上加吉，若遇休囚之时，则慎用。天冲、天任二星为次吉（小吉）之星，逢生旺之时则可用，休囚则凶。天蓬、天芮二星为大凶之星，虽得奇门，亦不可用。天英、天柱二星为半凶之星，若遇休囚之时，得奇门则可用。

【要识九星配五行，各随八卦考羲经、坎蓬水星离英火，中宫坤艮土为营。乾兑属金震巽木、旺相休囚看轻重。与我同行即为相，我生之月诚为旺，废于父母休于财，囚于鬼兮真不妄，假令水宿号天蓬，相在初冬与仲冬，旺于正二休四五，其余仿此自研究。】

此段讲九星五行所属及旺相休囚。

九星五行与所对应的地盘宫位的五行属性相同。天蓬在坎一宫为水星，天芮在坤二宫属土，天冲在震三宫属木，天辅在巽四宫属木，天禽在中宫属土，天心在乾六宫属金，天柱在兑七宫属金，天任在艮八宫属土，天英在离九宫属火。

九星在天，各旺于我生之月，相于同类之月，死于生我之月，囚于克我之月，休于我克之月。例如：天蓬星属水，相于亥、子月、旺于寅、卯月，废（死）于申、酉月，休于巳、午月，囚于辰、戌、丑、未月。余星仿此。

【急则从神缓从门，三五反复天道亨。】

“急则从神”是指在危急时刻，没有余地选择三奇和吉门，则可从天盘值符之宫和地盘值符之宫而去，方保平安。如冬至上元阳遁一局，甲、己之日乙丑时，天蓬星为值符，地盘时干在离九宫，以值符加时干，则天盘值符在离九宫。地盘值符在坎一宫。危急之时，则可从正南天盘值符之宫和正北地盘值符之宫而去，可保平安。“缓从门”指事缓从容，可选三奇吉门之方而往。

“三五反复”、“三”指三吉门，“五”指五凶门。三吉五凶，反复变化无穷，顺应天道，或从神从门，则可以做到亨吉无凶。

【十干加伏若加错，入墓休囚吉事危。】

天盘时干与地盘时干同处一宫，为伏吟，亦谓加伏。同时要清楚时干入墓，时干克日干，十干伏吟，六仪击刑、三奇入墓，旺相休囚等，另外还须注意局中天盘时干之宫的组合情况。如冬至中元阳遁七局，乙、庚之日，己卯时，以天任值符甲戌己加时干六己于艮八宫，为伏吟，即时干加伏。若至丁亥时，以天英值符甲申庚加地盘时干六丁于巽四宫，则天盘时干六丁加地盘六癸于震三宫，构成“朱雀投江”凶格，为“加错”。又如雨水上元阳遁九局，乙、庚之日丙戌时，以天芮值符甲申庚、加地盘时干六丙于兑七宫，则天盘时干六丙临乾六宫，为时干入墓宫，不吉。

六甲之时，加阳星为开时，百事吉，加阴星为合时，百事凶。若无奇门，合得此局亦得次吉。又如冬至上元阳遁一局，甲、己之日甲戌时，天芮阴星加时为合，百事凶。

六乙之时，遭攻击逃亡者，宜从天上六乙出，不易被发现。

六丙之时，从天上六丙出，用事无忧，入官升迁，经商得利，出兵可胜。

六丁之时，从天上六丁出，利于嫁娶、入官、经商、用兵大胜。

六戊之时，从天上六戊出，百事吉，宜征伐，远行，谋事。

六己之时，天上六己，用事为凶，只宜私下制订计划。

六庚之时，天上六庚为天狱，最凶，百事不利。

六辛之时，天上六辛为天庭，诸事不利，将兵主胜客死。

六壬之时，天上六壬为天牢，百事皆凶。

六癸之时，天上六癸为天藏，从天上六癸出，则众人不宜发现，宜远遁绝迹，不宜行一切世俗之事。

【十精为使用为贵，起宫天乙用无遗。】

使者，值使之门也。其值使十时一易，主宰祸福，权衡利敝，贵在移宫换位，精而用之。

天乙为天盘值符，即六甲旬首，统领三奇六仪，加时干为起宫，不可溃乱于用。

【天目为客地为主，六甲推兮无差理，劝君莫失此玄机，洞彻九宫扶明主。】

天盘为客为主，地盘为主为体。从天地盘奇仪顺逆相推之理，天地万物尽在其中。

【宫制其门不为迫，门制其宫是迫雄。】

宫克门为门迫，门克宫为宫迫。吉门被迫，则吉事不成，凶门被迫，则凶灾尤甚。门生宫为和，宫生门为义。

【天网四张无路走，一二网低有路通，三至四宫行入墓，八九高强任西东。】

天盘六癸加地盘六癸，为天网四张，临一、二、三、四宫，尺寸低，可匍匐而出，临七、八、九宫，尺寸高，不可出。

【节气推移时候定，阴阳顺逆要精通。三元积数成六纪，天地未成有一理，请观歌里精微诀，非是贤人莫传与。】

一节分三元，即三候，每元五日，一年二十四节气，为七十二候，三百六十日，以干支相配，六十甲子为一纪，一年共有六纪。奇门遁甲的这种数理关系，在天地未分之时已经存在。

最后两句，言此术精深，不可传无德之人，否则有害于世。

二、“奇门遁甲总序”注解

古籍《金函奇门遁甲秘籍全书》中的“奇门遁甲总序”，署名为明朝国师刘伯温先生所作，虽无法考证其真实性，但此文的确是奇门遁甲应用的总诀，读者在了解和掌握“烟波钓叟歌”内容的基础上，反复研读“奇门遁甲总序”，必然受益匪浅，现将原文注解如下：

【窃惟黄帝战蚩尤于涿鹿，梦天神授符，而命风后演就奇门，此遁甲所由始也。帝尧命大禹治水，得玄女传文，而因洛龟画叙九畴，此遁甲所由著也。汉子房总局十八，而成决胜之功。蜀孔明分列三奇，而创艰难之业。】

注解：

道遁甲之源，托神仙之说，难以考证。

【先排九宫于掌上，坎居一、坤居二、震居三、巽居四、中央五、乾六、兑七、艮八、离九，而造化见矣。次分八卦于盘中，而离位于南，坎位于

北、震东、兑西、巽东南、坤西南、艮东北、乾西北。而方隅定矣。】

注解：

以上内容在“烟波钓叟歌新解”中已有详解，在此不作赘述。

【纵横十五，错叙三元。以八卦分八节，而节令以全；以一节统三气，而气候以备。】

注解：

纵横十五为九宫洛书之数理，八卦每卦管三节气，则一年二十四节气毕矣。

【逢甲、己为符头，须闰奇而补局，符速节迟，看甲、己临于何处，而用超神之法；节先符后，验日辰甲、己何居，而行节气之方。】

注解：

超接之法在“烟波钓叟歌新解”中已有详解。

【子、午东部为冬至，后阳遁历坎、艮、震、巽，仪顺行而奇逆布，由值符而顺飞于九宫也。子、午西部为夏至，后阴遁历离、坤、兑、乾，奇顺布而仪逆行，由值符而逆飞于八卦也。】

注解：

子属坎宫，子为一阳始生之地；午属离宫，离为一阴始生之地。坎、艮、震、巽所管之十二节气属阳遁局，由值符开始顺飞九宫，顺布六仪而逆布三奇；离、坤、兑、乾所管十二节气属阴遁局，由值符开始逆飞九宫，逆布六仪而顺布三奇。

【认九宫、安九星为值符，而吉凶以分。如坎宫，认天蓬为符，则天芮二、天冲三、三辅四、天禽五、天心六、天柱七、天任八、天英九也。】

注解：

以值符之星加于地盘时干所在之宫，按阴阳遁之分而顺逆飞布九星于九宫。如阳遁局，天蓬值符加地盘时干于坎一宫，则天芮落二坤宫、天冲落震三宫、天辅落巽四宫、天禽落中五宫、天心落乾六宫、天柱落兑七宫、天任落艮八宫、天英落离九宫，阴遁则逆飞九星。

【配八卦，立八门为值使，而休咎以判。如乾宫配开为使，则休门坎、

生门艮、伤门震、杜门巽、景门离、死门坤、惊门兑也。】

注解：

八门则以值使落宫顺布八方，如开门为值使落乾宫，则休门到坎宫、生门到艮宫、伤门到震宫、杜门到巽宫、景门到离宫、死门到坤宫、惊门到兑宫。

【移值符于时干，而时干住处，值符之起首寓矣。寻值使于时支，而时支住处，值使之方向存矣。】

注解：

天盘值符加地盘时干之宫，为值符起处；值使之门加于时支之宫，则八门方位可定。

【天盘九星共奇仪而一时一易，象天之旋转。地盘九星与奇仪而五日方移，法地道之贞静也。】

注解：

天盘主动，奇仪一时一易，象征天象日月之运行，地盘主静，效法大地之安静，奇仪五日一换局。

【天盘临地，审吉凶之消长。地盘承天，断休咎之盈虚。】

注解：

天地盘相加，呈现出天地相应的自然规律，以此可推断人事之吉凶成败。

【天甲子临地甲子是为伏吟，凡门符临本宫，皆同此例，而不可用也。】

注解：

天地盘奇仪、八门、九星不动谓之伏吟，伏吟为凶，主孝服，损人口；不宜用兵，惟宜收敛货财。

【地天英逢天天蓬，是为反吟，凡门加冲宫，皆同此例，而避之可也。】

注解：

天盘奇仪、八门、九星若落到与地盘奇仪、八门、九星所在的对冲之宫，则谓之反吟。此时不利举兵、动众，惟宜放粮救济等事。

【吉门临三奇而所求皆遂，奇门入墓迫而所为无成。乙丙丁，生休开，

如合太阴之位，是谓三全奇吉。阴或有无，必审从背之方，是谓二可。】

注解：

开、休、生三吉门若临乙、丙、丁三奇，所谋皆可遂心。若奇与门落于墓库之宫，或门宫相克成迫，所谋皆不能成。同时还要看是向还是背而有所取舍。

【六仪击刑至恶，而不可使用。】

注解：

六仪击刑者即六甲地支相刑与自刑也，如甲子值符落震宫见卯，为子卯相刑；甲戌值符到坤宫见未，为戌未相刑；甲申值符到艮宫见寅，为申寅相刑；甲寅值符到巽宫见巳，寅巳相刑；甲辰值符到巽宫见辰；为辰辰自刑；甲午值符到离宫见午，为午午自刑。六仪击刑，其时极凶，不可用事。

【九遁合门至利，而大可施为。开门合乙而加己位，不犯奇墓、门迫，名曰地遁；临紫微而蔽以日精者也。月奇临丁而逢生门，不犯奇墓、门迫，号曰天遁；乘华盖而蔽以月精者也。休门与丁奇相合，太阴共地盘相临，斯为人遁，亦可行师。丙奇同生门而合于九天，遁属于神。星奇遇休门而临于九地，遁属于鬼。龙得月奇合休癸，而或临于坎。虎得乙奇临生门，而或出于艮。风遁，则日、开临于巽。云遁，则日、开合于坤。此九遁之例名，实兵家之秘，顾用之何如，而验之无不应也。】

注解：

天盘乙奇临地盘六己合人盘开门者为地遁。乙为日奇，得太阳之精华，其方可以立寨安营，建造仓库，修筑垣墙，安坟开矿，修道求仙，逃亡绝迹，出阵攻城，全师捷胜，百事大吉。

天盘丙奇临地盘丁奇合人盘生门者为天遁。丙为月奇，丁为星奇，故得月华之蔽而百事大吉，但亦不可犯奇墓门迫，若犯之则吉中藏凶，不可不慎。

天盘丁奇与人盘休门会合神盘太阴者为人遁。休门与太阴为吉门、吉神，丁为星奇，故得星精之蔽，宜于兴兵施为，出入修营宫室，万事吉利。

天盘丙奇临神盘九天会合人盘生门，九天为神盘至吉之神，故为神遁。

九天之上利于扬兵。

天上乙奇与神盘六合会人盘杜门，杜门主隐藏，为鬼遁。可以探听机密，偷营劫寨，设伏攻虚，密伺动静，诡诈文书，超亡，荐孤拔寡，以候鬼应。

天上丙奇与人盘休门临地盘癸水或临于坎宫，水中藏龙，故为龙遁。可以祈祷雨泽，演敌水战，计量江面，把守河渡，密运机谋，移舟转向，下船开江，造置水柜，填堤塞河，修桥穿井等事。

天盘乙奇临地盘辛金会合人盘休门到艮宫，艮中有寅虎，故为虎遁。宜主不宜客，可以设击埋伏，据守要害，防险修凿等事。

天盘乙奇与开门临于巽宫，巽主风，故为风遁。若与敌对垒，可借风之力，战立旌旗，乘势而取。

天盘乙奇与人盘开门临于坤宫，坤主阴云，故为云遁。利于求雨泽，助农稼。

以上九遁不可犯奇墓门迫，犯之则吉而成凶。

【夫星有阴阳，门有开阖，惟天禽则无定位，寄西南而属中宫，从三避五，为害为生。】

注解：

蓬、任、冲、辅为阳星，英、芮、柱、心为阴星，天禽属中宫阴阳未分之地，寄于西南坤宫。从三者，开、休、生三吉门也；避五者，伤、杜、景、死、惊五凶门也。

【胜地有三：天上值符所临，天乙大将居之，一也；值符后一为九天，我军居之，二也；地生门而合三奇之宫，若引军而从生门击死，百战百胜，三也；不击有五：天乙、九天，击之必被其殃，一与二也；生门、九地，犯之必罹其害，三与四也；值符而临值使之位，如用兵突围摧阵，将死军亡，五也。】

注解：

天上值符、九天所临之宫，生门合三奇之宫，我军居之而战必胜，此为三胜宫。五不击宫，一不击天乙宫，二不击九天宫，三不击生门宫，四不击九地宫，五不击值使宫，犯之必受其殃。

【孟甲刑门，难以出入，而宜隐迹。仲甲阳内，宜于坚守，而利于藏兵。四季甲时，阴内阳外，须分主客，始决雌雄。】

注解：

寅申巳亥为孟，值符甲寅临巽、甲申临艮为相刑之地，故难以出入，只宜于隐迹藏形。子午卯酉为仲，值符甲子临震、甲午临离为相刑之地，只利于藏兵坚守。辰戌丑未为季，值符甲辰临巽、甲戌临坤为相刑之地，出兵而当分主客。

【六乙为天德，出从而上，日奇之下，可决胜于未然。六丙为天威，不得丙火销金之令，宜防败于不测。时临六丁，名为玉女潜形，如隐伏而不见其象。时临六戊，号曰乘龙万里，逢凶徒而自灭其踪。六己为地户，宜阴私而偷劫。六癸为天网，审高下而利逃亡。六庚而出战，咎将及于其师。六辛而行师，祸必及于其身。六壬为天牢，而飞祸速至。】

注解：

值使之门加地盘乙奇落宫，出其方可决胜于未然；值使之门加地盘丙奇落宫，丙为天威，若不当令，出其方，宜防不测；值使之门加地盘丁奇落宫，为玉女守门，宜于隐伏；值使之门加地盘六戊落宫，为乘龙万里，出军其方，凶徒自灭；值使之门加地盘六己落宫，六己为地户，宜于偷袭敌营；值使之门加地盘六癸落宫，六癸为天网，审网之高下，而利于逃亡；值使之门加地盘六庚落宫，庚为阻隔之神，出军必败；值使之门加地盘六辛落宫，辛为天狱，行兵自罹其殃；值使之门加地盘六壬落宫，壬为天牢，出军飞祸立至。

【六甲为时首，而应局斯灵：甲加丙，为青龙反首，而动无阻。丙加甲，为飞鸟跌穴，而运用有成。】

注解：

甲为符首为青龙，丙为朱雀。六甲（值符）加六丙为青龙回首，百事无阻；六丙加六甲（值符）为飞鸟跌穴，举动皆成。

【乙加辛，是青龙逃走，而财物废坠。辛加乙，是白虎猖狂，而身体毁伤。】

注解：

乙为青龙，辛为白虎。六乙加六辛相冲克为青龙逃走，财物必损；六辛加六乙相冲克为白虎猖狂，身体有伤。

【丁加癸，为朱雀投江，而讼狱所由起也。癸加丁，为螣蛇夭矫，而忧徨之必至也。】

注解：

丁为朱雀，癸为玄武为龟蛇。六丁加六癸相冲克为朱雀投江，必有词讼缠身；六癸加六丁相冲克为螣蛇夭矫，而忧愁必至。

【六庚加符，为伏宫格，不利其主，而利其客。值符加庚，为飞宫格，不贵于战，而贵于谋。庚加值符，太白格于天乙，外兵侵而主将必败。符加六庚，太乙格于太白，强出兵而客将必阻。】

注解：

庚为白虎，为阻隔之神。六庚加地盘值符六甲之宫，庚甲相冲克，为天乙伏宫格，主兵必败，不利出师。值符加地盘六庚之上，甲庚相冲克，为天乙飞宫格，不利于征战，而利于谋划。

【值使临庚，名为野战，兵虽精而主困也。庚加值使，名曰同宫，将虽骁而必挫也。】

注解：

值使加于六庚之上，名为野战，主兵必困；六庚加于值使之宫，勇将必挫。

【庚加于丙，是为太白入荧惑，而贼必来。丙加于庚，是为丙火入金乡，而贼必退也。此主客皆不利，莫倚奇门而强用也。】

注解：

庚为太白为贼寇，丙为荧惑。六庚加六丙为太白入荧，而贼必来；六丙加六庚，火以制金，则贼必退。此二凶格不可倚奇门而强用之，必招凶咎。

【天地大格，庚下加癸。天地小格，壬上加庚。】

注解：

天盘六庚加地盘六癸为大格，图谋不通；天盘六庚加地盘六壬为小格，不宜出师。

【庚加于己，士卒死于中途。己加于庚，将兵厄于危路。】

注解：

天盘六庚加地盘六己之上为刑格，远行车马堕；天盘六己加地盘六庚亦主刑伤，出军车破马死，中道而止。

【岁格，则岁逢于庚。月格，则庚加朔建。庚临日干，为伏干格，而主人见伤。日干临庚，为飞宫格，而客将不胜。】

注解：

六庚与太岁之干相加为岁格，与月建之干相加为月格，加于地盘日干之上为伏干格，日干加于六庚之上为飞宫格，与地盘时干相加为时格。格则有凶，宜详审查之。

【时干克日为五不遇，而定损其明。】

注解：

时干克日干，阳干克阳干，阴干克阴干，为五不遇时，必有凶至。甲日庚午时，乙日辛巳时，丙日壬辰时，丁日癸卯时，戊日甲寅时，己日乙丑时，庚日丙子时，辛日丁酉时，壬日戊申时，癸日己未时。

【丙加日干，名曰悖乱，而颠倒纪纲。】

注解：

丙火至烈，有悖乱之象，加于日干之上，凡举百事，主纲纪紊乱。

【天有三门：太冲、小吉、从魁。地有四户：月建、除、危、开、定。】

注解：

月将加用时，太冲卯、小吉未、从魁酉所落之方为天三门；月建加时，除、危、开、定之方为地四户。天三门、地四户利于藏形遁迹。

【值使相加，乃天乙之所在。值使临处，为天乙之行宫。其值符同乎天乙，有难宜弃门从神，后一为九天、二为九地，九天之上，利以扬兵；九地之下，利以埋伏。前三为六合，二为太阴，六合之中，逃亡是利；太阴之处，潜伏斯宜。】

注解：

地盘值符为天乙之本宫，值使加临之处为天乙之行宫，九天之上利于扬兵，九地之下宜于埋伏，六合利于逃亡，太阴宜于潜伏，此弃门从神之谓也。

【三诈之方，举动皆利。是休、生、开合乙、丙、丁、九地、太阴而然也。五假之地各有吉凶，是杜、死、惊、伤、景合九地、太阴、乙、丙、丁、己、癸而致也。】

注解：

三诈：开、休、生三门合乙、丙、丁三奇，下临太阴宫，名曰真诈。开、休、生三门合乙、丙、丁三奇，下临九地宫，名曰重诈。开、休、生三门合乙、丙、丁三奇，下临九地宫，名曰休诈。得三诈之方，举动皆利。

五假：若杜门合丁己癸，下临九地，名曰地假，宜潜伏。若景门合乙丙丁，临九天，名曰天假，乙为威德，丙为威武，丁为太阴，三奇之灵，宜于投书等事。若惊门合六壬，下临九天宫，名曰人假，利捕逃亡。若伤门合丁己癸，下临九地，名曰神假，利埋葬。若死门合丁己癸，临九地，名曰鬼假，利超亡荐度。若杜门合丁己癸，下临六合宫，利逃亡。若杜门合丁己癸，下临太阴宫，利遣人间谍探事。

【如六戊不测之术，六甲阴符之妙，此乃心悟，难以言传。有志于卫国安民，出将入相者，不可不知也。】

注解：

遁甲之秘术，只可心悟，不可言传，有志于治国安民者不可不知。

【呜呼！分天地于掌握，罗列宿于心胸，风雷从其呼吸，鬼神听其指挥，其天府石室之秘文，运筹决胜之神算乎！】

注解：

遁甲之学，包含天地之大道，如能掌握其中奥义，则世界万物莫不罗列于胸。千古之绝学，运筹之经典。

岁次大明洪武四年季夏四月朔八日，是为叙，刘基伯温氏谨识。

笔者按：上文注解有些方面为笔者一己之见，推敲难免有误，还望同仁共探讨。

第四章
各家奇门的推算方法及应用

在《掌上奇门》一书中因未涉及到年、月、日、分家奇门推演之法，这次在写作时特意加进来，以保持其奇门的完整性。特别是分家奇门，被视为不传之秘，再加上别有用心者在网上的炒作，更是人感到扑朔迷离，笔者将自己的研究公诸于世，与同仁共探讨。

一、年家奇门推算方法及应用

年家奇门与时家奇门之格局是一样的，但定局有区别。年家奇门以六十年为一元，分上、中、下三元，一元六十年为一局。年家奇门与时家奇门的阴遁局是一样的，逆布六仪、顺布三奇。上元坎宫起甲子，中元巽宫起甲子，下元兑宫起甲子，年家奇门的上、中、下三元与时家奇门的处暑节的上、中、下三元，即阴遁一局、四局、七局。

其起局方法是在定局之后，先看所在之年的年干和年支之组合，再寻其所用之旬首，在排局时看旬首所值的直符、直使是什么，然后排盘布局，直符随年干运行，直使随年支运行。吉凶的判断方法与时家奇门是一样的。年家奇门主要在于定局，也就是说在所值之年的是在上元、中元、还是下元？只要上、中、下三元确定下来，就可知从何宫起甲子，上元坎宫起甲子，中元巽宫起甲子，下元兑宫起甲子，然后按阴遁局之演局法进行，判断吉凶。

年家奇门是从黄帝有熊氏即位的甲子年（公元前 2697 年）作为年家奇

门之上元推下来的。

较为明确的明代年家奇门定局为：

明弘治十七年甲子（公元1504）为上元，从坎宫起甲子。

嘉靖四十三年（公元1564年）为中元，从巽宫起甲子。

天启四年甲子（公元1624年）为下元，从兑宫起甲子。

这样顺下而推可知：

公元1684年为上元。

公元1864年为为上元。

公元1924年为中元。

公元1984年为下元。

到2044年又开始为上元。

年家奇门主要用于一年的大方向预测，以及某一方向对用事等方面的影响及趋避。

以公元1998（戊寅）年为例，1984年至2044年之间，属下元，为阴遁七局，戊寅属甲戌旬，天心星为值符，开门为直使。直符加六戊于兑宫，直使加年支于坤宫，按演局程序进行推演，排出各宫之天地盘。最终排盘如下：

六合　天冲 丙+甲午辛 死　巽	太阴　天任 甲寅癸 甲申庚 +丙 惊　离	螣蛇　天蓬 甲子戊+ 甲寅癸 甲申庚 开　坤
白虎　天芮 甲午辛+甲辰壬 景　震	天辅 甲申庚 寄二坤　中宫	值符　天心 甲戌己+甲子戊 休　兑
玄武　天柱 甲辰壬+乙 杜　艮	九地　天英 乙+丁 伤　坎	九天　天禽 丁+甲戌己 生　乾

另外，年家奇门还配合三元九星来判断年运吉凶，九星中坎宫属一白水星，坤宫属二星土黑，震宫属三木碧星，巽宫属四绿木星，中宫属五黄土

星，乾宫属六白金星，兑宫属七赤金星，艮宫属八白土星，离宫属九火紫星，五行属性与宫位之五行属性相同。一白、六白、八白属吉星，九紫属次吉之星，其余为凶星。三元九星的起法是：上元甲子从坎一宫起，中元甲子从巽四宫起，下元甲子从兑七宫起。年位逆行至所到之宫，以此宫之星入中宫顺飞九宫。

如 1998 年戊寅属下元，从兑宫起甲子逆行九宫，戊寅落坤宫，坤宫属二黑土星，以二黑入中宫顺飞九宫，则九宫飞星有如下图之排列：

一白	六白	八白
九紫	二黑	四绿
五黄	七赤	三碧

从上奇门局与九星落宫可看出，盘中无有很好组合，东南及正南的组合尤为不吉，凶象重重。太岁六戊落坤宫，虽临开门，但天蓬水星为大凶之星加临，在太岁寅来说天蓬凶星得势，故有 1998 年百年不遇的大洪灾。格局凶险之宫位必严重，尤其在震、巽、离三宫格局更凶，巽宫之格局一白水星加临助其水势，丙辛化水而成，死门凶门到宫助其凶势，险象重生，水灾之象。离宫惊门助水势，天盘金水，水入火乡，惊门属金助水，亦是水灾，且癸加丙为“华盖悖师”之凶，庚加丙为“太白入荧”凶格，洪水肆虐，凶象已明，应在水灾。震宫白虎、天芮凶星，辛加壬金水相生，又为“凶蛇入狱”之凶格，洪水猛兽之象。由此可见 1998 洪灾是一种天象运行对地球影响的一种必然规律。坤宫太岁临开门，戊癸相合，八白吉星加临，坤宫、八白属土克水有力，故在党中央的有力领导下，全国人民同心协力，把灾害减少到了最小程度。

二、月家奇门推算方法及应用

月家奇门为五年一局，也就是五年一局，同样也分上、中、下三元，每年十二个月，五年正好六十个月，所以五年为一元。

上、中、下三元怎么分？这要用年来说，与时家奇家奇门的分元法有所不同。在甲已年的年干之下，年支遇四孟（寅、申、巳、亥）为上元，在坎一宫起甲子；年支遇四仲（子、午、卯、酉）为中元，在兑七宫起甲子；年支遇四季（辰、戌、丑、未）为下元，在巽四宫起甲子。其遁法同于时家奇门的阴遁，逆布六仪，顺布三奇。

仔细分析起来，月家奇门的分元，实际上和时家奇门的秋分、大暑节气中的上、中、下三元完全相同。即与时家奇门的上、中、下元与“秋分大暑七一四”一样，而月家奇门甲、已下遇四仲（子、午、卯、酉），而在七宫起甲子，等于时家奇门秋分上元；甲、巳下遇四孟（寅、申、巳、亥），在一宫起甲子，等于时家奇门秋分中元；甲、己下遇四季（辰、戌、丑、未），在四宫起甲子，等于时家奇门秋分下元。只不过月家奇门把每个季度的孟月（正、四、七、十）作为上元（正月建寅之故），仲月（二、五、八、十一）作为中元，季月（三、六、九、十二）作为下元，而不打破年的界线，故使上、中、下三元局数成一、七、四。

月家奇门的布局法是先从年干推出月干，月的干支都明确后，再寻出它的旬首，据旬首找出直符，直符随地盘月干，直使随地盘月支飞泊，定局之后，得奇得门之方大利。

至于从年干推出月干的歌诀为：

甲己之年丙作首，乙庚之山戊为头。

丙辛之年寻庚上，丁壬壬位顺行流。

戊癸之年何方发，甲寅头上好追求。

现举一实例，用月家奇门推公元1990年（庚午）阴历五月的情况。

首先审看当年当年的干支，公元 1900 年为庚午，五年一元，每元第一年的年干为甲或己，庚午属己巳这一组。己巳年己年干下遇巳，巳属孟，属上元，故在坎一宫起甲子，即用阴遁一局排盘布局。，再来推月干，“乙、庚之岁戊为头”，即正月为戊寅，戊寅、已卯、庚辰、辛巳、壬午，庚午年五月为壬午，月干壬。

壬午旬头为甲戌，在阴遁一局活盘上为离九宫，天英为直符，景门为直使，“直使随月支”，壬午为甲戌旬第九数，把景门转到坎一宫（这成为八门反吟）；“直符随月干”，把天英转到六壬所在的乾六宫。

根据最后定局来判断，庚午年五月，生门合丙奇于坤二宫；正南方离九宫天盘为六庚，地盘为本月旬头（亦即直符），为天乙伏宫格；地盘六己（甲戌），为刑格；正南不吉。排盘如下：

白虎　天柱 甲子戊+丁 开　巽	六合　天冲 甲申庚+甲戌己 休　离	太阴　天禽 乙 丙 +　甲寅癸 生　坤
玄武　天心 甲辰壬+丙 惊　震	天任 甲寅癸 寄二坤　中宫	螣蛇　天蓬 丁+甲午辛 伤　兑
九地　天芮 甲午辛+甲申庚 死　艮	九天　天辅 乙 甲寅癸+甲子戊 景　坎	值符　天英 甲戌己+甲辰壬 杜　乾

月家奇门也配九星，其口诀如下：

孟年正月巽为头，仲年兑上起根由，季年坎上一白方。

其意为孟年（寅、申、巳、亥年）正月从巽宫起一白星，顺飞九星，二月则从中宫起一白星，顺飞九星……十二个月依次而推。仲年从兑宫起起一白星顺飞九星，二月从艮宫起一白顺飞九星……十二个月依次而推。

如 1990 年庚午年为仲年，正月从兑宫起一白，二月艮宫起一白，三月离宫起一白，四月坎宫起一白，五月坤宫起一白，则五月之九星图如下所示：

巽宫三碧	离宫八白	坤宫一白
震宫二黑	中宫四绿	兑宫六白
艮宫七赤	坎宫九紫	乾宫五黄

一白在西南合奇门生门丙奇于坤二宫，故1990 年 5 月西南坤宫为大吉方。

三、日家奇门推算方法及应用

日家奇门比时家奇门简单。拿定局的多寡来看，时家奇门是 1080 局，而日家奇门只有 120 局。

日家奇门与时家奇门相同的地方有四点：

1. 都是以洛书和后天八卦为构架和排局背景的。
2. 都分阴遁和阳遁，冬至到夏至为阳遁，夏至到冬至为阴遁。
3. 都用休、生、伤、杜、景、死、惊、开八门。
4. 都忌五不遇时（时干克日干）。

日家奇门与时家奇门相异的地方有以下五点：

1. 排局法不同。
2. 九星不同。
3. 日家奇门没有时家奇门的几十个吉凶格。
4. 日家奇门分十二黄黑道，时家奇门不分。
5. 日家奇门分喜神方位，时家奇门不论。

下面谈日家奇门排局法。

1. 排八门法

日家奇门排八门，先按日辰定休门在哪一宫，三日一宫，满三日移一宫为休门。休门移宫的次序，冬至后阳遁为一、二、三、四、五、六、七、八、九；夏至后阴遁为九、八、七、六、五、四、三、二、一，顺逆飞八方，不入中宫。定休门之后，据日干之阴阳，确定各门按休、生、伤、杜、景、死、惊、开来顺布（顺时针）或是逆布（逆时针）。日干为阳（甲、丙、戊、庚、壬），则依顺时针方向布八门；日干为阴（乙、丁、己、辛、癸），则依逆时针施布八门。

排门时三日为一组，在同一宫，为同一门，三日一换宫。每组领头一日的地支为子、午、卯、酉。起休门的准则是，冬至后：

甲子、乙丑、丙寅日，休门在坎一宫；

丁卯、戊辰、己巳日，休门在坤二宫；

庚午、辛未、壬申日，休门在震三宫；

癸酉、甲戌、乙亥日，休门在巽四宫；

丙子、丁丑、戊寅日，休门在乾六宫；

己卯、庚辰、辛巳日，休门在兑七宫；

壬午、癸未、甲申日，休门在艮八宫；

乙酉、丙戌、丁亥日，休门在离九宫；

戊子、己丑、庚寅日，休门在坎一宫；

辛卯、壬辰、癸巳日，休门在坤二宫；

甲午、乙未、丙申日，休门在震三宫；

丁酉、戊戌、己亥日，休门在巽四宫；

庚子、辛丑、壬寅日，休门在乾六宫；

癸卯、甲辰、乙巳日，休门在兑七宫；

丙午、丁未、戊申日，休门在艮八宫；

己酉、庚戌、辛亥日，休门在离九宫；

壬子、癸丑、甲寅日，休门在坎一宫；

乙卯、丙辰、丁巳日，休门在坤二宫；

戊午、己未、庚申日，休门在震三宫；

辛酉、壬戌、癸亥日，休门在巽四宫；

甲子、乙丑、丙寅日，休门又复在坎一宫。

这是从日辰依顺排的角度来看起休门的。如果从每组三日的头一日的地支角度看，则甲子、戊子、壬子这三日都是从坎一宫起休门的；丁卯、辛卯、乙卯三日都是从坤二宫起休门的……等等。前人依此总结为《阳遁起休门歌》说：

甲戊壬子居坎，丁辛乙卯坤转，

戊庚甲马震宫来，癸丁辛酉巽在，

庚丙鼠逢乾位，己癸卯走西边，

壬丙骑马艮山头，乙己鸡飞离边。

因为这首歌说地都是三日一组的打头那一天的日辰，所以每行说三天就等于说了九天，说两天就等于说了六天。如第一句“甲戊壬子居坎”，意思就是甲子日、戊子日、壬子日，都是从坎宫起休门，因为这都是每组打头之日，所以说甲子日当然就包含了乙丑、丙寅日；说戊子日也就包含了己丑、庚寅日；说壬子日也就包含了癸丑、甲寅日。又如“己癸卯走西边”，意思是己卯、癸卯都从兑七宫起休门，而说己卯也就包含了庚辰、辛巳日，说癸卯也 包含了甲辰、乙巳日。

夏至后起休门歌为：

甲戊壬子居离，丁辛乙卯艮连，

戊庚甲马兑宫先，丁癸辛酉乾健。

庚丙鼠游巽位，己癸卯走东边，

壬丙骑马到坤宫，乙己鸡飞坎位。

这首歌诀的意思是：甲子、戊子、壬子日，休门在离宫；丁卯、辛卯、乙卯日，休门在艮八宫；戊午、庚午、甲午日，休门在兑七宫；丁酉、癸酉、辛酉日，休门在乾六宫；庚子、丙子日，休门在巽四宫；己卯、癸卯日，休门在震三宫；壬午、丙午日，休门在坤二宫，乙酉、己酉日，休门在坎一宫。和阳遁一样，这首歌所说的都是每组头一天的日辰，以打头一日，代表包括它后边两个在内的三个日辰。

日家奇门阴遁的排八门也是三日一宫，移宫是按九、八、七、六、五、四、三、二、一的次序逆行的，即甲子、乙丑、丙寅日，休门在离九宫；丁卯、戊辰、己巳日，休门在艮八宫；庚午、辛未、壬申日，休门在兑七宫……

冬至后和夏至后排八门，可分别用下二图表示：

冬至后阳遁排八门图

夏至后阴遁排八门图

休门在哪一宫确实之后，再看日干为阴还是阳，日干为阳，八门顺行(顺时针方向)，日干为阴，八门逆行（逆时针方向)。如冬至后甲子、乙丑、丙寅三日，休门都在坎一宫，但甲子日与乙丑日其他七门的分布则全不一样。甲子日生门在艮八宫，伤门在震三宫，杜门在巽四宫，景门在离九宫，死门在坤二宫，惊门在兑七宫，开门在乾六宫，但乙丑生门在乾六宫，伤门在兑七宫，杜门在坤二宫，景门在离九宫，死门在巽四宫，惊门在震三宫，开门在艮八宫。丙寅日日干为阳，八门布法与甲子日完全相同。

现举几个实例。如冬至后丙午日八门排法，日干为丙，日支为午，“壬丙骑马艮山头”，在艮八宫起休门，丙为阳干，八门顺时针而排：

丁未日与丙午日为一组，也是艮宫起八门，日干丁为阴，八门逆时针而布：

戊申日八门排法与丙午日完全相同。

再如冬至后辛亥日排八门，日支不是子、午、卯、酉四仲，就到六十甲子表上向前一、二位去找四仲，找到己酉，“乙己鸡飞离边”，在离九宫起休门，辛为阴干，八门逆行，冬至后辛亥日八门排宫如下图：

2. 九星落局法

日家奇门排九星是入中宫的，要排九星，首先要明确九星的次序，然后才可以根据日辰在哪一旬和九星的次序，把九个星落实到九个宫中去。九星的次序是：

一、太乙　二、摄提　三、轩辕

四、招摇　五、天符　六、青龙

七、咸池　八、太阴　九、天乙

九星落局也按冬至后阳遁、夏至后阴遁进行，一日一宫而行。阳遁按八、九、一、二、三、四、五、六、七的次序给各宫配入九星；阴遁按二、一、九、八、七、六、五、四、三的宫次配入九星。

与排八门首先决定休门在哪一宫，然后再安排其他七门一样，排九星也许首先确实太乙在哪一宫，然后依次安排其他八星。

至于从哪一宫起太乙，除了看时间是属冬至以后还是夏至以后而外，主要看日辰属哪一旬的哪一天。冬至后阳遁，甲子旬第一天从艮八宫起太乙；甲戌旬第一天从离九宫起太乙；甲申旬第一天从坎一宫起太乙；甲午旬第一天从坤二宫起太乙；甲辰旬第一天从震三宫起太乙；甲寅旬第一天从巽四宫起太乙。对此，前人总结歌诀为：

甲子回头起艮，甲戌飞入离宫，

甲申来入坎水，甲午坤宫已定，

甲辰龙行震地，甲寅虎奔巽风，

九星殿上显威名，太乙临之有用。

甲子旬第一天从艮八宫起太乙；第二天乙丑，则从离九宫起太乙；第三日丙寅，从坎一宫起太乙；丁卯日从坤二宫起太乙；戊辰日从震三宫起太乙；己巳日从巽四宫起太乙；庚午日从中五宫起太乙；辛未日从乾六宫起太乙；壬申日从兑七宫起太乙；癸酉日（旬末）从艮八宫起太乙，又和旬头一样。所以每旬十天，旬首、旬末太乙在同一宫，到下旬头一天，恰好太乙在下一宫。

以冬至后阳遁乙丑日九星落宫为例：离九宫起太乙，坎一宫摄提，坤二宫轩辕，震三宫招摇，巽四宫天符，中五宫青龙，乾六宫咸池，兑七宫太阴，艮八宫天乙，如下图：

夏至后阴遁九星落局是一日一宫逆行，起例为甲子日坤二宫起太乙，甲戌日坎一宫起太乙，甲申日离九宫起太乙，甲午日艮八宫起太乙，甲辰日兑

七宫起太乙，甲寅日乾六宫起太乙。总结为歌诀则是：

甲子回头起坤，甲戌飞入坎宫，

甲申离上笑欣欣，甲午艮宫直进，

甲辰龙行兑位，甲寅乾方坐阵，

九星太乙须逆行，仔细推求有应。

阴遁每日逆宫飞布九星。如甲子日坤宫起太乙，坎宫摄提，离宫轩辕，艮宫招摇，兑宫天符，乾宫青龙，中宫咸池，巽宫太阴，震宫天乙。

起太乙法也是一日逆移一宫，甲子日坤二宫起太乙，乙丑日坎一宫起太乙，丙寅日离九宫起太乙，丁卯日艮八宫起太乙，戊辰日兑七宫起太乙，己巳日乾六宫起太乙，庚午日中五宫起太乙，辛未日巽四宫起太乙，壬申日震三宫起太乙，癸酉日坤二宫起太乙。甲戌日坎一宫起太乙（甲戌飞入坎宫）。

冬至后和夏至后九星落局法可分别用下二图表示：

冬至后九星落局图

夏至后九星落局图

以上讲了排八门和配九星。给局中排了八门，配上九星，便显示本日的吉凶方位。这是显示空间吉凶的；另外，日家奇门有十二黄黑道，则是预示本日内十二个时辰吉凶的。这就形成了一个即显示时间吉凶，又显示空间吉凶的三维的、立体的吉凶座标。

3. 十二黄黑道

十二黄黑道的次序是：青龙（黄道）、明堂（黄道）、天刑（黑道）、朱雀（黑道）、金匮（黄道）、天德（黄道）、白虎（黑道）、玉堂（黄道）、天牢（黑道）、玄武（黑道）、司命（黄道）、勾陈（黑道）。

每日各时辰中的黄黑道各是什么，是由日支来决定的。要知一日中各个时辰的黄黑道，可先由日支确定青龙在哪一个时辰：

子、午日青龙在申时，卯、酉日青龙在寅时，

寅、申日青龙在子时，巳、亥日青龙在午时，

辰、戌日青龙在辰时，丑、未日青龙在戌时。

只要知道了青龙在哪个时辰，便可依次顺推出明堂、天刑、朱雀、金匮、天德、白虎、玉堂、天牢、玄武、司命、勾陈各在本日的哪个时辰。起黄十二黄黑道不论夏至、冬至。

如甲子日从甲时起青龙，则十二黄黑道如下图所示：

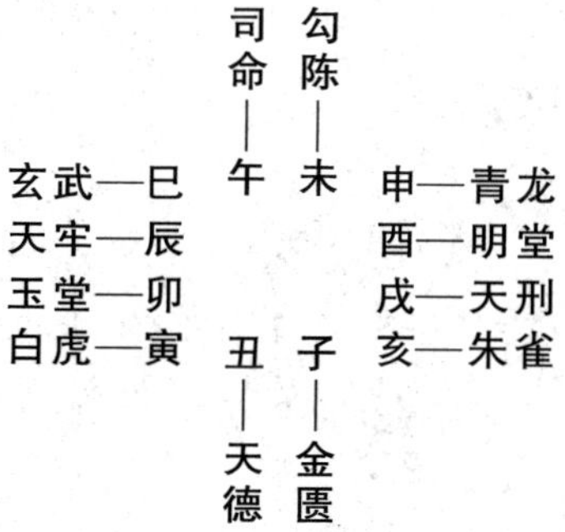

十二黄黑道歌诀如下：

子午青龙起在申，卯酉之时又在寅，

寅申须从子上起，巳亥在午不须论，

惟有辰戌归辰位，丑未原从戌上寻。

4. 天乙贵人

天乙贵人是以日干来推定的。

甲、戊日，丑、未时为天乙贵人；

乙、己日，子、申时为天乙贵人；

丙、丁日，酉、亥时为天乙贵人；

庚、辛日，寅、午时为天乙贵人；

壬、癸日，卯、巳时为天乙贵人；

《天乙贵人歌》云：

甲戊兼牛羊，乙己鼠猴乡，

丙丁猪鸡位，壬癸兔蛇藏，

庚辛逢马虎，此是贵人方。

5. 喜神方位

《喜神方位歌》说：

甲己在艮乙庚乾，丙辛坤位喜神安。

丁壬远向离宫坐，戊癸原来在巽间。

即甲、己日喜神在东北，乙、庚日喜神在西北，丙、辛日喜神在西南，丁、壬日喜神在正南。用图示意如下：

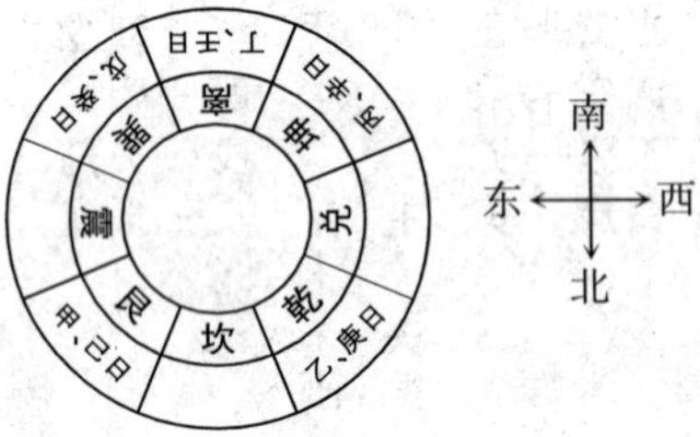

6. 截路空亡

截路空亡也由日干推得，其规律是：

甲、己日，申、酉时；乙、庚日：午、未时；

丙、辛日，辰、巳时；丁、壬：日寅、卯时；

戊、癸日，子、丑、戌、亥时。

《截路空亡歌》云：

甲己申酉最为愁，乙庚午未不须求，

丙辛辰巳何劳问，丁壬寅卯一场忧，

戊癸子丑及戌亥，时犯空亡万事休。

甲、己日申、酉时为壬申、癸酉；乙、庚日午、未时为壬午、癸未；丙、辛日辰、巳时为壬辰、癸巳；丁、壬日寅、卯时为壬寅、癸卯；戊、癸日子、丑、戌、亥时为壬子、癸丑、壬戌、癸亥。从这里我们可以看出一个规律，即所有天干为壬、癸的时辰，都是截路空亡。

7. 五不遇时

时干克日干的时辰为五不遇时。如：

甲日庚午时，乙日辛巳时。

丙日壬辰时，丁日癸卯时。

戊日甲寅时，己日乙丑、乙亥时。

庚日丙子、丙戌时，辛日丁酉时。

壬日戊申时，癸日己未时。

《五不遇时歌》云：

五不遇时知其难，定为时干克日干。

纵有奇门赤不利，损其日月不可观。

所谓时干克日干，只限于阳干克阳干，阴干克阴干，阴干克阳干或阳干克阴干不算。

下面通过两个实例，来综合一下日家奇门星、门的排法和当天十二个时辰的黄黑道的推算，判定喜神在何方，从而断定当日的吉时吉方。

如阳遁丙午日。（星门安排如下图所示）

先起休门。阳遁起休门歌说：“壬丙骑马艮山头”，休门在艮八宫，日干为阳，顺行八门。生门在震三宫，伤门在巽四宫，杜门在离九宫，景门在坤二宫，死门在兑七宫，惊门在乾六宫，开门在坎一宫。

再排九星。丙午日旬头为甲辰。“甲辰龙行震地”，甲辰日从震三宫起太乙，可以推出丙午从中五宫起太乙，乾六宫为摄提，兑七宫为轩辕，艮八宫为招摇，离九宫为天符，坎一宫为青龙，坤二宫为咸池，震三宫为太阴，巽四宫为天乙。

关于阳遁丙午日黄黑道，“子午青龙起在申”，申时为青龙，，酉时明堂，戌时天刑，亥时朱雀，子时金匮，丑时天德，寅时白虎，卯时玉堂，辰时为壬辰，是天牢，又为五不遇时，巳时玄武，又为截路空亡，午时为司命，未时为勾陈。此日喜神在西南方坤宫。

又如夏至后阴遁乙卯日。（阴遁乙卯日星门安排如下图）

关于起休门：“丁辛乙卯艮连”，阴遁乙卯日艮八宫起休门，日干为阴，八门逆时针而行，生门在坎一宫，伤门在乾六宫，杜门在兑七宫，景门在坤二宫，死门在离九宫，惊门在巽四宫，开门在震三宫。

再起太乙。推出乙卯日中宫起太乙，巽四宫起摄提，震三宫起轩辕，坤二宫起招摇，坎一宫天符，离九宫青龙，艮八宫咸池，兑七宫太阴，乾六宫天乙。

关于十二黄黑道：“卯、酉之日又在寅”，即酉卯日二青龙在寅时。寅时青龙，卯时明堂，辰时天刑，巳时朱雀，巳时为辛巳，又为五不遇时；午时为金匮，又为截路空亡（“乙庚午未不须求”），未时为天德，也为截路空亡；申时为白虎，酉时为玉堂，戌时为天牢，亥时为玄武，子时为司命，丑时为勾陈。此日喜神方位在乾宫（“甲己在艮乙庚乾”）。

最后，我们谈一下日家奇门的吉凶判断。

先说九星吉凶。

九星中有四个星为吉星：太乙、青龙、太阴、天乙。

有两个星为平星：轩辕、招摇。

有三个星为凶星：摄提、天符、咸池。

前人有关“九星吉凶歌”如下：

1. 太乙水神

门中见太乙，星曜号贪狼。

博奕钱财众，婚姻大吉昌。

出门无阻滞，参谒见贤良。

2. 摄提土神

远行遭羁绊，耕地损牛犁。相生又间可，

相克见灾危。死门并相见，老妇哭悲啼。

求财并嫁娶，万事不相宜。主隐匿遁藏。

3. 轩辕水神

出入遇轩辕，作事必牵缠。相生灾侵慢，

相克必忧煎。远行逢屯颤，博奕定输钱。

言动则伤身。

4. 招摇木神

招摇号木神，当门百事成。

相克行人阻，阴人口舌迎。

白梦多惊恐，屋响釜自鸣。

阴阳消息事，作事不容情。

5. 天符土神

五鬼是天符，当门阴女谋。

相克无好事，言客在程迟。

走路难得见，吊客惹成孤。

此星当门值，切记有灾途。

6. 青龙金神

门内见青龙，求财喜重重。

每遂茶酒事，博奕定见赢。

相生钱财旺，休言克破刑。

接贵安营寨，万事喜和同。

7. 咸池金神

吾将号咸池，当门事不宜。

相生皆无破，相克有灾危。

博奕相输脱，求财空手归。

神仙真妙诀，愚人要与知。

军事须进退，反复逆风吹。

8. 太阴土神

当门见太阴，百祸不能侵。

方行六七里，知交有觅寻。

妙法牢收取，回军引马前。

有伏兵截路，慎不可轻行。

9. 天乙火神

门迎天乙星，相生百事成。

动用皆和顺，茶酒自相迎。

求婚行嫁娶，相会自天成。

出军交兵阵，一见定胜赢。

九星飞宫断例：

太阴虽名凶恶星，兵亡将败至忧惊。

扎寨安营须大吉，倘逢吉曜转凶星。

青龙临处宜求财，出入逢之事必谐。

布阵行兵百事吉，修营嫁娶福寿来。

太乙本是水之精，出入无阻坦荡行。

若遇阴人尤大吉，行兵百事尽欢欣。

天乙偏宜见贵人，用事求谋总遂心。

更出此方无所虑，身名必定得天恩。

招摇如遇入中宫，知者将军莫交逢。

无论王侯与宰相，徒劳心力不成功。

天符方上恐遭屯，避忌此宫大不宁。

倘能用力禳酬过，不然五鬼不容情。

轩辕遇着最艰难，百事谋为逢伤残。

出入定当防有火，暗损明伤定不还。

咸池恶煞凶神随，蛇虎重重遭困围。

此方远近宜穿井，其他用事恐伤悲。

摄提方上主多哀，脚腿多忧坎坷灾。

若行此路定无吉，兵家切记去难来。

八门吉凶歌

1. 休门水神贪狼

求公干私遇休门，求财参谒贵人钦。

欲速同行吉相助，出入嫁娶五福临。

休门已见百般事，出入经行得恁强。

但求休门门见路，更逢吉利合衷肠。

2. 生门土神左辅

但凡出入遇生门，吉曜临之万事成。

若有凶神相隔辍，求财所得利称心。

生门已见好经营，百事流通得称情。

此门出入逢欢喜。但求经营喜气生。

3. 伤门木神禄存

出入求财如遇伤，更逢吉曜亦难当。

跟前人惹疼病祸，自身须防有灾殃。

伤门往往是非传，若出门来有祸愆。

采捕称心虽是好，其余不得不忧煎。

4. 杜门木神文曲

杜门公用空施行，亦见门中有吉星。

茶酒自然留客住，欢欣百事喜相成。

杜门曾见好经营，出入从来未称情。

若然逃遁和避难，即是原木也不成。

5. 景门火星廉贞

远行出入景门中，无克无凶半吉凶。

若值星辰方位恶，心头做事亦难通。

景门出入且宜良，玩赏喜中第一强。

采猎捕鱼人少得，无忧无喜见安康。

6. 死门土神巨门

参谒求谋入死门，吉神刻剥不堪论。

若不自身作横事，其人必定见伤痕。

死门不可东西去，大抵为名事不美。

死伤求哀为不利，圣人怎肯教胡传。

7. 惊门金神破军

寻求走失出惊门，逃人财物尽都存。

更行吉星变刑克，在失逃人自失魂。

惊门一定有虚惊，出入如逢百不成。

百般美事休更说，往往居家不称心。

8. 开门金星武曲

开门出入最为良，万事亨通大吉昌。

出入求财定见喜，八方干事一齐强。

求财出入遇开门，自有欣欣百事成。

更值吉星当位到，相逢酒食笑欣欣。

八门所宜：

休门宜出贵人留，杜门藏身可免忧。

景门求财多获利，伤门索债必得收。

生门嫁娶远行吉，惊门遇喜未必周。

死门捕捉并渔猎，开门顺利遍九洲。

以上诸歌互有补充，可以参照研究；其中也有矛盾和错误，可灵活应用，不可以辞害志。

八门遇九星断例：

休门若获遇青龙，凡事谋为尽亨通。

觅利求财兴百倍，出军排阵定催锋。

休门太乙百事兴，相争战斗旺行兵。

起营利寨终须胜，见贵参观喜相逢。

休门若遇天乙星，出入求财大快亨。

多遇贵人怜忧喜，逢迎酒食得人钦。

生门最宜见青龙，谒贵谋为百事通。

经商定获千倍利，出入无忧展笑容。

生门太乙福德多，所求称意任张罗。

觅利求财期百倍，出入行军无滞隔。

生门若遇天乙星，出入定无争斗迎。

布兵排阵皆得胜，万事从心大亨通。

开门若遇得青龙，觅利重逢得裕丰。

谒贵参官多见爱，求谋出入定无空。

开门若合太乙星，维时劫寨好偷营。

出战行兵无不胜，只有开门用安宁。

开门若遇天乙星，出军行阵莫怀猜。

求望经营多得利，参官偏得贵人扶。

八门吉凶随事行，不但休生与开门。

节气若排十干上，悉心详究自分明。

这首歌的总规律是说，吉星合休生开三吉门，百事亨通遂心称意。

至于其他因素的吉凶含义，可分以下五点：

1. 时上遇黄道为吉，遇黑道为凶。青龙、明堂、金匮、天德、玉堂、司命为黄道；天刑、朱雀、白虎、天牢、玄武、勾陈为黑道。

2. 喜神方位为吉方。

3. 天乙贵人为吉时。

4. 时辰逢截路空亡，吉不成吉，凶不成凶。

5. 五不遇时绝不可用。

根据以上几条可知，在日家奇门中，吉门会吉星方位为吉。这个方位如果又为喜神方位则更吉。

至于在每个时辰中，在吉方的大前题下，可选吉时出入吉方。那么怎样判断吉时呢？

1. 取黄道吉时。

2. 虽为黄道，却逢截路空亡，则失其吉时。

3. 黄道虽逢截路空亡，却为天乙贵人，则又可用。

4. 黑道凶不可用。

5. 虽为黄道，却为五不遇时，则不可用。

6. 黑道又为五不遇时，用之必凶。

四、分家奇门揭秘

笔者按：有时从网上看到关于对刻家及分家奇门的宣扬，被视为不传之秘，由于笔者未能接触到有些提法的原始资料，故无法考证其合理性与可行性，所以不敢妄加评判。现将笔者多年考证研究与实践的分家奇门公诸于世，与同好分享。

1. 排局布式的理论依据

古有一时辰为八刻十二分之说，即一个时辰可分为八刻，也可分为十二分。如以八刻为一时辰，五个时辰就为四十刻，不符合六十甲子周期规律；而一时辰如以十二分来计算，则五个时辰为六十分，完全符合六十甲子周期规律。笔者在本书第三章中已有论述，即木星的标准周期为11·8622年，是与天海会合标准周期171·4年相叠加的结果，基本上接近于十二地支周期。而土星木星会合周期是19·86年，而会合黄经要前移242·7度，会合三次等于两个圆周，达到了原来的黄经位置，这就是六十年相似的天文背景，而六十年周期又与天干、地支组合的天文干支纪年六十纳音相一致。为什么要说这些，因时家奇门五日为一元，一元为五天即六十个时辰，同样可以推理用分或刻来划分时辰的话，应该是五个时辰有六十刻或六十分，这样才能反映出奇门固有的三元排局布式规律及干支周期规律，所以说一时辰只能以十二分来计算，不可以用八刻来划分。同时十二分也符合十二地支周期循环规律，分也应该以十二地支来表示，即子分、丑分、寅分、卯分……亥分，由于一个时辰是两小时一百二十分钟，十二分则每分以十分钟来计算。

十二分的干支应该怎么组合呢，从日上起时干支与年上起月干支我们作一分析，日上起时的规律古人总结的的口诀是："甲、己还加甲，乙、庚丙作初，丙、辛从戊起，丁、壬庚子居，戊、癸何方寻，壬子不须移。"即甲、己日子时加甲为甲子，顺行十二地支；乙、庚日子时加丙为丙子，顺行十二地支；丙、辛日子时加戊为戊子时，顺行十二地支；丁、壬日子时加庚为庚子时，顺行十二地支；戊、癸日子时加壬为壬子时，顺行十二地支。年上起月的规律古人总结的口诀是："甲、己之年丙作首，乙、庚之岁戊为头，丙、辛之年寻庚上，丁、壬壬位顺行流，戊、癸之年何方发，甲寅头上好查寻。"即甲、己年正月起丙寅顺行十二月支，乙、庚年正月起戊寅顺行十二月支，丙、辛年正月起庚寅顺行十二月支，丁、壬年正月起壬寅顺行十二月支，戊、癸年正月起甲寅顺行十二月支。从年上起月的规律可以看出，年上起月与日上起时的规律完全一致，因古有冬至后为第二年之说，原因是冬至一阳生，如按这一说法来推，则完全与日上起时规律相符。如 1984 年是甲子年，从上面的推理"甲、己之年丙作首"可知，正月为丙寅、二月为丁卯……十一月为丙子、十二月为丁丑；1985 年是乙丑年，"乙、庚之岁戊为头"，正月是戊寅、二月是己卯……如按古说 1984 年冬至开始即为 1985 年的话，如果套用日上起时诀"乙、庚丙作初"，则 1984 年（甲子）十一月子月则为丙子，到 1985 年（乙丑）的正月正好是戊寅，又合"乙、庚之岁戊为头"之说了。由此可见年上起月干支与日上起时干支规律是完全一致的。由以上的论述我们可以同样得出结论，分的干支组合与日上起时干支的组合规律是一样的，上面的日上起时诀同样也是时上起分诀。如以壬辰时子分的干支组合为例，从上面日上起时诀"丁、壬庚子居"可知，壬辰时子分为庚子，往下推丑分则为辛丑、寅分为壬寅、卯分为癸卯……窥一斑而见全豹，其他时分的推算，聪明的读者一定会不言自明。

十二分的干支组合规律掌握之后，我们再来讨论分家奇门的阴阳局划分问题。时家奇门反映的是一年四季的阴阳变易规律，其划分是冬至、夏至为阴阳始生之地，冬至一阳生，开始用阳遁局；夏至一阴生，开始用阴遁局。而分家奇门反映的是一天的阴阳变易规律，其子、午为阴阳始生之地，故子时一阳始生用阳遁局，午时一阴始生用阴遁局。局数的定位又如何确实呢，我们可以从古人时家九星诀里面去寻求规律，古诀对时家九星的推演是："冬至三元一七四，子午卯酉顺布之。夏至三元九三六，子午卯酉逆排之。"即指冬至后只用阳遁局一七四上中下三元，而夏至后阴遁局只用九三六上中下三元。因冬至属坎一宫，故上元为阳一局，中元则为阳七局，下元为阳四局；夏至在离九宫，所以上元为阴九局，中元为阴三局，下元为阴六局。由此我们可以引申出一种规律，即分家奇门的排局规律与时家九星的运行规律是一致的，即阳遁局从子时开始，子时一阳生，子属坎宫，故上元为阳一局，中元则为阳七局，下元为阳四局；阴遁局从午时开始，午时一阴生，故上元为阴九局，中元为阴三局，下元为阴六局。五个时辰一换局，同样以天干甲、己符头逢子午卯酉为上元，寅申巳亥为中元，辰戌丑未为下元。

为什么时家奇门阳阴阳十八局，一局用五天六十个时辰，则有 1080 局，而分家奇门只用阴阳六局，一局用六十分，则只有 360 局呢，因时家奇门反映的是一年春夏秋冬阴阳来复反转的自然本体规律，以一年二十四节气分布八方，每方一卦管三节气，冬至、夏至为阴阳始分之地，因全年共有二十四节气，故要用阳遁九局、阴遁九局合阴阳十八局以通流年之气。而分家奇门反映的是一天的阴阳变易规律，只有子、午时为阴阳始分之地，所以只能用阳遁三局、阴遁三局合阴阳六局而体现一天的阴阳周期规律。同时一局管六十分，即为六十局；六局管三百六十分，则为三百六十分亦即三百六十局，而 360 局也正好反映的是一个周天循环规律。

分家奇门在情况复杂的条件下，在提取信息方面显得灵活多变，更为精确。为了能使读者更为明白，下面只介绍排局布式的具体方法，由于篇幅所限，实际应用操作方法将在以后的专著中或在学员培训时详细讲解。

2. 实际操作的具体方法

分家奇门的上、中、下三元的定位与时家奇门有共同之处，不同的一点是时家奇门以日干支组合定三元，而分家奇门是以时干支组合定三元。同样以甲、己为符头，逢子、午、卯、酉为上元，逢寅、申、巳、亥为中元，逢辰、戌、丑、未为下元。上面已讲过，子、午为阴阳始分之地，子时开始用阳遁局，午时开始用阴遁局。如以 2008 年 1 月 22 日 6 时 45 分为例，因 5~7 时为卯时，由此可知 6 时 45 分为卯时的第十一分之戌分，因这一天的干支组合是辛酉日，从口诀“丙辛从戊起”可知，子时为戊子，丑时为己丑，寅时为庚寅，到卯时即为辛卯，即辛酉日的卯时为辛卯时。再从时上起分，同样是“丙辛从戊起”即子分为戊子，丑分为己丑，寅分为庚寅……到戌分为戊戌，即辛卯时戌分为戊戌分。其年、月、日、时、分的干支组合为：丁亥年、癸丑月、辛酉日、辛卯时、戊戌分，接下来再定位阴阳局数，因卯时属阳遁局，时干支辛卯属己丑符头，因辰、戌、丑、未俱属下元局，从以上讲过的理论方法可知辛卯时为下元阳遁四局，戊戌属甲午旬，其戊戌分的奇门局象图如下：

丁亥年、癸丑月、辛酉日、辛卯时、戊戌分，阳遁四局，天柱值符落巽宫，惊门值使落坤宫。

值符　天柱 甲午辛+甲子戊 景　巽	螣蛇　天冲 甲申庚+甲寅癸 死　离	太阴　天禽 丙 丁＋　甲戌己 惊　坤
九天　天心 丙 甲戌己+乙 杜　震	天任 甲戌己 寄二坤　中宫	六合　天蓬 甲辰壬+甲午辛 开　兑
九地　天芮 甲寅癸+甲辰壬 伤　艮	玄武　天辅 甲子戊+丁 生　坎	白虎　天英 乙＋甲申庚 休　乾

从上面局象图中我们可看到，天盘年干六丁落坤宫，天盘月干六癸落艮宫，天盘日干与时干六辛落巽宫，分干六戊落坎宫下临丁奇，又是生门之地。

又如1998年3月5日9时25分，因9~11时是巳时，9时25分为巳时第三分之寅分，因这一天的干支组合是己卯，从口诀“甲、己还加甲”一句可知，这一天子时为甲子，子时为乙丑，寅时为丙寅，卯时为丁卯，辰时为戊辰，到巳时为己巳时。再从时上起分，同样是“甲、己还加甲”之诀，子分为甲子，丑分为乙丑，到寅分为丙寅分。其年、月、日、时、分的干支组合为：戊辰年、乙卯月、己卯日、己巳时、丙寅分，接下来再定位阴阳局数，因巳时属阳遁局，时干支己巳正好为符头，因寅、申、巳、亥属中元，故可得己巳时为中元阳遁七局，其丙寅分的奇门局象图如下：

戊辰年、乙卯月、己卯日、己巳时、丙寅分，阳遁七局，天柱值符落中宫寄二坤宫，惊门值使落离宫。

九地　天心 甲申庚+丁 死　乾	九天　天芮 甲辰壬 +甲申庚 丙 惊　离	值符　天辅 甲辰壬 甲子戊+ 丙 开　坤
玄武　天禽 丁+甲寅癸 景　震	天柱 丙 寄二坤　中宫	螣蛇　天英 乙+甲子戊 休　兑
白虎　天蓬 甲寅癸+甲戊己 杜　艮	六合　天冲 甲戊己+甲午辛 伤　坎	太阴　天任 甲午辛+乙 生　乾

从局象图中我们可看到，天盘年干六戊落坤宫临值符，天盘月干乙落兑宫，天盘日、时干六己落坎宫临伤门，分干丙奇落离宫下临六庚为“荧入太白”凶格。

上面举了分家奇门阳遁局的两个例子，下面再举分家奇门阴遁局的两个例子，以使读者更为明白。

如 2001 年 5 月 23 日 16 时 25 分，因 15~17 时为申时，是午时之后的时辰故要用阴遁局。16 时 25 分为申时第九分之申分，因这一天的干支组合是丙戌，从口诀“丙辛从戊起”可知，子时为戊子，丑时为己丑，寅时为庚寅……到申时为丙申时。再从时上起分，同样是“丙辛从戊起”即子分为戊子，丑分为己丑，寅分为庚寅……申分为丙寅分。其年、月、日、时、分的干支组合为：辛巳年、癸巳月、丙戌日、丙申时、丙申分，因丙申日属甲午符头，由此可知丙申时为分家奇门之上元阴遁九局，其丙申分的奇门局象图如下：

辛巳年、癸巳月、丙戌日、丙申时、丙申分，阴遁九局，天心值符落坤宫，开门值使落巽宫。

太阴　天任 丙 甲辰壬+甲寅癸 开　巽	螣蛇　天辅 甲申庚+甲子戊 休　离	值符　天心 丙 甲午辛+甲辰壬 生　坤
六合　天柱 甲子戊+丁 惊　震	天任 甲辰壬 寄二坤　中宫	九天　天芮 乙+甲申庚 伤　兑
白虎　天冲 甲寅癸+甲戌己 死　艮	玄武　天禽 丁+乙 景　坎	九地　天蓬 甲戌己+甲午辛 杜　乾

从局象图中我们可看到，天盘年干六辛临值符落坤宫，月干六癸落艮宫临死门，天盘日、时、分干丙奇临开门落巽宫。

又如 2003 年 4 月 9 日 22 时 56 分，因 21~23 时为亥时，所以要用阴遁局，22 时 56 分为亥时第十二分之亥分，因这一天的干支组合是壬子，从口诀“丁、壬庚子居”一句可知，子时为庚子，丑时为辛丑，寅时为壬寅……到亥时辛亥时。再从时上起分，以口诀“丙辛从戊起”开始，子分为戊子，丑分为己丑，寅分为庚寅……到亥分则为己亥分。其年、月、日、时、分的干支组合为：癸未年、丙辰月、壬子日、辛亥时、己亥分，因壬子日属己酉符头，可得出壬子时为分家奇门之上元阴遁九局，其己亥分的奇门局象图如下：

癸未年、丙辰月、壬子日、辛亥时、己亥分，阴遁九局，天心值符落艮宫，开门值使落乾宫。

九地 天芮 甲戌己+甲寅癸 伤 巽	玄武 天柱 丁+甲子戊 杜 离	白虎 天英 甲寅癸+丙 甲辰壬 景 坤
九天 天蓬 乙+丁 生 震	天冲 甲辰壬 寄二坤 中宫	六合 天禽 甲子戊+甲申庚 死 兑
值符 天心 甲午辛+甲戌己 休 艮	螣蛇 天任 甲申庚+乙 开 坎	太阴 天辅 丙 甲辰壬+甲午辛 惊 乾

从局象图中我们可看到，天盘年干六癸临坤宫白虎凶神之地，月干丙奇与地盘辛金相合落于乾宫，天盘日干六壬与月干丙火同宫，日干辛金临艮宫休门之地，分干六己临地盘癸水人盘伤门于巽宫。

上面举了四个分家奇门起局布的例子，相信读者已经明白了分家奇门排局布式之原理，在用于实际预测时，自己可以再用心去悟，正如《周易·系辞上》所言："易则易知，简则易从。"大道即在眼前，看你怎么去走了！

第五章
奇门遁甲符号系统的万物类象

这一章根据相关多种资料的参考，再加上笔者多年研究引申出的一些象意整理而成，在实际运用中必不可少，非常重要，期望能引起同仁的珍惜。

一、天干类象

【甲】（天福）

其质也为劲，其性也为真，其为色也青，其为味也酸，其为声也浊，其为体也方与长，其为用也萌与动。得时则为栋梁，失令则为废材。克战太过则为腐蚀无用，生旺太过则为漂泊无依。其性过于自负，不能闲于事故。

天时：火星、雷、旭日、春天、和风、早晨、新星、温暖等。

地理：森林、大路、桥梁、栋柱、风水的左龙砂等。

建筑：楼梯、电梯、首都、闹市、办公室、名人住宅、宫殿、塔、高楼大厦等。

人物：元首、统帅、贵族、家长、主将、主角、楷模、兄长、董事长、师长、医师、法官、高人、君子、劳工等。

性情：威严、刚健、正直、积极、愉快、木讷、顽固、自负、天真、不拘小节、有名望、第一、好大喜功等。

身体：胆、头面、胡须、声音、脑神经、痉挛、抽搐、躁症、呃逆、呕吐、酸胀等。

食物：美味佳肴、高档食品等。

事物：创始、政治、总务、农林、木材业、建筑业、监督、起动、虚惊、鼓噪等。

植物：松树、柏树、杉树、带壳果实、花生、栗子、瓜子、竹子、牧草等。

动物：布谷鸟、鹤、云雀、狮、虎、豹、鹿、蟒蛇、蜥蜴、麒麟、龙虾、螃蟹等。

器物：萧、鼓、笛、音响器材、手杖、棍棒、织机、农具、盾牌、甲胄、交通工具等。

其他：青绿色、三数。为“青龙”、“值符”。五行属木、其性为阳。

【乙】（日奇·天德）

其为质也润，其为性也曲，其为色也碧，其为味也酸甘，其为声也婉转，其为体也柔嫩，其为用也无差。得时则繁华，失令则枯朽。其性矫揉造作，依附世情。

天时：月亮、和风、丽日、春天、清晨等。

地理：公园、草地、山谷、观光胜地、风水的左龙砂等。

建筑：门窗、梁柱、出入口、花店、美容院、艺术馆、剧院、美观建筑等。

人物：高士、贤人、文人秀士、医生、妻子、贵夫人、苗条女子、驼背人、船员、旅行者、僧道九流、家母、姊妹、媒妁、副将、画家、音乐师等。

性情：柔而韧、婉转、仁爱、敏感、脆弱、能伸能屈、逆来顺受、矫操造作，依赖、平和等。

身体：肝脏、肠道、淋巴、男女生殖器、输精管、输卵管、泪腺、毛发、手指、股部、嗅觉、灵魂、颈部、神经系统、晕眩、过敏症、骚痒、酸胀等。

食物：味涩食品、平常食品等。

事务：园艺、手工业、中介业、婚姻介绍所、交易所、教育系统、印刷业、出版业、旅游业、私事、和解、说合等。

植物： 兰蕙、中草药、茶、杨柳、爬山虎、牵牛花、有香气的植物等。

动物： 鸳鸯、鹤、鸡、蝴蝶、蜻蜓、飞娥、蚕、毛毛虫、蚯蚓、蛇、龙、长颈鹿等。

器物： 手工艺品、扇子、杓子、盒子、床席、藤制品、装饰品、弯曲之物、门窗、管道、楼梯、假发、芳香剂、丝绸、缎带、文具、香料等。

其他： 碧绿色、黄绿色、八数。为“六合”。占婚姻，为女家。其性属阴、五行属木。

【丙】（月奇·天威）

其为质也廉，其为性也烈，其为色也紫赤，其为味也苦辣，其为声也苍雄，其为体也果与腹，其为用也抑与扬。得时则辉煌，失令则灰槁。有可大之材而不能有恒，有转变之功而不可干犯。其性刚愎自用，惟好趋承。

天时： 木星、太阳、阳光、电光、天气晴朗、夏天、大热天、时至中午等。

地理： 观光风景区、干旱之地、风水的朝案等。

建筑： 窑灶、冶炼厂、游乐场、剧场、城门、香火祠堂、宫室等。

人物： 情人、文人墨客、脾气暴躁之人、正职领导、法官、原告、鉴定师、化验师、锅炉工、体态丰满之人、美容师、眼科医生等。

性情： 外刚内柔、公正廉洁、猛烈、性急、虚荣、喜怒无常、好趋承、刚愎自用、果断、宽容等。

身体： 小肠、眼睛（视网膜）、心脏、肩、斑点、血压、发炎、发热、出血、烫伤、灼伤、晒伤、不孕、流产等。

食物： 苦味食品、干燥食品等。

事务： 文书、考试、词讼、信息。口舌是非、礼品业、美容业、娱乐业、航空业、服饰业等。

植物： 辣椒、胡椒、莲花、果梨、瓜类、紫苏、当归、川首、牡丹花等。

动物：马、驴、雉、孔雀、喜鹊、麻雀等。

器物：锦旗、礼服、闪光灯、光学仪器、化妆品、传真机、复印机、摄像机、太阳能、发电机、电视、计算机、容器等。

其他：红色、紫色、七数。为“朱雀”。其性属阳，五行属火。

【丁】（星奇·玉女）

其为质也媚，其为性也顺，其为色也淡红，其为味也爽快，其为声也清亮，其为体也秀而扬，其为用也便而捷。得时则能消融暴戾，洞察好邪；失令则为穷愁呻吟，幽人荡妇。投其机则似可狎，当其锐则不可挫。其性柔佞，不可测识。

天时：金星、老人星、祥云、月光、晴天、夏天、闷热等。

地理：丁字路口、十字路口、风水的朝案等。

建筑：厨灶、后门、小门、房檐、屋角、高塔等。

人物：女性朋友、媒妁、画家、演员、考生、说客、漂亮女人、情人、妾、妓女、寡妇、司机、历史学者等。

性情：友好、忠心、柔顺、内热外冷、工于心计、不服输、不易捉摸、叛逆性、孤立、别扭等。

身体：心脏、乳房、眼球、阑尾（盲肠）、血球、骨质增生、骨刺、意识、脉搏、疔疮、麦粒肿（针眼）、唇、气、男性生殖器等。

食物：香味食品、烧烤食品等。

事务：花卉业、烹饪业、美容化妆、陶瓷业、火锅店、烧烤店、邮政快递、索取等。

植物：带刺植物、麻、芍药、玫瑰、蔷薇、肉桂、含羞草、仙人掌、松树、红豆、五彩椒、芙蓉等。

动物：萤火虫、蝉、蚯蚓、瓢虫、虎头蜂、蝎子、蚊子、虱、蚤、虻、蝇、刺猬、毒蛇、蜥蜴等。

器物：微波炉、电磁炉、烤箱、燃料、能源、发光的物体、灯饰、玩偶、炊具、磁器、盒子、朱砂、票据、文章、证件、印刷品、打火机、钉子、针、首饰等。

其他：淡红色、二数。为“螣蛇”、鬼火。其性属阴，五行属火。

【戊】（天武）

其为质也烈燥，其为性也耿介，其为味也甘辛，其为声也刚雄，其为体也厚而深，其为用也卤而粗。得时则豪雄果敢，失令则柔懦痴愚。其性执拗，不可强制。

天时：土星、霞、雾、霜、阴天、季节与气候的转折点等。

地理：山岭、堤防、麦田、砂石场、荒地、坟地、陵园、风水的结穴等。

建筑：墙垣、庭院、客厅、寺庙、百货店、财务室、停车场等。

人物：财务人员、银行职员、长官贵人、狱吏、买主、敦厚体胖之人、中证之人、宽厚守信之人、和事佬、丑女人、担保人等。

性情：耿直、固执、坚定、朴实、憨厚、迟缓、保守、孤立。得时则豪雄果敢，失时则柔懦痴愚等。

身体：胃、舌、消化系统、眼下、鼻、牙龈、胁、背、关节、胆固醇、皮肤、颊部、脊椎等。

食物：甜食、新鲜食物、荤腥、面食、干粮等。

事务：财务、保险、信托、国防、关防、土建、仓储、地产买卖、保证书、中央控制系统等。

植物：番瓜、冬瓜、草果、无核的果子、肉质多的果子、黄瓜、芋头、硬木、大米、黍、玉米等。

动物：牛、驴、骡、骆驼、狗、熊、企鹅、黄鼠狼、黄蜂、黄蚁、田鼠、黑嘴鸟等。

器物：手提钱包、包装纸、雨具、零件、附件、陶器、皮衣裳、资本、毛衣、家具等。

其他：黄色、五数。为“勾陈”、“天空”，居中央，寄艮宫，为财神。其性属阳，五行属土。

【己】（明堂·地户）

其为质也博厚，其为性也坦真，其为味也甘辛，其为声也婉切，其为体也沉而静，其为用也顺而柔。得时则陶熔品汇，失令亦品质坚贞。其性宽弘，而不凝滞于物。

天时：阴天、云、雾、烟、湿气、低气压等。

地理：低洼地、坑、沟、污秽之地、平坡、平原、田园、墓地、风水的结穴（球檐胎息）等。

建筑：女居室、卧室、剧场、产房、天井、厕所等。

人物：主妇、妻、产妇、农民、土建工人、打字员、脱售者、失业者、服务员、策划者、形体单薄之人、丑貌之人等。

性情：温和、懒惰、沉重、忧愁、卑微、柔顺、贪心、吝啬等。

身体：嘴巴、脾脏、胰脏、肌肉、脂肪、食道、腹部、肛门、小腿、眼翳、结石、自闭症、产厄、营养不良、黄肿、疮疽等。

食物：甜食、谷物、腊肉、调味品等。

事务：辎重（军需供给）、都市计划、地政、幼教、妇产科、护理、发酵工业、粮食物资等。

植物：稻谷、棉花、芝麻、地黄、白术、黄精、山药、甘薯、土豆、龙眼、秋天的农作物等。

动物：牛、猫、熊、驴、骡、蛇、黑蚁、蜜蜂、蜘蛛、母马、蟾蜍、乌鸦、鸭子等。

器物：泥制品、垃圾、内衣裤、毛巾、卫生纸、卫生棉、肥皂、袜子、鞋子、垫子、袋子等。

其他：土黄色、十数。为“天乙”、“太常”，居中央，寄坤宫。其性属阴，五行属土。

【庚】（天狱）

其为质也刚劲，其为性也急锐，其为味也辛辣，其为声也雄尖，其为体也硬直，其为用也暴戾。得时逞其专制，失令失其雄伟。可柔以化之，不可刚以制之。其性坚执，能屈人而不能屈于人。

天时：秋天、雷电、暴雨、金星等。

地理：潮汐、湖池、风水的右虎砂等。

建筑：走廊、铁路、钢厂、金属矿、机械、祠庙等

人物：祖父、军警、劲敌、黑社会头目、恐怖分子、检察官、外科医师、雕刻家、导演、武术家、屠夫、行刑人、被告、间谍、醉汉、形体瘦长之人等。

性情：敏感、多情、刚强、勇敢好杀、能屈人而不能屈于人、粗犷等。

身体：大肠、脐轮、骨骼、月经、瘰疬、甲状腺肿大、毛细孔、更年期、组织硬化、骨折、脱臼等。

事物：稽查、改变、疾病死丧、交通事故、军事、狱政、汽车业、钢铁业、矿业、伐木业、逃亡等。

食物：辣味食品、甘制食品等。

植物：姜、蒜、葱、韭、薤、洋葱、大麦、菊花、木果、萝卜、芹菜等。

动物：虎豹、狮子、鲨鱼、白蚁、蝗虫、蚱蜢、甲虫、猿猴、猩猩、蝼蛄、蟋蟀、啄木鸟、蛹等。

器物：石制品、刀剑、钟、锣、铙钹、矢箭、斧子、锯子、汽车、钻、运动器材、金属制品等。

其他：白色、九数。为“白虎”。占婚姻为男家。其性属阳，五行属金。

【辛】（天庭）

其为质也键锐，其为性也柔刚，其为味也苦辣，其为声也铿锵，其为体也沉静如锥处囊，其为用也坚耐似玉出璞。得时则金钟，失令则瓦缶。必持秋风，方能扶摇直上。

天时：紫照（月之近地点）、傍晚、秋霜、冰雹等。

地理：石块、水泥、盐田、半岛、风水的右虎砂等。

建筑：银楼、锁店、神坛、门窗、磨坊、金属加工厂、工艺厂、妓院、白塔等

人物：女警、罪犯、少女、娼妓、变性人、体型修长、皮肤白嫩之人、丑角、外亲、农夫、木工等。

性情：冷酷、凌厉、决断、外柔内刚、温润而清、灵秀等。

身体：肺脏、牙齿、咽喉、股骨、胸腔、新陈代谢系统、刀伤创痛、老化症、僵硬、畸形、痨瘵、疙瘩、骨刺、粉刺等。

事务：革新、开发、中介业、命相业、阴私暗昧、女人之事、行刑、针灸、开刀手术等。

食物：辣味食品、酱制食品等。

植物：小麦、天麻、辛夷、银杏、桑白皮、杏仁、葱、蒜、韭、芥等。

动物：鹰、猎犬、蜈蚣、蛤蚧、羚羊、犀牛、白虎、甲壳虫、蠹早、蛀虫、杜鹃等。

器物：工艺品、珠宝、环、钮、铃、铎、钥匙、印章、保险柜、五金器具、针、药杵、塑料制品、皮制品等。

其他：白色。四数。为“太阴”。其性属阴，五行属金。

【壬】（天牢）

其为质也润，其为性也淫，其为味也咸，其为声也洪，其为体也圆活，其为用也流通。得时则济物利人，失令则妨贤病国。其性柔险，可与共忧，不可与共乐。

天时：计都（月之降交点）、月蚀、银河、冬天、疾风暴雨、天王星等。

地理：河川、湖泊、沟渠、瀑布、泉水、风水的来龙（脉）等。

建筑：隧道、小路、地铁、门扇、机场、车站、码头、会所、演艺厅、军营、牢狱等。

人物：舟子、骑兵、三姑六婆、孕妇、奶妈、母、白衣裳人或黑衣裳人、士兵、盗贼、厨师等。

性情：现实、圆滑、热情、聪明、淫佚、浮泛、爽快、任性、能容忍、

外柔内刚等。

身体：膀胱、输卵管、输精管、血管、淋巴系统、胫、乳腺、怀孕、胎动、泻痢、腰痛等。

食物：咸食、炒过的食物、乳品、饮料等。

事务：交通运输、造船、水利工程、消防、渔业、环保作业、冷作业、广告宣传、劳工、廉政、性行为等。

植物：大豆、黑豆、人参、黄芭、桑椹、溪藜、芦荟、橡胶树、有刺的植物等。

动物：飞行动物及水中动物、燕子、蝙蝠、狐狸、鼠、猫头鹰、飞狐、鱼、虾、海象、河马、海豚等。

器物：冰箱、冷气机、舟船、自来水、饮水机、水管、吸管、吸尘器、面霜、发油、润滑油、珠玉、水晶等。

其他：黑色、一数。为“天后”。其性属阳，五行属水。

【癸】（天藏）

其为质也重，其为性也阴，其为味也浊，其为声也亮，其为体也沉厚，有沉溺由己之情，其为用也浅，略无包容涵蓄之类。得时则从龙变化，失令则摇尾乞怜。其性憨直，不知察好烛弊。

天时：罗喉（月之升交点）、黑洞、日蚀、深夜、冬天、春雨、春露、凝冰、海王星等。

地理：海洋、海岛、聚水处、地沟、风水的来龙（脉）等。

建筑：污水处理厂、浴厕、水池、地下室、仓库、牢狱、庭应、后门后路等

人物：博士、隐士、心理学家、测量人员、潜水员、侦探、间谍、捕鱼人、醉人、小儿、乞丐、矮小丑陋之人等。

性情：憨直、多情、念旧、敏感、沉默、至弱、胆小怕事、阳奉阴违、多愁善感、潜力丰富等。

身体：肾脏、生殖系统、内分泌系统、耳（听觉、耳涡液体）、大脑、

骨髓、足、平衡系统、记忆力、唾液等。

食物：淡味食品、酱菜等。

事务：参谋、调度、设计、策划、测量、阴谋、逃亡、流动、变化、艰难、婚期、遗失、收藏、密码、暗号等。

植物：梅花、水仙、水稻、茶花、雪莲、玄参、天门冬、麦门冬、藻类。

动物：企鹅、水獭、北极熊、貂、猪、牡蛎、鲍鱼、海鸥、蝌蚪。

器物：网罟、水平仪、滤水机、伞笠、帐幕、笔墨、冥纸、棺材、清洁剂、腌渍物、液体物品等。

其他：淡黑色、六数。为“玄武”、鬼神、冥府。其性属阴，五行属水。

二、地支类象

地支类象在奇门遁甲中用的不多，现择其大要，详细解说笔者将在六壬专著中论述。

【子】

为水、为河、为池井、为沟渠、为后宫；于人：为妇人、为盗贼、为乳妇；于物：为鼠、为燕、为蜗；于事：见吉神为聪明，见凶神为淫佚。

【丑】

为土、为桑园、为桥梁、为宫殿、为坟墓；于人：为君父、为尊长、为贵人；于物：为牛、为骡；于事：见吉神为喜庆、为迁官，见凶神为诅咒、冤仇、讼狱、忧离、远行、疾病。

【寅】

为木、为神像、为山林、为桥梁、为公门；于人：为丞相、为夫婿、为道人、为贵人、为公吏、为家长、为宾客；于物：为虎豹、为猫；于事：见吉神为文书、财帛、信息，见凶神为口舌、失财、疾病、官事、是非。

【卯】

为木、为门窗、为街土；于人：为妇、为兄弟、为姑母、为盗贼；于物：为舟车；于事：见吉神为门户，舟车安危无事，见凶神为口舌官事、追呼分离，虽遇奇门不可避形。

【辰】

为土、为岗岭、为表地、为奇观、为土堆、为坟墓、为田园；于人：为丑妇、为僧道、为恶人、为屠宰；于事：见吉神为医人、药物，见凶神为屠宰、争竞。

【巳】

为火、为炉冶、为镂；于人：为妇人、为乞丐；于事：见吉神为文书，见凶神为梦寐、疾病。

【午】

为火，为厅堂、为菜食；于人：为宫女、为使者、为亭长、为蚕姑；于事：见吉神为信息、文章，见凶神为惊疑、口舌。

【未】

为土、为庭院、为墙垣、为井、为坟墓、为茶房；于人：为父母、为白头翁、为寡妇、为师巫、为放羊人、为道人；于物：为羊、为鹰；于事：见吉神为酒食、宴会、喜庆，见凶神为官事、孝服、毒药、争竞，疾病。

【申】

为金、为仙堂、为神堂、为道路、为碓为磴、为城宇、为祠庙、为湖池；于人：为公人、为贵客、为行人、为军徒、为凶人；于物：为猴猿、为狮子；于事：见吉神为行程奔走，见凶神为口舌，车碾、道路、损失、疾病。

【酉】

为金、为碑碣、为街巷、为塔；于人：为外亲、为婢、为妇女、为阴贵人、为卖酒人；于物：为鸽、雉；于事：见吉神为净，恬淡、和合，见凶神为失财、疾患、离别。此方遇奇门，可以藏形遁迹。

【戌】

为土，为虚堂、为牢狱、为坟墓、为寺观、为冈岭、为厕圂、为死尸；于物：为驴犬；于人：为僧道、为善人、为孤寒、为狱吏、为屠夫；于事：见吉神为僧道，见凶神为虚诈不实及走失、争竞、牢狱之灾。

【亥】

为水，为牢狱、为庭，为厕坑、为寺院、为江湖、为楼台、为仓房；于人，为盗贼、为小儿、为乞丐、为赶猪人、为罪人；于事，见吉神为婚姻、乞索，见凶神为争斗、产难。

地支配五脏六腑：子属膀胱水道耳，丑为胞肚及脾乡，寅胆发脉并两手，卯本十指内肝方，辰土为脾肩胸炎，巳面齿咽下尻肛、午火精神司眼目，未土胃脘膈脊梁，申金大肠经络肺，酉中正是小肠藏，戌土命门腿踝足，亥水为头及肾囊。

三、八卦类象

【乾卦】

天时：冰、雹、霰、日。

地理：西北方。京都、大郡、形胜之地、高亢之所。

人物：君、父、大人、老人、病人、长者、宦官、名人、高僧、公门人、孝服人。

人事：刚健武勇、果决、多动少静、高上下屈。

身体：首、骨、肺、右腿、男性生殖器。

时序：秋、九十月之交，亥年月日时、金年月日时。

动物：马、天鹅、狮、象。

静物：金玉、宝珠、圆物、木果、刚物、冠、镜。

屋舍：公所、楼台、高堂、大厦、西北向之居。

饮食：马肉、珍味、多骨、肝肺、干肉、木果、诸首之物、圆物、辛辣之物。

疾病：头面之疾、肺疾、筋骨疾、上焦疾。

姓字：带金傍者，商音。

五色：火赤色、玄色、白色。

五味：辛、辣。

数目：一、四、六、九。

【坎卦】

天时：月、雨、雪、露、霜、水。

地理：北方。江湖、溪涧、泉井、卑湿之地、沟渎、池沼、有水之处。

人物：中男，江湖之人，舟人，盗贼、匪、乞丐、酒徒。

人事：险陷卑下，外示以柔，内序以利，漂泊不成，随波逐流。

身体：耳、血、肾、膀胱、泌尿系统、生殖系统、内分泌系统、肛门。

时序：冬十一月、子年月日时，一、六月日。

静物：水代子、代核之物、弓轮、矮柔之物、酒器、水具、栋、丛棘、蘩、桎梏、盐、酒。

动物：猪、鱼、水中之物、狐、水族。

屋舍：向北之居、近水、水阁、江楼、茶酒肆、宅中湿地之处。

饮食：猪肉、酒、冷味、海味、汤、酸味、宿食、鱼代血、代核之物、水中之物，多骨之物。

疾病：耳痛、心疾、感染、肾疾、胃冷水泻、涸冷之病、血病。

姓字：点水傍之姓氏。

五味：咸酸。

五色：黑、白。

数目：一、六。

【艮卦】

天时：云、雾、山岚

地理：山径、路径、山城、丘陵、坟墓、东北方、门阙。

人物：少男、闲人、山中人、童子。

人事：阻隔、守静、进退不决、反背、止住、不见。

身体：手、指、骨、鼻、左腿、脚趾、乳房、脾胃、结肠。

时序：冬春之月，丑寅年月日时，七、五年月日，土年月日时。

静物：土石、瓜果、黄物、土中之物、闾寺、木生之物、藤生之物。

动物：虎、狗、鼠、百兽、黔啄之物、狐。

屋舍：东北方之居、山居近石、近路之宅。

饮食：土中物味，诸兽之肉，墓畔竹笋之属，野味。

疾病：手、指之疾、脾、胃之疾。

姓字：代土傍之姓氏。

五味：甘。

五色：黄色、棕色、咖啡色、白色。

数目：五、七、八、十。

【震卦】

天时：雷雨、雷鸣、地震、火山喷发。

地理：东方、树林、闹市、大途、竹林、草木茂盛之所。

身体： 足、肝、发、声音、左肋。

人物： 长男、活动家、舞蹈家、驾驶员、司法人员、笔客、商人、木匠、舟子、狂人、壮士。

人事： 起动、怒、虚惊、鼓噪、多动少静。

时序： 春二月、卯年月日时、四、三、八、月日。

静物： 林竹、苇、乐器（竹木）、花草繁鲜之物、核。

动物： 龙、蛇、百虫、马鸣、鲤鱼。

屋舍： 东向之居、山林之处、楼阁。

饮食： 蹄、肉、山林野味、鲜肉、果酸味、蔬菜、鲤鱼。

疾病： 足疾、肝经之疾、左肋之疾、惊恐不安。

姓字： 代木性之人。

五味： 甘、酸味。

五色： 黑青、绿、碧。

数目： 四、八、三。

【巽卦】

天时： 风。

地理： 东南方之地，草木茂秀之所，花果菜园。

人物： 长女、秀士、寡妇、山林仙道、僧道。

人事： 柔和、不定、鼓舞、利市三倍、进退不果。

身体： 肱、股、气管、神经、左肩。

时序： 春夏之交、二、五、八月日、三月、辰巳年月日时。

静物： 木香、绳、直物、长物、竹木、工巧之器、鸡毛、帆、扇、臼。

动物： 鸡、百禽、蛇、山林中之禽虫。

屋舍： 东南向之居、寺观楼台、山林之居。

饮食： 鸡肉、山林之味、蔬果酸味。

疾病： 股肱之疾、风疾、肠疾、中风、寒邪气疾。

姓字： 草木傍姓氏。

五味：酸味。

五色：青绿、碧、洁白。

数目：五、三、八、四。

【离卦】

天时：日、电、虹、霓、霞。

地理：南方、干亢之地、窑炉之所、刚燥厥地、地之阳面。

人物：中女、文人、目疾人、甲胄之士、锅炉工。

人事：文化之所、聪明才学、虚心、书事、美丽。

身体：目、心、上焦、头部、小肠。

时序：夏五月、午年月日时，三、二、七日。

静物：火、书、文、甲骨、干戈、槁木、缟衣裳、干燥之物。

动物：雉、龟、鳖、蚌、蟹、凤凰、仙鹤、萤火虫。

屋舍：南舍之居、阳明之宅、明窗、虚室。

饮食：雉肉、煎炒、烧灸方物、干脯之体、熟肉。

疾病：目疾、心疾、上焦疾、夏占伏暑、时疫。

姓字：代次或立人傍姓氏。

五色：赤、紫、红。

五味：苦。

数目：二、七、九、三。

【坤卦】

天时：阴云、雾气、冰霜。

地理：田野、乡里、平地、西南方。

人物：老母、后母、农夫、乡人、众人、老妇人、大腹人、医生、裁缝。

人事：吝啬、柔顺、懦弱、众多、小人。

身体：腹、脾、肉、胃、右肩、女性生殖器。

时序：辰、戌、丑、未月，未申年月日时，八、五、十月日。

静物：方物、柔物、布帛、丝绵、五谷、舆斧、瓦器。

动物：牛、百兽、牝马、猫。

屋舍：西南方、村居、田舍、矮屋、土阶、仓库。

饮食：牛肉、土中之物、甘味、野味、五谷之味、芋笋之物、腹藏之物。

疾病：腹疾、脾胃之疾、饮食停滞、谷食不化。

姓字：代土姓人。

五色：黄、黑。

五味：甘。

数目：八、五、十、二。

【兑卦】

天时：雨、泽、新月、星。

地理：泽、水际、缺池、废井、山崩地裂之地、其地为刚卤。

人物：少女、妾、歌妓、伶人、译人、巫师、奴仆、婢。

人事：喜悦、口舌、谗毁、谤说、饮食。

身体：舌、口、喉、肺、痰、涎、右肋、肛门。

时序：秋八月、酉年月日时、金年月日时、二、四、九月日。

静物：金刀、金类、乐器、废物、缺器之物、带口之物、毁折之物。

动物：羊、泽中之物、鸡、鸭、豹、豺、猿猴、兔子。

屋舍：西向之居、近泽之居、败墙壁宅、户有损。

饮食：羊肉、泽中之物、宿味、辛辣之物味。

疾病：口、舌、咽喉之疾、气逆喘疾、饮食不餐。

姓字：带口带金字傍姓氏。

五色：白色、赤色。

五味：辛、辣。

数目：四、二、九、七。

四、八门类象

【休门】

天时：苦寒、细雨、冬天、雪、白云、甘露。

地理：洼地、江河、溪涧、大海、陷井、危险地区等。

建筑：坎宅门路、江楼、水榭、茶楼、酒肆、浴场、干休所、休闲室、娱乐厅、疗养院等

人物：离退休人员、二线老干部、护士、中男、间谍、盗贼、贵人、官吏、思想家、船员、潜水人员等。

性情：思考、知觉、灵感、懒散、外柔内刚、深谋远虑、忧虑不安、睿智、危机意识、淫荡、顽冥不灵等。

身体：肾、耳、骨髓、生殖系统、排泄系统、循环系统、血症、耳痛、忧郁症、肾病水肿、腹泻、冷感症、伤寒等。

食物：酒、乳、饮料、羹汤、生鱼片、植物油、酱油等。

事物：婚姻、求财、面君谒贵、选将兴师、竖造修方、上官选举、出行、安坟。

植物：水中植物、西瓜、蒺藜、荆苏、人参、黄芭、海藻、昆布、天门冬、麦门冬、忍冬、梅花、山茶花。

动物：水栖动物、鱼类、猪、燕子、蝙蝠、青蛙、企鹅、海豚、北极熊、猫头鹰、蝌蚪、牡蛎。

器物：舟船、轮胎、钓具、冷气机、饮水机、自来水、笔墨、毛刷、清洁剂、洗发精、洗衣机、各种运输工具。

其他：坎卦、一白水。黑色。

【生门】

天时：黄沙、狂风、冬春之交、云雾、山岚。

地理： 田园、坟墓、帝陵、草原、山岳、山径、禁区、小巷等。

建筑： 艮宅门路、寺庙、门阙、砂石场、托儿所、幼儿园、山庄等。

人物： 新郎、少男、幼童、闲人、山中人、婴儿、侏儒、驼子、仁者、高僧、樵夫、猎人、宅主等、鼻直唇厚之人。

性情： 静、自我约束、怡然自得、谨慎、保守、执着、稳重、忠实、不合群。

身体： 胃、鼻、口、手指、脊背、痫毒、伤目、风湿关节症、腰痛、左足病。

食物： 蔬菜、水果等。

事务： 贿赂、嘱托、警卫、保全、禅定、旅馆业、房地产业、中介业、保险业、畜牧业、宗教业等。

植物： 瓜类（藤生之瓜）、甘草、蕃薯、何首乌、芋头、马铃薯、多节植物、蔓生植物。

动物： 狗、鼠、虎、狼、狐狸、兔、黑嘴的鸟类、骆驼。

器物： 日用品、皮衣、毛衣、沙发、手套、零件、金库、石器、寝具、小器具、安全帽、手提箱。

其他： 属艮卦、八白土。

【伤门】

天时： 风云、暴雷、雨雹、春天、强风、疾风、狂风。

地理： 大路、森林等。

建筑： 震宅门路、农场、闹市、楼阁、木屋、车厢、果菜市场等。

人物： 长男、王子、诸候、大臣、继承人、讨债人、公安、军警、兄长、政府官员、盗贼、歌手等。有伤之人、丑陋之人等。

性情： 活泼、直爽、急躁、惊恐、好大喜功、威武、多动少静。

身体： 胆疾、肝病、足疾、歇斯底里、风寒、心胸烦闷、失声、耳鸣、颤抖、伤口、伤疤、伤痕等。

食物： 动物肉类等。

事务：掌刑狱、发号令、打猎、捕鱼、索债、春耕、赛跑、竞争、射击、警卫、追捕。

植物：竹、仙人掌、芦苇、刺梅、菠菜、豆芽、棋榔、椰子、荔枝、松柏、杉、桧、柠檬、凤梨。

动物：鹿、鹤、善鸣的鸟、蟒、善鸣的马、布谷鸟、鲤鱼、响尾蛇。

器物：刀、剑、能使人受伤的器物、开裂、开口、开洞、不完整器物、箫、笛、鼓、音响、电话、发电机、马达、车、闹钟、麦克风有声音的器物等。

其他：震卦、三碧木。碧绿色、黑青色。前途、出征、往返、地震、爆炸。

【杜门】

天时：风、虹霓、赤霞、云雾、春夏之交、微风、和风、清风。

地理：花园、菜圃、山谷、高处等。

建筑：巽宅门路、公园、市场、堤坝、围墙、避难所等。

人物：长女、贵妇、文人、名士、秃子、手工艺师、商人、新娘、乞丐、荡妇、技术员、档案员、警察等。

性情：廉洁、贞洁、正直、犹豫、疑惑、善感、和缓。

身体：肝、眉、股、气喘、中风、寒邪、肠疾、秃掉发、鸡眼、狐臭、过敏症神经系统、循环系统不畅等。

食物：马、鱼等

事务：阻塞、困难、法律、命令、友谊、嫁娶、掩捕逃亡、诛凶、填坑截路、避邪躲灾等。

植物：桑树、白杨、白茅、杞柳、浮萍、桃李、杏、樱、香花等。

动物：鸡、穿山甲、鱼、蝴蝶、蚕、蜻蜓、飞蛾、鸿雁、鸳鸯、鹅等。

器物：文具、书籍、绳墨、矩尺、门窗、杵臼、斧柯、凿柄、秤、扇子、编织品、床、丝织品、线、股票、信物、奖状等。

其他：巽卦、四绿木。青绿色、白色。

【景门】

天时： 赤日、虹霓、热风、彩霞、紫气、夏天、午时、热、闪电。

地理： 向阳之地、干亢之地、火山、沙漠等

建筑： 离宅门路、窑炉、繁华区、娱乐场、影剧院、法院等。

人物： 中女、文人、美人、律师、化验师、鉴定师、美容师、摄影师、形象代言人、秘书、检察官、军人、空中小姐等。

性情： 公正、热情、虚荣、外刚内柔、附和、烦燥、急性、虚诈。

身体： 目疾、心脏、中暑、时疫、疽疾、伤食、不孕、精神异常、灼伤、烫伤、肠炎、血液病等。

食物： 糕饼、年糕、煎炒烧烤之物等。

事物： 军事、上书、建议、遣使、招贤、请求、见贵、文书消息、美容化妆、化验、鉴赏等。

植物： 枯木、干燥花、红色的果实、艳丽的花、肉桂、当归、川芎、盆景等。

动物： 母牛、斑马、梅花鹿、羽毛美丽的禽鸟、红色的虫和鸟、甲虫等。

器物： 灯笼、腊烛、烤箱、防弹衣、枪炮、电视、眼镜、传真机、干燥剂、文章、图片、抽象画、证书等。

其他： 离卦、九紫火。红色、橙色、紫色。

【死门】

天时： 阴风寒冷、冰霜、夏秋之交、霾、燥热、污染空气等。

地理： 地皮、墓地、效区、田地、疆界、地方行政区等。

建筑： 坤宅门路、暗房、贫民区、牢狱、殡仪馆、医院、刑场等。

人物： 老母、平民、寡妇、病人、守财奴、保姆、助产士、护士、农人、村女、道姑、算卜巫师、尸体、狱警、犯人等。

食物： 蛋糕、面包等。

性情：坚实、顽固、吝啬、贪心、慈爱、包容、柔顺、忍辱负重、安宁、服从、求生欲。

身体：膨胀、硬块、脾胃疾、生殖系统病、产厄、营养不良、发热、便秘、疮疽、皮肤病、癌症等。

事务：文章、权柄、迷、凝聚力、民间团体、吊丧、行刑、捕鱼、打猎、缢死。打字、排版、作文、生产线、交易田产、储蓄、埋葬、人的本能等。

植物：地黄、黄精、白术、龙眼、使君子、柿子、花生、五谷杂粮。

动物：牛、猿猴、象、蚂蚁、蜘蛛、母马、乌鸦、袋鼠、绵羊、猩猩、动物尸体等。

器物：布帛、货车、陶器、釜缶、床铺、袋子、有柄的器物、垫子、毛巾、卫生纸、面纸、卫生巾、墓碑、雕塑、凶器、医疗器械等。

其他：坤卦、二黑土。

【惊门】

天时：狂风暴雨、秋天、金星、慧星、凉爽、霜、傍晚等。

地理：湖泊、井泉、池塘、鱼塘、畸零地、沼泽、水库、盆地、断层地带、岩石、洞穴等。

建筑：兑宅门路、闹市区、娱乐场所、妓院、司法机关、军工厂等

人物：歌星、演艺人员、律师、军人、外交官、少女、娼妓、巫师、卜者、前辈、是非人、小人、牙科医生等。

性情：喜悦、决断、锐利、巧言令色、虚伪、幽默等。

身体：跛足、缺唇、肺疾、牙病、腮肿、性病、喉症、肢体伤残、伤口、老化、退化、衰竭等。

事务：演艺、演说、翻译、捕盗、赌博、打斗、定罪、虚惊、官司、诉讼、祭祀、卜巫、秋收、行刑、汇兑、贬谪、破坏、革新等。

食物：酒食、野味等。

植物：银杏、含羞草、桔梗、麦、秋天的花草、农作物等。

动物：虎、豹、羊、蜈蚣、蛀虫等。

器物：电话、手机、发声之物、刀叉、铜器、铁器、赌具、祭品、斧、锯钳、夹子、针、钻、钉书机、装饰品。

其他：兑卦、七赤金。

【开门】

天时：寒水、晴天、秋冬之交、高天压、凉爽。

地理：首都、高原、矿山、田地、平原等

建筑：乾宅门路、领导办公室、宫殿、皇陵、高级住宅区、豪门富室、广场、飞机场、车站、寺、庙等。

人物：元首、父亲、圣贤、董事长、权贵人事、老人、僧道、君子、鳏夫、武士。

性情：刚健、积极、高尚、尊严、有恒、守信、独断、夸大、虚妄、奢侈、好高骛远等。

身体：头、骨、额、汗、气、皮肤、肺疾、喉症、舌症、脑炎、骨病、肋膜炎、脑出血、老人痴呆症、精虫稀少症等。

食物：谷物、煮熟之物等。

事务：考试、上任、谒贵、嫁娶、求财、上诉、受理、远行、举谋、远图、营造、买卖、迎敌、遣使等。

植物：核桃、菊花、苹果、芒果、梨、木瓜、石榴等。

动物：骏马、老马、狮子、熊、鲸鱼、天鹅、、大鹏、赤贝、龟、龙等。

器物：名贵物品、金玉贵器、时钟、镜子、钟鼎、计算机、佛具、球、奖品、王冠、高级品、轿车、嫁妆等。

其他：乾卦、六白金。

五、九星类象

九宫象意与九星象意一样，取九宫象意时参考九星象意即可。

【天蓬星】

天蓬属水，属坎宫。宜安抚边境，修筑城池，不宜入宫见贵，嫁娶移徒，贸易安营。辰戌丑未月加二、五、八宫利为主，申、亥、子月加九宫利为客。为贪狼星。古诀云："讼庭争竞遇天蓬，胜捷威名万事同，春夏用之皆大吉，秋冬用此半为凶，嫁娶远行皆不利，葬埋修造亦闲空，次得生门同丙乙，用之万事皆兴隆"。

天时：乌云、怪气、阴雨天，霜雪天、冬天、寒冷之时。

地理：江河、圳沟、海洋、洼地、危险地带、港口、水产市场等。

建筑：坎宅门路、浴厕、地下室、淫秽场所等。

人物：中男，盗贼、黑社会、男仆、间谍、猛将、消防人员、清洁人员、嗜酒之徒、娼妇、妓女、船员、运输业者、娱乐业者等。

性情：沉滞、勇猛、忧虑、不宁、阴险、怀疑、外柔内刚、忍耐、贪欲等。

身体：血气失调、失眠、惧冷、生殖系统、耳、肾、忧郁症、糖尿病、水肿。

事务：密行之事、阴谋之事、潜伏之事、水电业、水利工程、水灾、危机、运输业、酿酒业等。

食物：鱼干、火腿、酒、乳汁、毒药、酱油、粥、食油、羹汤等

植物：梅花、人参、雪莲、天门冬、麦门冬、忍冬花、山茶花、海藻、蒺藜、水果、水生植物等。

动物：猪、燕子、蝙蝠、猫头鹰、企鹅、北极熊、青蛙、鱼类、水族动物等。

器物：舟船、笔墨、胶水、浆糊、耳挖子、吸管、自来水管、饮水机、酒具、油漆、渔具等。

其他：属坎卦，一白水。数为一、六，色为黑色、蓝色等。

【天芮星】

天芮属土，居坤宫。宜屯兵固守，保障封疆，训练士卒，从师受业，兴土木，利于悠久之事。四季辰、戌、丑、未月及申、酉月日，加一宫利为客；加三、四宫利为主。为巨门星，古诀云："授道结交宜芮星，出行用事最为凶，用兵争讼均致败，修造安坟发祸刑，盗贼惊惶忧小口，吉事逢奇也虚名。"

天时：阴 、夏秋之交、雾气、沙尘暴、闷热天等。

地理：天井、贫民区、垃圾处理场、田园、牧场等。

建筑：庭院、屋脊、坤宅门路、后门、学校、农舍、矮房、道馆、佛堂、书店、医院、会馆等

人物：老师、学生、大夫、图书管理员、房地产商、老母、平民、群众、贪官污吏、寡妇、病人、产妇、女婢、秘书、村干部、农夫、妊妇等。

性情：固执、忍耐、贪心、吝啬、退缩、卑贱、勤勉、迷惘、随和、消极等。

身体：肠胃病、瘦弱、腹疾、皮肤病、胸肋痛、虚热、高血压、产厄、妇科病、疮癞、肥胖症、颊、皮肤病等。

事物：打字、写作、聚众生事、审计、民意测验、利息核查等。

食物：腊肉、药丸等

植物：农作物、荞麦、五谷、土豆、龙眼、苔藓、柿子等。

动物：牛、羊、母马、家禽等。

器物：菩萨、地图、书籍、炊具、布匹、货车、内衣裤、袋子、容器、空箱等。

其他：坤卦、二黑土。数为二、五、十。为黄、黑色。

【天冲星】

天冲属木，居震宫。宜选将出师交战，宜鸣金击鼓，呐喊摇旗。春夏巳、午月日加二、八宫利为客；加六、七宫利为主，为禄存星。古诀云：“战争解怒春夏胜，嫁娶安营产女惊，修造移徙皆不利，利客利主须分清。”

天时：雷电、地震、风沙、春天、温暖等。

地理：森林、果园、田野、大路、果品市场、农场、靶场、运动场等。

建筑：窗户、震宅门路、军营、车站、高台、高楼大厦。

人物：长男、运动员、兄长、晚辈、警察、军人、证人、挑衅者。

性情：奇巧、善辩、怒恶、急躁、勇敢、好大喜功、鲁莽冲动等。

身体：神经、肝胆、脚气病、失声、肩肘、麻痹、呃逆、颧、心房、三焦气穴等。

事务：体育裁判、运动、春耕、征伐、育林、捕猎、斗殴等。

食物：水果、野味、蹄肉等。

植物：竹、芦苇、牧草、槟榔、椰子、甘庶、柠檬、蔬菜、谷物等。

动物：善鸣的动物、鹿、鹤、蜥蜴、蟒蛇、布谷鸟等。

器物：电话、音响、发电机、农具、车子、枪炮、炸药、箫、笛、鼓、钟、棍棒、棺木等。

其他：震卦、三碧木。数为三、八。色为碧绿。

【天辅星】

天辅属木，居巽宫。宜修道设教，化育万民，选将出师，捣巢破阵。春夏寅、卯、巳、午月日加二、八宫利为客；加六、七宫利为主。为文曲星。古诀云：“天辅之星远行良，葬埋起造福绵长，上官移徙皆吉利，喜溢人才万事昌。”

天时：风、虹霓、祥云、春夏之交、软风、微风。

地理：草地、树林、棉花田、花坛、墓地等。

建筑：巽宅门路、公园、花园、书店、学校、文昌庙、邮局等

人物：文人、老师、政工人员、长女、僧尼、木匠、邮差、儒将、美女、贵妇、新娘、隐士、难民、乞丐、流浪者、主考官、名人等。

性情：庄严、温顺、温文儒雅、廉洁、正直、守信、进退不果、优柔寡断等。

身体：肝病、气喘、风邪、中风、反胃、下痢、腰肋痛、雀斑、狐臭、秃发、手臂伤痛、股、眉、肝、胆等。

事务：友谊、婚姻、园艺、旅游、教化、文学艺术、船运、证券业等。

食物：蔬菜、茶叶、面点等。

植物：棉花、浮萍、蒲公英、兰蕙、灵芝、菌类、花草、杨树、柳树、桃、李、杏、樱、藤等。

动物：鸡、蛇、蚯蚓、蝴蝶、蜻蜓、长颈鹿、斑马、穿山甲、蚕、鸠、带鱼、飞蛾、鸳鸯、鹅等。

器物：风筝、风车、风扇、手工艺品、窗口、杵臼、秤、尺子、纽扣、针、线、笔、墨、信等。

其他：巽卦、四绿木。数为三、四、八。色属绿。

【天禽星】

天禽属土，居中宫。宜选将出师，交锋大战，鸣金击鼓，呐喊摇旗，四时皆吉，不战用谋，敌人自服。加一宫利为客，加三、四宫利为主。为廉贞星。古诀云："天禽远行偏宜利，坐买行商俱称意，投谒贵人两入怀，更兼筑造皆丰裕。"

天时：晴岚、甘露、天灾地变、慧星、台风、严寒等。

地理：荒野、绝壁、墓地、废墟、火葬场、古战场、垃圾场、沙漠等。

建筑：正堂、中央、废屋等。

人物：凶手、盗贼、疯子、骗子、摊贩、死刑犯、文物商、权威人物等。

食物：腐烂食物、霉变食品等。

性情：正直、忠良、贤淑、端庄、顽固、残忍、自满、狡猾、豪爽、暴躁、野蛮、迷信、占有欲、权力欲等。

身体：病毒、癌症、肿瘤、脑出血、发高烧、疮疡、痴呆、昏迷、疯狂、瘟疫、中毒、吸毒、怪病、蛊毒等。

事务：画符念咒、祈祷、走私、贩毒、高利贷、逼迫、反抗、暴乱、战争、抢劫、破产、倒闭等。

植物：罂粟、夹竹桃、曼陀罗、大麻、附子、有毒植物、烟草、等。

动物：猛兽、毒蛇、蝎子、蜈蚣、跳蚤、虱子、蚊子、蛆等。

器物：廉价物、旧物、旧衣物、传家之宝、法器、凶器、腐物、祭品、殉葬品、毒品、禁药等。

其他：中宫、五黄土。数为五、十。色属黄。

【天心星】

天心属金，居乾宫，宜疗病、合药、嫁娶、竖造、埋葬、逐邪驱祟、上官、应举、受封远行、商贾。又宜选将出师、交锋大战、捣巢破敌。秋冬申、酉、亥、子月日加三、四宫利为客；加九宫利为主，为武曲星，古诀云：“求仙合药见天心，商贾求谋皆宜人，嫁娶营造人丁旺，凡事遇之福禄荣”。

天时：雷电、冰雹、寒光、赤霞、晴天、白气、秋冬之交、太空、凉爽。

地理：首都、高原、郊野、天文台、广场。

建筑：乾宅门路、墙、领导办公室、宫殿、国会大厦、寺庙、教堂等

人物：父亲、领导、医生、富豪、高僧、高道、牧师、慈善人、顾问、军事长官、运动健将等。

性情：忠厚、雄辩、积极、恒心、思维敏捷、攻于心计、好高骛远、高尚、奢侈、大方等。

身体：额、督脉、骨骼、头、心脏、脑神经衰弱、高血压、肺炎、脑出血、肺气肿、脑炎、骨病、右足外伤、伤寒、精神病等。

事务：立法部门、金融财政、领导层、慈善机构、动力工程、机械工程

等。

食物：干肉、骨头、饭团、丸子等。

植物：种籽、菊花、柑桔、橘子、柚子、果树、核桃、橙、木瓜、蓍草等。

动物：马、猪、狗、狮子、老虎、熊、大鹏、鲸鱼、珍贵动物等。

器物：金、银、珠宝、玉、水晶、钟表、镜子、球、轿车、日历、计算机、奖品、金融卡、贵宾卡、帽子、王冠、贵重之物等。

其他：乾卦、六白金。数为四、六、九。色属白。

【天柱星】

天柱属金，居兑宫。宜屯兵固守、训练士卒，坚壁筑垒养锐，待为客之时方可动。秋冬申、酉、亥、子月日加三、四宫利为客；加九宫利为主。为破军星。古诀云："天柱藏形谨守宜，不宜远行及营为，商贾行事皆不利，动作立刻见凶危。"

天时：雷电、寒霜、冰雹、秋天、凉爽等。

地理：湖泊、沼泽、山崩地裂等。

建筑：门户、门阁、厕所、兑宅门路、妓院、烟筒、水塔、柱子等。

人物：少女、叔父、巫婆、律师、检察官、军警、教师、娼妓、演员、妾、妹、渔夫等。

性情：决断、冷漠、多情、巧言令色、严厉、斗讼、妩媚、幽默、外悦内狠、狡猾阴险等。

身体：大肠、颈椎、腰椎、手指、脚趾、阴部、肺疾、喉症、眇目、缺唇、跛足、牙病、性病、口腔病、下痢、刀伤、凶死、残障、老化、退化等。

食物：水果、供品等。

事务：收获、口舌是非、诉讼、谗言、破坏、翻译、屯兵、训练、宴会喜庆、决裂等。

植物：麦、银杏、桔梗、竹、苇、姜、蒜、葱、韭、薄荷等。

动物：鸡、羊、犀牛、虎、豹、鹰、鸟、鱼、蟋、蟀、蝗虫、甲虫、白蚁、蛀虫等。

器物：乐器、发声之物、刀叉、五金、赌具、玩具、字典、美工刀、针、钳子、夹子、缺损之物、报废之物、锅、斧、碗、杯、桶等。

其他：兑卦，七赤金。数为四、七、九。色属白。

【天任星】

天任属土，居艮宫。宜立国邑，安社稷、化人民、纪大义、选将出师、交锋大战、四时皆吉，得地千里。又宜嫁娶、上官赴任、应试中举、面君谒贵、求财、一应俱吉。竖造、埋葬、斩草、破土若与奇门相会、百事大吉。为左辅星。四季辰、戌、丑、未月日加一宫利为客；加三、四宫利为主。古诀云：“天任吉星事皆通、祭祀求官嫁娶同，斩绝妖邪移徙事、商贾造葬喜重重。”

天时：云雾、风沙、阴天、冬春之交等。

地理：山脉、山峰、山地、道路、矿区、化石等。

建筑：艮宅门路、百货公司、仓库、公寓、大厦、宗庙、治安机关、假山、雅石、盆栽等。

人物：少男、道士、隐士、僧道、小学生、幼儿、孙子、军警、保安、闲人、矿业者等。

性情：谨慎、仁慈、消极、退却、虚伪、好静、笃实、迟滞、自制、保守、无欲等。

身体：脾、胃、鼻、手指、左足、腰背病、风湿关节症、便秘、结石、经血失调等。

事务：修行、隐遁、拖延、储蓄、戒严、拒绝、孤立、治国、背叛、阻隔等。

食物：素食、肥肉、野味等。

植物：农作物、瓜类、葡萄、灌木、蔓生植物等。

动物：牛、狗、狐狸、兔子、狼、骆驼、驴、骡等。

器物：桌椅、沙发、金库、零件、小器物、手提包、背包、桌几等。

其他：艮卦、八白土。数为五、八、十。色属黄。

【天英星】

天英属火，居离宫。宜面君，见贵、上策、干求、升迁、应举、求财、上官、嫁娶。于巳、午月日加六、七宫利为客；加坎一宫利为主。为右弼星。古诀云："上官应举用天英，远行饮宴一般同，嫁娶商贾并移徙，阴阳主客要分清。"

天时：彩霞、晴岚、彩虹、闪电、烈日、夏天、闷热等。

地理：商业区、繁华街道、闹市等。

建筑：离宅门路、明堂、法庭、厨房、冶炼厂、图书馆、美术馆、电影院等。

人物：空军、文人、画家、导演、检察官、中女、孕妇、美容师、模特、空姐等。

性情：洒脱、忠诚、正直、虚心、明察秋毫、豁达、热情、急躁、虚伪等。

身体：心、眼、小肠、肠病、麻面、斑点、稀发、血症、烫伤、乳病、发烧、失眠、精神病等。

事务：军事、检验、旅行、比较、火灾、战争、选美、摄影、审判等。

植物：高粱、艳丽的花，红色的果实、葵花、莲花、开花的植物等。

食物：脏腑、海苔、肉干等。

动物：龟、蚌、螺、雉、孔雀、羽毛美丽的禽鸟、斑马、比目鱼、梅花鹿、母牛等。

器物：太阳能、烤箱、灯具、蜡烛、人造花、电视、电脑、眼镜、传真机、影印机、朱砂、讼状、抽象画、防弹衣、飞机、地图、香烟、安全套等。

其他：离卦、九紫火。数为二、七、九。色属红。

六、八神类象

【值符】

禀东方甲木之气，为天乙之神，贵人之位，诸神之首，能育万物，大将利居其下，所到之处百恶消散。主有委用之事、管理之类。

天时：晴朗、风和日丽、温和等。

地理：风水地形（起伏、去向、结聚）、大路、森林、闹市等。

建筑：宫殿、豪门巨室、桥梁、高楼大厦、寺庙等。

人物：领导、主考官、贵族、高僧、高道、专家、名人、明星、产妇、长男、王子、继承人、企业老总等。

性情：端庄正直、清高厚重、气度轩昂、积极热情、慷慨大方等。

身体：头、面、心、手、肝胆病、神经痛、躁症、喉疾、胃痛等。

事务：消灾解厄、安抚百姓、表彰、修行、宴会、哭泣、愁闷、冤仇、祸患、胎孕等。

食物：水果、蔬菜等。

植物：松柏、木果、竹、君子兰、玫瑰等。

动物：禽王、兽王、珍贵动物、蟒、布谷鸟、鹤。

器物：金银、珠宝、首饰、王冠、印章、调令、证书、箫、鼓、笛、琵琶、吉他、胡琴、钢琴、手杖、农具、织机、丝麻、布帛等。

其他：黄白色、青绿色，数为一和八。为龙神。

【螣蛇】

禀南方丁火之气，为虚诈之神。司惊恐怪异之事，火盗之惊，相生为阴私之利，相克为阴私之害，临景门主火灾，临惊门主灾害。

天时：雷电、虹霓、太阳、阳光、慧星、流星等。

地理：荒地、荒野、墓地、风水的路、明堂、案山、河流、山脉等。

建筑： 窑灶、小门、后门、厕所、厨房等。

人物： 妇女、奴婢、中介人、乞丐、荡妇、主帅、受难者、媒婆、巫师、魔术师、狡猾之人、挑拨之人、捣鬼之人、疑心之人等。

性情： 虚伪、狡诈、惊怪、轻狂、工于心计、外冷内热、口是心非、标新立异、机灵等。

身体： 心脏、眼睛、血管、脉搏、神经、经络、舌、乳房。斑点、疤痕、中暑、脱水、牙痛、恶梦、血光等。

事物： 胎产、婚姻、怪异、巫陷、唆使等。

食物： 粉状食品、干燥食品等。

植物： 肉桂、芍药、滕、瓜秧、玫瑰、蔷薇、红豆、蔓类植物等。

动物： 龙、蛇、蜂、蝎、苍蝇、蚊子、蚯蚓等。

器物： 契约、钱、砖瓦、盒子、微波炉、烤箱、图画、绳索、针、腰带、项链、手链、被缠绕物、为核能、原子弹、化学、光亮等。

其他： 五行属火、红赤色、二数和三数。

【太阴】

禀西方辛金之气，为阴佑之神。性阴匿暗昧，太阴之方可以藏形，避难。所临之宫，主有阴私之事，妇女之非、相生者吉、相克者凶，生合者主得阴人之利，相克者主有阴人之害也。

天时： 月亮、云雨、霜雪、冰冻、阴云、寒冷等。

地理： 阴地、洞穴、石头、悬崖、风水的穴情等。

建筑： 塔、磨坊、街巷、佛寺、酒坊、碑碣、书房、凉亭、地下室、厕所、暗室等。

人物： 高官、文人、第三者、偷情者、卖酒人、外亲、阴贵人、少女、赌徒、护士、画家、书家、媒人、地下工作者、纪检政法人员、暗自流泪者等。

性情： 旺相主正直无私、喜悦；休囚为淫滥、忧疑欺诈、阴失、哭泣、诅咒、口舌、深谋远虑等。

身体： 肺、喉、口、齿、唾液、耳门、爪甲、容貌、肺痨、骨质疏松、皮肤病、性病等。

事务： 旺相为喜庆恩泽、赦免、结亲、交易财产；休囚为暗谋、密约、私通、走失、责罚、小人暗算、书画、艺术等。

食物： 酒水、饮料等。

植物： 小麦、银杏、姜、蒜、葱、藤等。

动物： 蚁、蛀虫、鸽子、羊、有角和牙齿锐利的动物、夜间出没的动物等。

器物： 雕刻品、金银器、钗钏、纸币、珍珠、刀、针、夹子、赃物、铜器、酒、乳品、字迹等。

其他： 五行属金、黄白色、其数三和九。

【六合】

禀东方乙木之气，为雷部雨师，护卫之神。性和平，司婚姻，交易中介人之事，六合之方宜于合和之事。加景门主酒食，或僧道、艺术。

天时： 和风、丽日、温暖、雷、雨等。

地理： 森林、街道、风水向道、公园、花园、商场、娱乐场、交易场等

建筑： 剧场、旅馆、酒店、寺庙、门楼等。

人物： 得令为子女、兄弟、亲友、贵族、高人隐士、占婚为女方媒人；失令为娼女、匠工、艺妓、僧道、术士、书客、牙客、逃犯、庸医等。

性情： 旺相为善良、温和、合和、好贤乐施；失令为虚诈、阴私、诱惑等。

身体： 肝、胆、眉、泪、手指、脚趾、麻疹、腹痛、心痛、神经痛、晕眩、狐臭、过敏症等。

事务： 旺相为艺术、婚姻、通讯、交易、胎产；休囚为财物纠纷、阴人缠绕、胆怯等。

食物： 马肉、鱼肉等

植物： 小树、花草、桃、李、杏、竹、灵芝、果类等。

动物：兔、鸳鸯、蝴蝶、蛇、长颈鹿、鸡、虫、燕子、蜂等。

器物：衣物、伞、印章、书契、盒子、礼品、羽毛之品、交通工具、文具、丝线、彩杖、舟船等。

其他：五行属木、色黄赤、数为六和七。

【白虎】（下有勾陈）

禀西方庚金之气，为凶恶刚猛之神。司兵戈、争斗、杀伐、病死、道路不通之事。下有勾陈，禀中央土气，主惊恐、怪异、妖言惑众，田土争讼、词讼勾连之事。二神所临之宫，主有丧亡、疾病、词讼、口舌、杀生。临死亡、惊门更凶。

天时：冰雹、闪电、狂风、迅雷、暴雨、浓雾、阴霾、地震等。

地理：风水的祖山、罗城、右砂、道路、路口、麦田、土堆、田园、森林、狩猎场等

建筑：收费站、磨坊、牢狱、军营、岗岭、寺观等。

人物：匠工、科技人员、侍卫、军警、奴婢、丑妇、农夫、牧童、屠夫、巫婆神汉等。

性情：猛烈、威雄、欺诈、好斗、虚伪不实、果敢、执拗、判逆性、顽固性等。

身体：胸、颧骨、筋、肺、大肠、皮毛、脓疮、翻胃、呕吐、道路伤亡、跌伤、出血、不孕症、肥胖症等。

事务：争讼、滞留、迟滞、节外生枝、杀伐、竞赛、拘捕、事多折磨、道路惊恐等。

食物：动物肉类等。

植物：草果、谷类、姜、蒜、葱、大麦、小米、高粱、瓜类、伤人的植物等。

动物：虎、豹、犬、狼、甲虫、爬虫类、骆驼等。

器物：刀剑、弓箭、利器、凶器、武器、金银财帛、风石、网罗、又为磁器、锁钥、文镇、桌椅等。

其他：五行属金、土、青黑色、白色、其数为七与五。

【玄武】（下有朱雀）

禀北方之水气，为刑戮奸谗之神。司盗贼逃亡之事，玄武之方宜提防奸细盗贼。玄武下有朱雀，禀南方丙火之气，司口舌阴谋之事，得地则有文书印绶之喜。

天时：热风、彩霞、海洋、烈日、雨天、阴天、黑夜等。

地理：风水的明堂、朝案山、来去水、河流、海洋、阴沟、井、下水道、城门、道路、市场、干亢地带等。

建筑：窑灶、店铺、厕所等。

人物：文人、代书者、演艺人员、导演、妇女、奸商、娼妓、光棍、小人、醉汉、骗婚者、盗贼、军警等。

性情：聪明、急燥、善辩，反复无常，偷奸取巧、巧言善辩、惊恐、口舌、伪装、奸诈险邪等。

身体：肾、耳、尿、骨、心、眼、肩、小肠、精神异常、口苦咽干、斑疹、不孕、灼烫伤等。

事务：谒贵、求谋、词讼、啼哭、梦想、别离、遗失、诽谤、挑唆、欺骗、考试、检查、火灾等。

食物：蛋、浸渍于酱油的食品等。

植物：水草、海带、蔬菜、胡椒、辣椒、牡丹、干燥花、枯木等。

动物：龟、虾、鱼类、水族动物、孔雀、鸿雁、甲虫、萤火虫、喜鹊等。

器物：印章、文具、图片、信件、摄影机、衣裳架、化妆品、瓶、缸、罐等。

其他：五行属水、火、赤色、黑色、四九之数，其形缺。

【九地】

坤土之象，万物之母。为坚牢之神，性柔好静，九地之方可以屯兵固守。所临之宫，主有田土之事，安逸之兆。

天时：云、阴冷、苦寒、雾天等。

地理：风水的穴星、平地、田地、乡村、贫民区等。

建筑：尼姑庵、仓库、银行、产房、地铁、地下管道、地基、地窑等。

人物：母亲、老妇、平民、乡农、村姑、狱警、寡妇、病人、医生、婚姻时的女方、大腹人、孕妇等。

性情：柔顺、吝啬、贪心、沉默、卑贱、阴险等。

身体：脾、颊、腹、肌肉、胃、肠、尿、阴部、阴症（暗症、怪病），营养不良等。

事务：农业、牧业、暗闷、哭泣、刑狱、死丧、贿赂、聚众、挖土、耕种、柔顺、谦恭之事等。

食物：地中之物等。

植物：五谷、柿、棉花、洋芋、中草药等。

动物：牛、虎、母马、猿猴、象、猫、驴等。

器物：布帛、中药、货车、古董、旧物、地毯、拖鞋、赃物、容器、尸体、符、药饵等。

其他：五行属土、其色黑、其数八与二。

【九天】

乾金之象，万物之父。为显扬之神，性刚好动，九天之方可以布阵扬兵。得门得奇，万福咸集，不得奇门而畏凶墓所临之宫。主显扬之事高尚之人，武旺之事，不忍之事，为天神之象。

天时：太空、北极星、雾、晴空、明朗、雷电、寒冰、初冬、高气压等。

地理：风水的朝对、屏障、首都、郊野、明堂等。

建筑：寺院、学校、车库、健身房、大厦、飞机场等。

人物：元首、领导、长辈、父亲、老人、武士、圣贤、君子、高僧、高道、医卜者等。

性情：刚强、公正、深不可测、诚信、轩昂大方、虚张声势、好高骛远、奢侈、果断等。

身体：头、额、毛、发、胸、肋、肺、肠、大脑、精力、伤寒、精神异常（落魄）、老人痴呆、男性精虫稀少等。

事务：积德、修行、扬善、远行、谋望、博弈、运动、欢悦之事等。

食物：高级营养品等。

植物：苹果、木瓜、梨、橘、一切木果、高原植物等。

动物：马、狮子、大鹏、天鹅、龙等。

器物：金玉、宝石、剑戟、兵器、水晶、轿车、飞机、文书、佛具、时钟、钱、镜、圆形物、高档物品等。

其他：五行属金、其色赤白、其质坚，数为一与六。

第六章　奇门克应及吉凶格

奇门克应所示之象，源于天、地、人三盘中三奇、六仪、八卦、九宫、八门、九星、八神之间的类神组合，其神奇性一向为人乐道，但好多地方却不好理解，从古书上看到的好多意象现已不复存在，并且有许多假象和迷信色彩，给人们造成了很多悬念，又会使人产生更多的好奇心，同时克应也是验证奇门准确性的大前题，所以在现代应用中要用新的取象去验证。为了保其原貌，今摘录出具有代表性部分原文，让读者在实践中去探索、参考及研究，取其精华，剔其糟粕。

一、九星克应吉凶

天蓬星

讼庭争竞遇天蓬，胜捷威名万里同。
春夏用之皆大吉，秋冬用之半为凶。
嫁娶远行皆不利，修造埋葬皆闲空。
须得生门同丙乙，用之万事得昌隆。

天蓬属水，宜安抚边境，修筑城池，兴作土木，培垫堤防，屯兵固守，保障一方。秋冬亥子月日加九宫利于客，可以捣巢破敌，掩其不备。若埋葬、立券、斩草遇乙庚日六乙时加此星上，主雷电交横，大风一阵双鸟至，后主子孙兴旺，官禄不绝。其余须得奇门会合方为全吉，天蓬即贪狼星。

天蓬值子时，主有鸡鸣、犬吠、宿鸟闹林，或有鸟自北方争自飞来。作用后缺唇人至，六十日后应鸡生肉卵，主口舌官讼退财凶。

值丑时，主树倒伤人，有雷电大作及风雨为应。作用后主七日内鸡生鹅卵、犬上房，百日内伤小口，白头老人作中，进田产，十年大旺，后主退败。

值寅时，主青衣童子持花来，北方和尚裹衣到，又主女人来为应。作用后主有贼劫家财，六十日蛇入屋咬人、牛、马，死伤人口，三年后进田宅。

值卯时，主黄云四起，妇人拿铁器前来，大蛇过路为应，作用后半月有徵音人送财物来。六十日内被贼害破财，百日内得横财大发。

值辰时，主东北树倒伤人，鼓声四起，女人着红衣为应，作用后主鹊噪鸦鸣绕屋，贼人盗财物，六十日内病脚人上门抵赖，三年内生贵子发福。

值巳时，主驼背人着毛衣，女子携酒至，及师人来为应，作用后百日内大发横财，因武得官发达。

值午时，主有人持刀上山，妇人领青衣童子为应，作用后四十日家主死，六十日犬作入屋作怪，风脚人行凶破财，三年发旺。

值未时，主童子赶马牛至，鹭鸶自北方飞来，女人着红衣为应，作用后六十日至贼人，入屋劫掠财物，凶败。

值申时，主有取水之人并持伞盖至，西方小儿打水、擂鼓、叫喊为应。作用后二十日鸡窝内有蛇伤物，百日内少妇自缢，为淫欲起官司。

值酉时，主西方有马行来、群鸦飞鸣为应，作用后百日内生大贵子，僧道作牙人进商音人财产大发。

值戌时，主老人拄杖至，胡须人担箩筐至，西方雷雨至为应，作用后有白犬自来，八十日拾军器得横财，发大富。

值亥时，主小儿成群，女人着孝服至为应，作用后六十日因捉贼得钱谷，三年内卖药及符水发财。

天芮星

天芮授道结交宜，行方值之最不吉。

出行用事皆宜退，修造安营祸难测。

贼盗惊慌忧小口，更有官事被官责。

纵得奇门从此位，求其吉事皆虚为。

天芮属土，宜屯兵固守，，保障封疆，训练士卒，从师受道，入山，兴作土木，利于悠久之事。四季月申酉月日加一宫利为客，加三四宫利为主。若立券埋葬斩草破土，遇甲己日六丙月奇加此星上，主二人乘马或鹏鹤双来，后主子孙富贵，世代官禄。其余须得奇门会合方吉。天芮即巨门星。

天芮值子时，秋冬用吉，春夏用凶。有飞禽战惊，西南方上火光，二人相逐为应。作用后主猫犬疯癫伤人惹官司，六十日内女人自缢死，秋冬用之当进羽音财产发旺，及妇人喜事吉。

值丑时，有鼓声自西北方至，七日内主龟鳖自林中来，六十日主盗贼、官司破财凶。

值寅时，主瘦妇怀孕，至夏秋主披蓑衣人至，着皮衣人来为应，作用后若得奇门旺相，六十日内牛入屋进血财，宜禄至，子孙兴旺大发。

值卯时，主女人着色衣送物，及贵人骑马来，二犬相咬，牛鸣为应。作用后六十日进东方人财产，犬伤小儿有血光，三年内妇人产难凶。

值辰时，有东方树倒伤人，鼓乐鸣，女人着红衣至为应，鹊绕屋飞鸣，因贼破财，作用后六十日风脚人上门昏赖，后生贵子发旺。

值巳时，有妇人少女同至为应，作用后四十日进绝户人旺契，一年内因水火发财。

值午时，有缺唇白衣人至，孕女过为应。作用后六十日猫咬人，因买卖大发财，得东邻产业大发。

值未时，有捕猎人至，白衣僧道携茶过为应，作用后七日有鸟鹊绕树鸣噪，一年内动瘟皇，火烧屋荡败。

值申时，主东方伞盖人过，僧道胡须人至为应主牛马伤人，犬咬人，作用后一百日内进羽音人产业，一年内水牛入屋，野鸟进宅，家主疾病。

值酉时，西方马过，群鸟飞鸣为应。作用后百日内僧道作合，进商音人财产，生贵子发旺。

值戌时，主老人拄杖至，胡须人担箩筐至，西方雷雨至为应，作用后白犬自来，六十日拾军器得横财，发大富。

值亥时，主小儿成群，女人着孝服至为应，后六十日因贼得财，三年内卖药及符水发财。

天冲星

嫁娶安营产女惊，出行移徙有灾屯。

修造埋葬皆不利，万般作为且逡巡。

天冲属木，宜选将出师，交战时宜鸣金击鼓，呐喊摇旗。春夏四五月日加二八宫利为客，加六七宫利为主，左将大胜，秋冬不得成功。止宜捕捉，若嫁娶离散，上官到任文吏坠马，移徙女人病死，竖造修方三年不吉。惟离三山无祸。埋葬主出少亡残疾劳瘵人，若会合奇门则吉，不合凶。天冲即禄存星。

天冲值子时，主仙禽鸣噪，钟声为应。作用后有生气入宅，一年内田蚕倍收，新妇亡，后因口舌得财。

值丑时，主云雾四合，小儿成队及妇人至为应。作用后黑狸生白子，拾得古镜发财，一年内得僧道田契，生贵子。

值寅时，主贵人乘轿马，及执金银器至为应。作用后六十日进文契，六畜并琉璃器物入宅，母鸡啼，家主灾，因口舌得财，乙已丁年生者发富贵。

值卯时，主女人穿色衣送物，及贵人骑马至，二犬嘶咬，又主牛鸣为应，作用后六丁时进东方人产业，烫火伤小儿，进财，三年内妇人产难凶。

值辰时，有鱼上树，白虎出山，僧道成伙至为应，作用后四十日内拾得之物发横财，七十日内家主有折伤之患。

值巳时，主牛羊争行，二女嘶骂，西方有鼓声为应，作用后六十时内蛇咬鸡、牛入屋，女人送文契，百日内生贵子大发。

值午时，有东方人家火起，白衣人喊叫，山鸟鸣噪为应，作用后六十日内拾古器物发财产。

值未时，有鼓声响，小儿着孝衣，牛马成群过，西北方人喊叫为应。作用后六十日内白羊入屋，发横财，六畜兴旺。

值申时，南方白衣人骑马过，吏卒争闹为应。作用后一百日内添进人口，发财产。

值酉时，主有远方书信至，东方人言狐狸，或有人叫喊为应，女人拿火至，后三年内生贵子，横发财产。

值戌时，主有三五人来寻物，及师巫对行为应。作用后六十日鸡上树鸣，远信至，得妇人财，小儿被牛伤，一年内验之。

值亥时，主有跛足人至，青衣人来，东北方人家火光为应，作用后百日内猫捕白鼠，一年内进田产。

天辅星

天辅之星远行良，修造埋葬福绵长。

上官移徙皆吉利，喜溢人财百事昌。

天辅属木，最宜选将出师，交锋大战，捣巢破阵扫穴。春夏寅卯四五月日加二八宫利为客，加六七宫利为主。左右将俱大胜，得地千里，秋冬未行成功。嫁娶多子孙，修造埋葬合巽离震坎四山，不出百日得横财。上官文迁武升，入官诉讼得理，有罪遇赦。斧钺在前天犹赦之。应举高第，商贾出行得财，若得奇门会合尤吉。天辅即文曲星。

天辅值子时，主西方人着红衣大叫前来为应。作用后六十日进商音人财物，猴入室，宝瓶鸣，主加官进职，生贵子，十二年兴旺吉。

值丑时，有人持刀杀人，闻叫多犬吠为应。作用后兔子、野鸡入宅，六十日僧道送物来。东南有人送文契，远信至，一年内人口兴旺，进人口，官禄大吉。

值寅时，有公吏人持铁器至，及艺人送物来为应。六十日进田契，十一年生贵子大发。

值卯时，有女人持伞至，师巫吹角声为应。六十日内发财添丁，有生气物，家旺财谷，因女人公事进田产财。

值辰时，白羊与黄犬相斗，卖菜人与油人相撞，白衣小儿啼哭是，孕妇至为应。一年内生贵子，财谷大发。

值巳时，有二人相打，女人抱布衣，风四起，小儿啼哭为应。六十日进东方财产，鬼神运来大发。

值午时，僧道拿物，女人着红过为应。六十日有贵人送异物，进四方金银，一年内得寡妇财产大发。

值未时，至二畜相触，有人携皮毛至，僧道成群过为应。作用后西北方人争财产，百日内进财物文契。

值申时，有患足携酒至，三色衣人来，西北鼓声鸣为应。女人拿火至，后三年内生贵子，横发财产。

值酉时，主有远方书信至，东方人言狐狸，或有人叫喊为应。女人拿火至，后三年内生贵子，横发财产。

值戌时，主有三五人来寻物，及师巫对行为应。作用后六十日鸡上树鸣，远信至，得妇人财，小儿被牛伤，一年内验之。

值亥时，主有跛足人至，青衣人来，东北方人家火光为应，作用后百日内猫捕白鼠，一年内进田产。

天禽星

天禽远行偏得利，坐贾行商皆称意。

投谒贵人皆益怀，修造埋葬都丰裕。

天禽属土，最宜选将出师交锋，交战时宜鸣金击鼓，呐喊摇旗，四时皆吉。不战用谋，敌人自服。加一宫利为客，加三四宫利为主。又宜祭祀、驱疫、遣祟、赏功、授爵、拜将、封侯、上官、应举、远行、商贾、移徙、开门、求亲、谒贵、嫁娶、祀祷、入山、竖造中宫，并二十四山埋葬、立券、交易，后主子孙世代登科大吉。天禽即廉贞星。

天禽值子时，主有孕妇来，紫衣人至为应。作用后五十日有文人送物，三年内因武得官，二十年外财谷广益，人丁千口，财旺。

值丑时，主孝妇拿锡器来，小儿拍掌吹哨、打鼓、叫喊为应。作用后因赌戏得财，或开窖得财，三年因得贼盗财发家致富。

值寅时，主鸡鸣犬吠，道人戴棕笠至为应。作用后进羽音人田契，人丁发旺。

值卯时，主有大风东起，禽鸟西叫，孕妇至为应。作用后半年内得横财起家。

值辰时，主九流人相争叫，东方乌鸦鸣为应。作用后六十有僧道及孤独人送物来。

值巳时，主有白项鸦成群飞来，及师巫人相打，贵人骑马过为应。作用后七十日内主妇人生贵子，成家田产大旺。

值午时，主有白衣女人至，狗衔花，山鸡斗，风雨至为应。作用后有人自来，因赌事公事得财，黑鸡生白雉，田产发旺。

值未时，主有老年跛足人担花过，或青衣人携物至为应。作用后六十日内进羽音人铁器发旺。

值申时，主空中飞鸟啼，师巫拿纸物来为应。作用后百日内女人拾珠翠归，一年内生贵子起家。

值酉时，主西方火起，人家吵嚷，鼓声喧闹为应。作用后一年内生贵子发旺。

值戌时，主东北方有钟鼓声，青衣童子携兰至为应。作用后六十日内主白鼠来，得寡妇财物发达。

值亥时，主有西北方妇人笑声大起，狂风折树毁屋，人喊叫为应。作用后百日内进铁匠器物，及僧道产。

天心星

天心求仙合药当，商途客于财禄昌。

更将扦葬皆吉利，万事欣逢尽高强。

天心属金，最宜选将出师，交锋大战，捣巢破敌，展土开边，秋冬得地千里。加三四宫利为客，加九宫利为主，左右皆大胜。又宜疗病、合药、祈晴祷雨、逐邪驱祟、上官应举、受封袭爵、远行、商贾、开门、移徙、嫁聚、竖造、埋葬、斩草、破土，后主子孙繁衍，世登黄甲，官禄累代不绝，若合奇门尤吉。天心即武曲星。

天心值子时，主有人争闹，鼓声西北起为应。作用后九十日内有赤面人作合进商音人古铜画轴，十二年田蚕发旺。

值丑时，主西南方有火光，跛足人送物至。五日内双猫自来为应。作用后四十日有远方人送物，进商音人财产文契。

值寅时，主有水鸟至，钟鼓鸣，青衣女子提篮至为应。作用后火烧小口，六十日有公事，百日内进金银，拾古器，进人口产业，三年因妻得财生贵子。

值卯时，主有跛足妇人相打，犬吠及鼓声，北方轿至为应。作用后七日内进财物，三年内有午而来，财禄大旺。

值辰时，主云从西北起，靛衣人拿鱼至，女人与僧道同行为应。作用后从井中气出如云，三年内生贵子，后主科第富贵。

值巳时，主有女人抱小儿至，紫衣人骑马过为应，龟上树。作用后半月内进远方人财，跛足作合，进田契，六畜旺，女人治家，寡妇坐堂。

值午时，主有风雨骤至，蛇横路，妗着红裙提酒至为应。作用后六十日内有跛足人送活物，五年内横发财产。

值未时，主有入术人拿空器过，白衣老人至为应。作用后得商音姓人文契田宅发富。

值申时，主有僧道来，金鼓四鸣，百鸟齐噪，红裙女人送酒为应。作用后三年内寡妇持家。

值酉时，主僧尼道姑拿火自西南来，西北钟鼓声为应。作用后七十日内进牛马，得官府财，远信至。

值戌时，主南方喊叫有贼，小儿牵牛至为应。作用后百日内生贵子，金鸡石上鸣，无故犬吠。

值亥时，鸡鸣犬吠，老人着皮衣帽至，手拿铁器为应。作用后七日内有远人来借宿，遗下财物而去。

天柱星

天柱藏形谨守宜，不须远行及营为。

商贾吉事皆不利，动作立刻见凶危。

天柱属金，宜屯兵固守，训练士卒，坚壁筑垒，养威，为客之时方可动。秋冬亥子月日加三四宫利为客，加九宫利为主，须合奇门方吉。妄动主车破马死，左右皆失利，宜藏营蓄粮，其余纵得奇门，亦不吉也。天柱即破军星。

天柱值子时，主有风雨，火从东方起，缺唇人至为应。作用后六十日内蛇犬咬人，刀刃伤人，见血光破财。

值丑时，主有北方木匠拿斧，树上生金花为应。作用后六十日进羽音人金银器，三年内大灾，主败家产，出人弄蛇戏犬。

值寅时，主牛马喧，僧道拿伞盖至，有雷雨，喜鹊鸣噪为应。作用后贼人牵连，官讼破财，女人小产死凶。

值卯时，主有人伐树，男人拿鼓，黄衣老人拿锄镰过为应。作用后六十日内母鸡犬上屋，一年内少妇死凶。

值辰时，主有人自西方拿金器来为应。作用后七日内进阴人财物，三年内大发。

值巳时，主有黑牛拉车，猪上山，钟鼓声鸣为应。作用后二十日内进商音姓人财物，六十日内有女人下水，野物入宅，一年内生贵子，大发之兆。

值午时，主有人骑马至，冬月有雪，夏秋月有鸦飞鸣为应。作用后五日孕妇带病行，孝服哭泣，六十日内水边得铜器，退财小口凶。

值未时，主有马与僧道同行，东北方人携伞盖骑马过为应。作用后因女人见狐狸退败大凶。

值申时，主有鹰捕鸟落地，及青衣人携伞盖至为应。作用后三年内天火焚宅，家业大败凶。

值酉时，主东方有大小车连络数十辆行为应。作用后七十日内得女人首饰发财。

值戌时，主有女人抱白布物至，西北方有鼓声为应，东北方树打人喊叫，作用后六十日蛇蝎伤人，瘟疫死败凶。

值亥时，主西北方有钟声为应。山下人喊叫，作用后百日内因救火得财大利。

天任星

天任吉宿事皆通，祭祀求营嫁娶同。

断灭群凶移徙事，商贾造葬喜重重。

天任属土，宜立邦、安国邑、安社稷、化人民、纪大义、选将出师、交锋大战，四时皆吉，得地千里。春夏寅卯巳午月日加二八宫利为客，加六七宫利为主。若嫁娶生贵子，上官连迁，应举中试，面君、求财、谒贵一应俱吉，竖造、埋葬、斩草破土若与奇门会合，主子孙繁衍，世世科甲官禄。天任即左辅星。

天任值子时，主有风雨至，水畔鸡鸣，东南方有人带刀过为应。作用后百日内主妇人离异，点水姓人上门抵赖，退田产后出人男盗女娼，凶。

值丑时，主青衣女人提酒至，西方鼓鸣为应。作用后半年内进巽方财物。一年内鹦鹉入宅，因口舌得财，三年后猫犬相咬，主发科吉。

值寅时，主女人成队至，或拿火来，童子拍手大笑为应。作用后六十日内甑鸣，老翁死，百日内进六畜，女人财宝自来，田蚕发旺，后因缺唇人争婚姻事败。

值卯时，主有老人持杖至，喜鹊鸣噪为应。作用后七日内有人送铜铁器物，六十日内因女人得进六畜，赌搏赢，官禄至，吉。

值辰时，主有白衣男女同行，或孕妇抱小儿为应。作用后有人送活物至，大吉。

值巳时，主有二犬相争，野人负柴薪，吏人拿伞过为应。作用后六十日得外方人财物，南方人送鱼至，一年内生贵子，发富贵吉。

值午时，主西方黄色禽鸟飞来，僧道与儒士同行为应。作用后四十日得贵人财宝，紫衣人进宅，生贵子吉。

值未时，主有白鸟自西南方飞来，北方钟鼓声为应，风雨至。作用后七日外女人送白衣物或白纸物来，主六畜兴旺。

值申时，主风雨陡至，人打鼓，僧道着黄衣为应。作用后七日内女人被火烧荡败凶。

值酉时，主僧尼道姑持火自西南方来，北方钟鼓声为应，作用后七十日内得官员财物，进牛马，喜信至，大吉，钱财丰美，大利。

值戌时，主有女人抱布来，西北方钟声，北方树木伤人为应。作用后六十日内蛇咬人凶，若有老人与小儿同来，即解祸为福。

值亥时，主西方磬鸣，人人拿火喊叫为应，作用后一年内因救火得财，大利。

天英星

天英之星嫁娶凶，远行移徙不宜逢。

上官商贾凶败死，造作求财一场空。

天英属火，宜面君谒贵，上策干求，升迁应举，求财上官，嫁娶。若出师用武，四季巳午月日加六七宫利为客，加一宫利主。惟竖造主火光，生产主死，鬼神祭祀不享。诸凡合奇门者为吉。若埋葬斩草破土，合吉门者，主子孙超越寻常。天英即右弼星。

天英值子时，主有锣鼓声自西北来，三玉人撑火伐木为应。作用后一年内主有残病人抵赖破家，三年内自刎，小儿因汤火灾伤。

值丑时，主东北方师巫僧道至，锣鼓声鸣应。作用后一月内火烧房屋，一年内犬作人言，百怪俱见，死亡大败凶。

值寅时，东方有兵马来，及捕鱼人持网过为应。作用后女人路上拾财物，六十日内进寡妇田产，龙雷折屋凶。

值卯时，主有人提灯笼过，或持米来，雷鸣为应。作用后六十日内进女人财宝发家。

值辰时，主西北方而来，鸡上树，女人携物来为应。作用后七十日野物进宅，大发财产。

值巳时，主有人抱文书持伞盖至，或抱锡磁器为应。作用后六十日内得异姓人财产，南方人送活物来，一年内生贵子发达。

值午时，主有人自南方来着红衣，或骑马持文书至为应。作用后六十日内被木石打死，及自缢，人命官司凶。

值未时，主有怀孕妇人过，西北方鼓声为应。作用后九十日家主掩死，一年内瘟疫大败。

值申时，主有孕妇哭泣，西方钟鼓声，僧道拿物过为应。作用后十日内大凶。

值酉时，主西方有人吵闹，鸟鹊鸣噪，白衣女人过为应。作用后主小口女人足疾，百日内因唇舌得财。

值戌时，主女人持瓦器或铁物怒骂为应。作用后百日内词讼破财。

值亥时，主有女人拿火来为应。作用后有疯癫人上门抵赖，身死破财。

二、八神主应

值　符

直符者诸神之元首，九星之领袖，因名值符，其体属火，其神所到之处，百恶消散，万凶寂灭，至吉之神。所畏者，太白金星，忌入墓，吉处不吉，凶处更凶。天始于甲，地始于子，固谓万汇之尊者，举甲子而六甲在其中矣，故名之曰值符。

值符主长者、贵人、公吏、钱物为应。

螣　蛇

螣蛇者，丁火之化气，其实属阴土，兑纳丁巳，其神性柔而口毒，专司惊恐怪异，火袄蛊惑之事。位镇巽方，又名玉女，遁干为丁，六甲之阴神，乃神之最灵者，举丁卯而六丁在其中矣。

螣蛇主官司牵连、罗网，推风送雨、及惊恐怪异为应。

太　阴

太阴者，西方之阴金也，其神好阴匿、暗昧、欺蔽妾妻之事。巽纳辛配于西方，位镇兑宫，兑为少女，阴阳至此而化育不成，自甲至癸其数终，自子至酉，其气穷，故名之曰太阴。

太阴主贤人、夫妇、阴私之事为应。

六　合

六合者，甲木之化气也，东方之阴木也，其神性和平，专司婚姻交易，媒牙和合之事。乃六甲之妹，配于庚金为妻，怀庚之胎，归妹于家，位镇东方，震纳庚，自甲至己其数六，故名之曰六合。

六合主华采、轩车、酒食、筵会、婚姻为应。

白　虎（下有勾陈）

白虎者，庚金也。统辖西方之威，其神好杀，专司兵戈、杀伐、争斗、疾病、死丧道路之事。震纳庚金，巽为风，风从虎，位镇于西方，自甲至庚，其数七，故名之曰白虎。

勾陈者，中央之阳土也，其神性顽，专司田土斗讼之事，自甲至戊，其数五，自子至辰，其数亦五，艮纳丙，戊配于东南。经云："知三避五，三五反复"，凶顽之气不可趋，位镇于长，故名之曰勾陈。（避五乃己庚辛壬癸五阴干，及伤杜景死惊五凶门也。）

白虎（勾陈）主医巫、死丧、秽气、钱物为应。

玄　武（下有朱雀）

玄武者，水之精也，统辖北方之气，其神好阴谋、贼害，专司盗贼逃亡之事。水主黑色，得中央黄土而成玄，故名之曰玄武。

朱雀者，南方之火神，统辖丹天之野，专司文明之权，掌奏口舌文书之职，得地则文书印信有喜，失时则有是非口舌挠乱之凶。位在丙，丙纳艮土，旺相在离，在天为赤乌之神，属丙火，举丙寅而六丙在其中矣。

玄武（朱雀）主惊恐、盗贼、及云雨为应。

九 地

九地者坤土也，其性好静。所主者乃柔顺虚恭之事，亦操生杀之权。半凶半吉之神。畏克制，忌入墓，春夏则生，秋冬则杀，司君后之柄，坤纳乙癸，自乙至癸，其数九，故名之曰九地，举乙丑而六乙在其中矣。

九地主女人、衣服、稻谷、埋葬、走兽为应。

九 天

九天者乾金也，其体属金。乾纳甲壬，性刚而好动，所主者，名正言顺之事，值其令而无阻，至吉之神。若得门得奇，万福咸吉，即不得奇门，亦不为凶。畏入墓，而力屈。天始于甲，自甲至壬，其数九，故名之九天。

九天主文书印信、枪棒、火灾，占天飞鸟为应。

三、八门主应

八门克应，是指人盘八门加临八方及奇仪所形成的各种格局吉凶。

开 门:

开门欲得照临来，奴婢牛羊百日回。

财宝进时地户入，兴隆宅舍有资财。

田园招得商音送，巳酉丑年绝户来。

信子孙多拜受，紫衣金带拜荣回。

开门属乾，乾中有亥，乾纳甲壬，金动水生，水生而生万物，故为资生万物之初，又为天门，所以吉也。若得乙奇相合，得日精之所蔽；与丙奇合，得月精所蔽；与丁奇合，得太阴所蔽。有谋为，宜名正言顺公事，从之而百吉百泰；若为阴私之事，必被他人泄漏，反遭凶咎。喜乾兑之宫，为相气。入坎宫为金水相生，如母顾子，所以为吉。艮宫入墓；震宫为迫；巽宫反吟；离宫金被火克，俱不利。

开门出者，出行四里或四十里见猪鼠等物，六十里见贵人车马，逢酒食事。三十里见贵人骑马吉，四十里见猪马酒食吉。乙奇临见贵人着红衣，丙奇临见老人持杖，丁奇临见人执竹木等物为应吉。

动　应

开加开：六里六丁里见贵人，及斗打者为应。

开加休：一里十一里逢四足畜物相斗，妇人着皂衣及文人言功名事。

开加生：八里八十里逢阴人并四足物，或阳人言争产财帛事。

开加伤：三里十三里逢妇人车马，随人弄火。

开加杜：四里十四里逢阳人有急唱或僧道为应。

开加景：九里十九里逢贵人骑马或抱文书为应。

开加死：二里十二里逢人啼哭，或开土埋葬为应。

开加惊：七里十七里逢兄妹同行为应。

静　应

开加开：主贵人宝物财喜。

开加休：主见贵人财喜及开张店铺，贸易大利。

开加生：主见贵人，谋望所求遂意。

开加伤：主变动、更改、移徙，事皆不吉。

开加杜：主失脱，刊印书契小凶。

开加景：主见贵人，因文书事不利。

开加死：主官司惊忧，先忧后喜。

开加惊：主百事不利。

加　干

开加甲、戊：财名具得。

开加乙：小财可求。

开加丙：贵人印授。

开加丁：远信必至。

开加己：事绪不定。

开加庚：道路词讼，谋为两歧。

开加辛：阴人道路。

开加壬：远行有失。

开加癸：阴人失财小凶。

占身命：金、水者吉利：土命平衡；火、木二命主官司、疾病、破财、不利。

休 门：

休门最好聚资财，牛马猪羊自送来。

外口婚姻南方应，迁官进职坐京台。

定进羽音人产业，居家安庆永无灾。

休门之水固为至阴之地，实系宝瓶宫。万物以水为生气而发扬于外，以水为死气收敛归根而藏精于内。子者，乃一阳复始之初，草木值此而萌动，反本还原之门，所以吉也。休门与丁奇合，下临太阴为人遁，得星精敝，百事为吉。旺于震宫，相于坎宫，生于乾、兑宫皆吉。坤、艮、中宫被土克制，巽宫入墓，离宫反吟，不利。宜谒贵、取和合，百事皆吉。

出行五十里见蛇鼠水中黑色之物为应。

动 应：

休加休：一里十一里逢青衣夫妇歌唱为应。

休加生：八里十八里逢妇人下黑上黄或皂衣公吏人。

休加伤：三里十三里逢匠人拿木棍或皂衣公吏。

休加杜：四里十四里逢青衣妇人引孩童行唱。

休加景：九里十九里逢皂衣公吏人骑骡马。

休加死：二里十二里逢孝服人哭泣，更有绿衣人相伴。

休加惊：七里十七里逢皂衣人打足，妇人引孩儿。

休加开：六里十六里逢人打架、叹气，畜物斗敌。

静 应

休加休：求财、进人口、谒贵、朝见、上官、修造大利。

休加生：主得阴人财物。干贵谋望，虽迟应吉。

休加伤：主上官、喜庆，求财不得。有亲故分产，变动事不吉。

休加杜：主破财，失物难寻。

休加景：主求望文书印信事不至，反招口舌小凶。

休加死：主求文书印信官司事，或僧道、远行事不吉。

休加惊：主损财，招非并疾病、惊恐事。

休加开：主开张店肆及见贵、求财、喜庆事大吉。

加 干

休加甲、戊：财物和合。

休加乙：求谋重，不得；求轻，可得。

休加丙：文书和合喜庆。

休加丁：百讼休歇。

休加己：暗昧不明。

休加庚：文书词讼先结后解。

休加辛：疾病退愈，失物不得。

休加壬、癸：阴人词讼牵连。

占 身：木命者大利；金命者耗脱；土命者灾疾；火命者大凶。丙、丁、己、巳、午、辰、戌、丑、未年、月、日、时者不利。

生 门：

生门临着土星辰，人旺畜孳每称情。

子丑年中三七月，黄衣捧笏到门庭。

蚕丝谷帛皆丰足，朱紫儿孙守帝庭。

南方商音田土进，子孙禄位至公卿。

生门在艮宫，艮为寅位。天开于子，地辟于丑，人生于寅，天气至此而三阳开泰，从此而万物皆生。阳回气转，天地好生之情而广及万物，仁道生焉，所以为至吉之门。生门与乙奇合下临九地为地遁，得日精所蔽吉。与丙奇合得月精所营蔽，为天遁。与丁奇合得星精所蔽，为人遁，百事大吉。

生门宜上官、修造、嫁娶、求财、牧养皆大吉。出六十里主见贵人车马吉。临乾、兑二宫为旺；临坤、艮、中宫为相；临坎宫为迫；震宫被木克制；巽宫入墓，皆不吉；生于离宫吉。

生门出者，八里十八里见贵人车马，或公吏皂衣人，乙奇临之，见兔或二鼠相咬，丙奇临见病人，或二人争财吵闹，丁奇临见渔猎人，此方大利，百事俱吉。

动　应

生加生：八里十八里逢朱衣贵人。

生加休：一里十一里逢皂衣及扛钱人。

生加伤：三里十三里逢公吏人持棍或培土栽树。

生加杜：四里十四里逢人拿色彩行喝并长叹息者。

生加景：九里十九里逢贵人车马并多人相随。

生加死：二里十二里逢孝服人哭泣。

生加惊：七里十七里逢人赶畜及有人说词讼事。

生加开：六里十六里逢贵人车马，并有蛇咬猪者。

静　应

生加生：主远行、求财吉。

生加伤：主亲友变动，道路不通。

生加杜：主阴谋，阴人破财，不利。

生加景：主阴人，小口不宁及文书事，后吉。

生加死：主田宅官司，病主难救。

生加惊：主尊长财产、词讼、病迟愈，吉。

生加开：主见贵人，求财大发。

生加休：主阴人处求望财利吉。

加　干

生加甲、戊：嫁娶、求财、谒贵皆吉。

生加乙：主阴人生产迟吉。

生加丙：主贵人印绶、婚姻、书信喜事。

生加丁：主词讼、婚姻、财利大吉。

生加己：主得贵人维持吉。

生加庚：主财产争讼破产，不利。

生加辛：主官事、疾病，后吉。

生加壬：主失财后得，盗贼易获。

生加癸：主婚姻不成，余事皆吉。

占身命：火、土、金命者大利；水、木命者不利多厄难，更忌甲、乙、寅、卯年、月、日、时。若壬、癸命，主肿胀、凶。

伤　门：

伤门不可说，夫妇又遭屯。

疮疼行不得，折损血财身。

天灾人枉死，经年有病人。

商音难得好，余事不堪闻。

伤门之木，正值春分之时，精液自内而出，发阳于外，以致根本泄之太过，所谓外华而内虚，而不能胜其劳。况二月中嫩甲不能当霜露之寒，因谓之伤，所以凶也。

伤门得奇，惟宜捕捉逃亡盗贼、渔猎、索债、赌钱等事则吉，若上官、出行、嫁娶、商贾、修造，皆不利大凶。

伤门出者三十里见人争斗，见鱼或畜争斗敌，宜避之大吉。

动　应

伤加伤：三里十三里逢二车塞道争行。

伤加杜：四里十四里逢公吏人及木匠伐树，并有妇人抱小儿过。

伤加景：九里十九里逢色衣人骑骡马过。

伤加死：二里十二里逢埋葬及孝服人哭泣。

伤加惊：七里十七里逢人斗打及赶畜，并有妇人与少女同行。

伤加开：六里十六里逢人折墙安门解板，或二猪相咬。

伤加休：十里十一里逢老妇与少男同行。

伤加生：八里十八里逢人砍树或培土。

静　应

伤加伤：主变动，远行折伤，凶。

伤加杜：主变动、失脱、官司桎梏，百事皆凶。

伤加景：主文书印信、口舌，动挠啾唧。

伤加死：主官司印信凶，出行大忌，占病凶。

伤加惊：主亲人疾病忧惧，媒妁不利，凶。

伤加开：主贵人开张，有走失变动之事，不利。

伤加休：主阳人变动，或托人谋事，财名不利。

伤加生：主房产、田产、凶。

加　干

伤加甲、戊：主失脱难获。

伤加乙：主求谋不得，反防盗失财。

伤加丙：主道路损失。

伤加丁：主音信不实。

伤加己：主财散人死。

伤加庚：主讼狱被刑杖，凶。

伤加辛：主夫妻怀私恣怨。

伤加壬：主因盗牵连。

伤加癸：讼狱被冤，有理难伸。

占身命：水、火、木命者吉；金命者主病，土命者凶，官司刑杖。

杜　门：

杜门原是木，犯者灾祸频。

亥卯未年月，遭官入狱屯。

生离并死别，六畜逐时瘟。

落树生脓血，祸害及子孙。

杜门属阳木，时值夏初，发生于外而津液已泄，阳气亢极，一阴将至，木性至此而力屈，欲收敛而不能收敛，欲生旺而力已尽，又不能泄其力以实其子孙，而待于伏藏其子于坚密之处，恐有伤于子，故谓之杜门小凶。

杜门为藏形之方，宜躲灾、避难、塞穴、捕捉，余事皆不利。

杜门出三十里逢男女同行歌唱，六十里逢恶人。乙奇临见少妇着色衣，丙奇临见火光烧屋或烽小之物，丁奇临见人骑马带弓弩。

动　应

杜加杜：四里内逢妇人引儿孙着绿衣。

杜加景：九里十九里逢孕妇着色衣，或公吏人骑赤马。

杜加死：二里十二里逢裘衣人哭泣。

杜加惊：七里十七里逢歌唱，锣鼓声，或人言公讼事。

杜加开：六里十六里逢歌唱及犬咬猪。

杜加休：一里十一里逢唱戏，或皂衣妇人抱孩儿。

杜加生：八里十八里见人扛钱，或手拿食物并唱词。

杜加伤：三里十三里逢木匠拿木棍。

静　应

杜加杜：主因父母疾病，田宅出脱事，凶。

杜加景：主文书印信阻隔，阳人小口疾病。

杜加死：主田宅文书失落，官司破财，小凶。

杜加惊：主门户内忧疑惊恐，并有词讼事。

杜加开：主见贵人官长，谋事主先破己财，后吉。

杜加休：主求财有益。

杜加生：主阳人小口破财及田宅求财不成。

杜加伤：主兄弟相争田产、破财。

加　干

杜加甲、戊：主谋事不成，密处求财得。

杜加乙：主宜暗求阳人财物，得主不明致讼。

杜加丙：主文契遗失。

杜加丁：主阳人讼狱。

杜加己：主私谋害人招非。

杜加庚：主因女人讼狱被刑。

杜加辛：主打伤、词讼，阳人小口凶。

杜加壬：主奸盗事、凶。

杜加癸：主百事皆阴，病者不食。

占身命：火命者发贵，水命者发富，木命者平稳，金命者疾病，土命者官司凶。若金年、月、日、时或土年、月、日、时者不利。如逢水、火年、月、日、时者吉。

景　门：

景门主血光，官符卖田庄。

祸灾应多有，子孙受苦殃。

外亡并恶化，六畜也见伤。

生离与死别，用者须提防。

景门夏令之气，万物壮旺将老之时，与死门坤宫相近，又为阳之盛气，天数至此时，将有杀物之情。虽主上明下亮之方，亦不全吉，惟利文书之事，因为次吉。

景门用事，惟宜上书、献策、奏鸣、选拔将士吉，余者不利。坤、艮、中宫吉，震三巽四宫平，坎一宫反吟，乾六兑七宫迫大凶。若得三奇，又宜设计、行诈、破阵、火攻、号令、封功赏爵等事。

景门出三十里外见赤纹大蛇，七十里外因水火失物，若强有作为，主伤家长及小口。

动　应

景加景：九里十九里逢人抱文书，更有火光惊恐。

景加死：二里十二里逢裘服人哭泣，色衣人骑马。

景加惊：七里十七里逢争讼斗打，宜避之。

景加开：六里十六里逢人成行，官人骑马。

景加休：一里十一里逢女人哭泣与卖鱼人并行。

景加生：八里十八里逢小儿赶牛，人背钱以袋装之。

景加伤：三里十三里逢色衣女人坐车轿或乘骡马。

景加杜：四里十四里逢老少妇领黑衣子行。

静　应

景加景：主文状未动有预见之意，内有小口忧患。

景加死：主官讼，因田宅事争竟啾唧。

景加惊：主阳人小口疾病事凶。

景加开：主官人升迁，吉；求文印更吉。

景加休：主文书遗失，争讼不休。

景加生：主阴人生产大喜，更主求财旺利，行人皆吉。

景加伤：主姻亲亲眷小口口舌。

景加杜：主失脱文书、散财、后平。

加　干

景加甲、戊：主因财产词讼。远行吉。

景加乙：主讼事不成。

景加丙：主文书急迫火速不利。

景加丁：主因文书印状招非。

景加己：主官事牵连。

景加庚：主讼人自讼。

景加辛：主阴人词讼。

景加壬：主因贼牵连。

景加癸：主因奴婢受刑。

占身命：火命水命者大凶，金命者疾病，木命者、土命者贵。若值金、水年、月、日、时者，不利。

死　门：

死门之方最为凶，修造逢之祸必侵。

犯者年年财产退，更防孝服死人丁。

死门之凶，天地令行，大肆肃杀之威。草柳色变，木逢叶落，故为凶象。

若得奇相助，吊死、捕捉、狩猎之事有得，吉者顺天之序而然也，不可弃。

死门出行者，二十里逢病人，三十里逢孝服血光事，虽有三奇亦不吉。丙奇临抱文书，乙奇临见丧葬祭物或纸扎物，丁奇临逢少妇孝服哭泣。

动　应

死加死：二里十二里逢妇人哭泣凶。

死加惊：七里十七里逢丧哭泣或死畜物类。

死加开：六里十六里逢开坟哭泣，或畜斗伤。

死加休：一里十一里逢青衣妇人哭泣。

死加生：八里十八里逢孝子拿生物大恸。

死加伤：三里十三里逢人抬棺椁。

死加杜：四里十四里逢埋葬及纸扎彩色物。

死加景：九里十九里逢人哭泣退吉进凶。

静　应

死加死：主因官事稽留，印信无气，凶。

死加惊：主因官司不结，忧疑患病，凶。

死加开：主见贵人，求印信文书事大利。

死加休：主求财物事不吉，若向僧道求方吉。

死加生：主丧事，求财得，占病死者复生。

死加伤：主官事动而被刑杖，凶。

死加杜：主破财，妇人风疾，腹肿。

死加景：主因文契印信财产事见官，先怒后喜，不凶。

加　干

死加甲、戊：主作伪财。

死加乙：主求事不成。

死加丙：主信息忧疑。

死加丁：主老阳人疾病。

死加己：主病讼牵连不已，凶。

死加庚：主女人生产，母子俱凶。

死加辛：主盗贼失脱难获。

死加壬：主讼人自讼自招。

死加癸：主嫁娶事凶。

占身命：主有孝服病死之凶，水、木命并年、月、日、时者，大凶。余平。

惊　门：

惊门不可论，瘟疫死人丁。

辰年并酉月，非祸入门庭。

惊门气肃，物数苍老，本无生气，固凶，但天地存好生之心，不欲杀尽，而生蒜麦，亦不得已而杀也。此门虽凶，若词状、捕捉、设疑伏兵皆吉，亦不可弃也。

惊门出者，三十里逢群鸟雀噪，六畜相斗，四十里见人争打则吉，若无，七十里必有折损之凶，不可前往。

动　应

惊加惊：七里十七里逢二女吵闹，傍人说打官司。

惊加开：六里十六里逢官吏役人争讼。

惊加休：一里十一里逢青衣妇人说官司。

惊加生：八里十八里逢女人领童子赶牛，小儿拿吃物。

惊加伤：三里十三里逢男女吵闹打孩子，宜退回，若强行，主车折马死凶。

惊加杜：四里十四里逢僧道同行，或男女同相商。

惊加景：九里十九里逢色衣妇人说官司。

惊加死：二里十二里逢女人哭泣及丧亡者。

静　应

惊加惊：主疾病、忧虑、惊疑。

惊加开：主忧疑、官司、惊恐、又主上人见喜，不凶。

惊加休：主求财事或因口舌事，迟吉。

惊加生：主因妇人生产、或因求财生忧惊，皆吉。

惊加伤：主因商议同谋害人，事泄惹讼，凶。

惊加杜：主因失脱破财惊恐，不凶。

惊加景：主词讼不息，小口疾病，凶。

惊加死：主因宅中怪异而生是非，凶。

加　干

惊加甲、戊：主损财、信阻。

惊加乙：主谋财不得。

惊加丙：主文书印信惊恐。

惊加丁：主词讼牵连。

惊加己：主恶犬伤人词讼。

惊加庚：主道路损折，贼盗，凶。

惊加辛：主女人成讼，凶。

惊加壬：主官司囚禁，病者大凶。

惊加癸：主被盗，失物难获。

占身命：主词讼，官灾、口舌、血光之事。若值丙、丁、巳、午年、月、日、时，亦不利。

四、门合八卦动应

门合八卦动应，是指人盘八门与八卦方位相加而产生的各种象意关系，同时可与八门克应相结合判断。

休主公事、秀才、僧道；生主谒贵、车马、衣锦；伤主争斗、血光、罗网、伐木、绳索、渔猎、死亡、失脱；杜主牛马斗打、牵连、阻塞、迷路；景主五色、文人、道士、虎狼、盗贼、风雷、公事；死主渔猎、葬埋、绳索、争斗、孝服、哭泣；惊主马死、桥断、雷震、官事、入牢、捕捉；开主贵人、车马、珍宝。

开 门

开在乾为贵重之器。出遇金银玉环，遇一马，见诸首物。

开在坎为沉沦之物。出见水晶珠玉，或零碎合成，雨露，鸦雁。

开在艮为土中金石。出见铜铁、走兽、珠石。

开在震为有声之物。出现钟鼓、鹰雕、桃李杏粟。

开在巽为可食之物，刀斧有柄之物。出遇木果、锄犁、金矢、鹰雕。

开在离为锻金。出遇瘠马、荔榴红果，味辛辣。见书信。

开在坤为衣裳之类。出遇冠带、金玉、重物、谷豆。

开在兑为铜铁损坏之物。出见刀斧、镜环、肝肺、剥落有壳物。

休 门

休在坎为隐状之物。出见刀斧、鱼、盐、酒、雨露、卑湿，江湖舟贼、水中物。

休在艮为土石润泽。出见珠玉、豕、鱼、酒、瓶、缸坛之类。

休在震为水木相成，酒器江楼。出见盆桶、香芃、木耳、梅杏、菱、莲。

休在巽为水中之物。出见鱼豕、酒肉、核果，海中物、水草之食。

休在离为水火交接。出见鼎、烹肴、核、菱、梅、盐、酱、羹汤。

休在坤为水土相成物。出见土器盛水、酒缸、面。

休在兑为刀斧带口水金物。出见酒缸、鱼鳖、菱、杏、有壳之物。

休在乾为酒筵器具，公庭讼诉。出见酒器、金钟、盛席。

生 门

生在艮为田园、坟墓。出见瓦器、磁缸、刚硬土石、虎狗，上刚下柔物。

生在震为木带土器。出见狐、蛇、瓜、笋、树根、猪蹄、牛足之类。

生在巽为草木风吹落地之物。出现蛇、蚓、瓜果、野味怪异。

生在离为土石之器，中虚火形圆空物，火土相成物。出遇熟食山味。

生在坤为玉石土中硬物，出见蛇、蚓、芋、笋。

生在兑为土石破缺物。出见兔、鹿、鸡、鸭、黔啄、皮壳剥落之物。

生在乾为刚硬成器之物。出见云雾、山障、晴霁、山果、虎狗。

生在坎为上尖下大，临水岸之物。出见蛇、鼠、水物、牛浴、马饮。

伤　门

伤在震为鬼神中物。竹木冲地蕃鲜，震惊不宁。出见雷震日曝、虚惊、多动少静，遇鼓食。

伤在巽为工巧有声之器。出见乐器、龙蛇、食桃李山蔬。

伤在离为文书花叶，有经纬之文，下尖而小。出遇骏马、赤果。

伤在坤为萌芽初动。出见豆芽、蛇、蚓、酸味。

伤在兑为金木相成有声物，缺破。出遇乐器、金钟、伐木。

伤在乾为茂森修行、雷震雹动。出见鹰雕，老马奔途，蟹龟。

伤在坎为水中木器，出见舟辑盆桶鱼豕鳞甲。

伤在艮为乔林木杵，仰攀之物。出见乐器声振山蔬。

杜　门

杜在巽为山林草木园圃。出见布帛、文禽、鸡雉。

杜在离为飘扬、丽色、坟墓、员灶。出见僧尼、秀士、灯火、食鱼蔬。

杜在坤为土中生物。出见乘载之物，寡妇发秃。

杜在兑为书信文书，琢削物。出见绳槌、金石权衡、工巧器具。

杜在乾为钟鼓刀剑，金中木外物。出见鹅鹤从西北唳风舞。

杜在坎为破缺不全物。出见舟车、弓矢、饮食。

杜在艮为闻山中竹木声。出见飞鸟、笔墨、器具，石中声音。

杜在震为有声竹木器。山蔬、禽鹤。

景　门

景在离为炉冶文书、刚燥 ，中、虚物。出见龟鳖、牝牛、师巫、灯笼。

景在坤为文书、碗碟、磁器。出见土器。
景在兑为弧矢、炉冶、窑灶。出见干焙煎炒。
景在乾为文书、甲胄、干燥物。晴天出见霞电虹霓。
景在坎为水火。激剥废坏食味煮而烘灸，五谷碎而复成。
景在艮为瓦器、夜行工具。出见中空物、山禽飞鸟。
景在震为甲胄戈矛。出见槁木、蟹蚌之类、干燥物。
景在巽为印信文书。出见炉冶、雉鸽、燕雀、彩旗。

死　门

死在坤为布帛，舆釜、瓦器、肥马牛、食土中物。
死在兑为甑瓶舆釜。出见屠牛鸡之类。
死在乾为方圆重器。出见屠宰拔苗。
死在坎为布帛、丝棉、秽物。
死在艮为坚刚土石、山兽、田具、牛马。
死在震为文书田契。出见鸦、鹊、鹰、鹞搏噬。
死在巽为文书农具。出见飞鸟飞翔。
死在离为炉灶、井陷、屠宰牛马。

惊　门

惊在兑为刀斧铜铁器具，喜悦。出见有角兽鳞介之物能鸣。
惊在乾为雨泽星日，辛辣。出见狗马羊鹿成群奔溃。
惊在坎为鱼鳖水草。出见废井崩池、羊鹿。
惊在艮为阴私集合。出见野兽奔逃金石废器。
惊在震为枪戟长柄之金缺物。出见硬壳物。
惊在巽为棺木，箭簇之类，乐器。出见飞鸟奔溃。
惊在离为玲珑物。出见歌伎，伶人金钗首饰。

五、三奇到宫克应

乙 奇

乙奇到乾：有黄衣人至，或扛钱过为应，后六十日内进商音人财产大发。

乙奇到坎：有人着皂衣至，或有鼓声为应，后七日得财。

乙奇到艮：有人着白衣至，或缠物来，或用网裹鱼来为应，后一年内进人口，若有人送家禽来者大吉。

乙奇到震：有渔猎人至，并小儿二人同来为应。后七日内进财宝，若闻东方有产亡者，主大发。

乙奇到巽：有白衣人骑马过，或小儿作戏耍为应。作用后三年内生贵子，进东方财产，若闻东方人家失火，或有缢死者，必大发。

乙奇到离：有人着色衣至为应。后三七日进横财，若闻东方有刀刃自杀者，必大发。

乙奇到坤：有三五女人至为应。后七日进横财，六十日进文契，若闻南方有雷击牛畜者大发。

乙奇到兑：有三五少妇至，或鸟鹊成群为应。后三日或三十日进角音人财大发，或生牛羊者横发。

丙 奇

丙奇到乾：披衣人至，或鸟鹊成队飞来为应。月内进寡妇财产、文契，若闻南方有生产者发旺。

丙奇到坎：有瞽目人至，及北方有鸟飞来为应。后百日或一年因水火生财大富。

丙奇到艮：有着青衣人至，小儿哭泣，或童子手拿铜铁器物为应。后七日内进财宝，周内进白马发旺。

丙奇到震：有武人持军器至，若春月有雷声或鼓声为应。后十日内外进古铜器，一年内生贵子，北方有龙雷震者必大发。

丙奇到巽：有鼓音歌乐为应。后七日有色衣人至，家招横财，若闻南有大警者，必然横发。

丙奇到离：有黄色飞禽成队来为应，或一七日或六十日进坑垅田蚕发旺。

丙奇到坤：有皂衣人至，或鸟鹊在南方鸣为应。二七日进南方七人财物，或一年内进牛羊及绝户人财产大发，若闻东方有鼓声更吉。

丙奇到兑：有人持杖并拿酒器及抱小儿为应，更有鼓乐之声。后七日进财，周年内进人财，及坤艮二方财产大发。

丁　奇

丁奇到乾：有人持刀刃至，或牵马过为应。后二七日内或七十日内动土得财大发。

丁奇到坎：有人抱小儿来南方云雨至，黑禽自西方来为应。百日内有喜庆婚姻事大吉。

丁奇到艮：有人与小儿打狗为应，后七日或七十日内进黄黑色活物大发。

丁奇到震：有二女人着青衣至，或双夫妇至，或黑白禽自南方来为应。后七十日内进黄白活物大发。

丁奇到巽：有小儿骑马过，南方云起，北方下雨为应。后周年人落水淹死，妇人产亡凶。

丁奇到离：有蹶足人或瞎眼人至，及小儿骑马过为应。后九十日内因火生财发旺。

丁奇到坤：有女人着青衣至，与僧道同行，或黑牛拉车，后七十日内因水破财致败。

丁奇到兑：有人抱文书印簿至，或赶牛羊为应。后六十日内进田宅致富。

六、三奇会三吉门克应

乙　奇

乙会生门，路逢两鼠相斗及孝服人，百鸟风云微雨车马求迎。破土安葬，主子孙繁衍，科甲恩荣。

乙会休门，路逢牛马成群，或扛抬物具，埋葬竖造子孙繁衍，世代官禄。

乙会开门，路逢执杖老人，或哭泣，红衣公吏至，埋葬竖造主子孙富贵。

丙　奇

丙会生门，路逢患眼病疾人，或相斗打，埋葬竖造子孙富贵。

丙会休门，五十里逢鼓乐声，有飞鸟风云白鹤应，埋葬竖造子孙富贵。

丙会开门，路逢携杖老人悲啼困苦，埋葬竖造子孙富贵。

丁　奇

丁会生门，路逢鹰犬畋猎，埋葬竖造主子孙繁盛，官禄不绝。

丁会休门，路逢皂衣人或女人，二十里应，埋葬竖造，主子孙富贵。

丁会开门，路逢小儿持杖，戊癸日与天英会，飞鸟白鹤，雷鸣，主富贵。

七、十干克应吉凶

十干克应，实际上就是奇仪克应，即天盘奇仪与地盘奇仪相遇后而发生的各种关系。奇门遁甲将甲隐于六仪之下，故看甲干时应以六甲值符为代表看其克应关系。

十干克应诀

来时六甲出门去，金马玉堂逢贵人。

若逢六乙出门去，秃头公吏宜终身。

执持弓弩人骑射，盖为时乘六丙行。

州官县宰相逢着，出门行时正六丁。

若逢戊己出行去，两个妇人身着青。

若乘庚辛壬最恶，大凶无吉有灾星。

六癸出门逢骑射，多遇山林隐逸人。

甲（指六甲值符）

甲加甲（即天盘六甲值符加地盘六甲值符，以下俱仿此，不再注明）为“双木成林”，又谓“庆云献瑞”，荣华、得志、进展、顺畅。

甲加乙为“青龙合灵”，又谓“藤萝系甲”，门吉者，诸事吉利，得上司或长辈提拔，宜于事业发展。门凶者，吉转为凶。

甲加丙为“青龙回首”，诸事吉利，宜于发展。入墓、击刑，则似吉实凶。

甲加丁为“木火通明”，升迁、得助、宜谒贵、求名。若入墓、宫迫，诸事反为凶。

甲加戊为“青龙耀明”，又谓“青龙受困”，凡事孤立徒劳，怀才不遇，意见相左，孤掌难鸣。

甲加己为“根木制土”，甲己相合，宜忠实稳步，同心协力。

甲加庚为“值符飞宫”，本伤枝亡，四面楚歌，动辄招咎。

甲加辛为“青龙折足”，宜静不宜动。破财、疾病。门吉平安，门凶有灾。

甲加壬为“青龙入水”、又为“只帆漂洋”，有去无归，落落寡合，寂寞不安，诸事不吉。

甲加癸为“青龙华盖”，吉门相助，则名利、成长。凶门加临，则阻滞不顺。

乙

乙加甲（地盘六甲值符）为“锦上添花”，有贵人相助，意外之喜，人事圆满。

乙加乙为“日奇伏吟”，不宜谒贵、求名。只可安身守分。

乙加丙为“奇仪顺遂”，门吉、星吉，迁官进职。门凶、星凶，婚姻别离。

乙加丁为“奇仪相佐”，又为“奇助玉女”，文书大利，诸事可为。

乙加戊为“利阴害阳”，又名“奇入天门”，利于阴人、阴事，不利阳人、阳事。吉门相助尚可谋为，门凶、门迫，财破人伤。

乙加己为“日奇入墓”，乃乙木之墓。被土暗昧，门凶必凶；得开门为地遁。

乙加庚为“日奇被刑”，争讼财产、夫妻怀私。临巽宫逢开门为“风遁”。

乙加辛为“青龙逃走”，奴仆拐带，六畜皆伤，人亡财破。测婚为女逃男。临艮宫、逢生门，为“虎遁格”。临坤宫、逢三吉门为“云遁格”。

乙加壬为“日奇入地”，尊卑悖乱、官讼是非，作事虚张。凡为皆不实，三吉门合利客。

乙加癸为“奇逢罗网”，宜遁迹修道、藏形避难。作事孤疑难进，吉门相助事有所成。

丙

丙加甲为“飞鸟跌穴”，不劳而获、名利双收、凡事速成。

丙加乙为“日月并行”，公谋私为皆吉。

丙加丙为“月奇悖师”，文书逼迫、破耗遗失，出入往返，战败自伤，诸事逆理不吉。

丙加丁为“月奇朱雀”，贵人文书吉利，常人平静。宜献策、上书求谒、纳贤、降恶大吉。得生门为“天遁格”。

丙加戊为“月奇得使”，百事吉顺、名利双收。详日、时、干支、门宫生克而用之。

丙加己为“火悖入刑”，戌为丙火之墓。公私不利、囚人刑杖、文书不行、吉门得吉、凶门转凶。

丙加庚为“荧入太白”，门户破败、盗贼耗失、事业不吉。

丙加辛为“奇神相合”，谋事可成，名利遂心、病人不凶。

丙加壬为“火入天罗”，为客不利、是非颇多。

丙加癸为“奇逢华盖”，阴人害事，暗昧不明、灾祸频生。

丁

丁加甲为“青龙转光”，加官进职，万事吉昌。

丁加乙为“玉女奇生”，贵人加官进爵、常人婚姻财喜。逢生门、太阴为“人遁”格；逢开门、休门、九地为“鬼遁”格。

丁加丙为“星随月转”，贵人升迁、大有施为、常人乐里生悲，非分之财毋苟得。

丁加丁为“奇入太阴”，诸事虽吉，恐有相争，知机暗图宜于先施得意，主文书证件。

丁加戊为“玉女神龙”，官人升迁，常人威昌，凶恶不起。

丁加己为“火入勾陈”，奸私冤仇，事因女人。宜防情海生波，奸计、小人。

丁加庚为“玉女刑杀”，主文书阻隔、谋为难就、凡事强图而反复。测行人必归。

丁加辛为“朱雀入狱”，罪人释囚、官人失位，求谋不遂，诸事艰难，玉石俱焚、贬谪、反背。

丁加壬为“五神互合”，贵人恩诏、狱讼公平。测婚多为苟合。

丁加癸为“朱雀投江”，人情反复，文书阻隔、音信沉溺、官司败诉。防溺水、口舌、目疾。

戊

戊加甲为“巨石压木”，不得人和、宜贯彻怡终，踏实努力。

戊加乙为“青龙合灵”，门吉事吉、门凶事凶。

戊加丙为“青龙反首”，动作大利、名利皆亨。若逢墓迫击刑。转吉为凶。

戊加丁为“青龙耀明”，谒贵、求名皆吉；若值墓迫，招是惹非。

戊加戊为“青龙入地”，凡事闭塞，静守为吉。

戊加庚为“值符飞宫”，怀才不遇，苦节独行，好景不长、功亏一篑，休囚门制，灾祸临身。

戊加辛为“青龙折足”，吉门生助尚可谋为，若逢凶门，主招灾、失财、徒劳。勿轻许诺言，多管闲事，测病有足疾、折伤。

戊加壬为“龙入天牢”，诸事耗散、阴阳事皆不吉。利于为客，门制多伤。

戊加癸为“青龙华盖”，门宫相生，诸事大吉。门凶多乖，得景门为“丙化龙升”格。

己

己加甲为“犬遇青龙”，挫折不断，追逐名利反招灾咎，防受利用连累。

己加乙为“墓神不明”，诸事难圆，事多暗昧。利于男女私事、婚姻。

己加丙为“火悖地户”，又为“地户埋光”，阳人冤冤相害，阴人必致淫污，防疾病、失贞。

己加丁为“朱雀入墓”，文章词讼，先曲后直。防祸从口出。

己加己为“地户逢鬼”，病者必凶或必死，百事不遂，进退不决，自败难圆，阻碍、染病。

己加庚为“刑格反名”，词讼先动者不利，若临阴星则有谋害之情。

己加辛为“游魂入墓”，人鬼相侵，因小失大，隐私被揭，官灾、色难、耽于淫佚。

己加壬为“地网高张”，狡童佚女，奸情伤杀。

己加癸为“地刑玄武”，好事成悲，男女疾病垂危，词讼有囚狱之灾。

庚

庚加甲为“天乙伏宫”，恩反成仇，谪降、破财、动荡不安、众判亲离、官商不利。

庚加乙为“太白逢星”，苦乐参半，宜守不宜进，乐极生悲。

庚加丙为“太白入荧”，为客进利 ，为主破财，劳心费力，防盗贼、欺诈。

庚加丁为“太白受制”，因私匿起官司，或男女是非，口舌，门吉有救。

庚加戊为“天乙伏宫”，百事不遂，少男少女堕落，天道公理无存，官讼是非。

庚加己为“官符刑格”，官司口舌，官讼被刑，住牢狱更凶。

庚加庚为“太白同宫”，交通事故，官讼刑狱、兄弟相残，飞灾横祸。

庚加辛为“白虎干格”，远行不利，车折马死，伏奸反叛，男女不和。求财不利，诸事有殃。

庚加壬为“太白退位”，又为“上格”，远行道路迷失，男女音信难通，意外损失，纠缠难解。

庚加癸为“太白冲刑”，又为“大格”，寅申相冲克，庚为道路，故多主车祸，行人不至，官事不止，生育母子俱伤、大凶。

辛

辛加甲为“龙争虎斗”，怀才不遇，消极徒劳。

辛加乙为“白虎猖狂”，家败人亡，远行多殃，尊长不喜，车船俱伤，女防失贞，破财官司。

辛加丙为“干合悖师”，门吉事吉，门凶事凶，防因财致讼。

辛加丁为“狱神得奇”，经商获倍利，囚人逢赦宥。

辛加戊为“困龙被伤”，官司屈抑、妄动祸殃。

辛加己为“入狱自刑”，奴仆背主、诉讼难伸。

辛加庚为“白虎出力”，刀刃相接，主客相残。逊让退步稍可，强进血溅衣衫。

辛加辛为“伏吟天庭”，又为“天庭自刑”，公废私就，讼狱自罹罪名。

辛加壬为“凶蛇入狱”，两女争男，讼狱不息，先动失理。

辛加癸为“天牢华盖”，又为“虎投罗网”，日月失明，误落圈套，口舌是非，动止乖张，考试不利。

壬

壬加甲为“青龙入狱”，浪里行舟之象，内外忧危，口舌是非，沉于酒色。

壬加乙为“小蛇得势”、女人柔顺、男人通达、占孕生子、禄马光华。

壬加丙为“水蛇入火”，官灾刑禁，络绎不绝，凡事不利，求谋反凶。

壬加丁为“干合蛇刑”，文书牵连，贵人匆匆、男吉女凶。

壬加戊为“小蛇化龙”、男人发达、女产婴童。

壬加己为“凶蛇入狱”，又名“天地刑冲”，主官讼败诉，大祸将至，顺守可吉，妄动必凶。

壬加庚为“太白擒蛇”刑狱公平，立剖邪正，操之过急则失败。

壬加辛为“螣蛇相缠”，纵得吉门，亦不能安，若有谋望，被人欺瞒。

壬加壬为“天牢自刑”，又名“蛇入地罗”，外人缠绕，内事索索、吉门吉星、庶免蹉跎，凡为无就，萧墙有祸。

壬加癸为“幼女奸淫”，家有丑事、门吉星吉、反福为祸。

癸

癸加甲为“青龙入地”，逢凶化吉，得助举荐、往事莫追、红尘扰扰。

癸加乙为“华盖逢星”，贵人禄位、常人平安、门吉则吉、门凶则凶。

癸加丙为“华盖悖师”，贵贱逢之皆不利，阻滞、忧惊，无可、无不可。宜固守。

癸加丁为“螣蛇夭矫”，百事不宜，求吉反凶，文书官司，火焚莫逃。文书、契约错失，官非、火灾、冤屈、反目。

癸加戊为“天乙会合”，吉格，财喜婚姻、吉人赞助成合，若门凶迫制，反祸官非。

癸加己为“华盖地户”，音信阻隔、男女纷争、躲灾避难为吉。

癸加庚为“天网犯冲”，又名“太白入网”，求谋无益、家丑外扬、老少不良、顽固堕落。

癸加辛为“网盖天牢”，官司败诉、死罪难逃、占病大凶。

癸加壬为“复见螣蛇”，嫁娶重婚、后嫁无子、不保年华。

癸加癸为“天网四张”，行人失伴、病讼皆伤。

八、奇门吉凶格

奇门吉凶格是由天盘九星、奇仪，人盘八门，八神与地盘九宫、奇仪等多种因素，在一定条件下组合而成的种种吉凶概念，是选时择方，趋吉避凶，推断预测的重要依据。现将常用的吉凶格局归纳如下：

1. 奇门吉格

(1) 青龙回首：

天盘六甲值符加地盘丙奇、宜就职、诉讼、迁移、求财、建造等，百事皆吉。

(2) 飞鸟跌穴：

天盘丙奇加地盘六甲值符。百事皆吉，显达易成。

(3) 九遁：

天遁：天盘丙奇、人盘生门、开门，地盘丁奇。宜征战、上书、求官、除恶、婚姻、贸易等，百事生旺。

地遁：天盘乙奇，人盘开门、地盘甲己。宜安营、藏兵、修造、出阵、求财。

人遁：天盘丁奇，人盘休门、神盘九天。宜攻虚、开路、塞河、造像、教化等。

风遁：天盘乙奇，人盘开、休、生三吉门，地盘巽四宫。宜设伏、火攻。

云遁：天盘乙奇、人盘开、休、生三吉门，地盘甲午辛。宜求雨伏击、立营建寨。

龙遁：天盘乙奇、人盘开、休、生吉门，地盘坎一宫或甲寅癸。宜求雨、开渠、修桥、穿井、水战等。

虎遁：天盘乙奇合人盘休门或生门，临地盘甲午辛于艮八宫。宜立营、招降、设伏、修造。

鬼遁：天盘乙奇，人盘杜门，神盘九地。宜偷袭，攻虚。

以上九遁均为吉格，对应之事无不吉利，但忌奇墓刑迫。

(4) 三奇得使：

天盘乙奇加地盘值符甲戌己为乙奇得使。天盘丙奇加地盘值符甲子戊为丙奇得使。天盘丁奇加地盘值符甲辰壬为丁奇得使，得使之格，百事大吉。

(5) 玉女守门：

人盘值使，地盘丁奇。为庚午、己卯、戊子、丁酉、丙午、乙卯六时。利宴会喜乐、阴私和合之事。

(6) 三诈：

真诈：天盘乙、丙、丁三奇，人盘开、休、生三吉门，神盘太阴。宜施恩、隐遁、出师、招抚。

重诈：天盘乙、丙、丁三奇，地盘开、休、生三吉门，神盘九地。宜进人口、求财、谒贵、出师、埋伏。

休诈：天盘乙、丙、丁三奇，人盘开、休、生三吉门，神盘六合。宜合药、治病。

三诈方，均宜嫁娶、远行、上官、赴任、经商、求财。

(7) 五假：

天假：天盘乙、丙、丁三奇，人盘景门，神盘九天。宜谒贵、上策、发令、结盟。

地假：天盘丁、己、癸，人盘杜门，神盘九地或太阴或六合。宜潜伏、逃难、侦探。

物假：天盘丁、己、癸，人盘伤门，神盘六合。宜埋葬、伏藏、交易。

人假：天盘六壬，人盘惊门，神盘九天。宜捕逃，搜匿。

鬼假：天盘丁、己、癸，人盘死门，神盘九地。宜修坟、畋猎。

以上五格，总称五假，忌墓迫。

(8) 三奇升殿：

乙奇到震，为日出扶桑，有禄之乡，是贵人升于己卯正殿。

丙奇到离，为月照端门，火旺之地，是贵人升于丙午正殿。

丁奇到兑，为星见西方，天之神位，是贵人升于丁酉正殿。

三奇到殿，宜出师、远行、上梁、修造、婚娶、谒贵、上官、迁徙、求财、埋葬，百事皆吉。合吉门尤佳。但忌门迫奇墓。

(9) 奇游禄位：

乙奇到震，丙奇到巽，丁奇到离，为本禄之位，合三吉门尤佳。宜求财、上任、百事皆吉。

(10) 奇仪相合：

天盘六甲值符，地盘六己；天盘六戊，地盘六癸；为仪合。天盘乙奇，地盘六庚；天盘丙奇，地盘六辛；天盘六丁，地盘六壬为奇合。为和合之象，宜结盟，招抚。

(11) 交泰格：

天盘乙奇、地盘丁奇；天盘丁奇，地盘丙奇。遇吉门尤佳，谋为大利。

(12) 天运昌气格：

天盘丁奇，地盘乙奇，天盘乙奇，地盘丁奇。百事皆吉，遇吉门尤利。

(13) 天辅时：

甲己之日甲子、甲戌时，乙庚之日甲申时，丙辛之日甲午时，丁壬之日甲辰时，戊癸之日甲寅时。宜远行、迁徙、求官、嫁娶、征战、赦免罪人，万事皆宜。

(14) 欢怡：

天盘乙、丙、丁三奇，地盘六甲值符。百事皆宜。

(15) 相佐：

天盘六甲值符，地盘乙、丙、丁三奇。百事皆利。

(16) 和义：

门生宫为和，宫生门为义。遇吉门凡事皆吉。

2. 奇门凶格

(1) 青龙逃走：

天盘乙奇、地盘六辛。不宜举兵动众，主客两伤，破财伤身。测婚主女方有变。

(2) 白虎猖狂：

天盘六辛，地盘乙奇。不宜兴兵，主客皆伤，谋为耗财招非。行船、婚娶、修造大凶、诸事不利。测婚主男方有变。

(3) 螣蛇夭矫：

天盘六癸，地盘丁奇。百事不利，文书官司，虚惊不宁。

(4) 朱雀投江：

天盘丁奇，地盘六癸。主文书牵连失脱，口舌官事，火灾怪异，音信错失，百事皆凶。

(5) 太白入荧：

天盘六庚，地盘丙奇。防敌来劫营，宜伏兵固守。

(6) 荧入太白：

天盘丙奇，地盘六庚。象征敌退，不宜追之。

(7) 飞宫格：

天盘六甲值符，地盘六庚。主客皆不利，尤不利客，战必大败宜于固守，经商破财，百事皆凶。

(8) 伏宫格：

天盘六庚，地盘六甲值符。主客皆不利，车折马死，求人不在，百事大凶。

(9) 飞干格：

天盘日干，地盘六庚。主客皆伤，出行有祸。

(10) 伏干格（日格）：

天盘六庚，地盘日干。主客皆伤，尤不利主，战必遭擒，出行为凶。

(11) 三奇入墓：

天盘乙奇到乾六宫，丙奇到乾六宫，丁奇到艮八宫。或乙奇到坤、丙、丁奇到乾为奇神入墓。百事不宜，谋事尽休。

(12) 六仪击刑：

天盘甲子戊临震三宫（子刑卯）；天盘甲戌己临坤二宫（戌刑未）；天盘甲申庚临艮八宫（申刑寅）；天盘甲午辛临离九宫（午刑午）；天盘甲辰壬临巽四宫（辰刑辰）；天盘甲寅癸临巽四宫（寅刑巳）。六仪击刑极凶，即使六仪为值符，亦不可用。百事不利，尤忌出行；若遇天网四张，必被擒住，主牢狱之灾。

(13) 大格：

天盘六庚，地盘六癸。百事不利，出行车破马伤，阻隔不前；捕捉可获。

(14) 小格（上格）：

天盘六庚，地盘六壬。远行迷失道路，求谋破财得病。庚加壬又名移荡格，主动荡不定。

(15) 刑格：

天盘六庚，地盘六己。行兵大凶丧亡，出行道阻；求谋失名、破财、疾病，百事不利。

(16) 岁格：

天盘六庚，地盘年干。用事大凶。惟宜捕逃。

(17) 月格：

天盘六庚，地盘月干，谋事不利。惟宜捕逃。

(18) 日格（伏干格）：

看“伏干格”。条。

(19) 时格：

天盘六庚，地盘时干。用事皆凶。惟宜捕逃。

(20) 勃格：

天盘丙奇，地盘年、月、日、时干。利为主，宜固守，为客紊乱不吉。合吉门则可用。

(21) 天网：

天盘六甲值符，地盘六癸。百事不宜。

天盘六癸加地盘六癸为“天网四张”，凡为不吉。

(22) 伏吟：

天盘星在本宫不动，为九星伏吟；门在本宫未动，为门伏吟；值符在在本宫不动，为值符伏吟；伏吟为呻吟之象，主孝服损人，诸事不利，若遇奇门吉格为有救。天辅之时，伏吟不主凶，而主吉。

(23) 反吟：

九星、八门，值符到对冲之宫为反吟。反吟主事多反复，不宁之象。测病近病易愈，久病则凶，测婚难成；求财反复多变难成，利客不利主。遇奇门吉格为有救。

(24) 五不遇时：

甲日庚午时，乙日辛巳时，丙日壬辰时，丁日癸卯时，戊日甲寅时，己日乙丑、乙亥时，庚日丙子，丙戌时，辛日丁酉时，壬日戊申时，癸日己未时。百事皆凶，宜避之。若用事方位上有奇门吉格，可用。

(25) 门宫迫制：

门克宫为门迫：休临离宫；生、死临坎宫；伤、杜临坤、艮宫；开、惊临震、巽宫，景临乾、兑宫；宫克门为宫迫：坎一宫景门；坤二、艮八宫休门；震三、巽四宫生门、死门；乾六、兑七宫伤门、杜门；离九宫惊门、开门。

宫克门为凶迫，门克宫为吉迫，吉门被迫事不成，凶门克宫为凶尤甚。宫克门利为主，门克宫利为客。

(26) 三奇受制：

丙丁奇加临坎一宫，或地盘壬癸，为火入水乡；乙奇加地盘乾兑宫，或地盘庚辛，为木入金乡。为三奇受制。若构成奇门吉格为有救，可用。

第七章
奇门遁甲的应用原理与法则

奇门预测方法，灵活多受，形式不拘，《奇门遁甲秘籍全书·灵机变用篇》中云："人为万物之灵，感通诸事之应，在我一时之动静，取其人事器物，以推兵家胜负，人生得失，物之成败"。这里阐述了奇门预测是通过人体的信息感应（如所见、所闻自然界的瞬间现象等），从事物的动静变化，时空组合，建立起基本坐标而进行推理预测。虽方法多端，但有章可寻，基本可归纳为，取时之占、取向之测、主客之分、取用法则、应期判断等五个方面。

一、取时之占

奇门预测以占时为基础，演盘布局，推断事物之吉凶。就其取时之法而论，"但一见一闻怪异之事，俱可为吉凶之兆，或听人言语几声、几字，或金鼓不时乱鸣几声，或乐器不时远近响动几声，凡事物遇目一见，皆可取占卜之应，在吾一心活泼变通"（引自《奇门灵机变用篇》），由此可见奇门取时是捕捉信息与反馈信息的重要依据，以下将用实例演示奇门取时之法，抛砖引玉，读者可举一反三，掌握规律。

例一：取问占之时预测

1991 年农历五月十五日亥时友屈建军问测妻子有无身孕，随测之。

辛未年，甲午月，丁卯日（空：戌、亥），辛亥时（空：寅、卯），夏至上元阴遁九局，天禽值符落乾宫，死门值使落兑宫。

白虎 天冲 甲戌己+甲寅癸 伤 巽	六合 天任 丁+甲子戊 杜 离	太阴 天蓬 丙 甲寅癸+甲辰壬 景 坤
玄武 天芮 乙 +丁 生 震	天辅 甲辰壬 寄二坤 中宫	螣蛇 天心 甲子戊+甲申庚 死 兑
九地 天柱 甲午辛+甲戌己 休 艮	九天 天英 甲申庚+乙 开 坎	值符 天禽 丙 甲辰壬+甲午辛 惊 乾

分析：

天盘六癸加临地盘六丙于坤宫。“上人见喜”之象，且日干丁火冲动胎星癸水，已有身孕，天蓬阳星临坤宫，必为男孩，地盘值符临坤宫，百恶消散，产时必然顺利。果于次年农历二月（癸卯日）生下一男孩母子平安。胎星癸水临太岁其年必有身孕。律。

例二：用数取占时预测

1993 年农历二月初三日，在一位朋友家里，其邻居王某写“高得”二字求测，说他的儿子因犯盗窃罪，正处判刑阶段，现在想去有关部门周旋一下，看能否轻判，我以其笔划总数二十二除十二数（为十二时辰基数）余十，取为酉时而测之。干支历为：

癸酉年，甲寅月，乙亥日（空：申、酉），乙酉时（空：午、未），雨水下元阳遁三局，天禽值符落坤宫，死门值使落乾宫。

九地　　天柱 甲戌己+甲戌己 生　　巽	九天　　天冲 丁+丁 伤　　离	值符　　天禽 乙　　乙 甲申庚+甲申庚 杜　　坤
玄武　　天心 甲子戊+甲子戊 休　　震	天任 甲申庚 寄二坤　　中宫	螣蛇　　天蓬 甲辰壬+甲辰壬 景　　兑
白虎　　天芮 甲寅癸+甲寅癸 开　　艮	六合　　天辅 丙+丙 惊　　坎	太阴　　天英 甲午辛+甲午辛 死　　乾

分析：

此时三奇六仪伏吟，伏吟者，呻吟之象，时干乙奇为其子居二宫，开门为法官居艮宫，两宫相冲，纵然送礼，法官手下必不留情，恐难以减罪，今甲午辛（为罪人）居乾宫，其数为六，刑期必在六年左右，后果被判刑六年。

二、取向之测

向是指方向、方位，为空间的表达形式。取向之占，是以求测者所处的方位、举事的方向、占据的空间定其宫位，而以此宫之格局，揭示事物的内在规律及其特性，这也是奇门预测法优于其他古典预测法的一个方面。

例三：以发生事件的方向预测

1993年农历三月初七日酉时，我的一位堂嫂来找我，其子在新疆哈密打工，刚收到发来的电报，说生病住院了，要让家里人速去，但又没有说清楚是什么病，甚为焦急，我根据当时的奇门格局进行了推断，干支历为：

癸酉年，乙卯月，己酉日（空：寅、卯），癸酉时（空：戌、亥），阳遁四局，天辅值符落离宫，杜门值使落巽宫。

九天　天任 乙+甲子戊 杜　巽	值符　天辅 甲子戊+甲寅癸 景　离	螣蛇　天心 丙 甲寅癸+甲戌己 死　坤
九地　天柱 甲辰壬+乙 伤　震	天英 甲戌己 寄二坤　中宫	太阴　天芮 丙 甲戌己+甲午辛 惊　兑
玄武　天冲 丁+甲辰壬 生　艮	白虎　天禽 甲申庚+丁 休　坎	六合　天蓬 甲午辛+甲申庚 开　乾

分析：

八门伏吟、呻吟之象，哈密在西北方乾宫，天盘六辛下临地盘六庚于乾宫，为“白虎出力，刀刃相接，主客相残”之象，此子必是为人所伤，而非疾病，好在休门值乾，乾宫又为旬空之宫，近病逢空则愈虽危有救，占子孙又以六合为用神，今六合临乾宫，乾为首，其伤必在头部。我安慰堂嫂，不会有危险，并凑钱让她上哈密看望儿子。后来得知，所测与事实完全相符合，其子骑车外出时与别人相撞，碰伤了头部，当场昏倒在地，送往医院后，及时抢救得以脱险，后完全康复。

例四：以各自占据的空间进行推测

1994年农历二月十七日时，干支历为：

甲戌年，丁卯月，癸丑日（空：寅、卯），壬戌时（空：子、丑），春分上元阳遁三局，天任值符落兑宫，生门值使落兑宫。

分析：此时笔者的两位长辈，定文叔与学文叔来我家与家父一块下棋，摆开对垒后，定文叔坐于西方兑宫，学文叔坐于东方震宫，几盘过后，学文叔连连败北，家父又与其对弈，亦三比一输于对方，论棋艺他们都在伯仲之间，究其原因，开棋之时，生门临兑宫，又为值符值使之宫，死门临震宫，坐生击死之故，占生门者胜，居死门者败这是古代先贤“时空合一”哲理的实践和体现，用于体育竞赛、军事战争等领域，可提供可靠的选择依据。

玄武　天禽 甲辰壬+甲戌己 惊　巽	九地　天蓬 甲午辛+丁 开　离	九天　天冲 乙 丙 + 甲申庚 休　坤
白虎　天辅 乙 甲申庚+甲子戊 死　震	天心 甲申庚 寄二坤　中宫	值符　天任 甲寅癸+甲辰壬 生　兑
六合　天英 丁+甲寅癸 景　艮	太阴　天芮 甲戌己+丙 杜　坎	螣蛇　天柱 甲子戊+甲午辛 伤　乾

三、主客之分

主客之分，是遁甲学说的重要组成部分，是周易阴阳动静变化原理的升华与发展，它与时空条件相结合，为人类的行动选择提供了可靠的参数和依据。《奇门遁甲秘笈全书》云：“凡主客，动静不定变化莫测。”又云：“奇门之应候，时有先后，应有主客，以彼此人我而推之”。或以先动为客，后动为主，或以天盘为客，地盘为主，灵活多变，举例证之。

例五：以彼此方位取主客占测

1993年农历三月初八日时堂兄尹铭问测，说他的同学马林在嘉峪关承包工程，找他去带工，能否去，财利如何？我灵机一动，运用主客之法进行了预测。

癸酉年，己卯月，庚戌日（空：寅、卯），丙戌时（空：午、未），清明上元阳遁四局，天心值符落坤宫，开门值使落艮宫。

九地 天任 丙 甲戌己+甲子戊 生 巽	九天 天辅 甲午辛+甲寅癸 伤 离	值符 天心 丙 甲申庚+甲戌己 杜 坤
玄武 天柱 甲寅癸+乙 休 震	天英 甲戌己 寄二坤 中宫	螣蛇 天芮 丁+甲午辛 景 兑
白虎 天冲 甲子戊+甲辰壬 开 艮	六合 天禽 乙+丁 惊 坎	太阴 天蓬 甲辰壬+甲申庚 死 乾

分析：

因为现在是别人来找，故对方为客，我方为主，按方位主方在客方的东南方属巽宫。巽为主，为地盘，天盘为客，天盘天任星带六丙加地盘六甲子戊于四宫，构成“飞鸟跌穴”之吉格，谋为百事大利，六甲生六丙，甲食丙禄，同心合力，两方皆宜，且生门临巽更利于求财、巽为四数，天盘天任星为八数，两数之和为十二数，生在巽宫受克，其数减半为六数，必得财在六仟元左右，。我告诉他，此次求财必得，应马上去，不必疑虑，秋末果然满意而归，一切开支之外，纯利6000余元。

笔者按：由于这是当时的预测纪录，在分析判断上还有点漏洞，地盘甲子戊严格意义上不为甲而是戊，因此时属甲申旬，六甲隐于六庚之下，巽宫地盘六戊得天盘六丙所生、六己比和，故主客皆利。天盘天任星受地盘天辅星之克，利于主，其他判断思路如上所述。

四、取用法则

奇门预测跟其他古典预测法一样，首先要取用神，如果对三奇、六仪、八门、九星、八神、九宫各自代表的事物，以及它们之间的联系及含义没有一个全面的了解和掌握，排出格局之后，面对天、地、人、神之概念就会感到束手无策，不得要领。在前面章节里，已经对天干、地支、八门、九星、八神、九宫的象意进行了引申归类，但是在具体预测时，要对所测事物的用神具体化，并根据五行生克制化，旺相休囚原理，对格局进行全面而细致的分析，才能提高预测的准确性，下面根据古今有关资料就一些代表占测事物的盘中概念含义将摘其典型列举出来，供读者在应用时参考。

1. 天气：

测天气以九星为主，兼看天干、八门、八神。

天英星为火，主晴；天辅为风伯、主风；天柱为雨师、主雨；天蓬星为水星、主雨；天冲星为雷公，主雷霆；冬季以天柱，天心星主冰雪。

八门中，景门主晴，开、伤二门主雷，休门主云雨，生门主风，杜门主闪电，惊门主虹霓。

十天干中，甲乙主风，丙丁主火，戊己主阴云，庚辛主冰雪，壬癸主雨水。

八神中，值符为日月，九天主晴，九地主阴，六合主风和日丽，白虎主风，玄武主雨，太阴主阴云霜雪，蛇主闪电虹霓。

2. 考试：

值符为主考官，丁奇为文章，景门为试卷，天辅为文星，为监考官，年干为录取院校。如果是考生本人求测，则以日干为考生，如果是父母求测子女考试情况，则以时干为考生。同时参看考生年命落宫情况。

体育考试及竞赛，以值符为评委、天冲为裁判，庚为器械，辛为奖牌，景门主技术、成绩。

3. 官禄：

日干为求测者，文职官员，以开门为用神，武职官员以杜门为用神，年干代表上级领导、月干为同事、时干为下级、值符代表顶头上司、丁奇代表调令、文件。

4. 求财:

日干为求测者，时干为财物，甲子戊为资本，生门为利息。值符为货主，值使为购货之人，六合为中介人，月干为同行竞争者。

坐地求财，以开门为用神，值符为物主，值使为借贷人，又以值符为放贷人，天乙为贷款人，又以值符为债主，天乙为欠债人，伤门为讨债人等。

5. 婚姻:

庚为男方，乙为女方，丁为第三者女人，丙为第三者男人。

已婚者，又可以用神相合之干为配偶。

6. 产育:

坤为母，为腹。以天盘临坤宫之星为胎儿，阳星为男，阴星为女，又以坤宫所临之门为胎儿，阳门为男，阴门为女，又以时干为子女，以时干所临星、门、宫判断男女。

7. 疾病:

天芮为病符之星，代表病，以其落宫的奇仪、八门、八神、九宫等判断病的部位及吉凶。

以天心星、乙奇为医生、医药，与天芮落宫论其生克，作出判断。

8. 词讼:

开门为法官，值符为原告，天乙为被告，六合为证人，甲午辛为罪人，景门为诉状，惊门为律师，丁奇为传票。

9. 失物:

日干落宫为失主，时干落宫为失物。六合为逃走之物；测失走六畜，驴骡车船以伤门天冲为用，牛羊猪鸡以死门天芮为用。

10. 刑侦：

杀人抢劫或致人伤残者以天蓬为案犯，不伤人盗窃做案者以玄武为用神，伤门、白虎为警方。六合、杜门为罪犯藏匿、逃走之方。

11. 出行：

以日干落宫为出行求测之人，乘车以景门为道路，伤门为车；乘船以休门为水路，伤门为船只；乘飞机以九天落宫为航线，开门为飞机。

行人走失，以六亲关系取用神，日干为本人，时干为子女、晚辈、年干为父母、老人，月干为兄弟、朋友、同事等。

12. 军事：

天禽为土居中宫，故代表守城者，庚为金，为战斗，代表攻城者；又值符落宫为主方，六庚落宫为客方。又以日干为我方，时干为敌方。

预测参军：以日干为求测者，开门为武装部门领导，值符为接兵领导。

预测退役：以日干为求测者，开门为官长，值符为安置领导。

13. 家宅：

以日干为主人，时干为住宅，生门为房屋、死门为宅基、地皮。

14. 地理：

死门落宫地盘为死者，天盘为生者。

值符为来龙靠山，蛇为道路、罗星、去脉；太阴为风；六合主道；白虎主砂；玄武主明堂，九地主穴星；九天主照山。

五、应期判断

任何预测方法，在预测事物的成败及发展趋势之后，最后的一步便是确定应期，今根据古今有关资料，将应期判断方法，归类于下。

（一）以用神所处宫位的内、外盘，格局的反伏吟，定应期的远近快慢。伏吟以冲定应期，反吟以合定应期。

（二）值符加临到反吟之宫，以相合之支定应期，如甲子值符加离宫，子午相冲，子与丑合，丑年、月、日、时为应期；甲戌值符加巽宫，辰戌相冲，卯年、月、日、时为应期；余仿此。

（三）值符加临相刑之宫，以相合之支定应期，如甲戌值符加坤宫，戌与未刑，卯与戌合，卯年、月、日、时为应期。余仿此。

（四）以天盘六仪所带地支看其冲合定应期。逢合以冲定地支，逢冲以合定地支。如甲子戊加艮宫，子与丑合，子午相冲，以午为应期，又为甲子戊加甲午辛上，子午相冲，子与丑合，以丑为应期，余仿此。

（五）以旬空定应期，值符、值使及用神落空，以填实、冲实为应期。

（六）以天盘所带地支，不冲不合，则以星门生克论应期。

（七）用神入墓，当以冲墓，冲用为定期。

（八）易成之事多在生助用神之时应验。不成之事多在生忌神之时应验。

（九）庚格应期，庚临年、月、日、时干，年、月、日、时干临庚，阳日看庚下之干，阴日看庚上之干；时干临阳星看庚下之干，时干临阴星看庚上之干。

（十）马星动为应期。

（十一）值使门所临之干，所落宫数为应期。

（十二）时干所落宫数为应期。

（十三）日支、时支三合，六合为应期，日支、时支刑冲克害为应期。

以上所举应期判断方法，仅为大略，读者在学习中当融会贯通阴阳平衡、五行生克制化之理，才能灵活通变，做出准确的判断。

第八章　奇门遁甲应用研究

一、婚　姻

1. 判断原则

测婚姻，以天盘乙奇为女方，天盘六庚为男方，取甲以乙妹娶庚之义。乙、庚二干落宫相生比和，则婚事可成；乙、庚二干落宫两相冲克，则婚事难成，勉强成功，亦不会美满。六庚落宫生乙奇落宫，男方喜欢女方。乙奇落宫生六庚落宫，女方喜欢男方。乙落宫克庚落宫，女嫌男而不嫁。庚落宫克乙落宫，男嫌女而不娶。乙奇落宫得奇门吉格、吉神、吉星，则女方有不但漂亮且素养，知书达礼之人；若遇凶格、凶神、凶星，则女方身患疾病，丑恶之辈非善良之人，若逢蓬、玄、沐浴，风流淫荡。六庚落宫得奇门吉格、吉神、吉星者，男方仪表堂堂，人品高尚；若得凶门、凶格、凶神、凶星者，身有残疾或丑陋凶恶，或为人品低下之人。

又以神盘六合为媒人（中介人），六合落宫生乙奇落宫，媒向女方；生六庚落宫，媒向男家。并以天盘乙、庚二干落宫之星、门、神，格局判断男女双方的性格、相貌、家庭及事业状况。

已婚者，又可以用神相合之干为对方配偶，以其各自落宫的生克比和，刑冲合害等状态判断婚姻的吉凶。同时还可以男女双方的年命落宫情况，四柱命理的取用方法，合而参之。

以丁奇为男女双方之间插足的第三者女人，以丙奇为男女双方之间插足的第三者男人。

以三奇得使之宫所乘九星判断婚后生男生女情况，阳星（蓬、任、冲、辅、禽）生男，阴星（英、芮、柱、心）生女。

附录一：《遁甲元灵经·婚姻占》

古籍《遁甲元灵经》中的占测体系，较为全面,尤其是采用值符、值使落宫进行占断，有独到之处,这种占法在古籍《奇门旨归》中的飞盘奇门占例中多有使用，笔者认为，如能在占测中能将这一古占法有效的结合应用，必会提高预测的准确性，由于笔者对此占法未做深入研究，今收录出原文，期盼同好能在使用中结合应用。以下各章节中将有相关的原文附件。

又法占婚姻

如男家问婚姻，此时即以地盘诸星为男家。逢门生宫，或上干生下干合吉格，而干支日时逢生合，其婚必成。若门克宫，或上干克下干，或门迫相冲，必不能成。又如比和相，善言之即成。凡九星、六仪、三奇、八门在旺禄之时，主富贵之家；若衰墓逢生为渐发之家；旺而受克为时退之家。若论女相貌、人品，以八门、九星、地将推之。若逢生主人品清奇；逢克为不正或丑妇残婚之类。若女家问就以女为主，照前法反而推之。

占招赘

看合星，专以乙庚论之。如女求夫，谓之坐山招夫，当用天盘六庚宫来生地盘六乙宫。庚上得吉星，主夫性温良；得凶星主欺骗财物，或心性阴险。如男求女，谓之到踏门，宜地盘六乙宫生天盘六庚宫，亦主成。

附录二：《诸葛武侯千金诀·婚姻占》

“诸葛武侯千金诀”是一种更为严密的奇门占测体系，占测门类共有十五个，即军事、官禄、词讼、晴雨、身命、科试、求财、行人、出行、家宅、疾病、胎产、婚姻、埋葬、稼禾。在占测中，表现在盘中的信息因素每门类都有九种，即值符、值使、十干、九星、九宫、门户、三甲、干支、吉凶格等。此种奇门占测体系俗称“满盘占”。今人有关著作对此亦有诠释，但有的理解错误，有的达不到原有的含义，解释得牵强附会谬误百出，今将原文附录于此，供读者在应用中研究参考。后面相应的有关章节亦将有原文附件。

【值符】

符：婚主。　　　　蛇：唆使。

阴：女妁男饰。　　合：婿媒礼物。

勾白：阻挠刑克。　朱玄：口舌奸诈，欺瞒说合。

地：蓬滞女室、远涉。　天：欢悦轩昂男家。

【值使】

休：中男，迟滞。　生：少男，年齿不等。

伤：长男，男家更变。　杜：长女，发稀，女家失约。

景：中女，虚诈。　死：母姑婆嚣。

惊：少女，残疾。　开：父老，妾奁。

【十干】

甲：男家长。　乙：媒妁秀媚。

丙：媒躁急。　丁：媒使柔顺。

戊：礼仪。　己：女敦厚。

庚：奸谗刑门。　辛：媒红白。

壬：媒妁姑长衣裳。　癸：婚期婆。

【九星】

蓬：黑矮暗疾。　芮：斑点黄黑腰大。

冲：雄声长瘦。　辅：富厚才貌。

禽：端正。　心：平丽有为。

柱：清瘦须厉声突。　任：孪僻丑貌。

英：紫赤细麻大股。

【九宫】

一、得令幽闲贞静，失令荡佚风尘。

二、得令敦厚。

三、得令仪态丰采，失令疤痣淫佚。

四、节申子辰缁黑聪明，气巳酉丑黄润刚决。

五、节四维土，气四库土。

六、节寅午戌麻赤，气亥卯未清俊。

七、得令名门大家，失令刑克孤寡。

八、失令矮跛。

九、得令秀长，失令飘逸夭折残疾。

【门户】

男家责天门，女家责地户。门值值符、九天、六合者男昌；户值太阴、九地女盛。

【三甲】

孟甲利长男长女占，利于初婚。

仲甲宜中男中女占。

季甲宜少男少女占，利于再占。

阳开无刑，男家富丽。阴阖无刑，女家壮丽。

【论干支】

日干为男时干女，纳音生克从中取。

时日生合两和谐，化从变体有无理。

化父化鬼事难成，化子化财婚可许。

金水相伤贵时令，水火克济上下举。

大约休克事无妨，旺刑冲制非为美。

考取年命及类神，害门休劣辨大体。

【论值符】

男婚女嫁贵阴合，生旺相资登姻牍。

螣蛇朱雀是媒婆，勾陈白虎破婚局。

地迟天速玄诈虚，值符婚娶大机轴。

【论值使】

值使从来考破成，方位老少亦同征。

合占无克诚为吉，休囚空陷枉劳心。

【论十干】

三奇六仪判阴阳，男女情形别样妆。

奇不墓兮仪不击，正合傍合逐日详。

【论九星】

九星分类识性情，亦如身命考原因。

已过将来论时令，贫富贵贱透玄机。

【论九宫】

起元水局多淫荡，得吉无刑真端相。

只嫌背时与孤虚，勉强成亲坎坷状。

起元大局疑虚诈，得吉男才女貌华。

若是背时与刑墓，婚娶不久而生疤。

起元木局主和柔，清秀淑女君子流。

若值刑墓囚空废，暗疾残伤不自由。

起元金局两和谐，得令无冲屏雀开。

若犯刑冲空废墓，疾瘦黑肥都带来。

【论门户】

门户否泰两相当，门凶户吉男不昌。

户凶门吉女不利，门户皆凶男女伤。

【论三甲】

孟甲逢门婚正宜，仲甲相依亦共推。

最怕囚兼刑克阖，休废男女皆趑趄。

【论吉凶格】

返首乘龙之婿，跌穴百两之娘。虎狂龙走，男女相伤；天遁人遁，齐眉孟光。三诈五假，过舍填房。得使而鸾妆耀日，守门而女掌男纲。蛇夭而妇女激聒，投江而媒妁不良。伏干飞干，多应刚悍；伏宫飞宫，彼此锒铛。大格小格，鳏寡孤独；刑格勃格，男暴女强。岁月格而公姑不利，时日格而夫妻不良。太白入荧，各怀私意。不遇兮有变，击刑兮性狂。入墓罗网定受屈，反伏门迫恐招殃。男女年命乘生合，白发儿孙满画堂。

2. 实例分析

实例一：

1992年农历十二月十五日酉时，我爱人的妹妹说，最近有人给她介绍了一位男朋友，直觉上人挺好的，但接触时间短，还不太了解，要我测一下发展情况如何。

壬申年，癸丑月，戊子日（空：午、未），辛酉时（空：子、丑），小寒中元阳遁八局，天辅值符落坤宫，杜门值使落坤宫。

九地　天心 甲子戊+甲寅癸 生　巽	九天　天芮 甲辰壬+甲戌己 伤　离	值符　天辅 甲寅癸+甲午辛丁 杜　坤
玄武　天禽 甲申庚+甲辰壬 休　震	天柱 丁 寄二坤　中宫	螣蛇　天英 甲戌己+乙 景　兑
白虎　天蓬 丙+甲子戊 开　艮	六合　天冲 乙+甲申庚 惊　坎	太阴　天任 甲午辛丁+丙 死　乾

分析：

1. 天盘乙奇临坎宫，为女方；天盘六庚临震宫，为男方，水木相生，女对男有好感。坎宫虽为时之旬空宫，但日建为子，为填实，只能主示女方对男方虽有爱慕之心，因了解不深，心有不实之感。

2. 六合临坎与乙奇同宫，生庚金落宫（震宫），主作媒之人，两方言好。

3. 休门临震宫，天盘六庚亦在震，利婚。天禽星临宫，主人品端正。

4. 男命庚戌，女命壬子，两命宫一个在震，一个在离，相生为吉。

5. 天盘丙奇加地盘甲子戊于艮宫，为丙奇得使，天蓬阳星亦在艮宫，主婚后先生男。

我将预测结果告诉了对方，后来他们于1993年（癸酉年）结婚，究其原因，天盘日干甲子戊下临地盘甲寅癸于巽宫，戊癸相合之故也。婚后夫妻恩爱，并生一子，全家幸福美满。

实例二：

1991年农历十二月二十一日，笔者去看望一位同学，与其畅谈到深夜，其父得知笔者研究周易，便道："尹老师，你懂预测，最近我作媒给别人办一桩婚事，你看最终结果怎样？"当时已是晚上12：30分，实为次日子时。笔者排出格局后说："叔，这件婚事不成。你是否是受男方之托作媒？"他道："正是。为我亲戚的儿子作媒。"笔者又道："您可能没对女方说实话，现在女方已提出退婚了。"他说："对、对！情况是这样的，男方的年龄比女方大五岁，当时考虑，如果照实说女方可能要嫌男方岁数大，不会答应。我便将男方岁数报小了三岁。结果后来女方知道了这一情况，大为不快，我也觉得自己说了谎，再无颜解释，现在请你占测，看此事是否还能挽救。"笔者道："从卦象显示的迹象看，此事当断不断必有后患。"

辛未年，辛丑月，辛丑日（空辰、巳），戊子时（空午、未），大寒中元阳遁九局，天芮值符落离宫，死门值使落乾宫。

九天　天心 甲子戊+甲辰壬 生　巽	值符　天芮 甲申庚 甲寅癸 +甲子戊 伤　离	螣蛇　天辅 甲申庚 丙+ 甲寅癸 杜　坤
九地　天禽 甲辰壬+甲午辛 休　震	天柱 甲寅癸 寄二坤　中宫	太阴　天英 丁+丙 景　兑
玄武　天蓬 甲午辛+乙 开　艮	白虎　天冲 乙+甲戌己 惊　坎	六合　天任 甲戌己+丁 死　乾

分析：

1. 此测例中，因为是作媒之人问测，故以日干为媒人。今天盘日干六辛下临地盘乙奇于艮宫，乙辛相冲，为"白虎猖狂"之凶格，乙奇又主女方，天盘乙奇落坎宫，六辛落宫克六乙落宫，玄武临艮宫，主“口舌奸诈，欺瞒说合。”故断媒人向女方说了假话。

2. 天盘六庚（为男方）临离宫，生日干落宫，故有作媒之人受托于男方一说。

3. 天盘乙奇临坎宫，天盘六庚临离宫，又为落空，空为不实之象，水火相克，坎离二宫相冲，冲克则散，主婚事难成，女嫌男而不嫁。

结果：后来，男方又请了女方家的好几位至亲去说情，但最终女方以男方岁数大为由而拒绝了这门婚事。

补注：《千金诀》云：“虎狂龙走，男女相伤。”辛加乙为“白虎猖狂”之凶格，也为婚姻难成之信息。

实例三

1995 年农历四月初一日，我一堂兄的表弟杨某来我家问测婚姻之事。他说，两口子结婚已两年，关系一直不和，前些日子又发生了争吵，妻子回了娘家，自己到岳母家去了几趟，妻子都避而不见。请测一下看夫妻关系是否还能维持下去。

乙亥年，庚辰月，辛卯日（空：午、未），丁酉时（空：辰、巳），谷雨下元阳遁八局，月将为酉，天芮值符落中宫寄二坤宫，死门值使落坤宫。

丁酉时	辛日为五不遇时	
九地　天蓬 甲寅癸+甲寅癸 杜　巽	九天　天心 甲戌己+甲戌己 景　离	值符　天任 甲午辛 + 甲午辛 丁　丁 死　坤
玄武　天英 甲辰壬+甲辰壬 伤　震	天芮 丁 寄二坤　中宫	螣蛇　天辅 乙+乙 惊　兑
白虎　天禽 甲子戊+甲子戊 生　艮	六合　天柱 甲申庚+甲申庚 休　坎	太阴　天冲 丙+丙 开　乾

分析：

1. 占测之时为五不遇时，凡占不顺。奇仪、八门伏吟，主事迟滞不利，呻吟之象。

2. 甲午辛日干为男方，临坤宫伏吟，又临死门之宫，主男方处境艰难。丙奇为女方（丙辛相合之故），临乾宫伏吟，又为入墓，伏吟为不动之象，虽坤土生乾金，但因伏吟入墓，男虽有和好之心，女却无相聚之意。

3. 两人同为壬子命，今甲辰壬在震宫伏吟，辰与震宫之卯相害，伤门在震，亦为彼此伤害之意，玄武（玄武下有朱雀）加临，主口舌官非，故有两人不睦，常有口舌相争之事。

据此，我对杨某说："你虽有心，她却无意，勉强凑和，最终也不会幸福。"他说："我只是想，结婚时花了不少代价，如果离婚，人财两空，我们当农民的经不起折腾啊！"

结果，终于1996年秋离了婚。究其原由，因1996年太岁丙子，丙冲二人命宫之壬水，冲则动、动则散。1995年未离之原因是伏吟不动之象也。

当时占测，笔者又用六爻与六壬进行了推断，三种方法结果相同。六爻摇得《大壮》之《蒙》卦。六壬月将为酉，为伏吟课。精于六爻与六壬的读者不妨以此为例，在实践中推验应用。

补注：今将六壬与六爻判断分析于下：

六壬预测：

财	辛	卯	合
子	戊	子	空
官		午	贵

合	合	常	常
卯	卯	戌	戌
卯	卯	戌	辛

	蛇	贵	后	阴	
	巳	午	未	申	
朱	辰			酉	玄
合	卯			戌	常
	寅	丑	子	亥	
	勾	青	空	虎	

分析：

日上神戌土与辰上神卯木相合，上下又交合，看似美满。支神卯木发用与中传子水相刑，刑则有伤，卯木为财为妻，刑入子水沐浴之地，妻心难留。末传为归计门，临午落空，其事最终为空，露水夫妻难长久。男之行年在寅，女之行年在申，寅申相冲，必主离散。

六爻预测：

坤宫：雷天大壮（六冲）　离宫：山水蒙

六神	伏神	本卦		变卦
螣蛇		兄弟庚戌土 — —	×→	官鬼丙寅木 ——
勾陈		子孙庚申金 — —		妻财丙子水 — —
朱雀		父母庚午火 —— 世	○→	兄弟丙戌土 — — 世
青龙		兄弟甲辰土 ——	○→	父母戊午火 — —
玄武		官鬼甲寅木 ——		兄弟戊辰土 ——
白虎		妻财甲子水 —— 应	○→	官鬼戊寅木 — — 应

分析：

主卦逢六冲，占婚姻则主离散。应爻子水动而冲克世爻午火，应为妻，其婚必因女方而破散。主卦与变卦中三官一财，群夫争妻之象。财临桃花，女必风流。卦中世动生兄，两兄克财，财受其制，故一时难以破散，至1996年丙子，财临太岁，至秋季金水相生，旺而难制，为婚姻破散之时。

实例四

1994年农历五月二十三日下午，邻村的三位朋友阎银基、高雄、杨顺河来笔者家作客，言谈中阎银基开玩笑对笔者说：“锋哥，今天中午十二点多，我们一块从上寨村下来，中途我们又去了一个地方，办了一件大事，你测一下，我们去了何方，办了何事。果能测准，我们便相信你的周易预测。”笔者回答：“可以试试，如测不准，任凭处罚！”笔者按他们当时的出发时间起局，当时的干支历为：

甲戌年，庚午月，戊子日（空：午、未），戊午时（空：子、丑），夏至中元阴遁三局，天柱值符落震宫，惊门值使落震宫。

九天　天任 丁+乙 开　巽	九地　天辅 甲申庚+甲午辛 休　离	玄武　天心 甲辰壬+甲戌己丙 生　坤
值符　天柱 甲寅癸+甲子戊 惊　震	天英 丙 寄二坤　中宫	白虎　天芮 甲子戊+甲寅癸 伤　兑
螣蛇　天冲 甲戌己丙+甲辰壬 死　艮	太阴　天禽 甲午辛+甲申庚 景　坎	六合　天蓬 乙+丁 杜　乾

分析：

1. 日干甲子戊为测事之人，天盘甲子戊落兑宫，奇仪八门反吟为反复，主回来途中有往反之象，天盘天芮星临兑宫，天芮属坤卦，为西南方。

据此，笔者答曰："你们回来途中，又去了西南方。"他们说："对呀！我们是去了西南方。你再测我们去办了什么事？"

2. 日干甲子戊临地盘甲寅癸于兑宫，戊癸相合，主和合之事，兑"为口舌，以言悦人"。

据局象显示为说合了一件和好之事。由此我判定：他们是办了一件婚事。阎说："太对了，一点都不错！"高雄、杨顺河照实道出了原由："我们从上寨村下来至陈河村，小闫说他与未婚妻前几天发生了矛盾，双方都有误会，岳父岳母大为不快，怕生变故。为了成人之美撮合此事，我们一起便掉转车头，去了陈河村西南方的李河村他岳母家，经过我们的好言相劝，小阎与未婚妻言归于好，岳母一家皆大欢喜。"

3. 伤门主车，故他们是骑摩托车而去的。伤门又主三数，故有三人之应。

补注：奇仪八门反吟，为反复之象，亦主婚姻上出现了矛盾。天芮临日柱宫也是婚姻出现问题的象征。戊癸相合，故最终化解了矛盾，解决了问题。

实例五

2000年农历十月十六日，笔者应邀为酒泉的一位朋友察看祖上阴宅风水，朋友的表弟王老板对周易有兴趣。在车上王老板说："尹老师，我有件事想请您一测，您测为何事？"笔者以其时起局，在掌上推出格局分析后，对王老板说："您测的是关于子女的事情。"他说："是！您再看是否能成？"我将格局反馈的信息加以综合分析，归纳推理出王老板所问之事为："妻子和情人方面的事情。"王老板连声道："测得准！测得准！"我又问："王老板，您是不是想要个儿子？"他说："太对了！既然您都测出来了，我就实话直说吧。我只有两个女儿，征得妻子同意，想借腹生子。有一位和我相好的未婚女子，前些日子有人给她介绍了一位男友，谁知她一见倾心，这样一来，我的计划便有落空的可能。您看此事还能成否？"我答曰："此事难成，应打消此念。"

庚辰年，丁亥月，癸酉日（空：戌、亥），己未时（空：子、丑），立冬中元阴遁九局。天辅值符落艮宫，杜门值使落艮宫。

己未时	癸日为五不遇时	
九地 天英 丙 甲辰壬+甲寅癸 死 巽	玄武 天禽 甲申庚+甲子戊 惊 离	白虎 天柱 甲午辛+丙 甲辰壬 开 坤
九天 天任 甲子戊+丁 景 震	天蓬 甲辰壬 寄二坤 中宫	六合 天冲 乙+甲申庚 休 兑
值符 天辅 甲寅癸+甲戌己 杜 艮	螣蛇 天心 丁+乙 伤 坎	太阴 天芮 甲戌己+甲午辛 生 乾

分析：

1. 日干甲寅癸下临时干甲戌己于艮宫，时干为子女，故断其所测为子女之事。

2. 由于当时在车上问测，伤门主车，在坎宫，天盘丁奇加地盘乙奇于坎宫，丁奇为第三者女人，乙奇为妻子，据此又断其所测之事为情人与妻子相关之事。

3. 天盘时干甲戌己临乾宫为落空，因乾宫为日支旬空之宫。时干己土为日干癸水之七煞，四柱论命，男命以七煞为子，正官为女，今七煞己土落空，故断其有女无子。

4. 天盘丁奇加地盘乙奇于坎宫，坎宫为时支旬空之宫，故妻子与情人今后都不可能为其生子。

实例六

1995 年农历四月初三日中午，笔者上街去买东西，碰到花寨村的杨某，请我到他家说："我儿子去年离了婚，现在又想复婚，请你测一下，看此事能成否？"我让他报个数，他随报"六"数，我将"六"取为巳时。

乙亥年，庚辰月，癸巳日（空：午、未），丁巳时（空：子、丑），谷雨下元阳遁八局。天辅值符落中宫寄二坤宫，杜门值使落兑宫。男命庚戌，女命辛亥。

九地　天冲 甲子戊+甲寅癸 休　巽	九天　天任 甲辰壬+甲戌己 生　离	值符　天蓬 甲寅癸+甲午辛 丁 伤　坤
玄武　天芮 甲申庚+甲辰壬 开　震	天辅 丁 寄二坤　中宫	螣蛇　天心 甲戌己+乙 杜　兑
白虎　天柱 丙+甲子戊 惊　艮	六合　天英 乙+甲申庚 死　坎	太阴　天禽 甲午辛 丁　+丙 景　乾

分析：

1. 父测子婚事，以时干六丁为用神、为儿子，六丁相合之干六壬为儿媳。今天盘六壬临离宫，克天盘六丁之落宫（乾宫），主女方对男方无意，不想复婚，六壬临离落空，空则不实，对方无回转之意。

2. 男命六庚临震宫，女命六辛落乾宫，乾金克震木，也是女方不愿复婚的标志。

3. 甲辰壬临离宫，生门亦在离宫，生门主财，甲子戊为资本，临巽宫，巽宫之木生离宫之火，是女方投资做生意的象征。

4. 丙奇为第三者男人，天盘丙奇临艮宫，受离宫（甲辰壬在离）之生，主女方心中已有第三者。丙奇下临甲子戊（为资本），标志着女方生意资本源于第三者投入。

根据以上的分析，我说："从局象来看，复婚是不可能的，主要是女方不同意。"他说："已经托人说了几次，都毫无结果，看来复婚是无指望了！"我又说："女方现在是不是在做生意？"杨说："是，离婚后，她投资在县城开了一个火锅店，生意相当好。"

后来其子复婚未成，又找本村的一位女子结了婚。

补注：丙为第三者之男，丙落艮宫为空，主男方与女方关系还未明朗化。丁为第三者女方，丙加丁上同落乾宫，丙之落宫又生丁之落宫，种种迹象表明女方已有二次婚约了，故主复婚无望。

二、事业

1. 判断原则

事业预测，包括工作安排、职务升降、职称晋升、毕业分配、工作调动等。

文职工作，以开门为工作单位；武职工作，以杜门为工作单位；年干为上级领导，值符为单位领导，月干为同事，日干为自己，时干为下级群众。

日干或年命落宫得吉门吉格者，自身能力强条件好，再得开门或杜门带吉格来生合者，求职必得；如日干年命落宫带吉门吉格克开门或杜门宫者，为自己主动求职之象，经过努力，亦可达到目的；如日干年命落宫带凶神凶格，又受开门或杜门宫冲克者，必难遂愿，谋职不成。

开门或杜门带吉神吉格生年命日干落宫，更得年干、值符宫相生合者，职务必能升迁，太岁生者，上级领导重用；值符来生者，单位领导推荐；月干来生者，同事举荐；时干来生者，群众提议推荐。

开门或杜门带凶神凶格克年命日干落宫者，必主降职。反吟主调任，空亡必革职，入墓不但降罚，还招罪戾。太岁来克，上级领导不喜。值符来克，单位领导不满。月干来克，同事参劾；时干来克，下级群众告状。

以开门或杜门上乘之星为其人品，吉星为好人，凶星为恶人。天辅文雅，天任慈祥，天心正直，天禽忠厚，天冲风厉，天英昏烈，天芮贪毒，天柱奸诡，天蓬大恶。

附录一：《遁甲元灵经·官禄占》

占纳粟

以甲子戊为部司职，六丁为文书，时干为求名之人。必要六丁旺相来生时干，甲子戊生六丁则成而速。如甲子戊克时干宫，部司不准；克六丁宫，文书迟滞；时干克甲子戊，亦不成；克六丁，犯朱雀投江，亦主文书遗失。宫、门、星格吉易成，凶不成。

占升迁

凡占升迁，以开门决之。因开门为官，掌法印也。又看太岁、月建相生，如开门加生旺宫，再有三奇得生合吉门、吉格，必定升转。再遇太岁、月建乘吉神来相生，定然高擢帝庭。或有吉格而无旺相，有旺相而无吉格，或有旺相吉格而太岁、月建不来相生，亦不能升也。选亦同。

假如六己年大寒上元阳遁三局丙申日乙未时，开门在七宫。开门本属金，兑七亦属金，同类助我为相，又上有奇日合之，又六己太岁乘天辅在离九宫来生兑七，主升无疑。又有看太岁落宫临何干，即以其干为所升之年月也。或以值符落宫占之，不用太岁者亦可。盖铨部升宫为值符之神也。

又如立春中元阳五局乙庚日丁巳时，开门到九宫，火来克之，为囚于鬼也，定升迁，并值符在坤有生金之象，本宫不旺亦无益也。

占上任吉凶

凡占上任后之吉凶，以上任之时所向之方为断。如衙门坐西朝东，即看东方所得之宫神断之；如向西即看西方所得之宫神断之；南北亦然。总看所得向之吉格，得格吉终于升迁；如不成吉格而星旺，主降谪；若休囚及废没者，主罢黜。若有凶格者，主有拿问；如返吟、伏吟、五不遇时及入墓、悖格、飞伏等格，不看方向，而知其不吉也。

假如阳遁一局丁壬日丙午时上任，衙门坐北朝南，此局六癸加地盘九宫杜门，无吉格，主降调。

又如阳遁四局丁壬日癸卯时上任，衙门坐南朝北，天任加地盘丁合休门催官，白虎临向，主升迁。

占新任地方何如

当以天禽落宫为京师，其余为外地，以各宫六仪、三奇为分野。若遇甲戊同宫，阳日用甲，阴日用戊。如天蓬落宫上有开门，主有贼盗；有六庚主兵乱；如主旱涝不犯者，平安。各以本邦分野无任所分野定远近。

占历任归结

以本宫年干地盘为主，看天盘星门得吉格者，荣归；得吉格而别犯刑击飞伏悖格及本干宫有劫煞丧门刑克，主卒于官，不得善终。不成格而得奇星，主荣归；无奇星，主罢黜；有凶格主拿问。

占官员有故降罚

如开到鬼废休囚之方，或带击刑、入墓、迫制，为大不利。逢太岁伤之事于朝廷；月建伤之事起僚属；天乙伤之事谏臣；值使伤之事起御史；值符伤之事起抚镇。遇天网定被锁拿；天盘受下克，地盘受制，前后遇迫，定有按治。如得气，仅罚降；失令恐伤命。

占征召

凡山林隐逸及废黜已久，欲求征召者，太岁为皇恩，月建为铨部，日干为自己。要太岁、月建之星同生日干所乘之宫，又要日干所落之宫得好格局，主起官，反此不能。

占应差

进衙门应差，以开门为官长，以值使为己身。如开门宫生值使宫，又得三奇及旺相星，大吉。与长官宫相克，主凶。休囚亦为不吉。

占请假

以值符为尊长，天乙为卑小。值符落宫克天乙宫，天乙宫生值符宫，俱不准。假如值符生天乙宫，天乙克值符宫，定准假。两宫相比不准。

占领文迟速

以六丁与值使宫相生则速，如相克则迟。又看六丁在何宫相生，即以本宫支干定其日期。

附录二：《诸葛武侯千金诀·官禄占》

【值符】

值：官僚品秩，升降谪降。　　蛇：行人游府，织造廷尉。

阴：兵刑工钱厂。　　合：吏礼。

勾白：总制盐政。　　朱玄：科道税水利营。

地：屯卫有司。　　天：巡抚。

【值使】

休：青齐吴滨海。　　生：幽燕扬。

伤：豫宋滨海。　　杜：郑荆楚海滨。

景：雍州堂治。　　死：秦益晋土谷。

惊：趋迎关。　　开：徐鲁并御。

【十干】

甲：督副。　　乙：布政书院。

丙：礼科鸿胪。　　丁：逃方。

戊：关开主事必成。　　己：盐漕粮储。

庚：提督、刑科。　　辛：按察。

壬：清理司。　　癸：不利道。

【九星】

蓬：总河，操江。 任：太常、四厂。

冲：织造。 辅：翰林。

禽：抚臣。 芮：关帅，总兵。

英：通政，行人。 柱：副帅、戎政。

心：君臣。

【九宫】

一：河漕盐运。 二：有司。

三：礼部。 四：节气申子辰，巳酉丑。

五：节气，四维土。 六：节气寅午戌。亥卯未。

七：兵刑部署。 八：盐政。

九：吏、户、工。

【门户】

外转责天门，内转责地户，年命宫星遇门户，乘天德天乙天马者升，年命利，悖格伏格，星与年命相伤者降。

【三甲】

孟甲主春选，秋选。仲甲主夏选。季甲主钦取、部取。吉星值开利推荐，凶星值阖慎究参。

【论干支】

时干为印日干官，纳音藏化品秩看。

官印相生多利益，品秩衰旺随时探。

伤符未保前程远，伤使地方恐不安。

最怕截路与刑墓，升谪除降有来源。

【论值符】

值符占官品秩阶，旺相休囚着意裁。

谁生谁克旁宫取，进退加临官父谐。

不值刑囚并墓陷，定然荣任称心怀。

【论值使】

值使从来论地方，五凶三吉各分疆。

门凶得令堪终任，门吉迫刑俸不长。

远近劳逸与残废，乘吉逢生断显扬。

更将禄马考方位，八门飞伏可参详。

【论十干】

十干责分所属宫，本宫得令始为欢。

奇仪生合多奖荐，一值刑害参罚看。

合处带刑池鱼咎，比旺干旺不须贪。

只喜官父奇仪旺，金章紫绶笑弹冠。

【论九星】

九星恩难用仇分，恩星得地喜生君。

吉凶大小分僚属，仇难无侵官印欣。

三方对照查冲合，旺相休废着意寻。

最宜本符星旺相，威福从君可称心。

【论九宫】

九宫起元论转迁，推选所属逐宫元。

新旧起复宫局数，所治职事亦相兼。

水元转金当署篆，木元转水俸加添。

最忌官元入子舍，刑害空陷足堪嫌。

【论门户】

门户内传与外传，年命贵人禄马算。

吉星会合指日升，凶星迫害官不远。

【论三甲】

三甲开阖有神机，开则推选阖尚迟。

孟仲季兮时令断，半开半阖卦中推。

【论吉凶格】

返首兮行取升擢，跌穴兮俸禄岁深。虎狂兮筮仕不利，龙走兮任所蹊跷。得遁格利以受授，逢假局可以挂冠。三诈利求奖荐，三胜喜实年命。得使而上下欢悦，守门而地方称心。三门四户切莫刑制符命，天马私门最忌勾白螣蛇，螣蛇夭矫而地方有变，朱雀投江而文案关心。飞干伏干在科道之参罚，伏宫飞宫任督抚之罪尤。大隔小隔，民怨嗟而居任不满；刑格悖格，同僚不睦而官途多岐。荧入白，宜防贼寇；白入荧，宜慎灾殃。年月日时逢悖格，己过将来事可详。五不遇时难以调选，六仪刑兮网罗有伤。入墓所任居官不显，反吟门迫地道不良。行使休囚未必终任，年命刑害届得还乡。大约元星旺相，又得日地相帮，年命逢恩值吉，天乙守照为祥。

2. 实例分析

实例一

1995 年农历四月二十四日，周老师问测，说她的丈夫是某校副校长，原任校长已退居二线，校长人选有两名，预测自己丈夫是否能升任校长之职。

乙亥年，辛巳月，甲寅日（空：子、丑），壬申时（空：戌、亥），小满中元阳遁二局，天芮值符落乾宫，死门值使落坎宫，1954 年生人甲午命。

白虎　天英 丁+甲申庚 休　巽	玄武　天禽 甲戌己+丙 生　离	九地　天柱 甲子戊 甲申庚+ 甲午辛 伤　坤
六合　天任 乙+甲戌己 开　震	天蓬 甲午辛 寄二坤　中宫	九天　天冲 丙+甲寅癸 杜　兑
太阴　天辅 甲辰壬+丁 惊　艮	螣蛇　天心 甲寅癸+乙 死　坎	值符　天芮 甲子戊 甲午辛 +甲辰壬 景　乾

分析：

1. 日干甲寅癸之夫星为甲子戊，其夫又为甲午命，今甲子戊与甲午辛同落乾宫，值符亦在乾宫，主本单位领导与其丈夫保持一致，在极力推荐他。景门在乾，景门主学校，与所测之事相合。天芮在乾，天芮主授业，也是学校的象征。乾为旬空之宫，主自己心中不实之象。

2. 时干甲辰壬临艮宫，生用神落宫，象征群众基础好。

3. 年干乙奇与开门同临震宫，年命日干落宫克开门太岁落宫，主此事须主动争取，定会成功。用神落宫旬空，在夏季又不旺，秋季旺相之时，定可走马上任。

后果于秋季开学之后，被上级部门任命为该中学校长。

补注：甲午命亦应以六甲值符为本命，在本局中六甲值符与甲午辛同宫。又以时干为事体，日干为求测者，日干六甲值符落宫得时干落宫之生，也是求测之事成功的标志。

实例二

1996 年农历二月十八日下午六点四十五分，老同学宋某问测，说其朋友近期准备调动工作，看职务能否提升。

丙子年，壬辰月，壬申日（空：戌、亥），己酉时（空：寅、卯），为清明中元阳遁一局。当时由于笔者疏忽，误用阳遁九局，但却反映出了准确的信息，法无定法，这便是奇门预测的灵活性与优越性。天辅为值符落坎宫，杜门为值使落离宫，被测者 1964 年生，甲辰命。

六合　天柱 丙+甲辰壬 伤　巽	白虎　天冲 丁+甲子戊 杜　离	玄武　天禽 甲戌己+甲申庚 甲寅癸 景　坤
太阴　天心 甲申庚 甲寅癸+甲午辛 生　震	天任 甲寅癸 寄二坤　中宫	九地　天蓬 乙+丙 死　兑
螣蛇　天芮 甲子戊+乙 休　艮	值符　天辅 甲辰壬+甲戌己 开　坎	九天　天英 甲午辛+丁 惊　乾

分析：

1. 月干主朋友，以月干为用神，今月日之干与命干同为甲辰壬落坎宫、临开门，且值符亦在坎宫，主调动有望，且单位领导力荐。

2. 太岁年干丙奇落巽宫，与用神所落之宫水木相生，且年干下临甲辰壬用神，丙壬相冲，冲则动，为工作调动之象。巽宫为旬空之宫，出空之辰、巳月定会升迁。

后于农历三月份升任轻工局副局长。

补注：甲辰命同样可取命干为六甲值符为用。

实例三

1999年农历十月二十六日，我去大马营办事，并看望了老同学王某，他问今年能否调到县局里工作？

己卯年，乙亥月，己丑日（空：午、未），己巳时（空：戌、亥），小雪上元阴遁二局，天芮值符落坎宫，死门值使落乾宫，求测者1962年生，壬寅命。

玄武　天禽 甲戌己+丙 生　巽	白虎　天蓬 甲午辛+甲申庚 伤　离	六合　天冲 乙+甲子戊丁 杜　坤
九地　天辅 甲寅癸+乙 休　震	天心 丁 寄二坤　中宫	太阴　天任 丙+甲辰壬 景　兑
九天　天英 甲辰壬+甲午辛 开　艮	值符　天芮 甲子戊丁+甲戌己 惊　坎	螣蛇　天柱 甲申庚+甲寅癸 死　乾

分析：

1. 本单位内调动工作应看值符宫和开门宫与年命日干落宫相互间的生克关系，今日干甲戌己临生门于巽宫，生门加地盘丙奇，主贵人印授，婚姻、书信之喜。又得值符之宫相生（坎水生巽木），主单位领导将调动他的工作。

2. 命干甲辰壬临开门于艮宫，日干落宫克之（巽木克艮土），主动要求调动之象，经过努力，调动必能成功。

3. 值使死门临乾宫为落空，玄机在此，死门主二数，断其两个月后必可调动。

后果于次年农历正月初八日接到通知，调入县局任主管“三产”副主任。

由此可见，日干临生门宫，生门主钱财生意，为经济部门。正好与所任职务性质相同。

实例四

1999 年农历十月二十日早晨八点五十分，某部队的一位朋友打电话，说自己 1959 年生（己亥命），副团级，下一步若不能提升，将面临转业，要我测能否提升？若不能升将作转业前的准备。

己卯年，乙亥月，癸未日（空：申、酉），丙辰时（空：子、丑），小雪上元阴遁五局，天英值符落兑宫，景门值使落兑宫。

六合　天心 丁+甲戌己 生　巽	太阴　天芮 甲申庚+甲寅癸 伤　离	螣蛇　天辅 甲戌己+甲午辛 甲子戊 杜　坤
白虎　天禽 甲辰壬+甲申庚 休　震	天柱 甲子戊 寄二坤　中宫	值符　天英 甲寅癸+丙 景　兑
玄武　天蓬 乙+丁 开　艮	九地　天冲 丙+甲辰壬 惊　坎	九天　天任 甲午辛 甲子戊+乙 死　乾

分析：

1. 日干甲寅癸与值符同宫，主单位领导信任、支持，在推荐。

2. 命干甲戌己与太岁之干相并临杜门于坤宫，生日干落宫（坤土生兑金），上级定会提拔重用，为升职之象。

3. 开门主文职工作，今开门在艮宫落空，主不会离开部队，也是不会走向地方的象征。

4. 月干乙奇为同事，又为竞争对手，乙奇临艮宫为落空，是竞争对手最终争不到某职位的象征。且月干落宫生日干落宫（艮土生兑金），得宜于求测者。

5. 日干癸水上乘庚金为格，应在次年庚辰月升职。

根据以上分析，我对他说："你不会离开部队，上级已准备提拔你，明年农历三月份定会升职。后果于次年四月（农历三月庚辰）他被上级确定为提升对象，五月份正式接到命令，被任命为某部正团级处长。

补注：杜门临太岁宫生日干落宫，也是在部队被提拔的信息。应期的判断应为，第二年庚辰，三月又为庚辰，两辰土合其日干宫中酉金之故。

实例五

1999年农历五月初二日中午，堂兄打电话问测，说他所在的单位要分家，要我测一下他是留在原单位好，还是走新公司好。我让他报数预测，他报了32768数，取卯时。干支历为：

己卯年，庚午月，戊戌日（空：辰、巳），乙卯时（空：子、丑），小满上元阳遁六局，天芮为值符落中宫寄二坤宫，死门为值使落震宫。1964年生人，甲辰命。

九地 天蓬 丙+丙 惊 巽	九天 天心 甲午辛+甲午辛 开 离	值符 天任 甲寅癸 + 甲寅癸 乙 乙 休 坤
玄武 天英 丁+丁 死 震	天芮 乙 寄二坤 中宫	螣蛇 天辅 甲戌己+甲戌己 生 兑
白虎 天禽 甲申庚+甲申庚 景 艮	六合 天柱 甲辰壬+甲辰壬 杜 坎	太阴 天冲 甲子戊+甲子戊 伤 乾

分析：

1. 奇仪伏吟、不动之象，时干又为所测之事，今时干落中宫伏吟，为不变动之象。

2. 开门临离宫，克日干落宫（离火克乾金），为原单位在牵制他，是单位工作离不开他的象征。

3. 值符临时干宫于坤宫，生助日干之宫（坤土生乾金），是单位领导重视他的才干，群众基础好，太岁宫与日干宫比和（兑、乾比和），月干宫生助日干宫（艮土生乾金），这些都是对测者有利的吉象。

据以上分析，我对他说，现在的工作环境就很不错，单位工作离不开你，单位领导也很信任你，又有很好的群众基础，留在原单位发展是上策。他接受了我的建议，下半年进行民主评议，原单位领导举荐，果于农历十月份被上级部门任命为该局副局长，2000 年起又任局长。

补注：伏吟局为不动之象，故不宜离开原单位。日干为求测者，时干主事体，时干乙木落宫生日柱落宫，宜于在原单位发展。

实例六

1999 年农历五月二十八日，某局办公室主任，通过朋友介绍问测，传闻该局空一副局长位置要从本局产生，看自己有无升任希望，他报 336 数预测，取亥时。干支历为：

己卯年，辛未月，甲子日（空：戌、亥），乙亥时（空：申、酉），小暑上元阴遁二局。天蓬值符落震宫，休门值使落离宫。求测者 1962 年生，壬寅命。

九天　天芮 甲午辛+丙 开　巽	九地　天柱 乙+甲申庚 休　离	玄武　天英 丙+甲子戊 丁 生　坤
值符　天蓬 甲戌己 +乙 惊　震	天冲 丁 寄二坤　中宫	白虎　天禽 甲申庚+甲辰壬 伤　兑
螣蛇　天心 甲寅癸+甲午辛 死　艮	太阴　天任 甲辰壬+甲戌己 景　坎	六合　天辅 甲子戊 丁 +甲寅癸 杜　乾

分析：

1. 甲子戊日干落乾宫，为日干空亡之宫，主测者心中不实之象，日干落宫克值符、年干落宫及开门落宫（乾金克震、巽木），为测者主动求职的标志，与事实相符。

2. 时干主他人，又主所测事体，今太岁、值符及开门落宫俱生时干宫（震、巽木生离火），副局长空缺当由他人来补，而非测者本人。

3. 月干甲午辛为竞争者，今甲午辛临开门于巽宫，与太岁、值符宫相比和，巽宫阴遁为外盘，补此空缺者必非本局之人。

我将分析结果告诉对方。后来得知，十一月中旬（农历十月）该空缺从本系统局外调补。求测者则被平调到分局。究其应期，农历十月为乙亥月，时干乙奇临阴星看庚上之干，应期为乙年、月、日、时。同时，亥月又是日干落空的出空之时，又是月干甲午辛落宫巽宫的驿马（巳酉丑、马在亥），巳亥相冲，冲则有动也。

补注：日干主求测者，时干主事体，时干落离宫克日干所落之乾宫，求谋不成之象。

三、学　业

1. 判断原则

以日干为应试者，如果是父母测子女，则以时干为应试者；若占兄弟、同事，则以月干为应试者。年干为太岁，主一年之吉凶；值符代表招生部门，景门为试卷，又为录取学校，开门亦主录取学校；丁奇为文章，天辅为文曲之星，代表考试院。以彼此之间的相互生克关系，判断应试者的考试成绩及入选录取状况，同时兼看应试者年命的落宫情况，加以综合判断。

应试者落宫旺相得三奇、吉门吉格，又得太岁、值符、天辅之宫相生，再遇三奇、吉门、吉宿于应试者年命之上，景门、丁奇合吉格者，成绩必佳，定能考入十分理想的学校。应试者落宫旺相得三奇、吉门、吉格，克太岁、值符、天辅之宫者，通过努力，亦能考取。应试者落宫不旺相，又不得奇门吉格，却有太岁、值符、天辅来生者，虽成绩不佳，但最终亦能被录取。应试者落宫休囚无气，入墓空亡，不带奇门吉格，且年命落宫亦不乘吉格，又被太岁、值符、天辅之宫相克者，必然名落孙山，难以录取。

附录一：《遁甲元灵经·应试占》

占功名

若提学来临本府，以官为客，诸生为主；若学道坐于所考地方，以官为主，诸生为客。此时如主克客，是诸生为主则名或无阻；若官为主克客者，求名有阻难成。如主客相生、比合干支同契而合吉格，求名易成，文章合机；若生生官，求名虽成，必先图谋而利。若官克诸生合凶格，在于本命行年宫，或本命坐于死绝之宫，因求名招非灾祸，或因名破财。

又法占科名

三奇、吉门、吉星加于本人年干之上，不可犯奇墓、门克、刑迫可得，反此不得。

占岁考等第

凡占岁考等第高下，以天辅为文宗，日干为士子，六丁为文章。如六丁得旺方，兼天辅宫来生日干，又得三奇及开休生景四吉门，取为一等文章。旺，文宗生日干，不得三奇、吉门者，为二等文章。虽旺，而文宗不生日干，或文宗生日干而文章不旺，仅为三等文章。不旺，而文宗来克，幸有三奇、吉门者，为四等文章。不旺，文宗又来克日干，又在休囚宫，又无三奇、吉门者，定为五等。得死门及诸凶格者，定为六等不吉。

假如大暑中元阴遁一局，戊癸日辛酉时，天辅在二宫，六戊在八宫，星奇为文章在七宫乘旺气又与日干比，定是二等。又如秋分中元阴遁一局，丁亥日乙巳时，天辅六丁俱在八宫，文宗克日干，为三等。

占文宗，按临日斯以天辅为文宗。冬至自坎至巽为内，自离至乾为外；立夏自离至乾为内，自坎至巽为外。冬至后至四月为上半年，夏至后至十月为下半年。文星在内主上半年，在外主下半年。更以落的宫分并分野，以定日期，再详时事，以十二支配八卦法决之。

占科举会试中式值符宫克日干宫坐主不取，小考同看。

凡科举会试占，以日干（宫）为士子真才，值符（宫）为总裁，天乙为房师，六丁为文章。天乙宫克日干宫，房师不荐；六丁宫克日干宫，或日干宫克六丁宫，休囚废没，俱主题目大难，不能得意。如值符、天乙来生日干，六丁又得旺相，必中无疑，缺一不可。凡考童仝。

假如立秋上元阴遁二局，六庚日丙子时，日干在三宫，天蓬值符在四宫，与日干宫相比，六丁临八宫得生气，文章必不得意，座师虽受刑克，必力荐中矣。

占殿试甲第

凡占殿试，以太岁为主。太岁者，天子也。以月建为主考，日干为举子，景门为策论。如景门落在旺相宫，又得三奇并太岁来生日干者，为鼎甲。景门不得三奇，而得太岁、月建来生日干者，为二甲。不生日干，又无三奇者，为三甲。

假如六戊年正月立春日丙辛乙未时，阳遁八局，天芮为值符加七宫，死门为值使加三宫。丙为日干在六宫，戊为太岁在四宫，月建甲戌为主考，但不生日干，在三甲后矣。

又如戊年正月雨水上元阳遁九局六己日丁卯时，景门到三宫为旺方，上得星奇。己日日干在一宫，月建在乙宫生日干，但太岁不来生，仅得二甲。

占武举

甲申庚落宫、甲午辛的宫，或相冲，为箭中的。再看景门，得旺相又与值符相生，中缺一不当。看武艺以值符为主考，时干为举子，甲申庚为箭，甲午辛为的，景门为策论，专以甲可。

附录二：《诸葛武侯千金诀·科试占》

【论干支】

日干原为应试人，　　时干却是主考临。

日支文章忌刑害，　　时支场屋所寄陈。
纳音之中去查取，　　等第优劣可详分。
旺相生合为吉兆，　　刑囚攻截总遭屯。
日生主考宜贿嘱，　　主考生日宜中君。
文章再与主考合，　　掷地金声姓氏芬。
惟忌时纳遭刑制，　　只恐类窄有遗论。
两支亦忌相弄害，　　伤惊涂抹要留心。

【论值符】

科试先须论值符，　　逢生合旺可进图。
朱白生身名高擢，　　勾蛇刑害卷糊涂。
年命日元九天位，　　皇都得意唱传胪。

【论值使】

值使论门以后先，　　开遇九天御笔鲜。
杜临九地孙山外，　　景门临之不列前。
太约用门无刑格，　　旁类多吉副榜边。

【论十干】

奇仪用神怕刑格，飞伏宫次相推测。
三奇凑聚年命间，来朝定作金榜客。

【论九星】

符星起伏忌孤虚，背时击刑总嗟吁。
入父入官要身旺，献策把书可曳据。

【论九宫】

起元专考飞伏宫，弱飞旺兮可从龙，
官父相交多得意，此脱加临可落空。

【论门户】

将揭晓兮看天门，吉星生合步青云。
初入闱兮看地户，得令生官中举人。

【论三甲】

三甲区分前后中，阳开星吉与生身。

得奇堪言名已备，只从甲位寄奇踪。

【论吉凶格】

返首跌穴，无疵方得成名；虎狂龙走，有伤那能进步。天遁人遁，际会风云之客；虎遁龙遁，蟾宫折桂之人。俱要填合年命用干，始可断其天衢得路，三诈五假，从前挫折始亨通；得使守门，旁求公荐方得意。门户忌伤符使，人元最怕休囚。天马上乘朱雀，泥封已出天衢。夭矫而文武不式，投江而卷或遗漏。伏干飞干，只疑场屋生变；飞宫伏宫，又惧试后兴殃。格隔进呈有阻，刑悖字号宜防。荧入白兮不第，白入荧兮不扬。不遇徒劳献策，击刑反惹惊惶。入墓罗网，年命吉而可言中；反伏门迫，虽入试而未免银铛。天乙禄马乘吉时，来生年命自飞黄。

2. 实例分析

实例一

1999 年笔者的朋友李某问测，说地委组织部举行副处级干部的选拔考试，他符合条件，准备复习报考，要我测有无希望。当时的干支历为：

己卯年，甲戌月，己未日（空：子、丑），甲戌时（空：申、酉），霜降下元阴遁二局，天蓬值符落坎宫，休门值使落坎宫。1959 年生，己亥命。

玄武　天辅 丙+丙 杜　巽	白虎　天英 甲申庚+甲申庚 景　离	六合　天芮 甲子戊 + 甲子戊 丁　丁 死　坤
九地　天冲 乙+乙 伤　震	天禽 丁 寄二坤　中宫	太阴　天柱 甲辰壬+甲辰壬 惊　兑
九天　天任 甲午辛+甲午辛 生　艮	值符　天蓬 甲戌己+甲戌己 休　坎	螣蛇　天心 甲寅癸+甲寅癸 开　乾

分析：

1. 甲戌时天地人满盘伏吟，为不动之象。年、月、日、时命干都临宫伏吟，己加己为“地户逢鬼”，百事不遂。

2. 丁奇为文章，寄二坤宫为落空（坤为时干空亡之宫）不实之象。

3. 甲戌己在坎宫又为日建的空亡之宫，亦为不实之象，虽开门在乾生日柱年命落宫（乾金生坎水），但因伏吟不动，不动则不生，只能代表当时的任职状态。

以上种种迹象表明，可能会由于某种原因不参加考试。结果由于组织部门审查时，发现其档案年龄不合规定，而被取消了考试资格。

补注：丁亦主试卷，落空则是不能参加考试的信息。

实例二

1995 年农历五月初五午时，笔者的侄子问测，今年将要报考小中专，能否考上？

乙亥年，辛巳月，甲子日（空：戌、亥），庚午时（空：戌、亥），小满上元阳遁五局，天禽值符落兑宫，死门值使落坤宫。1979 年生，己未命。

庚午时	甲日为五不遇时	
玄武　天芮 丙+乙 杜　巽	九地　天柱 乙+甲辰壬 景　离	九天　天英 丁 甲辰壬+ 甲子戊 死　坤
白虎　天蓬 甲午辛+丙 伤　震	天冲 甲子戊 寄二坤　中宫	值符　天禽 丁 +甲申庚 甲子戊 惊　兑
六合　天心 甲寅癸+甲午辛 生　艮	太阴　天任 甲戌己+甲寅癸 休　坎	螣蛇　天辅 甲申庚+甲戌己 开　乾

分析：

1. 甲子日之庚午时为五不遇时，百事不顺。

2. 日干甲子戊落兑宫临庚为“值符飞干格”，主怀才不遇之象。八门伏吟，亦为事不遂心。

3. 太岁乙奇临离宫，克日干落宫（离火克兑金），不利考学。

4. 命干甲戌己落坎宫，克值年太岁之宫（坎水冲克离火）又为对冲，为本命犯太岁，流年不利，亦不利考学。

据此，我说，今年考学希望不大。然后我又根据他的四柱组合作了分析说，明年可能会考取。结果当年未考中，次年果考入地区卫校。

补注：开门伏吟落空也是不利考学的信息。

实例三

2000 年农历五月二十八日，郑州工贸学校易友张大姐来信说："……（她儿子）按平时学习成绩，应该能考取较好的大学。但考虑到（四柱组合）运气不畅，怕到时有失误，特请老弟在百忙之中用奇门方法给推算一下，选一个有利的时间方位，以及趋吉的好办法。"看过信后，我便根据考试日期以及她儿子的四柱组合情况，用奇门之法安排将她儿子的床位方向进行了调整，并对考试时的出行时间与行动方向进行了布局。晚上，我将推演情况告诉了她。打完电话之后，心里灵机一动，产生了测一下她儿子考试情况的念头，便按当时的时间起局预测。

庚辰年，壬午月，戊午日（空：子、丑），壬戌时（空：子、丑），夏至中元阴遁三局。天柱值符落艮宫，惊门值使落艮宫。1982 年生，辛酉命。

九地　天冲 甲申庚+乙 休　巽	玄武　天任 甲辰壬+甲午辛 生　离	白虎　天蓬 甲子戊 + 甲戌己丙 伤　坤
九天　天芮 丁+甲子戊 开　震	天辅 丙 寄二坤　中宫	六合　天心 乙+甲寅癸 杜　兑
值符　天柱 甲寅癸+甲辰壬 惊　艮	螣蛇　天英 甲戌己丙+甲申庚 死　坎	太阴　天禽 甲午辛+丁 景　乾

分析：

1. 时干甲辰壬临生门于离宫，玄武亦在离，玄武下有朱雀为文印，值年太岁甲申庚临休门于巽宫，生时干落宫（巽木生离火）。丁奇为文章，临开门乘九天于震宫亦生时干落宫（震木生离火），主应试者学识水平良好。值符在艮宫为落空，但与时干宫不冲克，是一种生的关系，由此可见，应试者可以考取较好的大学。

2. 命干甲午辛乘景门（为试卷）临地盘丁奇（为文章）于乾宫，值符之宫来生之（艮土生乾金），也是能考取的标志。

3. 值符在艮宫虽落空，临考之日已出空，无妨。

根据以上分析，我认为她儿子高考一定会考出理想的成绩。至七月十一日（农历六月初十日）早晨七点，张又电话问，说儿子考的成绩比较理想，现在面临填报志愿的问题，要我测填报何方向的学校更合适些？我按当时的时间起局，干支历为：

庚辰年，癸未月，庚午日（空：戌、亥），己卯时（空：申、酉），小暑中元阴遁二局。天蓬值符落坎宫，休门值使落坤宫。

玄武　天辅 丙+丙 惊　巽	白虎　天英 甲申庚+甲申庚 开　离	六合　天芮 甲子戊 + 甲子戊 丁　丁 休　坤
九地　天冲 乙+乙 死　震	天禽 丁 寄二坤　中宫	太阴　天柱 甲辰壬+甲辰壬 生　兑
九天　天任 甲午辛+甲午辛 景　艮	值符　天蓬 甲戌己+甲戌己 杜　坎	螣蛇　天心 甲寅癸+甲寅癸 伤　乾

分析：

1. 景门为学校，临艮宫，命干甲午辛亦在艮宫，应报东北方向的学校合适一些。

2. 九星、奇仪伏吟，伏吟为不动之象，本地院校录取的可能性大。

我将预测结果告诉对方，她们填报了本地院校志愿。后来她儿子被录取到位于她家东北方向的郑州大学。

今天回过头看第一次预测的格局，就不难发现，景门在艮上乘天禽星、天禽主中宫，也是考取本地大学的标志。

实例四

1994 年农历六月十二日，我的一位亲戚问测，说她的儿子在新疆当兵，被单位推荐，最近要考军校，测一下看能否考上，当时的干支历为：

甲戌年，辛未月，丁未日（空：寅、卯），丁未时（空：寅、卯），小暑下元阴遁五局。天蓬为值符落艮宫，休门为值使落兑宫。1971 年生，辛亥命。

九地　天心 甲申庚+甲戌己 死　巽	玄武　天芮 甲戌己+甲寅癸 惊　离	白虎　天辅 甲寅癸+甲午辛 甲子戊 开　坤
九天　天禽 丁+甲申庚 景　震	天柱 甲子戊 寄二坤　中宫	六合　天英 甲午辛 甲子戊　+丙 休　兑
值符　天蓬 甲辰壬+丁 杜　艮	螣蛇　天冲 乙+甲辰壬 伤　坎	太阴　天任 丙+乙 生　乾

分析：

1. 丁奇为文章，景门为试卷，时干日干又为丁火，同落震宫，临庚金之上，日干加庚为”飞干格“不吉，丁加庚又主文书阻隔，谋为难就，震宫又为空亡之宫，断应试者可能由于某种原因干扰不能参加考试。

2. 太岁甲戌已为上级领导，临玄武；值符为招生部门，临杜门于艮宫落空，主上级领导及招生部门可能要临时取消其应试资格。

3. 日干落宫克值符宫，生太岁宫，应试者应主动采取措施，疏通关系，争取次年应试。1995年太岁乙亥，乙奇临坎宫，坎宫之水生震宫之木，定能考取军校。

根据以上分析，我说："你儿子今年不可能取得考试资格，要主动争取，明年参加考试，定能考准。"

后得知，这位应试者在临近考试时，被上级取消了参考资格，未能参加考试。后经争取，第二年终于考取了天津一所军事院校（景门在震，学校位于所在地的东方）。

补注：太岁之干为甲，应为六甲值符，落于艮宫。命干辛金临兑宫禄旺之地，与地盘丙火相合，得开门落宫相生，也是最终能考取学校的信息。

四、经　济

1. 判断原则

经济预测，包括商业经营、企业效益、投资求财、合伙求财、市场行情、借贷放贷、索债卖买等。总体原则以日干为求测之人，时干为所测之事或物，甲子戊为资本，生门为利息。由于求财的方式种类较多，下面进行分别归类。

（1）生意投资求财

以甲子戊为资本，生门为利息，生门落宫得奇门吉格来生甲子戊落宫者，必获倍利；二宫比和，亦得中利；生门落宫克甲子戊落宫，再乘凶神凶格者，生意必亏本；甲子戊落宫生生门落宫，主加添资本，必得利息。甲子戊与生门落于坎艮震巽四宫，阳遁为内为近，又为速，再得奇门吉格者，得之必多；若得门不得奇，得之不多，门奇俱不得，不落空亡墓绝之宫，不受地盘克制者，得之必少。如甲子戊与生门落于一内一外，得之必迟，二者俱在外，必求千里之财；如二者逢空亡、墓绝、反吟，再有凶神凶格者，不得财，反招是非，阴遁以离坤兑乾为内，为近。

(2) 坐地经营求财

坐地求财，指工厂、商场、饭店、宾馆等坐地经营的一切行业。

以开门为坐地经营的企业，日干为业主或求测者。开门落宫乘旺相气带奇门吉格来生日干落宫者，效益可观；相比和不克制者，次吉；若开门入墓，反吟及落空亡之宫者，则面临亏损倒闭的困境；开门落宫乘凶神凶格克日干落宫者，因财得祸，不祥之兆。

(3) 合资合伙求财

以日干为求测之人，时干为合伙人或合资者。时干乘奇门吉格来生日干者，益于自己；日干乘奇门吉格生时干者，利于他人；二者此和，合作公平，各无猜忌。如时干落宫乘凶神凶格克日干宫者，对己有害而无利，万不可为。再看生门落宫生助何方，兼看求财方位之格局及主客动静之关系。

(4) 买货求财

以日干为收买货物之人，时干为货物。时干落宫乘旺相气，再得奇门吉格者，为好货；乘休囚气不得奇门吉格者，为废货。时干落宫生日干落宫者，其货不拘美恶皆有利；时干宫克日干宫及乘墓绝及空亡者，无利不必买。日干落宫生克时干落宫者，为主动去买之象。

(5) 卖货求财

以日干为货主，时干为货物，甲子戊为资本，生门为利息，日干落宫生时干落宫者，主人恋货不肯卖；时干落宫生日干落宫者，主货恋人，不能脱；时干落宫生甲子戊与生门落宫者，有利息，反此，则无利息。若时干落宫乘凶神凶格冲克日干落宫者，必折本。

又以值符为卖方，值使为买方。值使乘奇门吉格生值符宫或二宫比和者，货可卖出；值符生值使或二者相克，则货难卖出。

(6) 交易求财

以日干为买主，时干为卖主，六合为经纪人、中介人。日干生时干卖方得利，时干生日干，买主受益；日干克时干，买主不买；时干克日干卖主不卖；六合生日干，经纪人向买主；六合生时干，经纪人向卖主；二干落宫相比和者，两家公平交易；二干有一落空者，主交易不成。

(7) 房地产生意求财

以值符为买主，生门为住宅、死门为地皮。生死二门乘三奇吉格生值符宫者，主买后发达；二门不得吉格来生值符宫者，亦吉；比和者平安。二门乘休废之气，再有凶神吉格来克值符宫者，主买后破败家财；值符落宫生生死二门者，为泄气，主因宅产，破败不利。

又以日干为求测之人（卖主或买主），以生门为房产、死门为地皮；又或以时干为房屋或地皮，看其与日干之间的生克关系，断其吉凶。

(8) 借钱贷款

以值符为银行或物主，值使为借贷之人。值符生值使，或值使克值符，借贷必遂；值符克值使，值使生值符，则借贷不遂；二者有一落空亡者，借贷不成。

又以所往之方天盘之星为借贷之人，地盘之星为物主或银行。地盘星生天盘星者，借贷必成；比和者，虽物主迟疑，但也能借成，二者相克，主不借，反惹羞辱；如天盘所得之干入地盘墓库者，对方吝涩，不肯借；入临空亡之宫者，对方无款或人不在，不必去借。

(9) 放　贷

值符为物主或银行，天乙（地盘值符、又一说为值使落宫）为借贷之人，生门为利息，各以生克旺相论之。值符宫克天乙宫为吉，天乙宫克值符宫为凶；天乙宫生值符宫为吉，值符宫生天乙宫为凶。生门与天乙同克值符宫者，借出之款，去而无回；生门与天乙同生值符宫者，本息俱可收回；生门和天乙与值符宫一生一克者，放出之款收不全或收回较迟。天乙与生门得休囚之气，虽生值符宫，但借方无偿还能力，主还不全或迟还。

(10) 讨　债

值符为放债之人，天乙（地盘值符）为欠债之人，伤门为讨债之人。天乙宫克伤门宫，彼此争斗不服，伤门与天乙同生值符之宫，本息全得；同克值符宫者，本息俱不还。伤门生天乙、克值符，讨不回；伤门生值符，克天乙，能讨回；天乙旺相在伤门之宫，虽有不还；天乙乘天蓬或玄武又克值符宫者，存心不还；天乙休囚生伤门，有心无力，还亦不全；若天乙乘庚辛克值符，必有经官之事；值符克天乙乘六丁或景门加于四宫，亦有经官之事。甲子戊会开门加内卦地盘时干，其债速还。

又一说以白虎（勾陈）为使讨之人。

附录一：《遁甲元灵经·求财占》

占求财

凡占求财，其说不一。分体用以生门主之，以生门所落之宫向为体，以生门天盘所乘之星为用。用生体则吉，体生用则不吉。用旺体衰，体难克用，不为大吉。体旺用衰，用难克体，亦无大害。大抵专看生门所落之宫，分再看上下二盘格局吉凶何如，吉格吉星，所求如意，有一不吉，所求仅半。休囚不吉，所求全无。

假如惊蛰中元阳七局丁壬日壬寅时，生门到坤二宫，属土为体；天蓬星亦到坤二，属水为用。体来克用，宜乎得财。但在惊蛰，坤二宫为囚，且坤宫中六辛加壬为蛇入刑狱格，安得为吉乎？虽休克所得亦微。得财之说是我所本有之财，或应有之财，但未知何日到手。占法须分内外，以时干在地盘者为主，以甲子戊为财星，盖甲为青龙，青龙为财星焉。时干在内地，甲子戊亦在内地，此为财将到手之期甚速，又以本宫所得何支定其日月之期。若时干、青龙俱在外，半年得。返吟、伏吟主反复不得。如甲子戊、时干俱合吉门，得财甚速。又如立秋上元阴遁二局甲己日壬申时，时干在地盘七宫，为内。甲子戊青龙、生门亦在七宫，又七宫为兑，干支为酉月，为八，主八月到手也，甚验甚速。

占求财谋望

此时遇奇仪门生宫合吉格，或干相合、比和者，求谋得意，一切无阻。如门克宫，下克上，合凶格，凡求不遇，或因求谋破财。如主星在衰墓宫，又逢上干克下干，或门克宫，因求谋招非。

又占谋望须看三奇、吉门、吉星加于本人年干之上，不犯奇墓门迫及五不遇，可成。

占放债

以天乙为取财之人，以值符为财主，以生门为财神，各以生克旺相论。如值符宫克天乙宫为吉，天乙宫克值符宫为凶。天乙宫生值符宫为吉，反是为凶。如生门宫与天乙宫同克值符宫，其财尽失；同生值符宫，子母俱全。或生门与天乙有一生一克，本利不全而迟。如天乙、生门得休囚气，虽生值符，终不能全得，且必迟滞。天乙者，乃天盘上一宫。

占索债

以伤门为索债人，如伤门宫克天乙宫，去人必实心去索；天乙宫克伤门宫，彼必争闹不服；伤门与天乙同来生值符宫，子母全获；全克值符宫，不还。伤门、值符宫克天乙，必还；生天乙，克值符，不还。天乙旺相克伤门，虽有钱不还；天乙休囚生伤门，有心无力，不全或迟，终必还。若天乙乘庚辛来克值符，必有经官之事，或值符克天乙乘六丁。或景门加三四宫，亦有经官之事。如甲子戊符会开门加内地时干，其还速至。经官获利与否，乃以伤门、天乙、值符之生克断之。

占借贷财物

以值符为物主，以天乙为往借之人，各以所落宫分生克论之。值符生天乙，天乙克值符，借贷必遂。如值符克天乙，天乙生值符，借贷不遂。

占赊取给否

亦以值符为物主，天乙为取物之人，各看所落之宫。相生则得，相克则不得，相比亦不得。

占嘱托求人

以天乙宫为求托之人，值符为所求之人，值使为受托之人。如值符生值使，其言必信；值符克值使，不信其言。值使克值符，彼必不悦；值符克值使而生天乙，虽践其言，不甚快利；值使生值符而克天乙，彼不肯尽力。必值使、值符俱生天乙，或俱克天乙，所生其事方有济，有一不生亦不济，各以所落宫分定之。

占事成否

凡人来求我，以他为客，我为主；如我去求他，以我为客，他为主。宜主客相生、比和，求而自成；星、仪、门迫，求而难成，费力。若主客相伤，合凶格，因求事而生非，或反耗财物。只宜他生我为顺，易图；我生他为逆，难图。

占贸易

看生门落宫旺相，再得吉星及三奇、飞鸟跌穴等格，主买卖兴隆；如不全者，平常；若落空休囚，凶星，再有庚加己等凶格，主大不利。凡得天冲，宜于春夏得；天禽，宜于秋冬；余星不利。

又法占贸易

以值符为买物之人，以生门为所卖之物，以生门落宫为物主。如门来生值符，其物得买，有利益；如门与本落宫相生，为物主相恋，其物难买；相克则双方难以成交。如值符得旺相来生生门宫，利卖者；或生门宫来生值符宫，利买者。凡欲买物，看卖主之方得吉格者有利，得凶格者其物不堪。看买主之方，得吉格者相安，得凶格者尚有烦恼。

占合伙

以生门（地盘）为财主，以天乙（天盘生门）落宫为伙计。地盘克天盘，天盘克地盘，及天盘生地盘，俱不利。地盘生天盘方，其益利。此看生门宫天盘、地盘也。一说生门为地盘，天乙为天盘。

一云如地盘合天盘，主合不成；天盘合地盘，彼必陷我财，彼此不善经营，以致消耗；他来生我，彼此大利。

占生意兴隆否

看生门所落宫定之。其宫旺相，再有吉星及三奇、飞鸟跌穴等吉格，主兴隆。

占贸易利息

看生门所临之宫旺相何如。旺则利多，相则利平，休囚则利微。如休囚又有凶格，则折本。若生门居旺相，再看甲子戊上乘何干，以决其利数多少。

占赎物产

以值符、天乙、值使论之。值符主动，天乙主静，值使为中人。如我向人回赎，我为值符，彼为天乙；若人向我回赎，彼为值符，我为天乙，再看生克旺相休囚决之。如值符生天乙及天乙生值符，定准赎回；值符克天乙，虽可赎，其中不美；天乙克值符，不准赎。如值使生两家，得；克两家，不得。若内有朱雀同宫，必有争竞；勾陈同宫，定主经官。如人向我赎，我为天乙，彼值符，其生克旺相休囚同前论。如我为物主，望人来回赎，以生我则赎，克我则不赎。若不欲人来赎，克我为来赎，生我为不赎。

附录二：《诸葛武侯千金诀·求财占》

【论干支】

日元为人时元财，两支中间债物船。
纳音之中定市价，孤虚旺相着量裁。
日克时兮财可就，时克日兮恼心怀。
买货时支分贵贱，生合人元可买来。
卖货日支分休旺，最喜生支又作财。
日纳如若克时纳，信息生意此一回。
时纳如若克日纳，空费心机事不谐。
一切艺术图谋事，亦喜时生鬼化财。
大抵上下无刑害，始终为意不消猜。
索债取捕他受制，支纳生干可得来。

【论值符】

值符货物交易情，或生或旺休废刑。
卖货生旺宜售客，买货休囚当速成。
六合中人忌休克，勾如伤用必迟行。
玄朱伤人防失脱，又恐腐烂货不真。
九地生身宜堆积，九天生合卖遂心。
就使空拳去觅利，亦喜符旺又相生。

【论值使】

值使求财出入方，门无伤克利偏安。

吉门更临生旺地，腰缠千万可行藏。

若得用门守财令，坐贾行商不用忙。

【论十干】

奇仪详兮子与财，子旺财生可遂还。

最喜财库命临身，到手时日此中该。

【论九星】

符星喜旺制财星，财星空旺总劳神。

财星化鬼君休觅，鬼化为财白手人。

若还飞入比肩地，其间必定有分争。

财星若去投子舍，我到其方自获成。

【论九宫】

起元分辨是何财，土宜布菽粟盐谐。

水土经商火窑冶，金为钱谷珠玉该。

时日会元乘生旺，此时端的遂心怀。

只有飞伏临何处，便察从何得将来。

【论三甲】

孟甲原宜去求财，仲甲半喜遂心怀。

季甲欲求求未得，开阖中间得失裁。

【论吉凶格】

返首跌穴，唾手可得，虎狂龙走，枉自逢迎。得遁格机变而取，逢诈假设计以求。得使而中人效力，守门而坐贾偏宜。三门四户，最宜生合财神；天马私门，不宜刑冲符命。夭矫而人情反复，投江而售卖不行。伏宫飞宫，此地不比他地；伏干飞干，此人不比那人。大小格难以觅利，刑悖格就早抽身。荧入白兮宜买货，白入荧兮卖称情。不遇空费心力，击刑此处难求。入墓罗网，纵见利而不得手；反伏门迫，虽怀宝而难入乱邦。最要持纳符元三才，合式不逢鬼劫为详。

2. 实例分析

实例一

1993 年农历八月二十八日未时，笔者内弟问测，说近期准备在本地收购一批大麦贩卖，不知能否赚利。干支历为：

癸酉年，壬戌月，丁卯日（空：戌、亥），丁未时（空：寅、卯），寒露上元阴遁六局，天芮值符落离宫，死门值使落艮宫。

螣蛇 天心 丁+甲申庚 开 巽	值符 天芮 甲辰壬 +丁 甲戌己 休 离	九天 天辅 甲辰壬 乙+ 甲戌己 生 坤
太阴 天禽 甲申庚+甲午辛 惊 震	天柱 甲戌己 寄二坤 中宫	九地 天英 甲子戊+乙 伤 兑
六合 天蓬 甲午辛+丙 死 艮	白虎 天冲 丙+甲寅癸 景 坎	玄武 天任 甲寅癸+甲子戊 杜 乾

分析：

1. 自己要拿出本金收购大麦，再贩卖给他人，为投资求财。今生门在坤宫生甲子戊落宫（坤土生兑金），宜于生意投资求财，二者俱落阴遁局内卦，近处求财，得之必速。

2. 生门临坤，坤主五谷，又为仓库，屯积求财之象。

3. 日干落巽宫，开门临巽，开门主坐地求财，与在本地收购大麦贩卖情况相符合，日干宫克生门宫，为人寻财，主动想办法做生意求财之象。

根据以上分析，我说，此生意可做，收货出货都很顺利，赚钱快，利润好。他依我之言，马上收购组织货源，结果外地不少客户来接货，价格好，快收、快出，获得了可观的经济效益。

补注： 日时同干比和也是谋事可为的一种信息标志。

实例二

1993 年秋季，当地粮价跌到了最低点，每斤只值三角钱左右，我家里库存了一部分余粮，自测次年出售价格是否会看好，更能获利。测时为农历九月十四日巳时，干支历为：

癸酉年，壬戌月，壬午日（空：申、酉），乙巳时（空：寅、卯），霜降上元阴遁五局，休门值使落离宫，天蓬值符落乾宫。

白虎 天任 甲寅癸+甲戌己 开 巽	六合 天辅 甲午辛 甲子戊 +甲寅癸 休 离	太阴 天心 甲午辛 丙 + 甲子戊 生 坤
玄武 天柱 甲戌己+甲申庚 惊 震	天英 甲子戊 寄二坤 中宫	螣蛇 天芮 乙+丙 伤 兑
九地 天冲 甲申庚+丁 死 艮	九天 天禽 丁+甲辰壬 景 坎	值符 天蓬 甲辰壬+乙 杜 乾

分析：

1. 八门反吟，主反复之象，象征粮食价格有反弹的趋势。

2. 日干、值符为卖主，时干为货物，日干甲辰壬临值符落乾宫，时干乙奇落兑宫，二宫比和为吉。

3. 生门临坤宫生日柱落宫（坤土生乾金），甲子戊落宫又生生门宫（离火生坤土），坤主五谷，又主仓库，屯积求财，必获倍利。且坤宫天盘丙奇加地盘甲子戊为“飞鸟跌穴”吉格，丙加地盘六辛，为天地相合，谋事可成之象。天心吉星加临为吉，虽坤宫为日建旬空之宫，待次年秋季出空之后，粮价必大幅上涨。

根据以上判断，我将余粮储存起来，等待来年的机遇，次年夏季粮价开始逐步上升，秋后长价更快，至年底价格涨至每斤七角，我库存了一年的粮食，售出后利润增了一倍多。

实例三

1994年农历五月十九日申时，某单位公职人员王某找我，说准备与人合作引进资金到新疆去开金矿，测一下前景如何？干支历为：

甲戌年，庚午月，甲申日（空：午、未），壬申时（空：戌、亥），夏至中元阴遁三局，伤门值使落巽宫，天冲值符落艮宫。

九地 天任 甲午辛+乙 伤 巽	玄武 天辅 甲戌己丙+甲午辛 杜 离	白虎 天心 甲寅癸+甲戌己丙 景 坤
九天 天柱 乙+甲子戊 生 震	天英 丙 寄二坤 中宫	六合 天芮 丁+甲寅癸 死 兑
值符 天冲 甲子戊+甲辰壬 休 艮	螣蛇 天禽 甲辰壬+甲申庚 开 坎	太阴 天蓬 甲申庚+丁 惊 乾

分析：

1. 日干甲申庚临乾宫为落空，求财之方亦在乾宫西北方，空为不实之象,惊门临乾宫，必有官司口舌之争，天盘天蓬凶星带六庚加地盘六丁为“亭亭之格”，亦主私匿官司。

2. 地盘日干甲申庚在坎宫为主，属水，天盘天禽星为客，属土、土克水，客克主，不利自己。

3. 日干落宫生时干落宫（乾金生坎水），利于他人。

4. 生门落宫克甲子戊落宫（震木克艮土）无利可图。

5. 太岁落宫克日干落宫（离火克乾金），主问测者流年不利，不宜妄动。

我将以上分析结果告知王某，并建议停办此事。后因合伙人拒绝投资而未成功，而王某却为联系此事花费了一定的资金，为此与合伙人口舌相生、利益相争，打起了官司。

补注：这一预测的正确思路应有如下补充：六甲值符就是太岁与日干，生门克之，必无利可图。求财方在乾宫，克生门宫，也不利求财。生门宫克甲子戊落宫，投资亏本之象。

实例四

1994年春季，芦堡亚麻厂在我村推广种植油纤亚麻，大面积种植，乡亲们顾虑很大，我为此进行了预测。时为农历二月二十二日辰时，干支历为：

甲戌年，丁卯月，丙辰日（空：子、丑），壬辰时（空：午、未），春分中元阳遁九局，死门为值使落坎宫，天芮为值符落巽宫。

值符　天芮 甲申庚 甲寅癸+甲辰壬 休　巽	螣蛇　天柱 丙+甲子戊 生　离	太阴　天英 丁+甲申庚 甲寅癸 伤　坤
九天　天蓬 甲子戊+甲午辛 开　震	天冲 甲寅癸 寄二坤　中宫	六合　天禽 甲戌己+丙 杜　兑
九地　天心 甲辰壬+乙 惊　艮	玄武　天任 甲午辛+甲戌己 死　坎	白虎　天辅 乙+丁 景　乾

分析：

1. 日干为求测者，为种植农作物之人，日干六丙与生门同落离宫，丙加甲子戊为“飞鸟跌穴”之吉格，百事遂心。甲子戊落宫生生门宫（震木生离火）投资种植必获高利。离宫虽为日干旬空之宫，此指种者心中不实之象。

2. 日干落宫与生门落宫生时干落宫（离火生艮土），象征此事对厂家有利。

3. 虽为五不遇时，但日干落宫有奇门吉格，不能为凶。

综合以上判断，种植后必是农户得利，厂家收益。果于当年大面积种植后，比同类其它产品每亩增加收入二佰余元。取得了较好的经济效益。

补注：日干落宫生时干所落之宫艮宫，时干主种植推广单位，种植亦利于对方，双方获利之象。

实例五

1994年农历六月初二日未时，笔者的一位堂叔，当时任甘肃土地开发总公司山丹园艺场场长，前来问测，说近日准备到兰州总公司给场里要生产建设资金，测一下能否要到。干支历为：

甲戌年，辛未月，丁酉日（空：辰、巳），丁未时（空：寅、卯），小暑上元阴遁八局，杜门值使落坎宫，天辅值符落坤宫。

太阴 天心 甲子戊+甲辰壬 惊 巽	螣蛇 天芮 甲寅癸+乙 开 离	值符 天辅 丁 甲辰壬+ 甲午辛 休 坤
六合 天禽 丙+甲寅癸 死 震	天柱 甲午辛 寄二坤 中宫	九天 天英 乙+甲戌己 生 兑
白虎 天蓬 甲申庚+甲子戊 景 艮	玄武 天冲 甲戌己+丙 杜 坎	九地 天任 丁 +甲申庚 甲午辛 伤 乾

分析：

1. 给单位要资金，开门为单位，甲子戊为资金，甲子戊落宫生开门宫（巽木生离火），资金可以要到。但甲子戊在巽宫为日建旬空之地，主总公司暂时无资金可给付。

2. 甲子戊在巽宫，正合资金要从东南方的兰州总公司而来的信息标志。同时去东南方的总公司要款，地盘巽宫为主属木，天盘天心星为客属金，为要款单位，客克主，利为客，象征要款单位会提出充足的理由迫使上级部门解决资金问题。

3. 甲子戊加甲辰壬于巽宫，子辰半合，至申月，则申子辰三合全，同时秋后客星天心旺相，主秋后申月资金可到位。

4. 生门主实际得财数目，今生门临兑宫，即立秋后得财，又主七数。故秋后所到资金应该在七万元左右。

我将以上分析结果告诉堂叔，等待验证。他于第二日便上兰州向总公司报上要款计划，当时总公司答应给款，但因资金紧张，至秋后农历七月份(壬申月）两次给款共计七万元。

实例六

1994年农历八月二日，一朋友的舅父朱某来找，说自己在青海开一小型煤矿，状况一直不景气 ，要测一下将来的发展前景。他报21数，取申时，干支历为：

甲戌年，壬申月，乙未日（空：辰、已)，甲申时（空：午、未)，白露上元阴遁九局，惊门值使落兑宫，天柱值符落兑宫。

六合　天辅 甲寅癸+甲寅癸 杜　巽	太阴　天英 甲子戊+甲子戊 景　离	螣蛇　天芮 丙　丙 甲辰壬 + 甲辰壬 死　坤
白虎　天冲 丁+丁 伤　震	天禽 甲辰壬 寄二坤　中宫	值符　天柱 甲申庚+甲申庚 惊　兑
玄武　天任 甲戌己+甲戌己 生　艮	九地　天蓬 乙+乙 休　坎	九天　天心 甲午辛+甲午辛 开　乾

分析：

1. 天、地、人三盘满盘伏吟，伏吟者，欲动不能呻吟之象。象征测者在困境之中。

2. 甲子戊为资本，落离宫空亡之地，为资金短缺，周转困难。

3. 开矿之方在西南方坤宫，丙加丙为“月奇悖师”凶格，主文书逼迫，破耗遗失。壬加壬为“蛇入地罗”凶格，外人缠绕，内事索索。且死门天芮伏吟于坤宫，更凶，须防不测。

4. 日干落坎宫，乙加乙为“月奇伏吟”格，不宜举事，只可安身安分。

5. 太岁甲戌己落宫克日干宫（艮土克坎水)，流年不利，运气不佳。

我将以上分析结果告诉了对方，并建议他应马上停止作业，否则不但破财，还会有凶灾之事。他说，您测的很属实，我开的是小型煤矿，安全措施不规范，确实很危险，时刻都有出事故的可能，但基于投入的资金没有收回，一直提心吊胆的干，想增加一些安全设施，又苦于资金有限。我再三言明其理，他听从了我的忠告，毅然停业，将人员全部拆出后，不到半月时间，此小型煤矿便因井塌而报废，未拆出的设备也埋在了里面。如不及时停止作业，后果真不堪设想。

补注：太岁之干应看六甲值符。求财之方坤宫临死门克日柱落宫，也是不宜发展，潜在危机的迹象和信息。

实例七

1995年农历九月三日巳时，笔者的堂叔问测，说经朋友介绍，将农场果园产的部份苹果梨销给白银市的一位客户，从双方商定的价格计算，利润还可以，对方已派车来拉货，只付了一部分款，其余款货到后付清。他要测一下所剩货款能否货到付清。当时的干支历为：

乙亥年，甲戌月，庚寅日（空：午、未），辛巳时（空：申、酉），霜降下元阴遁二局，天蓬值符落艮宫，休门值使落震宫。

九地　天心 乙+丙 生　巽	玄武　天芮 丙+甲申庚 伤　离	白虎　天辅 甲申庚+甲子戊丁 杜　坤
九天　天禽 甲午辛+乙 休　震	天柱 丁 寄二坤　中宫	六合　天英 甲子戊丁+甲辰壬 景　兑
值符　天蓬 甲戌己+甲午辛 开　艮	螣蛇　天冲 甲寅癸+甲戌己 惊　坎	太阴　天任 甲辰壬+甲寅癸 死　乾

分析：

1. 日干甲申庚为己方，落坤宫时支空亡之宫，主自己的计划会落空，时干为客户，时干落震宫克日干之落宫（震木克坤土），不利自己。且时干六辛下乘六乙为“白虎猖狂”之凶格，对方非善良之辈。

2. 生门为利润，生门落巽宫克日干落宫，与时干落宫比和，利在对方。

3. 甲子戊为资金，主货款，落兑宫为落空，剩余货款货到不可能付清，其中必定有诈。

结果，对方将货拉去之后，说外面的一笔资金过几天才能汇到，未能立即付款。后来又以苹果梨质量有问题、卖出去的货款收不回来等多种借口搪塞，直到2001年三月份，堂叔说尚欠两万多元的货款未要清，与预测的结果完全相符。

实例八

1995年农历二月十二日，陈老板问测，准备另租一门面开办商场，前景如何。报“861”数，取申时，干支历为：

乙亥年，己卯月，壬寅日（空：辰、巳），戊申时（空；寅、卯），惊蛰中元阳遁七局，天芮值符落兑宫，死门值使落乾宫。

戊申时	壬日为五不遇时	
玄武 天任 甲寅癸+丁 生 巽	九地 天辅 丁 +甲申庚 伤 离	九天 天心 甲申庚+ 甲辰壬 丙 杜 坤
白虎 天柱 甲戌己 +甲寅癸 休 震	天英 丙 寄二坤 中宫	值符 天芮 甲辰壬 丙 +甲子戊 景 兑
六合 天冲 甲午辛+甲戌己 开 艮	太阴 天禽 乙+甲午辛 惊 坎	螣蛇 天蓬 甲子戊+乙 死 乾

分析：

1. 壬寅日之戊申时为五不遇时，凡占不吉。

2. 开门为用神临艮为落空又为入墓，艮宫六辛加六己为“入狱自刑”

之凶格，主奴仆背主，讼诉难伸。

3. 生门为利息，甲子戊为资本，二者落宫相克（乾金克巽木），不利经营。且生门宫六癸加六丁为“螣蛇夭矫”之凶格，文书官司，火焚莫逃。

综合以上各条，我断此事不可为，恐怕连门面也不会租成的，后果因门面未租成而放弃了原来开商场的计划。

补注：开门落空主租不到门面。

实例九

1995年农历四月二十四日，一位个体户邀我去察看铺面的风水环境。当时他的一位亲戚也在场，当听我讲述易学预测的实用性时，那人带着一种不太相信的口气要笔者测一下他本人所经营的一小企业的现实状况，我让他报数预测，他报“9”数，取申时，干支历为：

乙亥年，辛巳月，甲寅日（空：子、丑），壬申时（空：戌、亥），小满中元阳遁二局，天芮值符落乾宫，死门值使落坎宫。问测者1958年生，戊戌命。

白虎 天英 丁+甲申庚 休 巽	玄武 天禽 甲戌己+丙 生 离	九地 天柱 甲申庚+甲子戊/甲午辛 伤 坤
六合 天任 乙+甲戌己 开 震	天蓬 甲午辛 寄二坤 中宫	九天 天冲 丙+甲寅癸 杜 兑
太阴 天辅 甲辰壬+丁 惊 艮	螣蛇 天心 甲寅癸+乙 死 坎	值符 天芮 甲子戊/甲午辛+甲辰壬 景 乾

分析：

1. 日干甲寅癸落坎宫临死门，夏月火土旺相，死门旺而克其落宫，为凶。死加休主求财事物不吉，且坎宫为日建空亡之宫，空者不实之象，主问测者现已陷入困境之中。

2. 甲子戊为资金，今甲子戊落乾宫为时支空亡之宫，是资金短缺之象。开门为企业，甲子戊落宫克开门宫（乾金克震木），企业因资金短缺而处于危难之中。

3. 生门宫克甲子戊落宫，主企业效益不好。生门临离宫，离属火天盘天禽星及甲戌己属土，又下乘地盘丙火，必是火烧土中之物而求财，根据本地的情况判断，这位问测者可能是开石灰厂或砖厂的。

我将以上分析结果告诉对方后，问测者带着非常佩服的口气说："测的太准了，我是开石灰厂的，现在很不景气，资金短缺，无法运转，基本处于停产状态。"

补注：日干甲木应以值符甲子戊为用神，甲子戊又主资金，年命戊戌，甲子戊又主年命，落空即主资金短缺，又主事无主张，生门克之，则为亏本之象。

实例十

1996年农历三月十五日酉时，部队某基地刘司令员为验证奇门预测的准确性，言小女儿刚从西安打来电话，说自己有3600元的股款准备要抛出去，刘司令员要我测一下前景，以待验证。干支历为：

丙子年，壬辰月，己亥日（空：辰、巳），癸酉时（空：戌、亥），谷雨中元阳遁二局。天芮值符落兑宫，死门值使落坤宫。

玄武　天任 甲戌己+甲申庚 杜　巽	九地　天辅 甲申庚+丙 景　离	九天　天心 丙+甲子戊 甲午辛 死　坤
白虎　天柱 丁+甲戌己 伤　震	天英 甲午辛 寄二坤　中宫	值符　天芮 甲子戊 甲午辛+甲寅癸 惊　兑
六合　天冲 乙+丁 生　艮	太阴　天禽 甲辰壬+乙 休　坎	螣蛇　天蓬 甲寅癸+甲辰壬 开　乾

分析：

1. 生门为利息，落艮宫六乙加六丁为“奇仪相佐”之吉格，主文书事吉，百事皆可为。生门落宫生时干（为子女）落宫（艮土生乾金），由此可断他女儿抛股款必获利。

2. 生门旺相带奇生甲子戊落宫（艮土生兑金），投资求财必获倍利。

3. 甲子戊落宫与时干落宫此和（兑、乾二金比和），为吉象。

4. 时干落旬空之宫，主抛售者心中不实，打电话与父母商量，太岁六丙落坤宫生时干落宫（坤土生乾金），父母很支持女儿。

据此，我对刘司令员说，此股款抛出之后可获倍利，即抛出 3600 元，即可获利 3600 元。

后来得知，他女儿当时抛出了 1800 元的股款，获利 1800 元。究其抛出一半的原因为八门伏吟之故，有一部分不动。

实例十一

1996 年夏，“传销”活动在我区蔓延兴起，农历五月初一日亥时，朋友毛某找笔者问测，说自己最近到市上听了几次“传销”演讲，觉得是个赚钱的机会，要我测他参与“传销”的发展前景。干支历为：

丙子年，甲午月，甲申日（空：午、未），辛未时（空；戌、亥），芒种中元阳遁三局，伤门值使落坎宫，天冲值符落乾宫。

白虎　天蓬 甲辰壬+甲戌己 死　巽	玄武　天心 甲午辛+丁 惊　离	九地　天任 乙 丙+　甲申庚 开　坤
六合　天英 乙 甲申庚 +甲子戊 景　震	天芮 甲申庚 寄二坤　中宫	九天　天辅 甲寅癸+甲辰壬 休　兑
太阴　天禽 丁+甲寅癸 杜　艮	螣蛇　天柱 甲戌己 +丙 伤　坎	值符　天冲 甲子戊+甲午辛 生　乾

分析：

1. 参与“传销”首先要投资推销产品，故为投资求财，甲子戊主投资，生门主利润，今生门与甲子戊同落乾宫克日干之落宫（乾金克震木），无利可图之象。

2. 生门与甲子戊在乾宫为落空，空为不实之象，且夏季火旺金处死了，为真空，钱财落空的迹象。

3. 时干为所测之事及从事传销的机构，今时干落离宫，为日干空亡之宫，惊门玄武加临，主虚诈不实之事，时干宫克生门宫（离火克乾金），主财为他人（传销机构）所劫之象。

4. 日干落宫生时干落宫（震木生离火），益于他人（传销机构）。

5. 地盘时干甲午辛落宫为传销机构为主，天盘所临之星为参加传销之人为客，地盘乾金克天盘天冲木星，利主不利客。

综上所述，我对测者说，此事可能有欺骗行为，你最好不要参与，否则定会上当受骗。他听我之言，放弃了此事，结果参与此活动的其它人都破财赔本。至九八年国务院正式发文，取缔了这一活动。

补注：这一案例的正确断法应是：日干甲木以六甲值符为用，日干甲子戊值符临生门落空，甲子戊又主投资，无利亏本之象。日干为求测人，时干主事体，时干甲午辛落离宫克日干落宫，是不利参与“营销”的前题，且时干临惊门克日干，惊主官非口舌，若参与必“引火伤身”。时干又临岁破之地，此活动不可能长期发展下去，是会得到遏制的象征。

实例十二

1996年农历四月九日下午，某县人民银行干部周某拜会笔者，当时我与他并不相识，他自我介绍，说自己也爱好周易（后来成为笔者的好友）。交谈中他说自己将一笔钱借给了一位朋友，要我测一下看何时能归还。当时的支历为：

丙子年，癸巳月，壬戌日（空：子、丑），戊申时（空：寅、卯），小满下元阳遁八局，天冲值符落艮宫，伤门值使落兑宫。

戊申时	壬日为五不遇时	
太阴　　　天任 甲戌己+甲寅癸 开　　　　巽	六合　　　天辅 甲午辛 丁　+甲戌己 休　　　　离	白虎　　　天心 甲午辛 乙+　丁 生　　　　坤
螣蛇　　　天柱 甲寅癸+甲辰壬 惊　　　　震	天英 丁 寄二坤　　中宫	玄武　　　天芮 丙+乙 伤　　　　兑
值符　　　天冲 甲辰壬+甲子戊 死　　　　艮	九天　　　天禽 甲子戊+甲申庚 景　　　　坎	九地　　　天蓬 甲申庚+丙 杜　　　　乾

分析：

1. 壬戌日戊申时为五不遇时，凡占不吉。

2. 月干甲寅癸为朋友，落震宫空亡之宫，惊门临震为反吟，不吉，惊加伤因商议同谋害人，事泄惹讼凶。甲寅癸加甲辰壬为“天网终狱”之凶格，凡事不利。天盘天柱星临震宫反吟，不吉。天柱主盗贼。太岁落兑宫冲克月干所落之地震宫，流年有凶。由此可推断此人可能因参与非法之事，而惹官讼，凶象已现。

3. 日干甲辰壬落日支时支旬空之地艮宫，测者心中不实之象，月干宫克日干宫（震木克艮土），不利自己。

4. 甲子戊为钱财资金，今落日支旬空之地坎宫，象征这笔款很难偿还。

根据以上判断，我对周某说，你的朋友现在可能因参与非法之事而吃官司，处境艰难，这笔钱恐怕一时半会难以归还。他说，测的很准，此人原来很正派，也很仗义。谁知后来却吸上毒，因涉嫌有贩毒行为被依法惩办，现正在服刑。就看明年刑满后能否想办法给我解决。结果至2000年夏季，与他谈起此事时，他说款还没有归还。

补注：日干壬落艮宫下临甲子戊，甲子戊主钱财，临死门，主为钱财之事所困发愁之象。月干主朋友，落于震宫，天盘甲子戊落坎宫生月干落宫，钱错给了朋友。月干落宫克日干落宫，被朋友所累。

实例十三

1997年农历八月二十四日未时，个体老板李某问测。说近期准备在东环路开一饭馆，前景如何。干支历为：

丁丑年，己酉月，庚午日（空：戌、亥），癸未时（空：申、酉），秋分中元阴遁一局，天英值符落中宫寄二坤宫，景门值使落离宫。

太阴　天任 丙+丁 杜　巽	螣蛇　天辅 丁+甲戌己 景　离	值符　天心 乙 甲戌己+甲寅癸 死　坤
六合　天柱 甲申庚+丙 伤　震	天英 甲寅癸 寄二坤　中宫	九天　天芮 乙 甲寅癸+甲午辛 惊　兑
白虎　天冲 甲子戊+甲申庚 生　艮	玄武　天禽 甲辰壬+甲子戊 休　坎	九地　天蓬 甲午辛+甲辰壬 开　乾

分析：

1. 人盘八门伏吟，不动之象，强动招咎。

2. 日干甲申庚落震宫下临六丙为“太白入荧”之凶格，占贼必来，为客进利，为主破财。

3. 开店为坐地求则，以开门为用神，今开门落宫克日干落宫，耗折资本，开店破财之象。且开门宫中六辛加六壬为“凶蛇入狱”之凶格，两男争女，讼狱不息，先动失理。

据此我说，此饭馆最好不要开，如开的话，不但不赚钱，可能还会有口舌之事。他说，房子已租好且进行了装修，现在不干不行，随后又带我去考察了房子的地理位置，我发现风水环境也不理想。结果此饭馆开业后，生意一直不景气，后又有人去寻衅闹事，不到一年便关门停业。

补注：日干为求测人，时干主事体，时干甲寅癸临兑宫冲克日干落宫，大象不吉，时干临惊门，必有口舌纠纷。时干又主店铺，临天芮必有问题，宫中乙加辛为冲散，又为“白虎猖狂”之凶格，癸加辛为“网盖天牢”之凶，惊主口舌，由此可见店面风水不好。

实例十四

1999年农历二月十三日，某县佛教协会副会长李某找笔者预测，说从前相识的一位朋友找他，商议与他合伙在外地承包一项修建工程，前景如何？他报“36”数，取寅时，干支历为：

己卯年，丁卯月，辛巳日（空申、酉），庚寅时（空午、未）。春分上元阳遁三局。天禽值符落中宫寄二坤宫，死门值使落坤宫。

九地　天辅 甲戌己+甲戌己 杜　巽	九天　天英 丁+丁 景　离	值符　天芮 乙　乙 甲申庚+甲申庚 死　坤
玄武　天冲 甲子戊+甲子戊 伤　震	天禽 甲申庚 寄二坤　中宫	螣蛇　天柱 甲辰壬+甲辰壬 惊　兑
白虎　天任 甲寅癸+甲寅癸 生　艮	六合　天蓬 丙+丙 休　坎	太阴　天心 甲午辛+甲午辛 开　乾

分析：

1. 天、地、人三盘伏吟不动之象，强动招咎。

2. 合伙求财，以日干为自己，时干为他人，今时干落坤宫生日干所落之地乾宫（坤土生乾金），表面看对自己有利，但细一分析，时干落宫死门伏吟为凶，六庚加会六庚为“太白同宫”之凶格，又为“战格”，主官灾横祸，兄弟雷攻，坤宫又为空亡之宫，空则不实。由此可见，此找他合伙之人，现在处境艰难，事业上处处受阻，灾祸不止。且太岁落巽宫克时干落宫（巽木克坤土），主流年不利，时运不济，故时干宫生日干宫，只主此人找李先生合作，意在借助外力走出困境，无奈心有余而运不佳，难达心愿。

3. 日干临开门宫，生门宫生之（艮土生乾金），求测者宜于坐地求财。

我将以上分析结果告诉了李生先，他说确实如此，此人是建筑工程师，现在家庭情况很复杂，儿子吸毒，常逼他拿钱，有时甚至以刀相见，原来的积蓄业已耗尽，现在就是想干点事业，也难于无起动资金，找了自己几次，自己也觉的前景难测，心中徘徊不定，最后李先生听从了我的建议，放弃了所测之事，后来在本地开办了一个液化气销售站，效益良好。

补注：伏吟也是适宜本地发展的标志。

实例十五

2001年农历正月初四，表弟来我家拜年，说有人联系他上广州去打工，前提条件是到那边先交4000元的培训费，接受培训一个月后即可上班，包吃住每月工资2000余元，他要我测一下是否能去，情况如何。他报“2”数，取丑时，干支历为：

庚辰年，己丑月，庚寅日（空：午、未），丁丑时（空：申、酉），大寒下元阳遁六局，天柱值符落震宫，惊门值使落坎宫。1974年生，甲寅命。

螣蛇 天任 甲子戊+丙 生 巽	太阴 天辅 甲辰壬+甲午辛 伤 离	六合 天心 甲申庚+甲寅癸乙 杜 坤
值符 天柱 甲戌己+丁 休 震	天英 乙 寄二坤 中宫	白虎 天芮 丁+甲戌己 景 兑
九天 天冲 甲寅癸乙+甲申庚 开 艮	九地 天禽 甲午辛+甲辰壬 惊 坎	玄武 天蓬 丙+甲子戊 死 乾

分析：

1. 奇仪反吟，事有反复之象。

2. 日干为求测者，乘杜门临坤宫落空，为不实之象，庚加乙为“太白蓬星”，退吉进凶，加癸为“大格”行人至，官司止，生产母子俱伤，大凶。杜加死主田宅文书失落，官司破财，小凶。

3. 时干主事体，又为所往之地，景门、丁奇主信息，今时干乘景门、丁奇临兑落空，空则不实，必主信息有假，以防骗局，且白虎、天芮凶恶之星加临、不吉。六丁加六己为“火入勾陈”，奸私仇冤，事因女人。

4. 甲子戊为资本，生门为利息，今甲子戊乘生门临巽宫，克日干落宫（巽木克坤土），必主折本，无利可图。且巽宫东南为所往之地，克日干宫，亦为不吉。

根据以上分析，我断此事不可行，谨防上当受骗，并劝表弟不去为好。

结果，表弟听我之言，放弃此事。而参与了此事的其他人到广州后，将培训费交给某公司，接受培训后让其搞地下传销，纷纷上当受骗，有些人因受对方控制，不得不骗其亲友，将亲友也牵扯到了里面，酿成了恶果。

补注：日时落空，事有虚象，凡事不可谋为。

实例十六

1999年初，甘肃石燕水泥集团公司，为了增加产值，在原基础上进行了扩建，农历三月初二日中午二点，集团公司王总约我到厂区去考察风水环境，随后对工厂扩建后的前景进行了预测。干支历为：

己卯年，戊辰月，己亥日（空辰、巳），辛未时（空戌、亥），清明中元阳遁一局，休门值使落艮宫，天蓬值符落巽宫。

值符　天蓬 甲子戊+甲午辛 伤　巽	螣蛇　天心 丙+乙 杜　离	太阴　天任 甲申庚+甲戌己 甲辰壬 景　坤
九天　天英 甲寅癸+甲申庚 生　震	天芮 甲辰壬 寄二坤　中宫	六合　天辅 甲午辛+丁 死　兑
九地　天禽 丁+丙 休　艮	玄武　天柱 甲戌己 甲辰壬+甲子戊 开　坎	白虎　天冲 乙+甲寅癸 惊　乾

分析：

1. 日干甲戌己与太岁相并下临甲子戊开门于坎宫，六己加六戊为“犬遇青龙”之吉格，谋望随意，上人见喜之象；开加休，主见贵人财喜及开张贸易大利；象征新设备起动后前景乐观。

2. 日柱与太岁并临，落坎宫与生门（主利润）、甲子戊（主资本）落宫相生为吉（坎水生震、巽木），甲子戊落宫与生门宫相比和（震、巽二木比和），工厂扩建后，效益良好。

3. 时干甲午辛为事体，落兑宫，生日干之落宫（兑金生坎水）为吉，主工厂宜于扩建。死门临兑宫，为新设备未起动之象。

4. 甲子戊为资本，又主起动资金，临巽宫旬空之地，为起动资金不足的信息标志，值符为借贷之方，主银行，临巽宫，不充足的起动资金必是依靠银行贷款，太岁与日柱并临，会得到上级部门的支持而得到资金。

笔者将以上分析结果告诉王总，他说前不久地委领导来厂区视察时，建议地区农支行贷给起动资金 500 万元，银行部门负责人当场答应（为甲子戊落巽宫，巽之先天数为五之故）。

随后，王总要我为其新设备的点火仪式进行选时，笔者为其选定为农历三月二十四日午时（中午十二点），为贵登天门之时，又为主事人王总本命及用事日柱之真禄马贵人到向（工厂未山丑向）。日禄阴贵入传照命，财星发传，六合临行年，天德临日，种种吉星加临而成贵格。

后记：石燕集团公司水泥厂新设备投产后，运行顺利，实现了产值上增，利润翻番的宏伟目标。

补注：日柱己土落坎宫为贵人之地，坎宫子为年干、日干之贵。生门临震宫卯地，亦为太岁之位，九天到宫，也是效益好、利润高的标志。

实例十七

2000 年农历十月二十三日，早晨刚起床，一位做粮油生意的高老板来找笔者预测，说准备到某农场去购一部分油籽，但因近期货源紧张，必须经场长批示，销售部门才会给货，现在自己手里有一张去年场长批示的条子，当时由于其他原因未购油籽而保留至今，现在将日期涂改了，准备以假乱真，但怕被销售部门识破，虽然是掏钱买货，也有失体面和信誉。他报“16”数，要我测一下此事能成否，取卯时，干支历为：

庚辰年，丁亥月，庚辰日（空：申、酉），己卯时（空：申、酉），阴遁六局，天禽为值符落中宫寄二坤宫，死门为值使落坤宫。

太阴　天辅 甲申庚+甲申庚 景　巽	螣蛇　天英 丁+丁 死　离	值符　天芮 甲辰壬 + 甲辰壬 甲戊己　甲戊己 惊　坤
六合　天冲 甲午辛+甲午辛 杜　震	天禽 甲戊己 寄二坤　中宫	九天　天柱 乙+乙 开　兑
白虎　天任 丙+丙 伤　艮	玄武　天蓬 甲寅癸+甲寅癸 生　坎	九地　天心 甲子戊+甲子戊 休　乾

分析：

1. 九星、奇仪天地盘伏吟，伏吟为安静不动之象，此处预示着场长批示的条子不会因涂改而被销售部门识出。

2. 日干为求测者，太岁为领导。日干与太岁甲申庚同落巽宫，景门临巽宫，景主文章，象征求测者是拿着场长的批示去购货，太阴临巽，主求测者密谋策划。

3. 甲子戊落宫生生门落宫（乾金生坎水），投资求财必获利。

4. 玄武临生门于坎宫，主所求之财带有不正当的瞒哄欺骗性质，生门落宫生日干落宫（坎水生巽木），所谋之财，必可到手。

5. 庚加庚为日格当天即可办成此事。

根据以上分析，我对该老板说，你这样做，虽有点不光彩，但涂改现象不会被发现，今天去就可办成此事，并且货发出之后，利润可观，只会赚、不会赔。结果他于当天便拿着涂改了条子去办理此事，农场销售部门的人员见是场长的条子，也未详细审察，便将油籽调给了他，他将货发出后，盈利不少，达到了预期的目的。

实例十八

2001 年 10 月 2 日早上 8 点，兰州的一位朋友，某建筑工程公司李总打电话，说近期正在武威谈一工程，测一下看能否谈成，近期运气如何？随起局测之。

辛巳年，丁酉月，戊戌日（空：辰、巳），丙辰时（空：子、丑），阴遁七局，天芮值符落离宫，值使死门落离宫。辰将，甲午命。

螣蛇　天心 丙+甲午辛 景　巽	值符　天芮 甲寅癸 　+丙 甲申庚 死　离	九天　天辅 　甲寅癸 甲子戊+ 　甲申庚 惊　坤
太阴　天禽 甲午辛+甲辰壬 杜　震	天柱 甲申庚 寄二坤　中宫	九地　天英 甲戌己+甲子戊 开　兑
六合　天蓬 甲辰壬+乙 伤　艮	白虎　天冲 乙+丁 生　坎	玄武　天任 丁+甲戌己 休　乾

分析：

1. 时干主事体，生门主利润，今时干丙火临巽宫为禄旺之地，生门落坎宫，乙加丁为“奇仪相佐”吉格，可见所谈之事前景好、利润高。

2. 日干主被测人，今日干甲子戊落坤宫，时干落宫克日柱落宫，为事不就我，时干在巽宫又落空，其事难成。

3. 问运气，日柱在坤宫，临惊门主口舌官司，戊加癸虽吉，但戊加庚为为日格，格则不通，运气不畅。岁干辛金落震宫克日柱宫，流年不利。

综合判断，李某所测之事难以成功，且有官司缠身。笔者将此结论告知李某后，他反馈说，前几年担保为朋友从银行贷了一笔款，谁知此人这几年运气不佳，做生意将这笔钱赔了，无力还款，银行将他起诉到了法庭，近期正在打官司。至于工程的事他还想争取一下，但据后来的反馈，最终工程被另外一家公司拿走了。

五、疾　病

1. 判断原则

疾病预测，包括病情诊断、病的发展趋势、医生的用药效果、病愈的时间等。

1. 病情诊断

天芮为病符之星，代表病，以天芮所落之宫诊断病情，根据《易传·说卦》的人体取象和洛书九宫的数理模型，摹拟人体而进行推断。

天芮落离宫，为头部、眼目之疾，在内为心火之症。

天芮落坤宫。坤为腹。在内为脾胃、腹部之疾。在外为肌肤，又为右肩右耳。

天芮落兑宫。为咽喉胸膈、为肺。在内为咳嗽、噎疾、喘息、暗哑。在外为口齿、额角、右胁。

天芮落乾宫，为头部、右腿、大肠、膀胱有病。在外为腿足筋骨疼痛，疮毒；在外为大小便不畅、便秘等。

天芮落坎宫，在内为小肠，肾脏之疾，又为遗漏、淋漓、白浊、腹疼之病；在外为疮疡、疝气等。

天芮落艮宫，在内为脾虚面胀；在外为腿脚麻木，疮疡等。

天芮落震宫，在内为肝胆之疾、血虚、惊悸、吐血；在外为耳目之疾、癞疮、左股痈疽等。

天芮落巽宫：在内为中风不语、感冒风热；在外为手足浮热、四肢无力。

天芮落中宫：在内为内脏之疾、血液、脑部之疾、腰椎病；在外为突发事故、皮肤病等。

以上诸条只言其大概，详细的分析请看前面章节“八卦万物类象”部分，同时兼看奇仪、八门之类象。

2. 疾病趋势

天芮得生门者吉，得死门者凶、余六门其病缠绵；新病落空亡者吉，久病落空亡者凶；用神旺相得奇门吉格者吉，用神休囚遇凶神凶格或入墓者凶；用神冲克天芮者吉，天芮冲克用神者凶。

测父母病应兼看乾坤二宫之格局。

3. 就医状况

以天心为医生，所落之宫得奇门者为良医；乘旺相气不得奇门吉格者为时医；不乘旺相气又不得奇门吉格者为庸医。天心落宫克天芮落宫者，医必有功；若天芮落宫克天心落宫者，虽良医也无能为力。

又有以乙奇为医药兼看之。

4. 病愈是间

以天芮落宫为病症，克天芮落宫之干支及天芮废没之日为愈期。

附录一：《遁甲元灵经·疾病占》

占疾病

以天芮为病神，以生死二门看。再审病者本命年干落宫，得生门不死，死门难愈。若年干休囚废没，再有凶星、凶格，大凶。即得其余六门，亦主缠绵。再以天芮废没之月为愈。斯如占父母病，或儿女同类病，得本月日干入墓者大凶。又凶星、凶门加病人地盘年庚无救神亦凶。若凶星加奇门，上下二干相救，可死中求活；或三奇、吉门、吉格，更上下二干有合，虽不服药亦可愈。

占患眼疾

以离宫主之，离为目，看九宫得何吉星、吉格，则愈速；而凶则痊迟。若吉凶不分，则缠绵，亦不重。

占寿数

凡占寿数修短，以天冲、死门决之。盖天冲乃三宫之神，为生气也；又五为死气也。又以九十岁为率九宫，每宫十年，看天冲所落之宫远近以定其数。如天冲带旺相，一生无患；若休囚废没，一生常有坎坷。占者自天冲落宫数起，阳遁顺行九宫，阴遁逆行九宫，数至死门落宫止。将自己经过寿数除讫，以所得余岁论断。如年至三旬而得四数，则除三十尚有十年之寿，余仿此。

附录二：《诸葛武侯千金诀·疾病占》

【值符】

值：阳症。

蛇：惊恐，夜梦，遗精。

阴：肺痨，骨虚。

六：风麻。

勾白：翻胃呕吐，伤亡道路。

玄朱：颠邪崩泻。

九地：阴症。

天：落魄。

【值使】

休：泻痢伤寒。

生：痈毒伤目。

伤：拘挛风寒。

杜：脾胃虚寒。

景：伤食疽疔。

死：蛊块。

惊：痨瘵。

开：肺痈、喉舌。

【十干】

甲：头面、肝。

乙：肩、背、胆。

丙：额鼻、心筋。

丁：齿、舌、小肠。

戊：脾。

己：胃。

庚：肺、筋。

辛：胸。

壬：肾。

癸：脏。

【九星】

蓬：水祟为灾。

任：冷庙鬼作祟。

冲：吊柱产故、索命、树怪、时疫。

辅：天神旧愿未遂。东岳查判。

英：灶司不安。

芮：家先作祟。

禽：城隍社神降福。

柱：井墓为穴。

心：天神斗府降灾。

【九宫】

一：血症，脉胳不利，宜开导。

二：脾胃病。

三：炎症。心胸烦燥，宜温凉。

四：节申子辰，气已酉丑。

五：节四维土，气四季土。

六：节寅午戌，气亥卯未。

七：劳症。筋骨不好，宜温补。

八：宜针灸。

九：风症，肌体不便，宜和解。

【门户】

发散责天门，消导责地户。门户遇刑击，其病在表，有救而阳症易治。门户遇刑击陷，其症在里，有救而阴症易疗。

【三甲】

孟甲主上焦之病，开呕吐，阖结郁，仲甲主中焦之病，开嘈噎，阖隔闷。季甲主下焦之病，开痔漏，阖痔闭。开忌弄，阖忌冲，阳开在表，阴阖在里。

【十支】

日干为人时干病，纳干之藏医药证。

人克病兮可去瘥，病克人兮忧险应。

医能克病始可投，如若伤人示可用，

遥制符使是名医，生合符使药蹭蹬。

惟喜日旺时休囚，五行检点参病症。

【论值符】

值符占病所由来，弄伤克制考病胎。

阴六遥伤情欲病，勾地弄符滞不开。

朱蛇制符因门恼，白天却是恐惊灾。

符入空乡灾不实，胎没死废着意裁。

【论值使】

值使占病这瘥剧，三五吉凶论门义。

吉值休囚主缠绵，凶更旺相堪畏惧。

最忌墓命与刑年，时中详占进退气。

凶退可痊吉进瘥，门户生吉始无虑。

【论十干】

十干占病在何处，肝胆脾胃心肾注。

参详奇仪击与刑，上下加临识病处。

木克土兮脾胃伤，火克金兮肺上疾。

金来克木筋脉变，水克火兮心肾废。

年命日时细参详，生旺休囚知灾恙。

【论九星】

九星从来知祸福，吉凶星宿从所属。

旺吉星临灾无虞，死凶星照防衰哭。

吉逢生兮凶不刑，任尔祈祷灾不赎。

【论九宫】

九宫病源与医药，水宜疏通木忌削。

金宜温补火怕关，土乃五行之归橐。

此行旺动比刑伤，变理中和医的确。

详观节气察虚实，病识真兮药不错。

【论门户】

门伤发表抑何疑，户伤治里墓稽迟。

门户俱伤表里治。阴阳先后判因依。

【论三甲】

三甲开阖论三焦，泥丸尾闾夹脊交。

开若伤兮休克伐，阖遇刑囚忌补调。

【论吉凶格】

返首跌穴，吉课或凶，须得年命无妨，始云叶吉。虎狂龙走，凶中有吉，若再刑迫符使便作凶推。地遁临命，已作黄泉正客，鬼假当权，定知冥府追呼。鬼遁人遁，似非吉兆，鬼假人假，非是休征。三诈在病反复，遁假贵辨阴阳。得使而制鬼为利，守门而旧病不详。三门四户最忌刑墓，年干那堪丧吊重逢。天马私门岂宜击破，符使更嫌空亡刑陷。夭矫鬼怪近，投江魂魄扬。伏干飞干，医不明而药味反症，飞宫伏宫，人不安而宅舍惊惶。大格小格，胸隔便道不利；刑格悖格，肢体脉胳相妨。荧入白兮病转添，白入荧兮灾自退。年月日时逢悖格，新旧灾疫可参详。五不遇兮将逝，六仪刑兮有伤。入墓罗网缠绵灾异；反伏门迫，迭罹凶殃。金为尸兮木为棺，尸入木兮宁得安。庚辛若来刑甲乙，飞入中宫哭声喧。

2. 实例分析

实例一

1993 年农历十二月一日晚上，一堂兄来我家问测，说他妹夫的父亲因患有肺气肿，久病在床，近期病情又有所加重，要我测一下还有无希望治好。当时的干支历为：

癸酉年，乙丑月，戊戌日（空：辰、巳），癸亥时（空：子、丑），小寒上元阳遁二局，天柱值符落兑宫，惊门值使落兑宫。

玄武 天辅 甲申庚+甲申庚 杜 巽	九地 天英 丙+丙 景 离	九天 天芮 甲子戊 + 甲子戊 甲午辛 + 甲午辛 惊 坤
白虎 天冲 甲戌己+甲戌己 伤 震	天禽 甲午辛 寄二坤 中宫	值符 天柱 甲寅癸+甲寅癸 惊 兑
六合 天任 丁+丁 生 艮	太阴 天蓬 乙+乙 休 坎	螣蛇 天心 甲辰壬+甲辰壬 开 乾

分析：

1. 满盘伏吟，呻吟之象，其病缠绵。

2. 测长辈以年干为用神，今年干乙奇落坎宫空亡之地，久病逢空则凶。

3. 天芮与死门同在坤宫伏吟为凶，坤为腹，为腹部之疾。

4. 天心、乙奇为医药，天心落乾宫，乙奇落坎宫，天芮落宫克乙奇落宫，生天心落宫，乙奇、天心落宫都不能克制病神天芮落宫，医药无效，很难救治。

5. 用神乙奇落宫在冬季旺相，暂时无妨，至次年午月冲去坎宫子水，用神无助，且庚加庚为格，次年庚午月恐防不测。

后果于次年农历五月（庚午月）病情加重，医治无效而寿终。

补注：生门临艮宫落空，也是病者已无生机，难以救治的信息。

实例二

1995 年农历九月二十四日未时，朋友王某来找笔者，说他的姐夫与当地的几个人一块去到新疆哈密三道岭煤矿打工，昨天传来消息，说煤矿出了事故，还不知伤亡情况，要笔者测一下他姐夫是否安全？当时的干支历为：

乙亥年，丁亥月，辛亥日（空寅、卯），乙未时（空辰、巳）。立冬上元阴遁六局，天冲值符落兑宫，伤门值使落坤宫。被测人 1963 年生，癸卯命。

六合　天英 甲子戊+甲申庚 休　巽	太阴　天禽 甲寅癸+丁 生　离	螣蛇　天柱 丙 + 甲辰壬 甲戌己 伤　坤
白虎　天任 乙+甲午辛 开　震	天蓬 甲戌己 寄二坤　中宫	值符　天冲 甲午辛+乙 杜　兑
玄武　天辅 甲辰壬 甲戌己 +丙 惊　艮	九地　天心 丁+甲寅癸 死　坎	九天　天芮 甲申庚+甲子戊 景　乾

分析：

1. 以月干六丁为用神，六丁落坎宫死门之地，下临六癸冲克，构成“朱雀投江”之凶格，为大凶。且亥年、月、日之水助起坎宫癸水冲克丁火，点滴之火受滔滔江水之克，难有生机。九地主地下之状，象征人在井下而亡，阴遁坎宫为外卦，人在外地而死。

2. 出事地点在西北方乾宫，六庚加六戊为“天乙伏宫”之凶格。天芮病符之星临乾为凶。这些都预示着人已无生存的希望，天芮主二数可能有两人死亡。

3. 命干甲寅癸下临六丁于离宫，又构成“螣蛇夭矫”之凶格，为凶兆。

我将分析结果告诉对方，结果下午便得到可靠消息，两人死亡，其中一位便是他的姐夫。事故原因是在井下作业时，瓦斯中毒而亡。

补注：奇仪反仪，事凶而速。天芮临出事之方，可引申为瓦斯中毒而死，而非伤亡。

实例三

2000年农历五月二十六日中午，一堂兄来我家，说岳母长年肺气肿，近期病情加重，可能有危险，要我测一下何时寿终。他报“4”数求测，“4”的谐音是“死”。我灵机一动说：“人可能已经死了。”又以“4”数取卯时进行验证。干支历为：

庚辰年，壬午月，丙辰日（空：子、丑），辛卯时（空：午、未），夏至中元阴遁三局，天蓬值符落离宫，休门值使落震宫。

螣蛇　天禽 丁+乙 生　巽	值符　天蓬 甲申庚+甲午辛 伤　离	九天　天冲 甲辰壬+甲戌己丙 杜　坤
太阴　天辅 甲寅癸+甲子戊 休　震	天心 丙 寄二坤　中宫	九地　天任 甲子戊+甲寅癸 景　兑
六合　天英 甲戌己丙+甲辰壬 开　艮	白虎　天芮 甲午辛+甲申庚 惊　坎	玄武　天柱 乙+丁 死　乾

分析：

1. 测岳母病，以年干六庚为用神，今六庚落离宫空亡之地，久病逢空则死。庚加辛为“白虎干格”远行必凶，车折马死。

2. 六庚加六辛又为时格，说明占测之时人已寿终。

测后不久，堂史的内弟便来报丧，说母已于早晨十点二十分病故。

补注：奇仪反吟，反吟主速而快。时柱又主事体，时干六辛临落坎宫，临白虎、天芮，主孝服之象。

实例四

2000年农历九月十七日，笔者一远房亲戚约我到他家，说其兄患尿毒症已数月，近期病情又在加重，要我给测一下，有无希望治好，他报“8”数，取未时，干支历为：

庚辰年，丙戌月，乙巳日（空：寅、卯），癸未时（空：申、酉），寒露下元阴遁三局，天芮值符落兑宫，死门值使落坤宫。1963年生，癸卯命。

六合　天任 甲子戊+乙 杜　巽	太阴　天辅 乙+甲午辛 景　离	螣蛇　天心 甲午辛+甲戌己丙 死　坤
白虎　天柱 甲辰壬+甲子戊 伤　震	天英 丙 寄二坤　中宫	值符　天芮 甲戌己丙+甲寅癸 惊　兑
玄武　天冲 甲申庚+甲辰壬 生　艮	九地　天禽 丁+甲申庚 休　坎	九天　天蓬 甲寅癸+丁 开　乾

分析：

1. 取月干为用神，月干丙火落兑宫，下临癸水之克，构成“华盖悖师”凶格，阴人害事，百祸频生。兑宫又为空亡之地，久病逢空则死。天芮病符之星又临兑宫与月干同位。主病缠绵难治。乙奇医星落离宫虽克天芮落宫（离火克兑金），但六乙受地盘六辛冲克，自身难保，且构成“青龙逃走”之凶格。

2. 月干丙火下受地盘癸水之克，癸主生殖系统，泌尿系统，与患者之病相符。

3. 命干癸水加六丁于乾宫，构成“螣蛇夭矫”凶格，主凶。

根据以上分析，我说其病难医，恐有不测，要有思想准备。

结果，病者于农历九月二十四日（壬子日）病故，考其原因，壬子俱属水，助起忌神癸水，用神受克无救，戌月又为丙火之墓库，且六庚下临六壬，亦为应期之兆。

补注： 癸卯生人，卯属震宫，震宫临白虎凶神，亦主凶象。命干癸落乾宫为岁破之地，也主流年之凶。

实例五

1993年农历五月二十四日早时晨八点多，有一堂弟来到我家，说其内弟原诊断为颈部淋巴囊肿，于阳历五月十七日（农历闰三月二十六日）在地区医院做了切除手术，现在不到两个月，囊肿又重新出现，经本地医院确诊为恶性淋巴瘤，现在准备到省人民医院去就医，要我测一下病情究竟如何。当时的干支历为：

癸酉年，己未月，乙未日（空：辰、巳），庚辰时（空：申、酉），小暑上元阴遁八局，天柱值符落乾宫，惊门值使落坎宫。1985年生，乙丑命。

白虎 天禽 甲寅癸+甲辰壬 生 巽	六合 天蓬 甲辰壬+乙 伤 离	太阴 天冲 丁 乙+ 甲午辛 杜 坤
玄武 天辅 甲子戊+甲寅癸 休 震	天心 甲午辛 寄二坤 中宫	螣蛇 天任 丁 甲午辛 +甲戌己 景 兑
九地 天英 丙+甲子戊 开 艮	九天 天芮 甲申庚+丙 惊 坎	值符 天柱 甲戌己+甲申庚 死 乾

分析：

1. 月干甲戌己为用神，今甲戌己落乾宫下临甲申庚构成“利格反名”之凶格，且死门临乾亦凶，应分析为当时的病情在本地医院确诊为恶性病的象征。但甲戌己临值符，值符乃至吉之神，可解病消灾。

2. 天芮病神落坎宫，主淋巴系统之病。六庚加六丙为“太白入荧”之格，千金诀云：“太白入荧灾自退。”且医星天心落中宫，乙奇落坤宫，旺而克病符之星天芮所落之地坎宫（中宫，坤宫之土克坎宫之水），其病可医。

3. 求医方位兰州在东南方巽宫，生门临巽，走入生门，必有生路。且值年太岁甲寅癸临生门于巽，亦为吉象。

我根据以上分析，对堂弟说，你内弟的病有救，不是恶性病，这次上兰州定可找到医治的办法。结果到甘肃省人民医院，经多方面检查，专家会诊，确定为良性病淋巴炎，住院经过二十多天的治疗，病情得到了控制，回来后又在当地医院治疗了一段时期而完全康复。

补注：时干落宫逢天芮，所问之事必与疾病有关。

实例六

1994年农历十一月二十七日，笔者的亲戚带着他的一位朋友来问测，言其父患肺癌已到晚期，近期病情又加重了，要我测一下能否维持到春节过后，当时的干支历为：

甲戌年，丙子月，己丑日（空：午、未），庚午时（空：戌、亥），冬至下元阳遁四局，天辅值符落乾宫，杜门值使落坎宫。

白虎 天芮 甲申庚+甲子戊 惊 巽	玄武 天柱 丁+甲寅癸 开 离	九地 天英 甲辰壬+丙 甲戌己 休 坤
六合 天蓬 甲午辛+乙 死 震	天冲 甲戌己 寄二坤 中宫	九天 天禽 乙+甲午辛 生 兑
太阴 天心 丙 甲戌己+甲辰壬 景 艮	螣蛇 天任 甲寅癸+丁 杜 坎	值符 天辅 甲子戊+甲申庚 伤 乾

分析：

1. 问病人何时寿终，已知病人无药可救，取年干甲戌己为用神，今甲戌己落艮宫临景门，六己加六壬为“地网高张”凶格。天心医星临艮，但天芮病神落宫克之（巽木克艮土）为凶。且艮宫为己土之墓地。

2. 天芮落巽宫，六庚加六戊为“天乙伏宫”凶格，庚主肺、戊主脾、主肺脾之疾（对方言病人已进食困难）。且白虎凶神临巽，亦主不吉。

3. 乙奇虽为医星，但下受地盘辛金冲克，构成“青龙逃走”之凶格，虽临生门亦主不吉。

4. 天芮病星落巽宫为受克，且子月之水又生巽宫之木，子月病人无妨，至丑月（小寒节后）则病星得月建之助而旺，再逢土日时相帮，必有危险，己丑日为阴日，应期看庚上之干为戊土，十二月初六日交小寒节，初七日戊戌，戊土又生助病神，必为病人之亡期。

根据以上分析，我告诉求测者，病人腊月初七日可能有危险，应提前做好准备。结果患者果于腊月初七日病故。

补注：年干甲木应以甲子戊值符为用神，落乾宫，乾主父，正好与局象吻合。年干下临庚金为年格，值符加庚又为飞宫格，占病大凶，不可救药。乾宫为空亡之地，用神临之，占病必死。奇仪反吟，主应期近而快。

六、行　人

1. 判断原则

行人预测包括行人走失的方向、在外吉凶、行人归期等几个方面。

如果以出走之时起局预测，取日干为用神；如以问测之时起局预测，则以相应的用神关系取年、月、时干为用神。

行人在外吉凶，以用神及其年命之干落宫情况进行综合判断。用神及其年命之干乘旺相之气，并得奇门吉格，行人在外顺利如意，用神及其年命之干乘休囚之气，行人在外，必不如意；用神及其年命之干如乘休囚之气，再乘凶神凶格，又落于墓绝空亡之宫，行人在外必凶。

行人走失的方向，以用神落宫来判断。如果是有意躲避、潜逃，则以杜门所临之宫判断。阳遁以坎艮震巽四宫为内盘，离坤兑乾四宫为外盘；阴遁以离坤兑乾四宫为内盘，坎艮震巽四宫为外盘，内盘近处找，外盘他乡寻。如九星、八门反吟或用神落空亡之宫，则以用神所临之地的对冲之宫为走失方向。另外，又有小孩走失看六合落宫，女性走失看太阴落宫，阳遁看天盘，阴遁看地盘，若二神落日干之墓库者，远近难寻，落空亡者，又往他方而去，再以干合神之落宫寻之。

行人走失归与不归，以日干为体，时干为用，体用比和，同宫，或用生体，则容易找回；体用相克或体生用则不易找回。用神旺相，临开、休、生、杜四门者，不易找；临伤、景、死、惊四门者，则有消息，可以找到或自己回来。用神乘太阴，九地有人潜藏；乘九天，远走高飞；乘玄武（勾陈），被人拐骗、勾引；乘螣蛇，有人盘诘羁留；乘白虎（朱雀），有信或防凶灾；乘值符、六合，安然无事；用神伏吟，不思归；返吟，必归。

行人归期，以用神及值符、值使定应期，旬空者，以填空之时或冲空之时为应期；逢冲者，以合为应期，逢合者，以冲为应期，又以用神下临之干为应期，另外，又以庚格定应期，逢年格者，年内归，月格者月内归，日格者当日回，时格者本时到，阳日看庚下之干，阴日看庚上之干；又法：时干临阴星，看庚上之干，时干临阳星看庚下之干。又以马星所值之时及冲马星之时为应期。

附录一：《遁甲元灵经·行人占》

以行人年命，看合当时局中干支为行人，以支宫为宅舍，以左右宫为来之迟速。如占东方之人，得西方即来，得北方不来，得南方在路。其归期以地方远近、旺相决之。如行人是甲子生，往南方，若遇以坎，即归；遇坤、兑、乾三方，将至；遇艮、震、巽三方，又向他方去了。遇克我之卦，必半路有阻，再看吉凶神煞、克我之宫以定安危。余类推。

又天蓬、天芮二星俱主行人，千里外者看天蓬，千里内者看天芮。得蓬芮者为来。又以时干为来期，伏吟不来，返吟为来。三奇合吉门于行人本命年干之上，即到。凶星凶门，其人必有妨碍。又年格年来，月格月来，日格日来，时格时来。一云各以落宫干支定其来期，又格则不来。

又法占行人

此时伏吟，行人身未动；返吟而且来速。若上干克下干，或门生宫克宫或庚加日干，行人即至。若上被克，或宫克门，行人不来。若日干加庚，行人不来。如上干在墓、衰宫，或门宫相克，行人来迟缓。若上干遇壬癸，临旺禄宫，又逢日时相生合吉之格，主有酒席相阻，或隔住无舟，或船水虚惊，或口舌、喜悦相阻。或上干在死绝之宫，或被克制及日时相犯，永为不来。切忌干支相冲在行人之行年干上者，或则死亡，或则囚禁。

占远信

以六丁落宫为信，以时干落宫分内外来信之迟速。临内信速，外迟。六丁受制、休囚，轻则信迟，重则无信。夭矫信速，投江无信。六丁带三奇合得有喜信，带击刑有凶信。庚格无信，投江在内亦无信。又景门临于本人所居之地信来甚速。如人在北方，占南方之信，一宫得景门，信即到。如人在南方，占北方之信，九宫得景门，信即到。余仿此。

在外占家中平安否

以日干为主，日干长生为处家。如甲日干则甲木长生在亥，亥寄于乾，看乾宫地盘中无凶星、凶格，主家中平安；有凶星、凶门、凶格者，主凶。须看克宫是何干，以日干六亲决之。年为父母，月为兄弟，时为妻子，即各以本宫所得论之。

占外人安否

先定方向，看其上下盘。得有三奇、吉门及诸吉格，外人平安。反此不安。

占回本乡

凡人久在他乡，难回故里。占人本以天盘年命落宫，看其在内在外定之。如己在内界，即主回；落在外界，虽回心终得牵缠。如得吉星、吉门，回家平安；得凶星、凶门，回家有事。以地盘年命支干定其日期。

附录二：《诸葛武侯千金诀，行人占》

【论干支】

推测行人来不来，只从时干细安排。
时元合生日元上，逢制日支车马回。
若使时马系日支，日支合马归时下。
若使时马系日支，投墓支干定返期。
最忌截空与刑墓，死绝多应信息稀。
日音时纳去留人，纳音生合已登程。
时音来克日干纳，行人飞骥在武陵。
干纳克制用时纳，纵欲动身又怕行。
更详临宫占驿马，三合时日察时情。

【论值符】

值符所推论行人，旺相逢生必称心。
休囚刑克岂得意，空亡在后想家门。
勾白朱蛇逢克制，多般迟滞是非生。
玄武太阴如生合，又疑阴小伴行程。
五马如投天与地，归鞭已指岭头云。

【论值使】

值使原可断行踪，门合来方归意浓。
惟忌惊伤与杜死，刑格迫伏未回踪。
开休生景乘天忌，加临干符墓相逢。

【论干支】

十干时兮所望亲，用神乘马始来临。
马阻关东归未得，马过山谷喜相寻。

【论九星】

九星南北与西东，来旺投生在外栖。

入墓加比营归计，前程空绝必回庐。

【论九宫】

起元代向去何方，却将本局所推详。

仪历过来搜父此，此宫此日合回乡。

【论门户】

门户要合符与门，时日驿马可搜寻。

要看加临何亲属，加合占人评来临。

【论三甲】

行人孟阖未登程，仲甲开兮路宿云。

季甲值开人便到，本甲之上考门时。

喜时日干支门符坐马来马，又查行人类神、年命，相生相合而甲门内开不合大为准到也。

【论吉凶格】

返首跌穴早已束装，其中迟速刑合参详。虎狂兮羁留而不返，龙走兮蹭蹬不归乡。遁格合时日两元可以言到，诈假会白虎朱蛇书信必来。蛇夭而道路灾疫，投江而归计傍徨。飞干伏干来情不善，伏宫飞宫客若遐荒，大小格而迁延时日，刑悖格而彼此俱伤。白入荧而行人将到，荧入白而书信皆空。不遇何须盼望，击刑有事相妨。入墓无伤可云到宅，罗网相格莫断回乡。反伏门迫，须分人远近，若合驿马临宫，反主去客登堂。

2. 实例分析

实例一

1993 年农历九月十一日下午，邻村的一位老者高某来找笔者，说儿子小两口于九月初七日因吵架，中午十二点多发现儿媳妇不见了，至今还未找到，一家人非常着急，要我测一下，人是否平安，何时可找到，我以走失之时起局预测，干支历为：

癸酉年，壬戌月，乙亥日（空：申、酉），壬午时（空：申、酉），寒露下元阴遁三局，天芮值符落艮宫，死门值使落震宫。

九地　天柱 丁+乙 惊　巽	玄武　天冲 甲申庚+甲午辛 开　离	白虎　天禽 甲辰壬+甲戌己丙 休　坤
九天　天心 甲寅癸+甲子戊 死　震	天任 丙 寄二坤　中宫	六合　天蓬 甲子戊+甲寅癸 生　兑
值符　天芮 甲戌己丙+甲辰壬 景　艮	螣蛇　天辅 甲午辛+甲申庚 杜　坎	太阴　天英 乙+丁 伤　乾

分析：

1. 因为是以走失之时起局预测，取日干乙木为用神，今乙木落乾宫，太阴临乾（女性走失又以太阴落宫为走失方向），可断人向西北方而去。六乙加六丁为“奇仪相佐”吉格，文书事吉，百事皆可为，可断人平安无事。阴遁乾宫为内盘，未出本地（县境内）。奇仪反吟，去而复返之象。

2. 时干甲辰壬落宫生日干落宫（坤土生乾金）为用生体，人可找回。

3. 何时可找到，阴日看庚上之干，庚上临六辛，辛日为应期。乙奇临乾为入墓，辰、巳日冲墓则开，辛与巳有组合，故可断十三日辛巳为应期。

根据以上分析，我对求测者说，人在西北方，未出县境，平安无事。十三日（辛巳）可得到消息。

后果于十三日在西北方向的位奇乡新开村找到。

补注：日干乙为用神，为走失之人，相合之干庚金则主丈夫，六庚落离宫克日柱落宫，是因夫妻闹矛盾而出走的，且玄武临离宫，玄武下有朱雀，主口舌之争。

实例二

1994 年农历十二月初一日酉时，笔者的朋友来问测，说其表弟之妻因吵架而出走，要我测一下，人在何方能否找回。干支历为：

甲戌年，丙子月，壬辰日（空：午、未），己酉时（空：寅、卯），冬至下元阳遁四局，天任值符落中宫寄二坤宫，生门值使落巽宫。

九地 天柱 甲申庚+甲子戊 生 巽	九天 天冲 丁+甲寅癸 伤 离	值符 天禽 丙 甲辰壬+甲戌己 杜 坤
玄武 天心 甲午辛+乙 休 震	天任 甲戌己 寄二坤 中宫	螣蛇 天蓬 乙+甲午辛 景 兑
白虎 天芮 丙 甲戌己+甲辰壬 开 艮	六合 天辅 甲寅癸+丁 惊 坎	太阴 天英 甲子戊+甲申庚 死 乾

分析：

1. 表弟之妻，应取月干丙火之辛金正财为用神，今辛金落震宫下临六乙，为“白虎猖狂”之格，千金诀云：“虎狂兮羁留而不返”，人难以回来，六辛临震为落空，是人走不在的标志。休门天心吉星加临震宫，人平安，玄武临震，主暗昧之事，玄武下有朱雀，又主口舌之事。

2. 六辛落宫克六丙落宫，主夫妻不和，女嫌男而有外心。

3. 婚姻又以庚为男方，乙为女方，六辛为男方第三者，今六乙落宫克六庚落宫（兑金克巽木），也是女嫌男方的信息。六乙下临六辛于兑宫，构成“青龙逃走”之格，乙辛同宫，必与他人有约。

4. 因为是有意逃走，杜门为藏身之所，杜门临坤，人在西南方躲藏。

5. 值符、杜门临坤为日支空亡之地，出空之日可找到。

根据以上分析，我说，人在西南方，初四日可找到。我又接着说，你表弟夫妻关系是否一直不太好，可能是女方瞧不起男方。他说，是呀，结婚之前女方就提出来要退婚，但迫于无力退还男方的财礼钱，勉强结的婚，婚后关系一直不好。我说根据现在的情况，女方可能早有心上之人，夫妻关系可能难以长久。

结果，我朋友的这位表弟媳妇果于初四日（乙未）在其西南方的霍城乡她的一位姨妈家找到（坤为母之故也），但却坚持不回来，并提出要离婚，一直拖到次年正月（戊寅月），终被法庭判决离婚。

补注：丁主第三者之女，落离宫，丙主第三者之男，落艮宫，丁丙落宫相生，也是第三者插足的信息。九天临离宫，丁下临癸水之冲，离宫又为时柱沐浴之方，身动离夫，心属他人之象。

实例三

1995年农历二月初一日马营乡牛某找笔者预测，说农历正月二十一日与妻子吵架，晚上在他入睡后，妻子悄然而走，至今还未找到，要我测一下人在何方是否平安。他报“80”数，取未时。干支历为：

乙亥年，戊寅月，辛卯日（空：午、未），乙未时（空：辰、巳），雨水下元阳遁三局，天心值符落坤宫，开门值使落兑宫。

九地　天任 乙 甲申庚+甲戌己 景　巽	九天　天辅 甲辰壬+丁 死　离	值符　天心 乙 甲午辛+甲申庚 惊　坤
玄武　天柱 丁+甲子戊 杜　震	天英 甲申庚 寄二坤　中宫	螣蛇　天芮 丙+甲辰壬 开　兑
白虎　天冲 甲戌己+甲寅癸 伤　艮	六合　天禽 甲子戊+丙 生　坎	太阴　天蓬 甲寅癸+甲午辛 休　乾

分析：

1. 取日干辛金相合之干丙火为妻，为用神，今丙火落兑宫，阴遁为外盘，人在西方他乡。丙火虽受地盘壬水冲克，但旺相于日月，值使开门又临兑宫，故主平安。

2. 夫妻关系，又以乙奇为妻，今乙奇临巽宫为落空，景门主信息，亦在巽宫落空，出空辰、巳日可见消息。

3. 用神下临地盘六壬，壬与辰有组合，故最终以壬辰日为应期。

根据我的预测结果，他第二天早晨八点多（辰时为出空之时）正准备再按预测的方向去找人，便有人来给他报信，说见其妻在李桥乡上寨村的一亲戚家，他们前些日子也去找过，因女方与亲戚串通躲藏起来，未能找到，牛某听此言，直奔其亲戚家，对方未来得及躲避，便被找到了。

补注：乙亦主妻，坤宫辛下临乙，乙辛相冲，冲则必动，也是妻走之信息。

实例四

1996年农历二月十六日，我乡中河村的曹某来问测，说妻子于正月十六日早晨八点左右出去之后，至今一直未归，要我测一下能否找到，我按走失之时起局，干支历为：

丙子年，辛卯月，辛亥日（空：寅、卯），壬辰时（空：午、未），惊蛰上元阳遁一局，天冲值符落中宫寄二坤宫，伤门值使落坤宫。

九地　天芮 甲子戊+甲午辛 休　巽	九天　天柱 丙+乙 生　离	值符　天英 甲申庚+甲戌己/甲辰壬 伤　坤
玄武　天蓬 甲寅癸+甲申庚 开　震	天冲 甲辰壬 寄二坤　中宫	螣蛇　天禽 甲午辛+丁 杜　兑
白虎　天心 丁+丙 惊　艮	六合　天任 甲戌己/甲辰壬+甲子戊 死　坎	太阴　天辅 乙+甲寅癸 景　乾

分析：

1. 以走失之时起局预测，取日干辛金为用神，为妻子，丙火为求测者，为丈夫。今日干辛金临杜门于兑宫，人往西方而去，阳遁兑宫为外卦，必是离乡远走。杜加惊主门户内忧疑惊恐，并有词讼之事。

2. 六辛下临六丁，丁为丙火之劫财，为第三者，由此可见必是与他人私奔。

3. 六丁加六丙于艮宫，阳遁为内盘，且丁、丙同宫，第三者必是自家兄弟（丁为丙之弟也）。

4. 六丙落宫克六辛落宫（离火克兑金）主夫妻不和。六丁落宫生六辛落宫（艮土生兑金）与第三者必苟合而成。

我根据以上分析，谨慎的对求测者说，你妻子可能是与人有约而走的，他叹了口气说，实不瞒您，她是被我们本家的一个堂弟勾引而走的，听说上了新疆，不知她是否能回心转意回来。我对他说，恐怕有难度。

结果，过了一段时间，人虽回来了，但却要提出离婚，最后以离婚告终。

补注：用神辛金在兑宫为沐浴之地，杜门临之主潜藏，再现丁丙同宫，必有第三者出现而苟合。

实例五

1999 年农历四月二十三日，我县农委干部陈某的妻子托朋友介绍找我预测，说儿子因考试成绩不好，回家后因父母责备，偷偷于农历四月初一日离家出走了，至今已有十三天，中间给家里来过一次电话，说有人给他找了一份工作，但又不说具体地方，也不说回来，全家人急的发慌，但又无目标去找，因为孩子年龄太小，怕上当受骗，要我测一下，人在何方，是否平安，何时可找到。我按问测之时起局，干支历为：

己卯年，己巳月，己丑日（空：午、未），戊辰时（空：戌、亥），小满下元阳遁八局，天任值符落艮宫，生门值使落震宫。1984 年生，甲子命。

太阴　天辅 甲寅癸+甲寅癸 伤　巽	六合　天英 甲戌己+甲戌己 杜　离	白虎　天芮 甲午辛 + 甲午辛 丁　丁 景　坤
螣蛇　天冲 甲辰壬+甲辰壬 生　震	天禽 丁 寄二坤　中宫	玄武　天柱 乙+乙 死　兑
值符　天任 甲子戊+甲子戊 休　艮	九天　天蓬 甲申庚+甲申庚 开　坎	九地　天心 丙+丙 惊　乾

分析：

1. 时干甲子戊为用神，今甲子戊用神临艮宫伏吟，甲子戊主财，故孩子在外面可能在求财谋生路。休门临艮宫，命干甲子戊亦在艮宫，艮宫又为值符之宫，故主平安。

2. 生门为利息，生门克甲子戊财神时干宫（震木克艮土）无利可图，为财所累。

3. 来电话时说有人给他帮忙找工作，则要看合用神之干六癸的方位，今六癸临巽宫，可断在东南方有人给他介绍工作，谋事求财。

4. 景门、丁奇为信息，临坤宫，坤宫未土为日干旬空之地、出空之日，必见信息。另外，用神在艮宫伏吟为不动，待未土冲起艮宫之丑土，用神冲动，则必归。

根据以上分析，我对孩子的母亲说，孩子可能在东南方向，人平安无事，你们不必去找（日干宫生时为体生用，人难找），农历四月十二九日（乙未日）可能会见信或自己回来。

结果，其子在外被武威市（东南方向）的一小青年介绍到建筑工地打工，由于人小坚持不下来，于二十九日自己跑回来了。

补注：局逢伏吟不思归。年命甲子，临值符、休门亦主平安。

实例六

2000年农历七月十九日，笔者的表弟由于父母责骂了几句，想不开，偷偷跟着本村的年青人上新疆打工去了，农历九月份，跟他一块去的其他人都回来了，惟独他因与父母睹气，没有回来，说要在乌鲁木齐市找份工作干，后来舅父亲自上新疆乌市找了一次，但人海茫茫，无处可寻，只能返回。其后舅父找我测了几次，结果都是暂时不来，归期为年底，人在外平安无凶。因我内弟尚幼，才十四岁，舅父舅母一直放心不下，日思夜盼，可他连个电话都不给家里打，农历十二月初九日舅父又来找我，说眼看春节马上到了，测一下何时能回来，随起局预测，当时的干支历为：

庚辰年，戊子月，丙寅日（空：戌、亥），丙申时（空：辰、巳），冬至上元阳遁一局，天辅值符落艮宫，杜门值使落乾宫，1986年生，丙寅命。

太阴　天英 甲戌己 甲辰壬+甲午辛 开　巽	六合　天禽 丁+乙 休　离	白虎　天柱 甲寅癸+甲戌己 甲辰壬 生　坤
螣蛇　天任 乙+甲申庚 惊　震	天蓬 甲辰壬 寄二坤　中宫	玄武　天冲 甲子戊+丁 伤　兑
值符　天辅 甲午辛+丙 死　艮	九天　天心 甲申庚+甲子戊 景　坎	九地　天芮 丙+甲寅癸 杜　乾

分析：

1. 时支申金为日支寅木之驿马，驿马主动，人有归意。

2. 日干为求测者，时干为子，日时同干又同宫，八门返吟，行人必归。

3. 用神六丙临乾宫，阳遁为外卦，九地、杜门亦临之，主潜藏，遥远的西北方为其藏身之处。六丙加六癸为“华盖悖师”阴人害事，灾祸频生。但由于时乾落宫与太岁、月建落宫相生比和人在外虽不如意，但却无凶。

4. 乾宫为日支旬空之地，出空之日甲戌、乙亥日必有消息，应期又以阳日看庚下之干，今六庚下临六戊，戊日亦为应期。

根据以上分析，我对舅父说，人还在西北方向，很远，可能还在新疆，在外无凶，已有归来之意，十七（甲戌己）、十八（乙亥日）日就会有消息。

果于十七日晚上二点钟（实十八日丑时），我表弟给家里打来了电话，说他在伊犁市的一家饭馆里打工，准备回来，但由于老板不付给工资，无法回家。舅父在电话里对他说，不要着急，自己在新疆乌市找他时，结识了一家旅馆的老板，让他先到乌市去找此人。随后舅父将电话打到这位老板家里，求他帮忙，先把路费借给，等孩子回来后，马上把钱给他寄过去，这位老板爽快地答应了此事。

由于好心人的帮助，我表弟于农历二十日从乌市坐火车出发，二十一日

（戊寅日）回到了山丹，终于与父母团聚了。

补注：用神丙临乾为入墓，逢冲之日亦可定为应期，这在于预测者的综合应用能力，在实践中要根据具体情况灵活应用。丙临癸水之克，宫中又有天芮病符之星，又为岁破之地，主其处境艰难。丙寅生人，又可看艮宫之格局，死门在艮，处境艰难，值符到宫，贵人相助之象。宫中丙辛相合为绊，也是被人拖延不让来之象。

实例七

2001 年农历闰四月十八日早晨八点五十分，我的好友张某打来电话，说前些日子儿子从部队回家探亲，假满后于六月七日（农历闰四月十六日）中午一点钟从张掖坐火车回部队所在地银川，晚上十一点半到站后，给家里回了电话，报了平安，说是要搭出租车回部队。结果今天早晨部队领导来了电话，说孩子还未回部队，听到此消息后，一家人急的团团转，因孩子年龄尚小，且带有钱物，怕被人欺骗或抢劫，要我马上测一下人是否平安，何时可找到。我按其子给家里回电话之时和问测之时起出二局预测分析结果：其子给家里回电话之时的干支历为：

辛巳年，甲午月，壬寅日（空：辰、巳），庚子时（空：辰、巳），芒种中元阳遁三局，天心值符落中宫寄二坤宫，开门值使落震宫。

九地 天禽 乙 甲申庚+甲戌己 休 巽	九天 天蓬 甲辰壬+丁 生 离	值符 天冲 乙 甲午辛+甲申庚 伤 坤
玄武 天辅 丁+甲子戊 开 震	天心 甲申庚 寄二坤 中宫	螣蛇 天任 丙+甲辰壬 杜 兑
白虎 天英 甲戌己+甲寅癸 惊 艮	六合 天芮 甲子戊+丙 死 坎	太阴 天柱 甲寅癸+甲午辛 景 乾

分析：

1. 以日干为用神，日干甲辰壬临离宫合地盘六丁，合为绊住，临生门，主平安，九天主乾金之象，离宫又为先天之乾位，主人在都市繁华之地。

2. 日干落宫克杜门落宫（离火克兑金）杜门主部队单位，是其子不想回单位之象。

3. 景门主信息，临乾宫为入墓，至辰日冲开墓库，必有消息。

以问测之时起局分析，干支历为：

辛巳年，甲午月，癸卯日（空：辰、已），丙辰时（空：子、丑），天任值符落坎宫，生门值使落坎宫。

六合　天芮 丁+甲戌己 景　巽	白虎　天柱 乙 甲申庚　+丁 死　离	玄武　天英 乙 甲辰壬+　甲申庚 惊　坤
太阴　天蓬 甲戌己+甲子戊 杜　震	天冲 甲申庚 寄二坤　中宫	九地　天禽 甲午辛+甲辰壬 开　兑
螣蛇　天心 甲子戊+甲寅癸 伤　艮	值符　天任 甲寅癸+丙 生　坎	九天　天辅 丙+甲午辛 休　乾

分析：

1. 以时干六丙为子，今六丙临乾为入墓，为躲藏之象，乾主都市繁华之地。六丙下合地盘六辛为绊住，临休门、九天、天辅，主平安无凶。

2. 时干落宫克杜门落宫（乾金克震木），也是不想回部队的标志。

3. 日干甲寅癸临坎宫落空，主求测者心中不实，担心孩子的安危。

4. 景门主信，临巽宫驿马之乡（亥卯未日驿马在巳）为动，必可见信，但逢空，待填实，逢合为应期。

综合以上分析，我在电话里对朋友说，孩子平安无凶，可能是跟朋友或认识的人在一起，思想开了小差，不想回部队去。最迟明后天就可见信，不要着急。结果下午三点五十分，我朋友又打来了电话，说刚才儿子给家里来了电话（申时，为合驿马之时），要他们马上过去到银川一趟，也不说什么原因。就这样，他们备了一辆小车，于第二天早晨赶到了银川，按其留下的电话号码进行联系，终于找到了儿子，见面后才得知，其子在火车站给家里回过电话之后，搭了一辆出租车，看到司机面善，便动了不想回部队要到司机家躲避的念头，通过交谈，司机同意将他收留，以致发生了后面的一切。

补注：六合亦可为用神，丁亦主信，回电话之时为庚申时，一为合起马星，二为地盘丁上临庚之故。

实例八

2000 年农历三月二十六日王某来找笔者，说三月十八日晚上八点多，妻子从家里出去后，至今一直未归，该找的地方都找遍了，杳无音信，要我测一下，人在何方，吉凶如何，我按走失之时起局预测，干支历为：

庚辰年，庚辰月，庚戌日（空：寅、卯），丙戌时（空：午、未），谷雨上元阳遁五局，天柱值符落震宫，惊门值使落离宫。

丙戌时	庚日为五不遇时	
螣蛇 天任 甲戌己+乙 死 巽	太阴 天辅 甲寅癸+甲辰壬 惊 离	六合 天心 丁 甲午辛+甲子戊 开 坤
值符 天柱 甲申庚+丙 景 震	天英 甲子戊 寄二坤 中宫	白虎 天芮 丙+甲申庚 休 兑
九天 天冲 丁 甲子戊+甲午辛 杜 艮	九地 天禽 甲辰壬+甲寅癸 伤 坎	玄武 天蓬 乙+甲戌己 生 乾

分析：

1. 出走之时为五不遇时，日月失明之象，在外无喜可言。

2. 因是以走失之时起局，故以日干为走失之人，今日干六庚落震宫为日干桃花之地（寅午戌日、卯为桃花），下临六丙，丙主第三者男子，是走失者风流有外遇的标志，景门主道路，临震宫，是上路而走的信息。六庚加六丙为时格，丙加六庚为年、月、日悖，主纲纪紊乱，引申为不守妇道，乱伦之象。

3. 日干庚之正宫丁火为夫，六丁落艮宫，受日干落宫之克，妻必厌夫。

4. 六庚临震宫为落空，又为反吟，人往西方兑宫而去。兑为外卦。人在外地，日主六庚临值符，人在外平安无凶。

5. 用神反吟，人必归，值使惊门落空，出空之月为归期。

6. 男命己酉，女命壬子，六壬落宫生六己落宫（坎水生巽木），最终妻子会回到丈夫身边。

我将以上结果告诉求测者，王某始终不相信妻子有外遇，他说，平常夫妻感情不错，从未发现有外心，与自己齐心协力过日子，在他心目中是很守本份的，决不会做出背叛他的事。最后王某带着疑问从我这里离开。结果，于秋季在县城碰到了王某，他老远就跟我打招呼，跑到我跟前说，妻子已于农历六月份回来了，是被邻村他的一位要好的朋友勾引骗走的，到敦煌呆了一段时间后，由于思子心切（庚丙同宫，丙又为时干为子女之故），后悔上当受骗，于农历六月十二日（丙申日）回到了家里，自己念其多年的夫妻感情，原谅了她，现在一切都言归于好了，并感谢我的预测。

补注： 乙为妻，庚为夫，丙为第三者男子落兑宫，乙奇落宫克六庚落宫，与丙之落宫比和，也是与第三者私奔之象。

实例九

1993 年农历二月二十三日，朋友丁某与其弟来笔者堂兄家喝酒，至晚上八点五十分，其弟说要出去小解一下，结果再未回来，因为酒后怕出事，大家都很关心，要我测一下，我用梅花易数起卦，得《噬嗑》之《睽》卦，断人往西而去，可能回了家（因家正好在临村西方），平安无事。为了研究，回过头来用奇门预测，结果也是一样的（我在预测中，同时也用大六壬法进行了验证)，当时的干支历为：

癸酉年，乙卯月，乙未日（空：辰、巳），丙戌时（空：午、未），惊蛰上元阳遁一局，天冲值符落艮宫，伤门值使落坤宫。

太阴　天任 乙+甲午辛 休　巽	六合　天辅 甲戌己 甲辰壬　+乙 生　离	白虎　天心 丁+　甲戌己 甲辰壬 伤　坤
螣蛇　天柱 甲午辛 +甲申庚 开　震	天英 甲辰壬 寄二坤　中宫	玄武　天芮 甲寅癸+丁 杜　兑
值符　天冲 甲申庚+丙 惊　艮	九天　天禽 丙+甲子戊 死　坎	九地　天蓬 甲子戊+甲寅癸 景　乾

分析：

1. 取日干乙木为用神，今日干六乙落日支驿马之宫，主身动，六乙加六辛为“青龙逃走”之格，千金诀云“龙走兮蹭蹬不归乡”主此人不会回来。太阴临巽宫，主潜藏之象；休门亦在巽，休又主酒食，走失之人必是因躲避喝酒潜藏而走的。

2. 休门临巽，生助用神为吉象，且用神乙木旺于卯月，不怕地盘辛金之冲克，无凶。人平安。

3. 杜门为藏身之所，今杜门临兑宫，人往西而去，阳遁兑宫为外盘，必是回了他家（他家在我们正西方向的李桥乡吴宁村）。

4. 可断亥时到家，因至子时已为第二日丙申日、申合驿马已火为不动。

后记：实际情况与预测结果非常吻合。

补注：用神乙加辛“青龙逃走”主身动之象，亥时到家为时冲用神之宫。

为了便于研究，今将梅花易数与大六壬法预测的推理过程分析如下，供同好参考。

六壬预测：

官 丁酉 玄
财 戊戌 阴
父 己亥 后

玄 常 空 青
酉 申 午 巳
申 未 巳 乙

空 虎 常 玄
午 未 申 酉
青巳　　　戌阴
勾辰　　　亥后
卯 寅 丑 子
合 朱 蛇 贵

分析：

课逢进茹，归家之象。丁星主动，临酉发传，往西而归。日上神巳火与辰上神申金相合，为聚会宴乐之象。日上神巳火为马星主动，但逢辰上神之合，末传冲之为开，则主身动。末传为归计门，临亥则为亥时归家之象。

梅花易预测：

		巽宫：火雷噬嗑	艮宫：火泽睽
六神	伏神	本 卦	变 卦
玄武		子孙巳火 ▅▅▅	子孙巳火 ▅▅▅
白虎		妻财未土 ▅ ▅ 世	妻财未土 ▅ ▅
螣蛇		官鬼酉金 ▅▅▅	官鬼酉金 ▅▅▅ 世
勾陈		妻财辰土 ▅ ▅	妻财丑土 ▅ ▅
朱雀		兄弟寅木 ▅ ▅ 应× →	兄弟卯木 ▅▅▅
青龙		父母子水 ▅▅▅	子孙巳火 ▅▅▅ 应

分析：

“噬嗑”者饮食之象也，二爻动，爻辞云：“噬肤灭鼻，无咎。”其意为咬肉吃，鼻子没入肉里，没有咎害。与朋友聚会吃肉喝酒之场面何其相似，无咎者最终不会出问题，可见人平安无事。二爻动，内卦震为用，震属东，又为足、为动，化出兑卦，兑主西，人由东往西而去之象。

七、出　行

1. 判断原则

预测出行，如果以出行之时起局预测，取日干为用神，为出行之人；如果行人在外，他人或家里人问测，则以相应的六亲关系取用神。

出行吉凶：以用神落宫与出行方位所在之宫的生克关系来判断。出行之方得奇门吉格生用神落宫者，出行大利。出行之方不得奇门吉格，但生用神落宫或与用神落宫比和，出行也为顺利。如出行之方乘凶神凶格冲克用神落宫者，大凶之兆。出行之方若逢奇仪入墓、空亡、击刑等凶神凶格，用神落宫又逢入墓、空亡、击刑等凶神凶格，出行不利。又以日干为出行之人，时干为所往之地，看其二干落宫之生克，时生日干，日时比和为吉，时克日干为不吉。同时兼看生年之干所落之宫格局，综合判断。

出行乘车：以景门为道路，伤门为车。景门乘三奇，道路吉；如逢“太白入荧”之格，路上宜防失盗，“荧入太白”防火灾惊恐；临玄武、天蓬，亦主失盗。景门入墓，主关梁阻隔，行动艰难。休加景上主泥泞难行。

出行乘船：以休门为水路，休门乘三奇，水路吉，若逢“青龙逃走”、“白虎猖狂”之凶格，主有风暴，“螣蛇夭矫”主凶灾，“朱雀投江”主沉溺。又以伤门为船，伤加休上，为浮，为顺，休加伤上，为舟行水底，主沉溺，惊门来克，恐伤船，若休门入墓，则主阻隔难行。

出行乘飞机：以九天所临之宫为航线，开门为飞机，看其临宫状态，格局情况，以定吉凶。

出行时间：以开门所临地盘之干而定行期。

行人在外吉凶：以用神及其年命落宫与所在之宫的格局吉凶及生克关系

合而决之。

未动身预测归期：以出行之日的天干落宫所临的地盘之干为归期。

行人归期，以庚格判断，阳日看庚下之干，阴日看庚上之干，年格者年内归，月格者月内还，日格者当日来，时格者本时到。不格者，则不归。何谓不格，乙庚为合不为格，庚金入墓或临空亡，亦不为格。用神临驿马宫，为身动。用神伏吟为不动，用神反吟者，必归。三奇吉门，临于行人年干上，即到。凶星凶门临行人年干上，必有妨碍不来。又有以天蓬、天芮为行人，千里外看天蓬，千里内看天芮，时干得逢芮为来，即以时干为来期。

附录一：《遁甲元灵经·出行占》

占道途吉凶

以时干所落前一宫看之。如得天蓬为贼盗，乃时干所落宫前一宫，阳顺阴逆。即得天蓬，为贼盗，如无者不遇。再看时干所加本宫，得生旺相并得三奇吉门吉格者不妨。

占同伴善恶

凡途中遇人同伴，占以地盘时干为己身，看何星临之。如得禽心冲辅任为善人，得蓬芮英柱为恶人，再得旺相，而时干又居废没之地，主有侵害。时干旺相，凶星废没，亦不能害。如凶星有害，时干而得生休开及三奇吉门吉格，主被害中有救。若时干旺相而得刑格并一切凶格，虽有侵害亦无妨。

占店主善恶

看时干加宫，所落之宫得何星宿以定善恶。看时干，若遇蓬芮（二大凶）英柱（二小凶）凶星，俱主恶人；遇辅禽心冲任吉星，俱主善人。如落宫克时干，主有侵害。若时干落宫有三奇、吉门、吉格者，虽有恶亦不敢害。如无吉格，但乘旺相，亦无害。如时干得休废没并凶星格者，当有侵害。

占出行

此时出行，欲得三奇六仪临于旺禄之宫，或行年合吉格而上下相生本日时，官贵禄马俱临，此时而去，逢贵人接引，财帛广进，求名亨达，且为皆顺。如本命行年并此时合凶格，门克宫，必多虚惊。如开门克宫，为贵人见贵之类。如逢凶格相冲相克入墓之乡，出则不归。若遇壬癸，恐有水厄之忧。如遇辰戌，虑有牢狱之苦。

占未出先定归期

看天蓬星落宫。如阳局，天蓬在内四宫，上半年回；在外四宫，下半年回。阴局亦然。冬至后自坎至巽为内，自离至乾为外；阴遁夏至后自离至乾为内，自坎至巽为外。又看所落何宫，即以本宫所得十二支位以定其期。

占登舟

以震三宫为船，以天盘所得之星为船户之善恶，得辅禽心三星上吉，任冲二星为中吉，芮英柱蓬为大凶，其船不可登。凡占水，看休门之下，见申酉为江河，见小吉为井，太冲为池塘。

占水陆以值使定之，不取坤宫者，死门也。

以坎为水路，艮为陆路，看值使落宫。如水陆二路有一生则吉，被克则不吉。又看休生二门所落之方，亦可出行。

如惊蛰中元阳七局甲己日丁卯时，惊门值使加坎宫，休门到震，生门到巽，为水木相生。

附录二：《诸葛武侯千金诀·出行占》

【论干支】

日元为人时元地，人元克地去向利。

时元如若克人元，所往之方多不济。

时纳所藏是中途，不伤人元堪策骥。

若得再来生日元，未到地头先称意。

最忌截空与刑害，进退趔趄方另议。

【论值符】

出行道行宜生旺，六合所主用伴当。

勾陈白虎依程途，朱蛇文信口舌项。

玄武所主盗与奸，前后俱忌相利创。

地阴克制路多歧，九天生合宜去向。

【论值使】

出行值使最为重，加临无伤始堪用。

本门起自何卦中，飞临生合人趋奉。

其间用空与落空，反伏迫格及刑冲。

起程不得去无向，劝君另自卜门从。

【论十干】

奇仪所主六亲神，旅舍风生亦同因。

图谋宜入财官位，投托须临父舍恩。

忌入官乡与刑格，再据地方车折轮。

【论吉凶格】

吉格事事俱吉，凶格事事俱凶。夭矫防口舌，投江莫长驱。伏干飞干，途中前后有变；伏宫飞宫，早晚旅宿多殃。大隔小隔，舟车宜防；刑格悖格，盗劫斗伤。荧入白而火盗留意，白入荧而辎重提防。不遇何劳远去，击刑莫束行装。入墓罗网，切勿轻身险地，反伏门迫，进退受困奔忙。必求符使协吉，助元无碍起行。

2. 实例分析

实例一

1997年农历五月二十五日下午，一堂弟来我家，说早晨十点与一朋友同骑一辆摩托车，从李桥乡吴宁村出发，到正东方向的花寨乡楼庄村去办事，途中，在一急转弯处超一小四轮拖拉机时，与一大卡车相遇，危急之中，大车将摩托车尾部擦上，将二人摔倒在地，摩托车尾部被撞坏。幸好人无伤灾，几乎酿成大祸，为了研究，我排出格局进行分析。出发之时的干支历为：

丁丑年，丙午月，壬寅日（空：辰、巳、），乙巳时（空：寅、卯），夏至中元阴遁三局，天任值符落巽宫，生门值使落兑宫。

值符 天任 甲辰壬+乙 惊 巽	九天 天辅 甲子戊+甲午辛 开 离	九地 天心 乙+ 甲戌己 丙 休 坤
螣蛇 天柱 甲申庚+甲子戊 死 震	天英 丙 寄二坤 中宫	玄武 天芮 甲午辛+甲寅癸 生 兑
太阴 天冲 丁+甲辰壬 景 艮	六合 天禽 甲寅癸+甲申庚 杜 坎	白虎 天蓬 甲戌己 丙 +丁 伤 乾

分析：

1. 所行之方在震宫，死门临震，天柱凶星克宫，六庚加六戊为“天乙伏宫”格，百事不可谋为，凶象重重。

2. 日干甲辰壬临巽宫，与所行之宫比和为吉，巽又为值符之宫，六壬加六乙为“小蛇日奇”之格，女子柔顺，男人嗟叹。以上几方面吉利因素，可减凶之力。故人有惊无险。

3. 伤门为车，临乾宫，白虎、天蓬凶星加临，伤门落宫又克所行之宫(乾金克震木)，是车被撞坏的信息。

实例二

1994 年农历正月二十八日早晨十点，我的一位堂兄来找我，说准备开车到位奇乡的朱湾村去兑换种子。但交通监理部门查车查得很严，自己的车因长期停放，没有必要买养路费，偶尔出去一趟，如果被查住，不但要买全年的养路费，还要罚款，要我测一下路上是否顺利，有无查车之人。当时的干支历为：

甲戌年，丁卯月，甲午日（空：辰、巳），己巳时（空：戌、亥），惊蛰上元阳遁一局，天蓬值符落坤宫，休门值使落乾宫。

九地　天冲 丁+甲午辛 景　巽	九天　天任 甲寅癸+乙 死　离	值符　天蓬 甲子戊+甲戌己 甲辰壬 惊　坤
玄武　天芮 甲戌己 甲辰壬+甲申庚 杜　震	天辅 甲辰壬 寄二坤　中宫	螣蛇　天心 丙+丁 开　兑
白虎　天柱 乙+丙 伤　艮	六合　天英 甲午辛+甲子戊 生　坎	太阴　天禽 甲申庚+甲寅癸 休　乾

分析：

1. 取日干六辛为用神，为出行之人，今六辛临生门于坎宫，得出行方位乾金之生，为吉。

2. 伤门为车，伤门临艮，六乙加六丙在艮宫，合成“奇仪顺遂“吉格。景门为道路，景门带丁奇临巽宫，主道路吉。巽宫为日支空亡之地，虽景门宫克伤门宫（巽木克艮土），但为虚克。景门落空，又主监理部门当日不在此路线上查车。

据此，我对党兄说，大胆去吧，今天不查车，来去无阻，一路平安。后果如测，满意而归。

补注：丁奇、景门主证件手续，落空则主手续不全或有问题。开门又主监理部门，开门落兑宫生日干落宫，故不会被监理部门查出。生门临日干落宫，也是不破财的标志。

实例三

1994年农历八月二十四日晚，笔者到堂兄家串门聊天，一堂弟说，准备晚上十二点动身上军马三场拉油籽，我以出行之时推测说，这次出行不利，最好不要去。他说已与人约好时间，不能更改。结果按时出发后，行了不到一公里路，车便出现故障，修好之后，走到马场又坏了，二十多公里路，走了两天才返回，人受了不少罪，不但没有求到财，反而破了财。今将出发之时起局分析，干支历为：

甲戌年，癸酉月，己未日（空：子、丑），甲子时（空：戌、亥），秋分下元阴遁四局，天辅值符落巽宫，杜门值使落巽宫。

值符 天辅 甲子戊+甲子戊 杜 巽	九天 天英 甲辰壬+甲辰壬 景 离	九地 天芮 甲申庚 + 甲申庚 乙 乙 死 坤
螣蛇 天冲 甲戌己+甲戌己 伤 震	天禽 乙 寄二坤 中宫	玄武 天柱 丁+丁 惊 兑
太阴 天任 甲寅癸+甲寅癸 生 艮	六合 天蓬 甲午辛+甲午辛 休 坎	白虎 天心 丙+丙 开 乾

分析：

1. 三盘伏吟，不动之象，动则招咎。

2. 所往之方在西南坤宫，死门伏吟，六庚加六庚为“战格”阻隔不顺之象，且天芮病符之星伏吟于坤宫，更为不吉。

3. 日干甲戌己与伤门在震宫伏吟，六己加六己为“地户逢鬼”之格，百事不遂。好在时干甲子戊落巽宫与日干落宫比和为吉，可减其凶之力。

4. 景门主道路，临离宫，六壬加六壬伏吟为“蛇入地罗”之格，外人缠绕，内事索索。好在与日干宫相生，亦可减其凶之力。

5. 生门为所求之财，落日支旬空之地，甲子戊落宫克之（巽木克艮土），无利可图。

补注：日干临伤门于震宫，伤门主车，震主动，是开车出行的象意。螣蛇临伤门宫，局逢伏吟，宫中己加己为“地户逢鬼”格，是车有潜在故障的信息。

笔者按：这一案例在网上或有关的同类书中都有引用或点评。按出行之时预测，是一种信息的反馈，还是改变出行方位或时间就会避免车之故障？

假如车本身就有潜在的毛病，难道改变时间或方位，故障就不会发生？我认为既然以出行之时预测，那么这一时局仅是一种信息的反馈，如在这一时局的信息中发现车有潜在的毛病，让被测者排除故障，再选择出发的有利时空，这样才符合事物的基本规律。

实例四

1995 年农历二月十一日，一位中年妇女来找我预测，说丈夫在酒泉地区的阿克塞县开石棉矿，初四日带着车从山丹出发之后，至今一直未见回音，家里的人都很担心。要我测一下，人在外平安否，何时可来消息？问测之时的干支历为：

乙亥年，己卯月，辛丑日（空：辰、巳），癸巳时（空：午、未），惊蛰中元阳遁七局，天英值符落震宫，景门值使落离宫。

螣蛇　天蓬 甲辰壬　+丁 丙 杜　巽	太阴　天心 甲子戊+甲申庚 景　离	六合　天任 乙+　甲辰壬 丙 死　坤
值符　天英 甲申庚+甲寅癸 伤　震	天芮 丙 寄二坤　中宫	白虎　天辅 甲午辛+甲子戊 惊　兑
九天　天禽 丁+甲戌己 生　艮	九地　天柱 甲寅癸+甲午辛 休　坎	玄武　天冲 甲戌己+乙 开　乾

分析：

1. 取日干辛金之正宫丙火为用神（丈夫）六丙下临六丁于巽宫，构成“月奇朱雀”吉格，杜门临巽伏吟，主闭塞不通。

2. 出行之方西北乾宫克用神宫（乾金克巽木），主出行不利，但开门临乾主吉，可减其凶。

3. 伤门为车，伤门落震宫，六庚加六癸为“大格”，诸事不宜，动辄招咎，景门主道路，景门伏吟，六戊加六庚为“值符飞宫”之格，吉事不吉，凶事更凶。

4. 景门又主信息，在离宫为落空、出空之日，必有消息。

综合以上几点，我对求测者说，你丈夫可能被困在路途中，无法与家里联系，人平安无凶，十六、十七两天（甲午、乙未日）可能会有消息的。

结果是车在上石棉矿途中，由于天降大雪，路被雪封，人被困在了中途，无法与家里联系，等清开道路，到达地点后，于十六日（甲午日）才打电话给家里说了这些情况。

补注：以庚为夫，临伤门宫，宫甲申庚加甲寅癸，寅申主道路，伤门主车，也是人与车被困途中之象。

实例五

1994年农历五月十八日早晨六点多，我与堂兄一块开车给我县的白石崖水利工程送石料，结果，一路不顺，在去的中途，堂兄驾驶的车快挡齿轮打坏，一直用慢挡对付着将石料送到了工地。回来时，我驾的车在中途又坏了，考其原因为出发之时的格局所致。出发时的干支历为：

甲戌年，庚午月，癸未日（空：申、酉），乙卯时（空：子、丑），夏至上元阴遁九局。天辅值符落坎宫，杜门值使落震宫。

玄武　天柱 甲申庚+甲寅癸 景　巽	白虎　天冲 甲午辛+甲子戊 死　离	六合　天禽 丙 乙+　甲辰壬 惊　坤
九地　天心 丙 +丁 甲辰壬 杜　震	天任 甲辰壬 寄二坤　中宫	太阴　天蓬 甲戌己+甲申庚 开　兑
九天　天芮 甲子戊+甲戌己 伤　艮	值符　天辅 甲寅癸+乙 生　坎	螣蛇　天英 丁+甲午辛 休　乾

分析：

1. 所住之方在南方离宫，死门临离宫为凶，且夏季死门为旺，白虎亦在离宫，主不吉。六辛加六戊为“困龙被伤”之凶格，守分吉，妄动灾殃。

2. 日干甲寅癸临值符、生门于坎宫，吉可解凶。六癸下临六乙为“华盖蓬星”之格，贵人禄位，常人平安。但坎宫为空亡之地，其吉减半，所行之方又有凶格，路上必有不顺之事。

3. 伤门为车，景门为道路，景门落宫六庚加六癸为“太白冲刑”之凶格，诸事不宜，动辄招咎，主道路不吉。景门宫克伤门宫（巽木克艮土），天芮病符之星临伤门宫，这些都是车坏的信息。

4. 时干为所住之地，日干为出行之人，今时干落坤宫克日干落宫（坤土克坎水），也是出行不顺利的标志。

补注：景门主道路，景门宫中甲申庚加甲寅癸，寅申相冲，寅申为道路之所，故主道路状况不好。伤门主车，临天芮病符之星，故车要出问题。

实例六

1994年农历十月十四日，我乡高湖村的朋友高某找我预测，说妻子到青海西部去打工，来电话说前天就到，结果未来。要我测一下路上是否安全，何时可到。他报“十六”数，取卯时，干支历为：

甲戌年，乙亥月，丙午日（空：寅、卯），辛卯时（空：午、未），立冬下元阴遁三局，天蓬值符落离宫，休门值使落震宫。1956年生，丙申命。

螣蛇　天禽 丁+乙 生　巽	值符　天蓬 甲申庚+甲午辛 伤　离	九天　天冲 甲辰壬+甲戌己丙 杜　坤
太阴　天辅 甲寅癸+甲子戊 休　震	天心 丙 寄二坤　中宫	九地　天任 甲子戊+甲寅癸 景　兑
六合　天英 甲戌己丙+甲辰壬 开　艮	白虎　天芮 甲午辛+甲申庚 惊　坎	玄武　天柱 乙+丁 死　乾

分析：

1. 取日干丙火之辛金正财为用神（妻子），今六辛临坎宫，行人所在之地西方兑宫生用神宫（兑金生坎水）为吉，艮宫命干六丙临开门，主吉。

2. 景门主道路，景门临兑宫，天地盘六仪戊、癸相合，合为绊住，主道路阻滞之象。

3. 伤门为车，伤门临离宫落空，必是没有乘上车。

4. 何时可归，阳日看庚下之干，庚金下临辛金，且用神反吟，归必速，十九日辛亥必是归期。

测完之后，我说，人在外平安，可能是未乘上车而耽误了行程，十九日可能会回来，你在家静候佳音吧。结果，其妻子十九日到家，回来之后说，由于那边修路，车辆不通行，推迟了起程的日期，所以至今才能到。

补注：奇仪反吟，有行人动身之象。

八、失　物

1.　判断原则

失物，以日干落宫为失主，时干落宫为失物。时干落宫旺相有气为新物，休囚无气为旧物，并参以八卦万物类象断为何物。时干落宫乘旺相之气生日干落宫者，物不失，反吟者，失物也可找回。反之，则失物难寻。时干落空亡墓绝之宫，亦主失物不能找回。

时干临玄武，物被人盗去，不见玄武为自己丢失，玄武落宫克八门物类宫，八门物类宫生玄武宫，亦为物被人盗。又看六甲空亡之宫，时干及玄武落空亡之宫，失物难回。时干落内盘四宫，失物在近处或家中，时干落外盘四宫，失物在外边或远处。

丢失六畜，驴骡以震宫伤门主之，牛以坤宫死门主之，羊以兑宫惊门主之，马以乾宫开门主之。门落何宫，即往何方寻之，同时兼看时干之落宫方位。门宫物类上乘玄武者，被人盗去，上乘九地、太阴有人潜藏，乘九天远走，乘塍蛇有人羁縻，乘朱雀有信，乘勾陈被引诱而走，乘白虎带凶格被宰杀。

物被人盗去，玄武乘阳星为男人，乘阴星为女人，有气为少无气为老，以其落宫之天地盘之干断其衣服颜色。又以天蓬为贼星，参以决之。

失物找回的时间，以庚格而断，阳日看庚下之干，阴日看庚上之干，用神入墓库者，冲出之时日为应期，落空者，冲空填实之日时为应期。又以生助用神之日时为应期。

附录：《遁甲元灵经·失物占》

占走失

凡占走失人口奴婢六畜，应向何方找寻，得与不得，以时干为失主，六合为走失之物，但以落宫论之。以六合与时干所落之宫，分内外以远近为断。时干、六合俱在内四宫，为易寻；俱在外四宫，为难寻；若时干在外，六合在内，犹可寻。以六合所在之宫为方向，如得旺相之星，又得景死惊伤四门者，可得也。得九地、太阴，有人潜藏；得九天，应远走去；得玄武，被人盗去；得塍蛇，有人盘羁；得朱雀，即有信；得勾陈，有内人相勾引而去。又看六庚年月日时。

假如大寒中元阳九局乙庚日庚辰时，时干在震三宫，六合在坎一宫，为俱在内，又六合为坎宫，有人潜藏，主不失。

占失物

凡占失物金银财帛等件，以甲子戊为财物。如见玄武，被人盗去；不见玄武，自己遗失。若玄武宫克青龙，青龙宫生玄武宫，定被盗去。又以六丙旬中空亡看之。如甲子戊落宫空亡，或自己遗失，或贼人盗去，俱不可复得。欲问失落何处，以甲子戊落宫方向定之。如在内四宫，为在宅中；在外四宫，主失落甚远。又以落宫卦位方向、体象断之。如艮为山，为少男，为东北；震宫为木，为长男、正东；巽宫为木，为长女，为东南；离宫为火，为中女，为正南；坤为地，为老母，为西南；兑为泽，为少女，为正西；乾为金，为老父，为西北；坎宫为水，为中男，为正北。欲问得期，以宫地盘决之、支干决之。如见玄武有盗者，以玄武落方定贼所在之方。阳星为男，阴星为女。又以玄武所落天盘、地盘支干决贼人衣包。

假如大暑中元阴遁一局戊癸日壬戌时，甲子戊到三宫，不见玄武，还是自己遗失，应东方。又不见空亡，以震卦体象找寻，逢卯日得之。但甲子戊到三宫为击刑，亦伤损也。一云玄武克青龙，及青龙克玄武，主自遗失。

又法占失物

此时天盘奇仪与地盘生合，或门生宫，失则必见，或自遗亡，或被亲友所藏。若门宫相克，上下相冲，物必难寻。如合凶格，或因失物而反招非破财。如门生宫合凶格，客又墓衰宫而相合，乃为自己家人所盗。如宫生门，干支相冲，乃外人所偷。如阳星相犯为男，阴星相犯为女，阴阳相并必男女知情。若阳星临墓宫，为女偷男藏；若阴墓为男偷女藏。逢旺气为少年人，逢衰气为老年人。寅为公门人，卯为犯过人，辰戌为兵卒人或好勇人，巳为手艺人或炉冶人，午为商旅人，申为邻近之人或知己人，未为同类人，酉为虚花人或多嘴人，亥子为江湖人或渔人、插冰人、或漂流人。又于天上干逢生为有根基人，逢克无根人，或上下相合为亲眷人。若逢门克宫或干支逢庚相克，再忌贼来。

2. 实例分析

实例一

1996 年正月初九日，我的亲戚介绍一姓吴的男子来预测。他说昨天晚上与人喝酒时，放在门口的摩托车不见了，原以为是熟人开玩笑藏了起来，结果一直未找到，要我测一下是否还能找到，我以问测之时起局预测。干支历为：

丙子年，庚寅月，甲午日（空：辰、巳），癸酉时（空：戌、亥），雨水上元阳遁九局，天英值符落中宫寄二坤宫，景门值使落离宫。

九地　天任 甲午辛+甲辰壬 杜　巽	九天　天辅 甲辰壬+甲子戊 景　离	值符　天心 甲子戊+甲申庚 甲寅癸 死　坤
玄武　天柱 乙+甲午辛 伤　震	天英 甲寅癸 寄二坤　中宫	螣蛇　天芮 甲申庚 甲寅癸 +丙 惊　兑
白虎　天冲 甲戌己+乙 生　艮	六合　天禽 丁+甲戌己 休　坎	太阴　天蓬 丙+丁 开　乾

分析：

1. 伤门、震宫主车，上乘玄武，其车已被人盗走，天盘六乙加地盘六辛为“青龙逃走”之格，是车落贼手，仓皇逃遁的信息标志。玄武临震宫，壮年男子所为，伤门、玄武同宫，玄武宫又克白虎宫，其贼难获。

2. 太岁丙火落乾宫、克日干落宫（乾金克巽木），失盗者流年不利的信息，且天蓬贼星临太岁之宫，亦为失盗之信息。

3. 时干落宫为失物，日干落宫为失主，时干六癸落宫之兑金克日干落宫之巽木，失物难寻。且日干落宫又为空亡之地，不吉。

根据以上分析，我断此车已被人盗走，很难找到。

后来得知，结果与预测一致，报案后，警方查了多日，一直未能找到。

实例二

2000年农历十一月三十日中午十二点多，李桥乡田某的妻子来找笔者，说前几天与丈夫到外面去做生意，昨天回来后，发现家里的床上用品被洗劫一空，其他物品未动，她怀疑是本村与他有仇之人故意所为，要我测一下失物能否找回。当时的干支历为：

庚辰年，戊子月，丁巳日（空：子、丑），丙午时（空：寅、卯），冬至中元阳遁七局，天芮为值符落中宫寄二坤宫，死门为值使落巽宫。

九地　天蓬 丁+丁 死　巽	九天　天心 甲申庚+甲申庚 惊　离	值符　天任 甲辰壬　甲辰壬 丙　+　丙 开　坤
玄武　天英 甲寅癸 +甲寅癸 景　震	天芮 丙 寄二坤　中宫	螣蛇　天辅 甲子戊+甲子戊 休　兑
白虎　天禽 甲戌己+甲戌己 杜　艮	六合　天柱 甲午辛+甲午辛 伤　坎	太阴　天冲 乙 +乙 生　乾

分析：

1. 时干落宫为失物，临坤宫伏吟，日干落宫克之（巽木克坤土），失物难寻。

2. 玄武临震宫，阳遁为内盘，为本村壮年男子所盗，六癸临玄武冲克日干丁火，玄武落宫之震木克壬水落宫之坤土，壬水为日干丁火之正官，为其丈夫，由此可断盗贼是与他们夫妻有仇之人。

3. 玄武临震宫为落空，且伤门、白虎落宫不能克制玄武落宫，其贼难获。

4. 生门临乾，甲子戊临兑，二宫克日干之宫（乾兑金克巽木），是日主破财的信息标志。

根据以上分析，我对求测者说，物难寻，贼难获，与你怀疑的情况相符，是本村与你有仇之人所为。

后因无具体线索查寻，失物一直未能找回。

补注：玄武临沐浴之乡，宫中癸水与日干丁火相冲，又俱在内卦，可断盗贼因起淫心未遂而报复失主。

实例三

1993 年农历闰三月初六日中午十二点多，一堂弟来找我，说刚吃过午饭，岳父发现自己的心爱之物，石头眼镜不见了，该找的地方都找遍了，要我测一下，是不是丢失了，还能否找到，当时的干支历为：

癸酉年，丙辰月，戊寅日（空：申、酉），戊午时（空：子、丑），谷雨下元阳遁八局，天辅值符落艮宫，杜门值使落艮宫。

太阴　天英 甲午辛 +甲寅癸 丁 死　巽	六合　天禽 乙 +甲戌己 惊　离	白虎　天柱 丙+ 甲午辛 丁 开　坤
螣蛇　天任 甲戌己+甲辰壬 景　震	天蓬 丁 寄二坤　中宫	玄武　天冲 甲申庚+乙 休　兑
值符　天辅 甲寅癸+甲子戊 杜　艮	九天　天心 甲辰壬+甲申庚 伤　坎	九地　天芮 甲子戊+丙 生　乾

分析：

1. 日时同落乾宫物不失。八卦物类乾主眼镜，上乘九地，九地主潜藏，必是因自己忘记了藏放的地方。戊加丙为“青龙反首”之吉格，生门临乾宫，这些都是不破财失物的信息标志。

2. 年干主父母，为其岳父，落艮宫与地盘时干（主失物）六戊相合，杜门临艮，杜主藏匿隐形，由此可断，眼镜没有丢失，就藏在自己身上。

测后，我对堂弟说，眼镜没有丢失，回去再找一下，可能还在你岳父身上装着。结果他回去后，发现眼镜还在岳父身上装着，是自己装眼镜时不小心装在了衣服的夹层里边，没有装进口袋里，以致忙着找了大半天，虚惊一场。

实例四

1994 年九月十六日下午四点多，我村民王某找笔者预测，说他家的骡子于前天早晨撒出去之后，下午便未回来，至今还未找到，要我测一下能否找到。我按问测之时起局，干支历为：

甲戌年，甲戌月，己卯日（空：申、酉），壬申时（空：戌、亥），霜降上元阴遁五局，天禽值符落坎宫，死门值使落乾宫。

玄武　天任 甲辰壬+甲戌己 生　巽	白虎　天辅 丁+甲寅癸 伤　离	六合　天心 甲申庚+甲午辛 甲子戊 杜　坤
九地　天柱 乙+甲申庚 休　震	天英 甲子戊 寄二坤　中宫	太阴　天芮 甲戌己+丙 景　兑
九天　天冲 丙+丁 开　艮	值符　天禽 甲午辛 甲子戊+甲辰壬 惊　坎	螣蛇　天蓬 甲寅癸+乙 死　乾

分析：

1. 时干甲辰壬落巽宫，上乘玄武、骡子被贼人所盗走了，玄武临巽，阴遁为外盘，主外地之贼。

2. 驴骡看伤门落宫，伤门上乘白虎凶神临离宫，六丁加癸为“朱雀投江”之凶格，物落贼手之象。

3. 时干壬水临巽宫为入墓，失物难寻。

根据以上分析，我说，骡子可能被贼人所盗，很难找回。后果如测，一直未能找到。

补注：日干主失主，时干主失物，日干落兑宫克时干之落宫，为人寻物，难寻之象。值使死门落乾宫为空地，也是难寻之象。

实例五

1994年农历十一月二十五日晚上，高湖村的高某来找笔者，说他家的骡子早晨撒出去后，结果下午未回来，周边找了一圈也未找以，要我测一下，跑何处去了，何时可找到。他报六十四数，取卯时，干支历为：

甲戌年，丙子月，丁亥日（空：午、朱），癸卯时（空：辰、己），冬至中元阳遁七局，天蓬值符落震宫，休门值使落坎宫。

癸卯时	丁日为五不遇时	
螣蛇　天芮 甲戌己+丁 杜　巽	太阴　天柱 甲寅癸+甲申庚 景　离	六合　天英 丁+　甲辰壬 丙 死　坤
值符　天蓬 甲午辛+甲寅癸 伤　震	天冲 丙 寄二坤　中宫	白虎　天禽 甲申庚+甲子戊 惊　兑
九天　天心 乙+甲戌己 生　艮	九地　天任 甲子戊+甲午辛 休　坎	玄武　天辅 甲辰壬 丙　+乙 开　乾

分析：

1. 时干落离宫，日干落坤宫，时干宫生日干宫，物不失。

2. 伤门主驴骡，上乘天蓬值符，天蓬为水，伤门在震宫阳遁为内盘，主骡子在附近向东有水的地方。

3. 找回的时间，阴日看庚上之干，庚上之干为时干癸水，为时格，是所测之时失物已找到的信息。

根据以上分析，我对高某说，不要着急，等你回去，家里的人可能已经将骡子找到了，结果他回到家里时，骡子已主动跑回家了。

补注：八门伏吟，伏吟主不动之象，是失物在近处未走远的象意。

实例六

1993年农历六月初九日，笔者的亲戚梁某来找，他在山丹军马一场开办小煤矿，矿上养的马在六月初四晚上断缰走失了，找了几天一直未见音信，要我测一下马走失何方能否找到。我以问测之时起局预测，干支历为：

癸酉年，己未月，己酉日（空：寅、卯），庚午时（空：戌、亥），大暑上元阴遁七局，天柱值符落中宫寄二坤宫，惊门值使落坎宫。

太阴 天心 丙+甲午辛 生 巽	螣蛇 天芮 甲寅癸 + 丙 甲申庚 伤 离	值符 天辅 甲子戊+甲寅癸 甲申庚 杜 坤
六合 天禽 甲午辛+甲辰壬 休 震	天柱 甲申庚 寄二坤 中宫	九天 天英 甲戌己+甲子戊 景 兑
白虎 天蓬 甲辰壬+乙 开 艮	玄武 天冲 乙+丁 惊 坎	九地 天任 丁+甲戌己 死 乾

分析：

1. 日干落宫为失主，时干落宫为失物，今时干落宫克日干落宫（离火克兑金），失物难寻，但未月土旺金相，兑金又旺于日建，火已处休囚之地，克金之力不足，最终可找到。

2. 乾为马，九地临乾宫，九地主潜藏，是马被人潜藏起来的信息标志。

3. 开门象意为马，开门临艮宫，马在东北方向，阴遁艮宫为外盘，较远。艮为八数，落空减半，四十里左右。

4. 开门在艮为日支空亡之地，出空之日必可找到，应在十四日甲寅日。

我将以上分析情况告诉对方，结果于农历十二日（壬子日）有人给他报信说，在军马二场水渠附近曾见到过丢失之马，他们又在提供的地点附近加紧搜寻，于十四日（甲寅日）在军马二场二队的马圈里找到，原来是马队的放牧之人发现后，收养了起来。

考其十二日（壬子日）见信之原因，为六仪甲辰壬临开门之故也。

补注：乾宫为旬空之地，又为日之马星之宫，是马走失的信息。

实例七

1995年农历七月二十日下午四点多，邻村高某来找笔者，说前几天刚买来的一匹马，昨天早晨与其他人家的牲口一块撒出去后，下午惟独这马没有回来，要我测一下上那里去了，能否找到。问测之时的干支历为：

乙亥年，甲申月，戊寅日（空：申、酉），庚申时（空：子、丑），立秋下元阴遁八局，天冲值符落乾宫，伤门值使落乾宫。

白虎 天蓬 甲戌己+甲辰壬 惊 巽	六合 天心 甲申庚+乙 开 离	太阴 天任 丁 丙+ 甲午辛 休 坤
玄武 天英 丁 甲午辛+甲寅癸 死 震	天芮 甲午辛 寄二坤 中宫	螣蛇 天辅 甲子戊+甲戌己 生 兑
九地 天禽 乙+甲子戊 景 艮	九天 天柱 甲辰壬+丙 杜 坎	值符 天冲 甲寅癸+甲申庚 伤 乾

分析：

1. 开门主马，临离宫，时干主失物，亦在离宫，上乘六合主自行走失，而非人盗。时干甲申庚合地盘乙奇，合为绊住，必是被人捉了起来。离宫阴遁为内盘，离先天数为三，马在近处三里之内。

2. 日干甲子戊落宫在兑，时干宫克之（离火克兑金），但秋季金旺火囚，克之无力，马可找到。

3. 日干（为失主）甲子戊临生门于兑宫，受时干宫之克，生门、甲子戊俱主财，兑金虽旺，但毕竟为克，可能要破点小财。同时甲子戊亦主财。

4. 生门与日干甲子戊在兑宫为日支空亡之地，第二日之日支卯木冲兑宫之酉金，冲空则实，马可找到，也是破财之时。

据此，我对求测者说，马在南面不远处，在临村花寨村附近找，可能被人捉了起来，明日就可找到，但要破点小财。

结果，他于第二日在正南方的花寨村一户人家找到，但因马糟蹋了人家的庄稼，而赔偿经济损失 50 元。

实例八

1999年农历七月二十七日中午十二点多，家父的老友，霍城乡东关村的张老先生来找我，说昨天晚上放在家里的摩托车，早晨起床后发现不见了，要我测一下能否找到，我按问测之时起局，干支历为：

己卯年，壬申月，辛酉日（空：子、丑），甲午时（空：辰、巳），处暑下元阴遁七局，天辅值符落巽宫，杜门值使落巽宫。

值符 天辅 甲午辛+甲午辛 杜 巽	九天 天英 丙+丙 景 离	九地 天芮 甲寅癸 甲寅癸 + 甲申庚 甲申庚 死 坤
螣蛇 天冲 甲辰壬+甲辰壬 伤 震	天禽 甲申庚 寄二坤 中宫	玄武 天柱 甲子戊+甲子戊 惊 兑
太阴 天任 乙+乙 生 艮	六合 天蓬 丁+丁 休 坎	白虎 天心 甲戌己+甲戌己 开 乾

分析：

1. 日时同落巽宫伏吟，又为空亡之地，失物难寻之象，杜门亦伏吟于巽宫，杜主藏形遁迹，摩托车已被人藏了起来。

2. 伤门为车，上乘甲辰壬月干，同辈之人所为，在震宫，又主壮年男子。

3. 玄武临兑宫，与白虎落宫比和（兑乾比和），冲克伤门宫，（兑金冲克震木），其贼难获。

4. 甲子戊为财，临玄武之宫，生门主利，生门宫生甲子戊、玄武落宫，是贼人得利的信息标志。

我将以上分析结果告诉张老先生。后来得知，此摩托车一直再未找到。

补注：玄武落宫冲克伤门宫，也是车被贼盗之象。生门临艮宫落空，为破财之象。

九、刑 侦

1. 判断原则

刑事案件预测，如果是偷盗、奸淫、轻微经济犯罪等类型案件，取玄武为用神，为案犯。抢劫杀人、团伙作案及大型经济犯罪，以天蓬为用神，为案犯。有前科者，又以甲午辛为用神。蓬、玄乘旺为青壮年之人，休囚为老年之人，落乾宫为老年男子，落震宫为壮年男子，落坎宫为青壮年男子，落艮宫为青少年男子，落坤宫为老妇，落巽宫为中年妇女，落离宫为少妇，落兑宫为未婚少女。蓬、玄伏吟或在内四宫，为亲近之人，反吟或落外四宫，为外人。蓬、玄同宫，集体作案，党羽众多，蓬、玄临庚为重大要犯，亦主团伙作案，临辛为有前科之惯犯，临壬、癸为逃犯（壬、癸属水、主流动）。

蓬、玄落宫逢庚、辛，或庚、辛落宫生蓬、玄落宫，案犯用铁器、利刃等作案工具；蓬、玄临景门宫，或景门落宫生蓬、玄落宫，案犯可能使用火器枪支；蓬、玄临伤门宫，或伤门落宫生蓬、玄落宫，案犯可能动用车辆作案；蓬玄临甲、乙或伤、杜二门，案犯可能使用木器作案或害人；蓬、玄临巽宫或螣蛇，案犯可能用绳索害人作案。

以六合为逃犯，杜门为案犯藏匿之方，杜门落宫逢庚、辛、壬、癸，或天盘之干克地盘之干，或地盘之干生天盘之干，利于破案。

以伤门、白虎为公安执法人员，伤门、白虎落宫乘旺相气克蓬、玄落宫，破案快、案犯可以抓获；蓬、玄落宫乘旺相气克伤门、白虎落宫、案犯狡猾势力大、有反侦破手段，一时难以破案；伤门、白虎落宫与蓬、玄落宫比和，案犯可能与公安执法人员内部有勾结；蓬、玄落宫生伤门、白虎落宫者，案犯可能会贿赂公安执法人员；蓬、玄与伤门、白虎同宫者，案犯可能是公安执法机关的内部人员。用神、星、门伏吟者，案难破，反吟者可破或反复作案时可破。

又以六庚与值使门为破案人员，运用时可作参考。

无名尸体案，以死门为用神，看其落宫所临之干及九星、八神类象而具体分析。

破案时间，以庚格而定，年格年获，月格月获，日格日获，时格时获。又有阳日看庚下之干，阴日看庚上之干，时干临阳星看庚下之干，时干临阴星看庚上之干的判断方法。如用神及值符、值使落空，则以冲空填空之日时定应期。

古代又有“死门加壬，主讼人自讼自招”及壬临坤案犯自首的经验应用时可参考。

刑侦预测只能在破案时作为参考，而不能以此为据。因为奇门预测是一种数理的推演，而不是破案的实证依据。

附录：《遁甲元灵经·盗贼占》

占捕亡人口逃走

凡占缉捕，以六合为逃人，以伤门为捕者。如六合宫生伤门宫，自归；克伤门宫，不获。伤门宫克六合宫，易获；生六合宫，不肯实心，必得贿赂；伤门与六合同宫，必有通，同欺蔽之意。又六癸为天网，在一二三四宫可获；五六七八九宫不可获。阴时可获，阳时不可获。又太白入荧同宫必获，又云值年月日时则可获。

占官差拿人获否补遗

以开门为官府，值使为差人，有事之人论年命。值使落宫空亡者，不得；加临本人年命者，其获速；其一内一外者，其获迟；值空亡不获。如甲子旬空戌亥，地盘得甲戌己或六宫也。

占捕捉逃走

此时六癸加于一二三四五宫，急赶必见；如临六七八九宫，或上干克下干，或门克宫，逃则无追。要知逃往何方，须从天上六癸所加之处追赶。如临一宫，往北方一里、十里或百里；二宫往西南方二里、二十里或二百里，余仿此。天上六癸为贼，为逃人，若加于旺方，为里一百；逢衰墓为十里；

逢衰墓而受克者，为一里。若逢旺气、逢生，逃必难追。如此时宫地盘克六癸或六癸宫生此时宫，易见；若六癸与时宫比和，必易见；若六癸克时宫，或时宫克六癸宫，亦定难寻。

占捕盗补遗

捕盗有二义：大盗、窃盗。大盗天蓬主之，窃盗玄武主之。以伤门宫为捕人，时干宫为主人。伤门宫克玄武宫，易寻；时干宫克玄武宫，易捕。若伤门宫生玄武宫，不肯实心捕之；玄武来克时干，有伤主人之意；克伤门，有伤捕人之象。若伤门与天蓬同，再有时干克之，捕无不获。又以六庚与玄武同宫为大盗者；伤门与玄武同，虽有时干克之，亦主不获。盖捕者与窃盗均有通同之意。大抵六庚为敌、为盗，玄武为窃盗。如被盗，当以贼大小看天蓬、玄武宫占之。

2. 实例分析

实例一

1996年农历十一月二十二日下午，一女士找笔者，说前几天放在衣柜里准备买摩托车的3000元钱，今天早晨打开柜子发现不见了，但又没有被盗的迹象，她要我测一下是何人所为，她报“19”数，取午时，干支历为：

丙子年，庚子月，癸卯日（空辰、巳），戊午时（空子、丑），冬至中元阳遁七局。天冲值符落兑宫，伤门值使落兑宫。

玄武　天英 乙+丁 开　巽	九地　天禽 甲午辛+甲申庚 休　离	九天　天柱 甲戌己+甲辰壬 丙 生　坤
白虎　天任 甲子戊+甲寅癸 惊　震	天蓬 丙 寄二坤　中宫	值符　天冲 甲寅癸+甲子戊 伤　兑
六合　天辅 甲辰壬 丙+甲戌己 死　艮	太阴　天心 甲申庚+甲午辛 景　坎	螣蛇　天芮 丁+乙 杜　乾

分析：

1. 甲子戊为财，与日主甲寅癸同宫，又互为反吟，不失财的标志，甲子戊临震，震主三数，又主木制家具，是3000元钱放在柜子里的标志。

2. 玄武临巽宫，阳遁为内盘，必是亲近之人，天英在巽宫，天英主中女，必是三十多岁的女人所为，巽宫天地盘之乙、丁俱主女。

3. 月干庚主兄弟，乙奇为庚之正财，为兄弟之妻，乙奇临玄武宫，偷钱之人必为兄弟之妻。

4. 日干甲寅癸临伤门于兑宫，伤门为捕盗之人，今伤门落宫克玄武宫(兑金克巽木)，求测者日主可制住偷钱之人。

5. 玄武落巽宫空亡之地，辰、巳之日填实为应期。

根据以上分析，我对求测者说，偷你钱的可能是你本家兄弟的妻子，三十多岁。她听我这样一说，才将实情道出，她说，在她放钱之时，她小婶子在旁边，现在怀疑就是她干的，前天她又突然去了娘家，还未回来。我说，等她回来后，你说你们已有线索，要向公安局报案，看她举动如何。

结果，第二日（甲辰日），求测者的小婶子从娘家回来后，听说公安局要来人破此案，做贼心虚，晚上悄悄地将钱送到了失主家，赔罪认错，让他们千万再别声张。

补注：奇仪反吟，有失而复得之象。

实例二

1994年农历九月二十日中午，有位堂弟来找笔者，说上河村一位亲戚的四十多头牛被人偷走了，因为牛在山里撒着，不知何时被盗，找的时候才发现，今天早晨得到消息，有人初六日早晨十点多在马场草滩上见被几个人赶着，根据这一线索，今天他的亲戚已会同公安人员到正西方向的民乐县畜牧市场去查找。他要我测一下，此案能否破获。我以初六日早晨十点多有人见到这一信息起局预测，干支历为：

甲戌年，甲戌月，己巳日（空：戌、亥），己巳时（空：戌、亥），寒露中元阴遁九局，天英值符落艮宫，景门值使落巽宫。

九地　天禽 甲申庚+甲寅癸 景　巽	玄武　天蓬 甲午辛+甲子戊 死　离	白虎　天冲 乙+丙 甲辰壬 惊　坤
九天　天辅 丙 甲辰壬+丁 杜　震	天心 甲辰壬 寄二坤　中宫	六合　天任 甲戌己+甲申庚 开　兑
值符　天英 甲子戊+甲戌己 伤　艮	螣蛇　天芮 甲寅癸+乙 生　坎	太阴　天柱 丁+甲午辛 休　乾

分析：

1. 八门物类死门主牛，临离宫，上乘天蓬、玄武，是牛被贼人盗走的信息标志。天盘六辛在离宫，为有前科之案犯，六辛加六戊为“困龙被伤”格，贼人被困之象。

2. 蓬、玄同宫为大盗、团伙作案，临离宫、先天离主三数，案犯在三人左右。

3. 白虎落宫在坤宫，伤门落宫在艮宫，二宫不克制蓬、玄落宫，反受其生，其贼难获。景门主信息，克伤门、白虎宫（巽木克艮、坤土），而生蓬、玄之宫（巽木生离火），是盗贼得信望风而逃的标志。

4. 时干为失物，今年、月、日、时干俱临开门于兑宫，主物不失，牛在西方。年、月、日、时之干又下临六庚，组成年、月、日、时之格，同时阴日看庚上之干，根据这一组合，主失物在所测之日必可找到。因为己巳时已过，信息反馈，只能主示于此。

我将以上情况告诉堂弟，结果测事当天在正西方向的民乐县畜牧市场将牛找到，但盗贼却因发现有人查找，闻风而逃，当时未能抓获。

补注：年、月之干应以六甲值符为取用。

实例三

1994 年农历八月初一日，我村旁边的李桥水库里面发现一具女尸，被牧羊人打捞出来。临村楼园庄的好多人从死者的面部特征辨认，认为是本村村民田某的妹妹，田某的母亲听到此言后，赶往现场，看后也认定是自己的女儿，伤心晕倒。因其女儿与丈夫关系不和，前不久与其夫吵架闹矛盾而出走，至今未归。又因女尸在水中已浸泡数日（后得知死者是农历七月二十六日跳进水库的），面目已浮肿。后经警方来人，将田某妹妹的照片拿去与死者对照，并将其夫也找来辨认，虽有相似之处，但也不能下最后的定论。警方的意见要田家人先将人埋了再做处理，但田家人却又怕埋错了人，一直拖着。八月初四日下午四点多，田某来找我，要我测一下其死尸究竟是不是自己的妹妹，以做下一步打算。我以问测之时起局预测，干支历为：

甲戌年，癸酉月，戊戌日（空：辰、巳），庚申时（空：子、丑），白露上元阴遁九局，天辅值符落兑宫，杜门值使落兑宫。

六合 天蓬 乙+甲寅癸 休 巽	太阴 天心 甲戌己+甲子戊 生 离	螣蛇 天任 丙 丁 + 甲辰壬 伤 坤
白虎 天英 甲午辛+丁 开 震	天芮 甲辰壬 寄二坤 中宫	值符 天辅 甲寅癸+甲申庚 杜 兑
玄武 天禽 甲申庚+甲戌己 惊 艮	九地 天柱 丙 甲辰壬 +乙 死 坎	九天 天冲 甲子戊+甲午辛 景 乾

分析：

1. 兄测妹以月干为用神，今月干甲寅癸临兑宫为值符之宫，天辅吉星相临，人平安无凶。杜门临兑宫，兑主西方，杜门主隐遁藏形，其人必躲藏在西方兑宫之地。

2. 死门临坎宫空亡之地。九地、天柱临坎宫，天柱主少女，死者必是未婚女子。九地主遁迹藏形。年柱甲戌已在离宫，与死门落宫相冲，年干主父母，太阴、天心临离，太阴主母，天心主父，可断死者是与父母发生矛盾而自寻短见的。

3. 死门临坎，坎主水，是人死在水里的标志。坎又主北方，死者之家必在正北方向，阴遁坎宫为外盘，坎之先天数为六，六十里之处。

4. 死门临坎为落空，填实之日(庚子日)，案情必会水落石出。

根据以上分析，我对田某说，死者不是你的妹妹，而是一个未婚少女，可能是与父母发生矛盾而寻短见的，其家在北方六十里左右的地方，可能是县城附近的人（县城在李桥水库正北方，相距三十一公里)。田某听我之言，回去将预测结果告诉了家人及亲友，大家都松了一口气。

此后，公安部门通过媒体报道，至八月初六日（庚子日)，山丹炭黑厂职工陈某夫妇前来辨认，才知是自己的女儿。原因是与父母发生争执而出走的，找了多日，一直未找到，还以为是躲到外地的同学家去了，没想到却走上了绝路。

过了一段时间，再次见到田某时，他说，他妹妹已经回来了，当时一气之下离家出走，在外面找了一处打工的地方，没有与家里联系，以致发生了这种误会。

补注：从上面的分析可以看出，问测人首先问的死者是不是自己的妹妹，故取月干为用神，看其月干落宫的情况以定吉凶，由于月干临值符天辅吉星，又临杜门主躲避，虽值符加庚为飞干格，但在此处为出走之象，不在本地，急则从神，临值符宜于逃避。兑宫主西，故人在西方，甲申庚加甲寅癸，寅申相冲，寅申为道路之所，也是人逃走的象意。首先得出人平安的结论，然后取象得出人逃避而走的结果与方位。同时乙落巽宫克庚之落宫艮宫，又是夫妻不睦的象征。

既然确定死者不是问测者的妹妹，再次取用神，因死门主死尸，故以死门为用神断其事体之原由，死门临坎宫，坎主水库，投水之象，临九地为死丧，临天柱为未婚女子，坎主一、六之数，可断其远近，坎水克离火，离宫为太岁甲戌之落宫，太岁主父母，故死者是与父母发生矛盾而寻短见的。

以上案例说明在取用时要灵活变通，不可执一死法，细心的同道在其中还能根据不同的人取不同的用神，找出另外一些象意来，还望多加体悟！

实例四

1999年农历十二月十一日，某工程公司的张老板来找我预测，说停放在住宅楼大院里的小车，于十二月初七日晚上（实为初八日凌晨）被人盗走了，晚上四点多时，他家的邻居曾发现车灯亮着，原以为是车主要出远门，动身早，没多在意，结果早晨才知是车被贼盗，大院大门上的铁锁被撬开，我按有人看见之时，也就是失盗之时起局预测。干支历为：

己卯年，丁丑月，辛未日（空：戌、亥），庚寅时（空：午、未），小寒中元阳遁八局，天蓬为值符落坎宫，休门为值使落兑宫。

六合 天辅 甲寅癸+甲寅癸 死 巽	白虎 天英 甲戌己+甲戌己 惊 离	玄武 天芮 甲午辛 + 甲午辛 丁 丁 开 坤
太阴 天冲 甲辰壬+甲辰壬 景 震	天禽 丁 寄二坤 中宫	九地 天柱 乙+乙 休 兑
螣蛇 天任 甲子戊+甲子戊 杜 艮	值符 天蓬 甲申庚+甲申庚 伤 坎	九天 天心 丙+丙 生 乾

分析：

1. 时干六庚为失物，临坎宫伏吟，失物难寻。

2. 伤门主车，上乘天蓬于坎宫，天蓬为大盗，又临六庚，必是团伙作案。先天坎之数为六，但丑月水已处休地，数当减半，作案者可能在三人左右。天蓬、伤门临庚金，又是案犯用铁器撬开大门与车门作案的标志。

3. 时干天盘六庚为失物，伤门主车，下临六庚主道路，坎主北方，是车被盗出后，上路向北而走的信息标志。

4. 白虎落离宫，受天蓬落宫之克（坎水克离火），盗贼有反侦破手段，破案难度很大。

5. 天蓬伏吟在内盘，其内必有亲近之人为内线。

后来得知，此案至今一直还未破获。

补注：玄武临甲午辛于坤宫，主盗贼为惯犯，克伤门宫，亦主盗车之象。

十、词　讼

1. 判断原则

预测官司诉讼，以天盘值符落宫为原告，地盘值符（天乙宫）落宫为被告，因天盘主动，时时易位，主原告，地盘主静，十时移位，为被动、主被告。开门为法官，六合为证人、证据，景门为诉状，丁奇为传票或判决书，惊门为律师。

能否立案，景门落宫乘旺相之气，再有三奇吉格，主诉状情词恳切，不被开门落宫冲克者，必立案成讼；景门落宫不得奇仪吉格，再与开门宫冲克者，主诉状有漏洞、或证据不足，难以立案，如立案则反招罪责；景门入墓（临乾宫），则讼状情词不明，不能立案；景门落空亡之宫，又乘玄武、螣蛇者，主诉状凭词捏造，不能立案；六合落空，证据不足；开门入墓（临艮宫）及落空亡者，司法机关不立案。

值符落宫乘旺相气克天乙落宫者，原告胜；天乙落宫乘旺相之气克值符落宫者，被告胜；值符落宫生天乙落宫或值符落空者，原告有拆诉的可能；天乙落宫生值符落宫者，被告求和；值符、天乙落宫比和者，双方可能言和。

开门落宫生值符落宫，法官倾向原告；开门落宫生天乙落宫，法官倾向被告；开门落宫生六合落宫，法官主要听证人之言；开门入墓，法官糊涂，审不明白；开门落空亡，法官不审；开门反吟，须另换法院或法官；开门所克者难胜。胜负又要看值符落宫之天盘星与地盘星来判断，天盘星克地盘星，原告胜，地盘星克天盘星，被告胜。

问罪程度，以甲午辛为罪人，开门落宫生甲午辛落宫，法官怜悯，不加罪；二宫比和，罪轻；二宫相冲克，遇凶格，罪必重。若甲午辛落空亡，或得奇门吉格，必赦免其罪，天盘六庚加地盘六辛，或六庚加罪人年命日干者，必遭正法；罪人年命日干得奇门吉格者，为轻罪。

判刑情况，辛为天狱，壬为地牢，癸为天网，年命日干落宫地盘为辛、壬、癸者，主判刑坐牢。天盘壬、癸下临地盘六辛，为网罗蒙头，或天盘六辛加临地盘壬、癸者，为囚禁，落空亡者不作此论。

结案时间，以庚格而定，又以阳日看庚下之干，阴日看庚上之干定应期。兼看用神落宫之空亡、墓库等参以断之。

取用时，如果是当事人或亲属预测，兼取相应的六亲关系作用神。

附录一：《遁甲元灵经·词讼占》

占词讼

凡争讼，有心中不平而先告人者，有被人告而求伸理者，须以开门为问官，值符为原告，天乙为被告，惊门为讼神。如开惊二门俱被克，被告败；俱克，原告败；一克原告，一克被告，则两家俱败。总以落宫决之。

又开门生原告，惊门克原告，或开克原告、惊生原告。如被告得生克者，亦然。以值符、天乙之旺相为胜，休囚为败，亦以落宫决之。

占兴讼并呈状

以丁为状，朱雀为讼师，丁为朱雀。如朱雀落阳干之宫，或落宫与天狱庚相冲，又乘景门，其讼必兴。若朱雀落阴干之宫，其讼大起；临囚休废没之宫，讼即结而不兴。呈状以开门为官，景门为文状，开门宫生景门宫为吉，景门宫生开门宫不准，景克开准，克景不准。又景门落旺相宫则准，落休囚废没宫则不准。如旺相而生开门，可准；休囚废没克开门，不准。

占官事催提缓急

值符为官长，六丁为公文，值使为公差。如值符宫克天乙宫，六丁临于内地，其提缓。值符克天乙宫，值使临于内地，其提急。再有击刑则来意恶，有三奇则来意善。若相生则公差与官长见喜，相克则见怒。又看六庚为天狱，落休废易结；落旺相难结。一说六丁临外地缓，值使临外地急。

占刑狱重轻

以本人年命与日干落宫，星旺、门吉有三奇吉格者，官员降调，主人罪轻。星不旺相、有三奇、吉门者，或三奇吉门得星旺相并吉门、吉格者，俱主罪轻，法及本身。如有三奇吉格、不得吉门与星旺相者，或星旺相而不得吉门、三奇，俱主罪轻。若星不旺相、门不吉、无三奇、格局凶者，主大凶。与日干年命再犯击刑者，有刑罚之苦。

占罪轻重

以开门为问官，以六辛为罪人，以六甲旬中六壬为天牢。如开门宫克地辛宫，辛上又有六壬临之，防有牢狱之灾；二者缺一，无害。再壬为天牢，甲辰旬中壬戌时，戌为天牢；甲子旬中壬申时，即申为天牢。余仿此。若天盘上所克六壬之支，再得开生二门者吉。

占罪人开释

以地盘六辛为罪人，看得星何干，旺不旺。如上乘吉星、吉门、吉格，或克开门落宫，与开门宫相生相合者，其开释必速。不备者，少迟。若开门落宫克地六辛宫，再得休囚者，主牵缠又网低，则不开释；网高则开释。

占出狱

壬为牢狱，看所加地盘之干为罪人。必地盘之干克六壬所得之支，又得休开生三门者，即得出，以受克之支为日期。必得六丁时，或六丁落宫非罪人宫，干支又得三奇者，方出狱。

占官事牵连

以本日日干为有事之人，以庚为天狱，以辛为天庭，以壬为天牢。本人日干以地盘为主，庚辛壬三凶煞以天盘定之。如犯一煞，与地盘日干同宫，定有牵连；再逢刑击，定有刑罚。得天网，有枷锁临身，再有凶格等凶煞，连累甚重。若有三奇、吉门并吉格、吉星者，无碍，虽有牵连，不能成凶。若不犯庚辛壬，定不牵连。

占口舌官讼

此时遇门生宫合吉格，或上干生下干，或下干在得令之宫而克上干，或宫克门，因非讼而得理，有官贵人扶，得财。若地盘奇仪临衰墓宫，逢上干克下干，及门克宫而合凶格，则口舌是非重，至财破忧惊。若逢心开生宫，贵人相扶。若逢英景生宫，有文书之力。若遇生死门生宫，田地房产之益。如前人门生宫，克宫之内推之。若诸星比和，或上生下、下生上，当宜和美。若逢死绝而被冲克，因讼破家陷命。

附录二：《诸葛武侯千金诀·词讼占》

【值符】

符：问官。 蛇：稿房。

阴：责罚。 合：吏属。

勾白：催提，刑杖。 朱玄：文卷，挑唆。

地：赃物。 天：上司。

【值使】

休：彼此一般。 生：贿赂嘱托。

伤：叱责喝散。 杜：冤屈难伸。

景：文牒转移。 死：赃执追呼。

惊：定罪虚惊。 开：诉辨得理。

【十干】

甲生于亥，乙生于午，丙生于寅，丁生于酉，戊生于寅，己生于酉，庚生于巳，辛生于子，壬生于申，癸生于卯。

【九星】

蓬：阴险星。 任：迟滞星。

冲：怒恶星。 辅：恩赦星。

英：喝散星。 芮：赃吏星。

禽：清星。　　　　　　　　柱：扑责星。

心：喝散星。

【门户】

原告责天门，辨诉责地户。吉星同天乙生合年命及干符者，吉。凶星同勾白伤克年命及符使两干者，凶。

【三甲】

孟甲有惊，仲甲易散，季甲防险。开值吉星者胜，阖值凶星者输。

【论干支】

日干原告时干被，日支时支干证类。

纳音所藏是问官，克日伤时春妙文。

时日生合讼宜和，时日克制胜负异。

两支相会证作奸，两支刑伤中证累。

日干如若伤时干，原告利口多恶意。

时支又或克日干，作证中人硬嘴利。

本时干支同伤日，案例如山真可畏。

只看纳音却如何，若要助仇拟状罪。

时日两家定高低，旺相休囚与死废。

旺气制囚可望赢，休来克旺空费气。

再看纳音脱何干，就时贿赂真得计。

更将年上纳音查，生合干纳方无虑。

【论值符】

值符占讼作问官，符宫网毋酷与贪。

符伤日干责原告，符伤时干被告冤。

看其谁生谁受克，两家胜负可分端。

官符入宫中驳类，官符入爻结案堪。

符空入陷无准的，日下审豁未可原。

朱蛇遥克文案驳，阴六来伤扑责喧。

勾白制干差役恶，前项生合始为欢。

地属有私作寇仇，时近衙门未可投。
关系上司若生合，状投宪制可消愁。
更查逐日阴阳贵，如甲戊庚牛羊类。
帮扶生日得自由，大约用神无代制。
□□□□□□□，行进起脱可遨游。

【论值使】

值使占事之起隙，各以五行分断义。
金木相交门毁嗔，土木相持田宅类。
水火激搏奸盗情，旺相休囚孤谎议。
吉迫先胜后必输，凶迫理直断作屈。
必查两干本门机，旺胜衰兮不须赘。

【论十干】

奇仪子父与财官，年月日时十字参。
事迹须从六亲论，审理时日官父干。
亲怕刑兮干怕隔，休囚迟速可合观。
鬼要空兮身要旺，父宜墓兮子当权。
最宜恩曜临身命，纵然险危不到官。

【论九星】

九星条分吉星生，吉星生合定称心。
凶星激伐宜刑杖，看临何干生何刑。
性空本宫居旺气，不犯凶星理自明。
若是孤星又休弱，纵然审断不输赢。

【论九宫】

九宫论讼新旧情，旺则兴讼衰则停。
退临后气事已往，进临来气正当兴。
水元转土堪结案，木元转火讼又生。
本局还归本局定，此局当了莫生心。

【论门户】

门户原分告与诉，告看门兮诉看户。

门不伤干原告呈，户不伤干诉得利。

门户若是总刑格，劝君莫进公门去。

官父二主制门户，再伤年命恐囚系。

【论三甲】

占讼孟甲事多忧，如逢仲甲便了休。

季甲当符防罪责，开符理兮阖生愁。

若求用甲无刑害，官虽发怒亦当投。

半开半阖须择比，较合时日两干求。

【论吉凶格】

返首而原告欠利，跌穴而被告不详。虎狂龙走，公庭有伤。得遁贿赂可胜，诈假嘱托备良。三胜三吉，喜临年命。得使而衙役效力，守门而阴小作殃。三门四户，切记日干时干逢悖格，经年经月始消禳。五不遇兮讼直而遭屈断，六仪刑兮类神恐有徬徨。入墓罗网不宜占讼，反伏门迫翻案迭详。符使休囚，虽讼而无益，年命受克，见官而有乖张。大约初入官司，喜遇官鬼兴隆；久遭缠害，偏宜父鬼墓绝；官父两干无克制，管取喝散喜非常。

2. 实例分析

实例一

1999 年农历十月初十日早晨六点多，笔者刚刚起床，花寨村的亲戚石某来找，说农历八月份，自家的骡子撒出去之后，被城南村的宋某等几人捉住，绑起来用铁叉将骡子戳伤致残，当时有旁观者，但他去问了几次，作案者宋某等拒不承认，知情者惧于他们的报复，又不敢站出来作证。前几天他向公安部门报了案，最近可能要立案侦破此案，他要我测一下这官司结果如何。当时的干支历为：

己卯年，乙亥月，癸酉日（空：戌、亥），乙卯时（空：子、丑），立冬中元阴遁九局，天辅值符落坎宫，杜门值使落震宫。

玄武　天柱 甲申庚+甲寅癸 景　巽	白虎　天冲 甲午辛+甲子戊 死　离	六合　天禽 乙＋丙 甲辰壬 惊　坤
九地　天心 丙 甲辰壬+丁 杜　震	天任 甲辰壬 寄二坤　中宫	太阴　天蓬 甲戌己+甲申庚 开　兑
九天　天芮 甲子戊+甲戌己 伤　艮	值符　天辅 甲寅癸+乙 生　坎	螣蛇　天英 丁+甲午辛 休　乾

分析：

1. 日干癸水临值符于坎宫，值符为原告，日干为求测者，同居一宫，主求测者即是原告，与实际情况相符合，生门主财，亦临于坎宫，是原告要求经济赔偿的标志。

2. 天乙（地盘值符）为被告，玄武主作案者，二者同临巽宫，被告即为作案者，与实情相符，天盘六庚临巽，玄、庚同宫为团伙作案，又主作案者使用铁器利刃，伤门主驴骡，落艮宫受玄武落宫之克（巽木克艮土），是作案者用铁叉戳伤骡子的标志，天芮病符之星临伤门落宫，也是骡子致伤的标志。玄武临巽宫，巽先天数主五，后天数主四，作案者或当时在场者在四至五人。

3. 开门临兑宫，生原告值符日干落宫（兑金生坎水），克被告天乙落宫（兑金克巽木），官司利于原告，不利于被告。

4. 六合为证人、证据落坤宫，天乙、玄武落宫克之（巽木克坤土），是知情者惧于作案者报复，不肯道出实情的标志，但六合宫生开门宫（坤土生兑金），是公安司法机关最终会掌握真凭实据的象征。

根据以上分析，我当时告诉原告可以打赢这场官司，会得到满意的结果。

后来得知，当公安机关派人去调查时，将其中一位知情者传去取证，开始一直不肯说实情，最后公安人员向他保证，一定采取措施，不让他受到伤害，才将实表道出。但是，当公安人员前去捉拿作案者时，案犯却得到消息，逃之夭夭了，至今一直未能归案。

回过头来，再一次分析局象图时，就会发现，这些信息都包含在其中。

5. 天乙、玄武临六庚下乘癸水，癸水主流动，是作案者逃跑的信息。景门与玄武同宫，景门主信息，是案犯得到消息的标志。

6. 伤门、白虎主公安人员，玄武落宫克伤门宫（巽木克艮土），生白虎宫（巽木生离火），这些都是案犯难捕的信息标志。

7. 生门主财，虽临值符日干之宫，但坎宫为空亡之地，是原告虽是赢的一方，实际却没有得到经济补偿的标志。

8. 六庚下临六癸，虽为日格，但预测之日，官司还未立案，只能主过去之事，是癸酉月（农历八月）骡子被戳伤致残的信息。

补注：日干为求测者，时干主事体，时干落坤宫克日干落宫，也是不利于求测者的信息。

实例二

1995年农历十一月十二日晚上八点多，一行政部门领导来找笔者，说他原来的一位副职，因涉嫌经济问题，已被司法机关依法拘留审查，要我测一下其罪刑轻重，是否会诬陷牵连于他。当时的干支历为：

乙亥年，戊子月，戊戌日（空：辰、巳），壬戌时（空：子、丑），冬至上元阳遁一局，天心值符落中宫寄二坤宫，开门值使落坤宫。

九地　天禽 甲戌己 甲辰壬+甲午辛 死　巽	九天　天蓬 丁+乙 惊　离	值符　天冲 甲戌己 甲寅癸+甲辰壬 开　坤
玄武　天辅 乙+甲申庚 景　震	天心 甲辰壬 寄二坤　中宫	螣蛇　天任 甲子戊+丁 休　兑
白虎　天英 甲午辛+丙 杜　艮	六合　天芮 甲申庚+甲子戊 伤　坎	太阴　天柱 丙+甲寅癸 生　乾

分析：

1. 甲午辛为罪人，落艮宫，下临六丙为“干合悖师”之格，占事必因财致讼，与所测之事相合。

2. 开门临坤宫与甲午辛落宫相冲，是司法部门要审理此案的标志。因此案须检查部门落实后再向法院起诉，值符临开门，也是检查机关便是原告的信息标志。

3. 景门主诉状，临乙奇于震宫，乙加庚为“日奇被刑”，主争讼财产。玄武（下有朱雀）、天辅亦临震宫，朱、辅主文章，此处可引申为诉状。景门得奇，事实充足，景门落宫克甲午辛落宫（震木克艮土），诉状不利于犯罪者。

4. 日干甲子戊为求测者，落兑宫，甲午辛落宫与值符、开门落宫俱生日干落宫（艮坤土生兑金），主犯罪之人与纪检司法部门都不会牵扯求测者。

5. 甲午辛临艮宫为落空，至丑月填实，犯罪之人可能会被法院判刑。

我将以上分析结果告诉了这位领导。后来得知，此领导未受牵连，犯罪者于农历十二月（丑月）经法院开庭审判后，正式判刑。

补注：从此例中可以看出，时柱为所问之事，又主对方，时柱甲辰壬落巽宫死门之地，死门主受困、牢狱之象，加临地盘六辛之上，辛主犯错，因何而起，原因是生门落乾宫冲克时柱落宫，生门主财，因经济问题而入狱。甲子戊亦主资金钱财，甲子戊落兑宫亦克时柱落宫，也是对方因经济问题而入狱的明显迹象。

实例三

1996年农历三月初八日酉时，检查院的一位朋友来找我预测，说他近期正在审理一团伙贪污案，现已查明，五人团伙共贪污17000余元，其中有一位是部门主要领导，他要我测一下，这位领导是否会被判刑，当时的干支历为：

丙子年，壬辰月，壬辰日（空：午、未），己酉时（空：寅、卯），谷雨下元阳遁八局，天冲值符落离宫，伤门值使落艮宫。

九天　天柱 甲子戊+甲寅癸 景　巽	值符　天冲 甲辰壬+甲戌己 死　离	螣蛇　天禽 甲寅癸+甲午辛 丁 惊　坤
九地　天心 甲申庚+甲辰壬 杜　震	天任 丁 寄二坤　中宫	太阴　天蓬 甲戌己+乙 开　兑
玄武　天芮 丙+甲子戊 伤　艮	白虎　天辅 乙+甲申庚 生　坎	六合　天英 甲午辛 丁 +丙 休　乾

分析：

1. 甲午辛为罪人，临休门于乾宫，乾主老年之人，后天数为六，六十岁左右。六辛下临地盘六丙，为“干合悖师”之格，占事主因财致讼。

2. 开门为法官或法院，开门落兑宫与甲午辛落宫比和（乾、兑二金比和），犯罪之人罪较轻。

3. 值符为原告，贪污受贿案，以纪检部门为申诉方为原告，今值符落日支空亡之地，为申诉方拆诉或不诉之象。

4. 太岁主上级领导，今太岁六丙临艮宫生甲午辛落宫（艮土生乾金），犯罪者可能有上级领导疵护。

根据以上分析，我对问测者说，你测的这位领导是一老年人，六十岁左右。他说，是的，属虎的，今年虚岁六十，准备马上要退休了，却扯出了此事。我又接着说，这位领导罪不重，不会被判刑，可能有上级领导在保护他，最多受到行政处分。

后来得知，此案因属团伙贪污，牵扯面广，责任不在这位领导一人身上，经有关部门研究决定，给这位领导以撤销职务，退赔赃款及行政处分。

补注：值符为原告，天乙为被告，天乙（即地盘值符）在艮宫，得天盘值符宫之生，利于被告，从这一点讲，也是被测者不被治罪的信息。

实例四

笔者按：此例前面已引用，此处再作详细的具体分析，以利研究。

1993年农历二月初三日，在一位朋友家里，其邻居王某写“高得”二字求测，说他的儿子因犯盗窃罪，正处判刑阶段。现在想从有关部门周旋一下，看能否轻判，我以其二字笔划总数22数，取酉时而测之。干支历为：

癸酉年，甲寅月，乙亥日（空：申、酉），乙酉时（空：午、未），雨水下元阳遁三局，天禽值符落坤宫，死门值使落乾宫。

九地 天柱 甲戌己+甲戌己 生 巽	九天 天冲 丁+丁 伤 离	值符 天禽 乙 乙 甲申庚 + 甲申庚 杜 坤
玄武 天心 甲子戊+甲子戊 休 震	天任 甲申庚 寄二坤 中宫	螣蛇 天蓬 甲辰壬+甲辰壬 景 兑
白虎 天芮 甲寅癸+甲寅癸 开 艮	六合 天辅 丙+丙 惊 坎	太阴 天英 甲午辛+甲午辛 死 乾

分析：

1. 父测子，以时干为用神，此处日干为求测者，为父，今日时之干同为六乙，落坤宫伏吟，伏吟者，呻吟之象。

2. 开门为法官，临艮宫。六癸年干为上级部门领导，亦临艮宫，与日时之宫相冲（艮坤对冲），纵然周旋，法官与上级领导必不留情，恐难以减罪。

3. 甲午辛为罪人，下临地盘六辛为天狱，又乘死门主赃执追呼（实赃已追回），必会判刑。甲午辛在乾宫，乾主六数，刑期必在六年左右。

后果被判刑六年。

补注：甲午辛在乾宫临死门，亦是犯罪之人困于狱中，难以减罪之象。

十一、身　运

现代科学征明，天体运行，对地球上的一切事物，有着广泛的影响，从而在地球的生命体上留下其全部信息。古人遵循“天人合一”的哲学观，以其人出生的年、月、日、时的干支五行组合，分析判断人生的吉凶祸福，流年运气。我在实践中发现奇门预测虽代替不了“四柱命理学”，但对于推测人的流年运气，却很准验。同时以人的出生四柱的奇门格局，推测人的一生运气，亦有很多可借鉴之处。

1. 判断原则

1. 流年运气预测

以其求测者所来之方，生年所坐之方而进行预测。所来之方得奇门吉格，为吉；年命所临之方得奇门吉格，亦主吉祥；如两者同时都具备，且乘旺相之气，必会有奇遇或发大财。如果入地盘墓库，主头脑不清；如落空亡，百事难成。入死门者大凶，入伤门者主病，入惊门有官司缠身，入开门、休门，将有贵人之助，入生门者得财。

又以日干为求测者，看其落宫与流年天干（太岁）落宫的生克关系断其吉凶。日干乘旺相之气临奇门吉格，得太岁落宫之生者，流年大利；二宫俱乘旺相之气，此和者，亦主大吉；日干落宫乘旺相之气生太岁落宫者，亦主吉利，但多有耗泄；日干落宫克太岁落宫者，为犯太岁、不吉；太岁落宫乘凶神凶格克日干落宫者，流年大凶。以星、门、神之象意断为何吉何凶。

2. 一生运气吉凶

以其人出生四柱的奇门格局，或以问测之时（因有些人对自己的出生时间知道的不具体）的奇门格局而进行推 测，《奇门秘笈大全》中的论述颇为详尽，现摘录如下，供读者参考。

其法先明戴九履一，细寻接气超神。八门配合九宫，九宫要带三奇。年月日时要旺相，八门九宫须推移。离宫头面，乾艮两足；肩耳在于坤巽，震兑左右胸襟。坎为阴肾，中为心腹。

年干父母，月干兄弟，日干本身，时干子女。推及妻妾，但看乙丁之落宫；若问夫君面首，庚丙二干定不移。要详细其强弱，即能决其荣枯，旺相得奇，且富且贵；死囚墓绝，极贱极贫。

格局要分轻重，命运验其得失。未布局先看孤虚旺相，即开口必辨天地乘时。太白入乾坤，父母早年沦没；若临兄弟宫位，手足竟是仇敌。日奇被刑，庄生蹉叹，时干逢之，邓通无儿。

生门产业，要得三奇。成败分于内外，生克决其得失。生门太白逢冲陷，背祖离乡之客；被冲克，售尽祖父旧园。生在外而身在内，必迁居而发富；身在外而生在内，纵有祖业亦难留。身生二宫俱在内，安享仆马之福；身生俱在外宫，远方创业之人。

日值孤，时值虚，少年无依；时落孤，日落虚，老后鳏独。命被冲克，乞食道路；日临墓绝，难释愁眉。

财官生旺，盖因飞鸟跌穴，鳌头独立，必得青龙返首。天辅旺相得奇门，文明翰苑。天冲旺相得奇仪，威镇边疆。天禽位镇中宫，得奇门，百官元首。英星右弼合吉格，鼎鼐元勋。天芮不可得地，逢奇门曹董之流。蓬星位镇北恒，得奇门，叛君之贼。

开门有奇，应是文职。伤门得令，定系虎臣。生门得奇，石崇富足。景门合局，丹天文明。惊门入式，好辩之人。休门合奇，礼宾首长。杜门得地，保密军警。死门得奇，职在司刑。

分布八门星神奇仪。合局者豪富豪贵。失局者下等平人。开门心星皆是金，稍有气，医卜星相；若值死囚，手艺辛勤。休门、天蓬同是水，稍有气，兵弁役吏；值死囚，军卒贼人。生门、天任是土宿，得地者，田地富足；若失时庸工耕耘。伤门、天冲皆为木，稍有气，兵役之首；值死休，马后相奔。杜门、天辅亦是木，稍有气，乃是寒儒；值墓绝，僧道山林。景门、天英为火宿，稍有气，行行威烈之表；全失局，冶炼劳碌之人。死门、天芮俱是土，稍有气，赵魏家长；值墓空，孤穷之人。惊门、天柱同属金，稍有气，幕宾教授；若失令，说唱巫祝之人。

八门辨别旺相，再论九星。天蓬乘时，边疆之将；失地利，军卒贼人。天任得地，田土仆马之富。受克，农圃辛苦之人。天冲有气者武贵，背时者车船江湖之流。天辅为文昌，得气者文雅仕官；失地理僧道画工。天英火司南离，乘权者必主文明；背时者贪暴昏庸。天芮本是黑星，得天时，性恶霸道；失天时，牧隶庸工。七赤天柱位镇西垣，有气者，舌辩当世；被冲克，优伎乐工。天心原是六白，得地者，才华国柱；若空墓，九流相寻。

青龙反首，鳌头独占。飞鸟跌穴，富贵成名。青龙转光，邑长县令。戊加丁奇，富贵荣耀。白虎猖狂，凶顽之辈，青龙逃走，懦弱之人，更主因妻成败，而且驼背驼身。朱雀投江，刀笔书吏。螣蛇夭矫，毒心小人。失时者目盲耳聩，乘气者火焚伤身。太白入荧者，进主先贫后富；荧入太白者，退主家业萧条。庚加戊、戊加庚、多成多败，此地不比他地。飞干伏干，此人不比他人。太白同宫，兄弟雷攻。太白蓬星，妻室常病。蓬星太白，惟薄丑声。大格者，萍迹四海。小格者，暂时清贫。年月日时四格，即六亲而推出，看是何宫测验，而为悖戾无礼相从，推及父母兄弟妻子贤否，可以详明。

辛为天狱，壬为地牢，主低下之品，更主抑郁难伸。癸为天网，须看高低，高者化为华盖，可推贵格；低者天网缠身，寂寂孤贫。且忌玉女守门，妻随人行，乙丁妻妾，看是谁亲谁疏。乙奇入墓，妻不生子。丁乙同宫，另续相亲。乙奇在上，妻妾和谐；丁在乙上，妾幸夫心。

诸格忌落空亡，吉者减昌而苦者更苦，若临墓绝之地，无告穷民。八门推来最怕反吟，伏吟亦是凶神。五行配合斯理，取用在乎一心。余不尽言，惟应用者悟之。

附录一：《遁甲元灵经·占寿数》

凡占寿数修短，以天冲、死门决之。盖天冲乃三宫之神，为生气也；又五为死气也。又以九十岁为率九宫，每宫十年，看天冲所落之宫远近以定其数。如天冲带旺相，一生无患；若休囚废没，一生常有坎坷。占者自天冲落宫数起，阳遁顺行九宫，阴遁逆行九宫，数至死门落宫止。将自己经过寿数除讫，以所得余岁论断。如年至三旬而得四数，则除三十尚有十年之寿，余仿此。

附录二：《诸葛武侯千金诀·身命占》

【值符】

符：发之初，气概雄伟，羊盾虎皮。

蛇：口实虚惊，奸妄心毒，委曲婉转。

阴：小人暗算，沉滞猥小，深谋远虑。

合：亲朋招抚，和蔼慈祥，易惑易动。

勾白：事多磨折，果敢执拗，道路惊恐，凶勇成权。

朱玄：词讼是非，巧辩能文，宜防欺伪，奸险阴邪。

地：宜防险阻，深机大度，阴险莫测。

天：出谷迁向，轩昂大方，虚张声势。

【值使】

休：利谒见，安葬，固执，事屈而伸。

生：利经营、安葬，守时，鸣则惊人。

伤：利捕猎，得凶着损，先令损伤。

杜：利遮拦，安分洁形，隐匿秘密。

景：利投书，利见大人，文书消息。

死：防缢死，收积财货，吊丧行刑。

惊：利擒讼，声名振世，肃杀虚惊。

开：利远行，远图，举谋，营造，市贾。

【十干】

甲：若父兄师，高人君子。

乙：姊姐姑妹，僧道艺术。

丙：儿孙甥佐，诗人墨客。

丁：女孙，媒妁。

戊：妾，健步。

己：妻子、婢、农人、士工。

庚：祖父，将帅、军校。

辛：祖母，陶冶，匠尼。

壬：母，牙客，舟人，脚役，稳婆。

癸：母，姨，参谋，博士。

【九星】

蓬：须黑，肥浊，勇猛，沉滞。

任：矮跎，跛足，诿诈，师巫。

冲：五表清奇，善辩奇伟。

辅：清秀歌诀，文雅和顺。

禽：端正淑实，忠良正直。

芮：黑矮肥胖，拘执忍耐。

英：枣面青须，稀发麻斑，脱须。

柱：长大雄狠，刚暴险恶。

心：阔面重腮，大耳，果断辩才。

【九宫】

一、令才多双美，失令风流荡子。

二、得令富厚，失令奔驰。

三、得令聪明虚诈，失令有始无终

四、节申子辰，气已酉丑。

五、节四维土，气四库土。

六、节寅午戌，气亥卯未。

七、得令威名服众，失令刑克险恶。

八、得时有路，失令执滞。

九、得令清秀文墨，失令匠作诡谋。

【门户】

荣贵责天门，富厚责地户。门户合阳宫阳星得令，轩昴近贵，合阴宫阴星失令，奸险小人。

【三甲】

孟甲多慷慨，开主武魁，阖主瘦长，或矮疲。

仲甲多潇洒，开主飘荡，阖主刑害，或僧道艺术。

季甲多敦厚，开主刑冲，阖主悭啬孤独。

【论干支】

日干为身时干命，纳音之中运气定。

身无伤克是吉胎，纳音生扶事业成。

得化得时不刑伤，此君名望人钦敬。

最怕身命值休囚，祖业于今都无剩。

纳音最虑身命墓，作事多歧寿恐竟。

【论值符】

值符论人值使事，干十人物是性情。

九宫起源论来历，门户开阖事业因。

岁月日时行年命，宫分泊落细推寻。

已过将来及时旺，子父财官逐类分。

大凡值符泊空乡，生平事业甚乖张。

年命再值刑格墓，只疑前程不久长。

次及岁月日时干，不值刑格事多欢。

其中有一失宫次，根苗花果分类看。

【论值使】

值使从来考作为，逢生乘旺始相宜。

倘值刑害兼格墓，所谋未许逐心期。

从旁检点年命上，次及四干门所依。

五凶三吉并空废，休咎其间另有机。

【论十干】

奇仪九处序六亲，各从其宫辨来因。

值符宫元时元旺，得符得使亨利贞。

【论九星】

九宫自古别性情，各随五行考羲经。

孤虚旺相及年命，逐一参看自通灵。

【论九宫】

九宫起元考派系，会局得时多贵介。

逐类用神察旁宫，作术兴废数内载。

【论门户】

须察奇仪分八卦，宫陷墓绝论亲因。

年命所欣三六会，算来人物自亨通。

【论三甲】

三门四户合阳开，年命逢之显者来。

如若失令值阴阖，作事多见巧中呆。

【论吉凶格】

螣蛇含金忧口吻，忽然附水生灾非。太阴课体或承羞，六白临酉阴谋忌，勾陈卯位公事忧，到艮申庚门毁嗔。白虎惊柱，衔刀可畏，朱雀杜景，喧噪堪嫌。玄武居干，不能终势。九地杜死，没齿无闻。九天生开，云龙变化。甲乙喜荣，丙丁夏盛，戊己四季，庚辛旺秋，壬癸喜冬。此皆发达超群之人。至若甲得乙而中正可风，乙遇庚而刚柔相济；丙辛合而施威，丁见壬而淫媚，戊癸刚决，无绿宵小。八宫至合蔼蔼吉人，各宫偏党，砼砼鄙劣。合中带刑，美不足；凶空吉实，乐有余。从其相生，避其相克。年月日时参究而得。龙返首而事业顺美，鸟跌穴而声名显扬。得遁才堪权变，逢诈自能干旋。得使内外有助，守门出入亨通。五假机缘迈众，三胜胆略过人，夭矫而作事虚惊，投江而文信遗失。伏干出遗财物，飞干恃强自伤。伏宫须防盗贼，飞宫事业消亡。大隔小隔，谋为不转，刑格悖格，祸自内生。白入荧宜防外敌，荧入白仇敌自亡。龙逃防身灾晦，虎狂恐扬乖张。五不遇举动蹭蹬，罗网四张出入宜防。六仪击刑凶灾各别，三奇入墓图谋不扬。反吟伏吟多啾唧，吉凶门迫果非祥。天马吉门临命上，策骥生方永无殃。

【又诀】

凡占造化，须看其年命行年属何卦气，当令失令，以断其生平之吉凶。次及本日干支之纳音，时干支之纳音，生旺克制何如，以断其目下事业之兴衰。值符起元何宫，元属本宫何亲，今行何卦，旺相生克何处？其子入父垣妾让妻位，从中斟酌，自得消息。再详细值使，以定其眼前之作为，会合年命，以观其变化之神妙。如父占子，则看儿舍，夫占妻则论妻神。遂得所值之星，以察其心事人品，更加详于门户开阖，三甲阴阳，自当得其玄妙矣。

2. 实例分析

实例一

1995 年农历六月十七日，经朋友介绍，周某来找笔者测运气，他报“十二”数，取亥时，干支历为：

乙亥年，癸未月，丙辰日（空子、丑），己亥时（空辰、巳），大暑中元阴遁一局，值符天柱落离宫，惊门值使落坤宫。

螣蛇 天芮 乙 甲寅癸 +丁 景 巽	值符 天柱 甲午辛+甲戌己 死 离	九天 天英 甲辰壬+ 乙 甲寅癸 惊 坤
太阴 天蓬 甲戌己+丙 杜 震	天冲 甲寅癸 寄二坤 中宫	九地 天禽 甲子戊+甲午辛 开 兑
六合 天心 丁+甲申庚 伤 艮	白虎 天任 丙+甲子戊 生 坎	玄武 天辅 甲申庚+甲辰壬 休 乾

分析：

1. 日干丙火临生门于坎宫，又下临地盘甲子戊，生门、甲子戊俱主财，日主为生意之人。坎为中男，日主排行应在中间。

2. 辛金为丙火之正财，为妻，甲午辛临离宫为相刑之地，六辛加六己为“入狱自刑”之格，乙奇亦主妻，临巽宫为空亡之地，是日主妻宫有损或没有妻室的标志。

3. 乙奇又为年干，为父母，乙属阴，主母，临巽宫空亡之地，乙之正官庚金为其父，六庚临乾宫，乾又主父，诀云：“太白入乾坤，父母早年沦没。”以上都是父母早逝的信息。

4. 月干甲寅癸临巽宫，月干主兄弟姐妹，巽之先天数为五，兄弟姐妹在五人左右，但巽为空亡之地，癸水属阴、阴人有损，巽为长女，应在日主之姐。

5. 开门落宫生日干落宫（兑金生坎水），同时又为甲子戊落宫生生门宫，求测者投资坐地求财，必有效益。

我将以上分析结果告诉求测者之后，他说：测的太准了。我在童年时父母就去逝了，兄弟四人，一个姐姐，自己排行老四，下有一个弟弟。姐姐已亡故多年。自己近年来一直在外做生意，但苦于婚姻不顺，一直未能成家，随着年龄的不断增大，心里也越来越着急。今天来找您预测的主要目的，就是打算在本地开一门面，有一个稳定的生活环境后，能否尽快建立一个家庭，我说：完全可以，明年流年大利，定会喜结良缘。

后果如测，日主于次年农历三月（辰月）喜联秦晋，建立家庭。

6. 日干丙火临坎宫为日支空亡之地，九六年（丙子年）岁支子水填实，岁干丙火与日干相并同临甲子戊，合“飞鸟跌穴”之吉格，生门加休，主阴人处求望财利吉，流年有喜之象。岁支子水冲去正财甲午辛相刑之地的离宫午火，六辛不再受刑，自可与日主丙火相合。同时乙奇临巽宫落空，辰月为填实之期。

实例二

1997 年夏季的一天，我去医院探望病人，碰到一位熟识的领导，他报出四柱要我测一下近年的运气。我按其四柱对他的一生运程进行了分析，并断他 1997 年有升迁之喜，后果于冬季升为某县常务副县长。如用奇门法预测分析，会得出同样的结果。为了研究，写出来供研究者参考。其人的出生四柱干支历为：

甲辰年，庚午月，丁亥日（空：午、未），戊申时（空：寅、卯），芒种中元阳遁三局，天柱值符落震宫，惊门值使落坤宫。

螣蛇 天任 甲午辛+甲戌己 景 巽	太阴 天辅 丙+丁 死 离	六合 天心 乙 甲寅癸+ 甲申庚 惊 坤
值符 天柱 甲辰壬+甲子戊 杜 震	天英 甲申庚 寄二坤 中宫	白虎 天芮 甲子戊+甲辰壬 开 兑
九天 天冲 乙 甲申庚+甲寅癸 伤 艮	九地 天禽 丁+丙 生 坎	玄武 天蓬 甲戌己+甲午辛 休 乾

分析：

1. 日干丁火下临丙奇，生门于坎宫，丁加丙为“星随月转”之吉格，贵人越级高升之象。

2. 开门临兑宫，生日干之宫（兑金生坎水），仕途通达之象。1997年丁丑，太岁与日干相并下临丙奇，同时生门到宫；1998年戊寅，太岁临开门生日干宫；1999年己卯太岁临休门于乾宫生日干宫，这些都是流年大顺的标志。

3. 开门临甲子戊财神生日干宫，日主必为主管财权之职。

4. 年干为父母，太岁甲辰壬临震宫，壬水属阳为父，值符、杜门临震，值符为官长，杜门主武职，其父曾为旧时部队军官。震宫为空亡之地，日主之父先亡。

5. 日主之父系有两妻，日主之母为小房。以壬水为父，与壬水相合之干丁火为日主之生母，丁、丙同宫，其父必有二妻，丙为长，丁为小，天盘丙火临死门空亡之地，必先亡，丁火临生门之地，故日主生母仍健在。

6. 丁丙之火临坎宫，虽为水入火乡之地，但日主生于夏季火旺之时，问测之时亦在夏天，旺火得水为即济之象，为吉，不为凶也，且坎宫之天禽、九地、生门俱属土，不致使水泛滥，成水火即济之势。

补注：应以年干甲木为父，取甲辰壬值符为用，虽效果相同，但应纠正概念上的混淆。这样一来，甲木之正财己土为长妻，偏财戊土为小房。己加辛为“游魂入墓”格，其为早亡之信息。另外，奇仪反吟，一生多有奔波。

实例三

1995年农历四月二十八日，一位朋友带着一青年男子（为其内弟）找我预测流年运气，求测者报“10”数，取酉时。干支历为：

乙亥年，辛巳月，戊午日（空：子、丑），辛酉时（空：子、丑），小满中元阳遁二局，天柱值符落中宫寄二坤宫，惊门值使落坤宫。1969年生，己酉命。

九地　天心 丙+甲申庚 景　巽	九天　天芮 甲子戊 甲午辛 + 丙 死　离	值符　天辅 甲寅癸+ 甲子戊 甲午辛 惊　坤
玄武　天禽 甲申庚+甲戌己 杜　震	天柱 甲午辛 寄二坤　中宫	螣蛇　天英 甲辰壬+甲寅癸 开　兑
白虎　天蓬 甲戌己+丁 伤　艮	六合　天冲 丁+乙 生　坎	太阴　天任 乙+甲辰壬 休　乾

分析：

1. 太岁之干六乙落乾宫，六乙加六壬为“日奇入地”，主尊卑悖乱，官讼是非。

2. 测者坐于东方震宫，玄武临庚于震宫，六庚加六己为“刑格”，主官司被重刑。所坐方位受太岁落宫之克，主求测之人官司缠身。

3. 年命甲戌己带天蓬、白虎凶恶之星下临伤门于艮宫，测者生就凶恶之性。

4. 日干甲子戊落离宫，临死门为凶，六戊与六辛同宫，甲午辛为罪人，又为月时之干，六辛加六丙为“干合悖师”，占事必因财致讼。天芮病符之星临日干，主测者疾病缠身。日干落宫克太岁落宫，为犯太岁，日主流年不利。

5. 生门临坎宫，克日干落宫（坎水克离火），生门为财，日主有破财之兆，同时生门落空也是破财的标志。

根据以上分析，我对求测者只言其大概，说他今年流年不利，防止身染疾病，官司缠身，并有破财之兆。他说这些情况都有，测的很准。并要求我再测一下他参与赌博的前景，被我拒绝。

后来，我的这位朋友对我说，他这位内弟，身染毒瘾，常跟一些凶恶之徒鬼混，农历二月份（己卯月）因参与聚众斗殴，给受害者赔偿损失一万元，并被司法机关罚款六千元后，才被保释出狱。我说，这些信息，在局象里面都有显示，你们应从多方面进行开导教育，否则，发展下去，还会有更为严重的后果。

6. 己卯月犯案。阳日看庚下之干，六庚下临六己之故。日干与甲午辛同宫，甲午辛为罪人，又为月、日之干，团伙行凶之象。玄武临庚也是团伙行凶，铁刃伤人的标志。

至 1998 年夏季，再次见到这位朋友时，他说，其内弟一直不听劝告，毒瘾难戒，并继续跟一些犯罪团伙往来，家里人也失去了信心，于 1997 年冬季农历十月份（丁丑年、辛亥月），因涉嫌参与贩卖毒品活动而被依法惩办，判刑三年。

7. 丁丑年、辛亥月犯案被判刑之原因为，六丁太岁临坎宫，冬季水旺之时克日干落宫（坎水克离火），同时甲午辛为罪人，在离宫亦为受克，这些都是求测者流年不利犯法被惩的标志。

补注：天芮、死门临日柱，不可救药之象，即可看作毒瘾难戒，又可引申为精神世界已枯竭。

十二、体　育

1. 判断原则

以值符为裁判，日干为己方运动员，时干为对方运动员；以地盘时干为主队，天盘时干为客队，以其二宫的旺相休囚组合格局及生克关系决其胜负。又以庚为比赛器械，辛为金牌，景门为策略战术，综合判断。

2. 实例分析

体育预测，笔者来作深入的研究实践，仅举二例，供参考。

实例一

1999年公历七月十日，晚间新闻报道，第三届世界杯女子足球赛——中国队与美国队之间的决赛，将于北京时间次日凌晨四时（农历五月二十八日寅时）拉开帷幕。我以此时起局预测决赛结果。干支历为：

己卯年，辛未月，甲子日（空：戌、亥），丙寅时（空：戌、亥），小暑上元阴遁八局，天任值符落坎宫，生门值使落乾宫。

玄武　天芮 乙+甲辰壬 死　巽	白虎　天柱 丁 甲午辛 + 乙 惊　离	六合　天英 丁 甲戌己+甲午辛 开　坤
九地　天蓬 甲辰壬+甲寅癸 景　震	天冲 甲午辛 寄二坤　中宫	太阴　天禽 甲申庚+甲戌己 休　兑
九天　天心 甲寅癸+甲子戊 杜　艮	值符　天任 甲子戊+丙 伤　坎	螣蛇　天辅 丙+甲申庚 生　乾

分析：

1. 地盘时干丙奇在坎宫，为主队——美国队，上乘甲子戊为“青龙返首”之吉格。值符临坎宫，裁判的裁决利于美方主队。

2. 天盘时干落乾宫，为客队——中国队。乾为空亡之地，主比赛环境不利于中国队的实力发挥，六丙加六庚又为“荧入太白”之凶格，不吉。

3. 天盘时干落宫生地盘时干落宫（乾金生坎水），且甲子日，子水值事，坎宫临旺，泄乾金之气，比赛利于美方主队，不利中方客队。

综合分析，此次比赛，美国队必可获胜得冠，中国队只能屈居亚军。

后果如测，美国队以五比四的微弱优势，取得本届世界杯的冠军。

实例二

2001年公历7月13日，国际奥委会将在莫斯科举行全会，投票选出2008年奥运会主办城市，北京申奥能否成功，成为全国上下关注的热题，农历五月初七日（公历6月27日）早晨八点三十分，我对此事进行了预测，干支历为：

辛巳年，甲午月，辛酉日（空：子、丑），壬辰时（空：午、未），夏至下元阴遁六局，天辅值符落坤宫，杜门值使落坤宫。

太阴　天心 丙+甲申庚 生　巽	螣蛇　天芮 甲午辛+丁 伤　离	值符　天辅 甲申庚+甲辰壬 甲戌己 杜　坤
六合　天禽 甲寅癸+甲午辛 休　震	天柱 甲戌己 寄二坤　中宫	九天　天英 丁+乙 景　兑
白虎　天蓬 甲子戊+丙 开　艮	玄武　天冲 乙+甲寅癸 惊　坎	九地　天任 甲辰壬 甲戌己+甲子戊 死　乾

分析：

1. 以日干落宫为我方，时干落宫为对方竞争者，今日干六辛落离宫，夏季为旺相之地，时干六壬落乾宫，夏季处死地，申奥利于我方，日干虽落旬空之地，但有月建填实不为空。

2. 日干临地盘丁奇为“狱神得奇”之格，为吉，时干临地盘六戊为“小蛇化龙”之格，虽不为凶，但死门临时干宫，且受日干落宫之克（离火克乾金），胜算在我方。

3. 日干六辛与太岁月建同宫，同克时干宫，太岁为最高领导机构——奥委会，月建为兄弟朋友——引申为支持者，北京申奥必将得到世界各地的支持与关照，必可成功，时干宫受其克，不利对方竞争者。

综上分析，北京申奥，成功在即。

实例三

农历五月十八日（公历七月八日）晚，看到中央电视台新闻联播报道我国北京申奥代表团抵达莫斯科的消息后，我又起局进行了预测，当时的干支历为：

辛巳年，乙未月，壬申日（空：戌、亥），庚戌时（空：寅、卯），小暑中元阴遁二局，天柱值符落离宫，惊门值使落坎宫。

螣蛇　天芮 甲子戊 丁　+丙 生　巽	值符　天柱 甲辰壬+甲申庚 伤　离	九天　天英 甲子戊 甲寅癸+ 丁 杜　坤
太阴　天蓬 甲申庚+乙 休　震	天冲 丁 寄二坤　中宫	九地　天禽 甲戌己+甲辰壬 景　兑
六合　天心 丙+甲午辛 开　艮	白虎　天任 乙+甲戌己 惊　坎	玄武　天辅 甲午辛+甲寅癸 死　乾

分析：

1. 日干为我方，落离宫，临值符之宫，贵人相助之吉象，六壬加六庚为“太白擒蛇”之格，刑狱公平，立剖邪正，主我国参与公平竞争，以实力取胜。

2. 时干为对方，落震宫空亡之地，不吉，虽有休门之助，但时干落宫生日干落宫（震木生离火），为泄气，利在我方。

3. 太岁落宫克时干落宫（乾金克震木）不利对方。

4. 公历7月13日为丁丑日，为时干入墓之日，不利对方竞争者。

两卦结论一致，北京申奥必可成功。

7月13日，北京申奥终于取得了成功，全国上下欢腾鼓舞，这是华夏儿女的光荣和梦想，十三亿炎黄子孙将张开热情的双臂迎接2008年奥运盛会在北京举行。

十三、军　事

1. 判断原则

奇门遁甲中，以六甲值符为统领十干之首领，隐于六仪之下，庚金为六甲值符之七煞，其性凶顽暴烈，故以值符落宫为主方即被攻击的一方；六庚落宫为客方即挑起战争的一方或先动的一方。古有：“景门宜破阵”、“惊门主争讼”之说，故战争又以景惊二门主之。

1. 战争胜负：以值符落宫为主方，六庚落宫为客方，判断胜负看三个条件：（1）生克；（2）旺衰；（3）是否得景惊二门。如值符落宫克六庚落宫，主方胜；六庚落宫克值符落宫，客方胜。如二宫比和或相生，最后可能会言和。又以旺相者胜，休囚者败。得景惊二门者胜，不得者败。如主客两方都旺相，都得景惊二门，又不相克制，就是两方势均力敌，都惧怕对方，最后双方不战而退。如果六庚本身就是值符，为主客同宫，两方不分胜负。又可看六庚和日干，如果日干加庚，主方胜，庚加日干，客方胜。又以日干为己方，时干为敌方，参而断之。

2. 情报信息：以景门为用神，景门落宫旺相得奇，信息可靠，不得奇为诈信，空亡休囚入墓者，为谣言。

3. 部署作战计划：以值符为上级，开门为宫长，六庚为敌军。开门休囚入墓，不带吉神吉格，被值符、六庚落宫克制者，则为计划部署不当，将会因此招致损失或失败。如值符落宫生开门落宫，同时又克制六庚落宫，则为计划部署得当，必可取胜。

4. 敌军去留：以六庚为敌军，六庚落外四宫，敌军不来，落内四宫，必来。如被落宫所克，为安营不稳，自惊而退，如六庚所落之宫乘天蓬、玄武，必有一场大战。六庚得九天，敌军必大张旗鼓耀武扬威或从空中而来；得九地，则以隐敝形式从地面偷袭而来。又有："太白入荧贼必来，荧入太白主贼去"之说，参而断之。

如敌军已入境，测其何时退去，六庚在内四宫为不去，在外四宫为退去，看六庚地盘之干为敌军退去时间，如为年干、年内可退，如为月干，月内可退，日时类推。

5. 攻城：以天禽星为守者，六庚为攻者，六庚乘旺相之气得开门克天禽落宫或入中宫者，城必攻下，反之难攻。

6. 守城：以天蓬、六庚为攻者，天禽为守者，天禽星落宫得开、休、生、景又有六丙，其城可守，固若金汤。如天禽不乘旺相之气，不合吉门，又遇天蓬、六庚之克或入中宫者，其城难守。

奇门遁甲源于军事上的排兵布阵，决策部署及预测，如能对其进行系统、全面、深入的研究，对军事战争及国防建设将能起到积极的作用。

附录一：《遁甲元灵经·兵占》

占贼盗敌兵来去

凡占贼盗敌兵来去，先分界限。冬至以后，自坎至巽四宫为内，自离至乾四宫为外；夏至以后，自离至乾四宫为内，自坎至巽四宫为外。以六庚为敌人。敌人未至，六庚临外四宫；敌人已至，六庚临内四宫。如六庚所临之宫克六庚者，主敌人安营不稳，自惊而退；如六庚所落之宫再乘玄武、白虎、天蓬之神，主敌人来必大战；顶盘得九天则大张声势，鸣鼓而至；顶盘得九地则偃旗息鼓而来。如贼已入我境，看何日何时去，六庚在内四宫主不去，在外四宫则去。总以六甲所落之地盘干支看岁月日时，为来去之期。如太白入荧，虽去贼仍来，然在外界亦主不来；若荧入白，虽主贼去，总在内限，亦主不去。

占贼来否

此时天上奇仪星门克宫，贼得猖狂；如地盘坐于旺禄得令之宫，贼虽来而我以计胜。若我居失令，逢其相克，谨防所失；如我克他，贼虽见而无害；若上下诸星比和，干支相生，主不进不退，恐贼暗来，宜埋伏之。

又法以月将加正时，看天罡所在孟仲季，则知其来否。月将即正月雨水后登明亥将之类是也。

临孟	临仲	临季	来不来	不来	半路	半来	全来
去不去	尚在	半去	全去	出不去	不出	半出	全出
战不战	来战	已战	欲战	罢不罢	已罢	欲罢	未罢
利不利	主利	两伤	利客	何道近	左道	中道	右道
兵被围	可待	相撞	急去	行不行	未行	欲行	已行

占贼情虚实

凡占两家对敌，当定主客。以值符为主，以六庚为客，以所落之宫生克论虚实。如贼人会战和降等情未知虚实，看主客所落之宫。如庚落宫克值符落宫，则其情虚诈；如相生、相比，定是实情，来意不敢为恶。如伏吟，则以六庚本宫与值符本宫生克看之；如返吟，则来意反复不定。

占伏兵有无

凡占伏兵，当以干支、值符、值使，用巳申子卯决之。先看值使在何宫分之，又以月将加本时看值使上有子卯巳申，定有伏兵；再看旺相带刑，必有大战。如空亡、休废，虽来不战。如申巳子卯不在值使宫上，必定无伏兵。如值使宫有子卯申巳一字（一云值符，未知孰是，存疑）加在本时之干，贼在前；加在本时之支，贼在后。以月将加本时支干，相覆贼当在路之险处邀战。

假如大暑中元阴一局戊癸日戊午时，天禽为值符，死门为值使，俱加一宫，巳申子卯不在符宫上，定无伏兵。

占贼临境城可居否以干支分主客

以值符加时干为动为客，以值使加时支为静为主。如值符落宫克时支宫，再乘六庚、玄武，此地不可居；或值使落宫下克上，亦主不可居（即被本宫地盘克是也）。或值符宫与值使宫相生比和，可居；或相刑克（值符宫受克），敌来不能取胜，亦可居。或值使宫神相生、比和者，可居；犯门迫者不可居。

占攻城以六庚主之，太白兵象也，主攻者，天禽在中为受攻者。

看六庚乘旺相，得开门加中五宫，其城可克；又看地盘天禽所落之宫，得旺相吉门者，其将守可擒得；休囚废没及凶门者，其守必死。

占守城以天禽为守，天蓬乘六庚为攻者

看天禽落宫，得生、休、景三门，得旺相又有六丙，其城可守。如无吉门旺相，并再犯天蓬，六庚加中宫，城不可守。

占援兵以生我克彼论之

凡被攻日久，以六庚开门为敌人，以六丙景门为守者，必天禽、六丙合生门，或在守者左右之宫，必有援兵，近而且速。若离禽宫远则迟。如六丙景门休囚受克制，援兵不至（亦无力援我）。如天蓬乘六庚败气，攻者不克，守者可守（以兵威在天禽故也）。

假如清明上元阳四局乙庚日丙子时，天禽值符加丙在坤，天英作援兵加离生禽，则火生土。六庚在乾六宫，受天英之克，必援兵大张声势，有整兵慎战之意。攻者有缓攻畏敌之意，可守无虞。

占胜败占阵以景惊二门主之，曰景宜破阵，又曰乱之，要法视惊门

以值符落宫为主，以六庚落宫为客。如值符宫克庚宫，主胜；庚克值符宫，客胜。又旺相则胜，休囚则败。如值符宫得景门、惊门或二门与值符宫相生，主胜；庚宫得景惊二门，或二门与庚宫相生，客胜。如值符与主客相生，必来讲和；如值符与庚主客俱乘旺相，景门反相刑克，其势相等，两相恐惧，不战而退。若六庚为值符，即为主客同宫，不分胜败。又日干加庚，主胜；庚加日干，客胜。

占闻报虚实当以时干决其真伪

看甲乙壬癸四时，闻事皆虚，忧喜俱无；逢戊丙二时，闻忧则虚，闻喜则实；逢丁时，则忧无大忧，喜无大喜；逢己庚二时，闻喜则无，闻忧则实；逢六辛时，忧喜平二。

六壬以月将加时，看日辰与上神之生克。如相生为实信，相克主虚信。如朱雀、天空临时临辰尤不可信。

占来人善恶

六壬以月将加时，神后落处断之。寅申巳亥良人，子午卯酉商客，辰戌丑未凶恶细作。

占使人探侦

两家对垒，久无动静，使人探其消息，既分主客，又当以值使决之。如值使落宫生主宫，去则得力；克主宫生客宫，去必向彼；若克客宫，必探得的实。主生值符宫，虽泄主气亦吉；客生值使宫，克值使宫，虽泄客气亦主彼吉。值使宫自相克制，必不敢去，或途路有阻，旺则稍可，休囚大凶。

占行间其地

两国兵争，或应间谍行不以法占之，以值使为彼国，丙为自己，庚为所间之人。以月将加本时，看丙与值使所得何支相冲，则动；不冲，则不动。既已冲动，又看庚值使之乘星。庚旺间人无益；庚星克值使之星者，无益；相生者，无益。必值使乘星克庚乘星者，其术得行也。

占诈诱彼堕计中否

敌国相攻，兵不厌诈，以六丙为己，以六庚为敌，朱雀为谣言。必朱雀为落宫旺相为地，又要六丙落宫克六庚，或丙生六庚，其诈得行。如庚虽被丙克在旺相之乡，或生六丙不在休囚废没之地，主半疑半信。丙被庚克，或生六庚而不旺相者，其术能行。

如常人争讼私斗类，亦欲行诈诱之法者，日为自己，年为长辈，月为类，时为晚幼，其占法同。

占出兵领饷

出军讨贼，以天辅为饷司，天冲为将领，青龙为饷神。若天辅落宫克天冲宫，有饷不发；天冲克天辅，亦不吉。必两相生比者，发。又看青龙旺相，比、生天冲者，其饷必多；落休囚废没，其饷不足。

占行兵无水

欲知何处有水，以休门下定之。见申为江河，小吉为井，太冲为池塘(六壬以月将加时)。

占行兵迷路

凡行兵遇深山大林，暮夜迷路，以三定其去向。因三有生气，又为破军、天马之象，故云：之三避五，八方无阻。或以天罡所落处行百步外自遇大路。

天罡加孟在左，加季向右，加仲中行，自得大路。六壬以月将加时。

释之三避五

假令冬至上元阳一局甲己日夜半为甲子时，至平旦为丙寅时，得此三时为生气，和百事，故曰之三；至食时为戊辰时，此五时为害气，故凶宜避。

甲日丙辰时，丙火乃甲子孙，是日生时干，为生气，又合吉格，大利主；至戊辰时，甲木克戊土，而甲木主为戊土为官克于时，为死气，右上干克下干，门克宫，故大利客兵。

五符造天关断鸦鹊鸣方吉凶，看此十二神将所主。

凡出军、行道、住宅闻鸦鸣鹊噪者，看其从何方来，就占其吉凶而趋避之。

遇五符星方噪酉上癸：主人送信，诸事吉又宜驻兵动众、晋谒、求财。

遇天曹星方噪戌上甲：主行征往来出入吉一说外出平平，若战斗主气力弱。

遇地符星方噪亥上甲：主出征有神助，女人报信吉又主惊虚，三军忧失不宜，征战并罡魁煞入吊客。

遇风伯星方噪子上甲：宜出旧，远出、行兵必中虚诈又主出入忧惶，大风虚惊、暗昧、失物。

遇雷公星方噪丑上乙：不宜兴兵远出，必有二人报信又必有风雨、阴私、计谋、怪梦、惊忧。

遇雨师星方噪寅上丙戊：宜守，水战大吉又路逢阴雨或狂风骤雨。

遇风云星方噪卯上丙戊：主有钱财、吉庆，不宜先动兵又宜唤客迎宾，心不定。

遇唐符星方噪辰上丁己：主人送财伏兵大吉。又人马大胜，一可胜十，凡所营求无不吉利。

遇国印星方噪巳上丁己：主文书报信，出兵大胜又主有迁进、改除之事，无不吉。

遇天关星方噪午上丁己：主斗战，行兵大凶又路逢阻滞，因讼遗物，斗讼征行凶。

遇地轴星方噪未上壬：主阴人恼乱杀之事又主人马不胜，值囚钱谷散失。

遇天贼星方噪申上壬：主口舌争竞，官司告事凶又路逢盗贼，暴风来处是贼方位。

每日定三门，遇五符、唐符、国印三位大吉，或出入等事不避凶杀，但得三位者，无不吉利，于禄上起五符、二天曹、三地符，照上式顺排至天贼止。

如甲禄在寅，乙卯，丙戊巳（一云戊禄辰），丁己午（一云己禄戌），庚禄申，辛酉，壬亥，癸子。天曹、地符宜守，风伯消息凶，雷公大凶，雨师忧贼至，天关宜追捕，天贼必占贼，遇地轴多逃遁，风云宜避。

附录二：《诸葛武侯千金诀·兵占》

【值符】

蛇：三军司令。

符：士卒旗鼓。

阴：阴谋、埋伏、私通。

合：主谋臣赞画。

朱玄：间谍军营。

【值使】

休：养于纳降。

生：修营垒，安军图。

伤：赏罚捕逃。
杜：伏险、夜遁，坚壁。
景：投书探听。
死：行刑录囚。
惊：擒杀。
开：开壁，迎敌，遣使。

【十干】

甲：总戌。
乙：副将。
丙：先锋。
丁：说客。
戊：大队。
己：辎重。
庚：劲敌。
辛：游骑。
壬：骑兵。
癸：天堑。

【九星】

蓬：猛将。
任：狻将。
冲：战将。
辅：儒将。
禽：凶将。
芮：顽将。
英：义将。
柱：雄将。
心：天将。

【九宫:】

一：甲子辰，宜水战。
二：四维土，利攻围。
三：寅午戌，宜火攻。
四：节气。
五：节煞。
六：节气。
七：巳酉丑，战。
八：四维土，宜坚壁固守。
九：亥卯未，援解。

【门户】

阴六地天喜临，勾白朱玄忌照。

天马更坐天马，出行如乘飞骥。

【三甲】

孟甲：合阳星阳气在内利战，合阴星阴气在外利守。

仲甲：合阳星阳气利于后应，合阴星阴气在内利守。

季甲：合阳星阳气在外利守，合阴星阴气在内利主。

【论干支】

日干我军时干敌，日制时兮战必克。

时干若或克日干，号令三军宜坚壁。

日干若受时干生，来将私意怀归伏。

惟嫌壬癸作生神，须防诈降终无益。

时干若是脱日干，对垒之间闪赚的。

主客从来分时日，先起之兵即作客。

日支时支偏将论，生克休咎如干陈。

两家纳音宜究检，先后胜负援剿因。

辨出行居生旺气，休囚刑克君莫向。

天罡六壬玄妙道，煞贡人专与大安。

明堂天德金柜校，□□□□□□□。

【论值符】

值符占验大将军，本宫得吉立大勋。

三宫检点无凶碍，左右冲战遂将心。

再将年命来参取，不值刑冲无祸侵。

地天螣阴朱勾六，何者为仇何者亲。

九地失刑防偷劫，九天害隔莫交兵。

时日勿与值符害，方位宜同值符生。

【论值使】

值使得令堪进取，地门有吉分正奇。

推详主副年与命，临吉门中是胜基。

倘值网罗并反伏，太公阴符不用之。

【论十干】

奇偶各有所分属，最忌囚墓与刑格。

制甲之神喜休囚，辅甲之神怕孤隔。

甲所用神如伏仇，本营奸宄须推测。

查其本局孤与虚，系何奇仪落其局。

分局即值孤虚宫，毕竟吉凶半准的。

天用落空与值刑，切忌临此遭损失。

【论九星】

九星旺方能取胜，休囚失地忌兴师。

悖格飞伏皆难许，最羡吉宿得奇门。

天上风雷来助武，上下左右魁与骠。

蹑罡履斗丁甲使，疑神疑鬼壮军威。

【论九宫】

九宫起元考天时，地适三方宜征推。

水火金木土各别，主将年命莫教违。

正局老营堪之寨，过局辎重可屯栖。

将来局位伏接勦，奇正分兵奏捷回。

【论门户】

门户忌迫墓格刑，欣逢遁假诈使来。

如若加临孤虚地，出军不利好逃兵。

倘逢天乙登天门，煞没神藏任取亨。

【论三甲】

三甲详分开阖情，开宜兴师阖偃兵。

孟甲反伏不宜动，仲甲反伏犹豫情。

季甲反伏背宜动，此从罡诀断玄宗。

更有三甲玄加临，迟中变速动中宁。

孟甲加仲宜哨探，加季上面好进征。

仲甲加孟始留心，加季宫中快起营。

季甲加孟权弛北，加仲之时防伏兵。

阳时喜逢上克下，阴时克上亦称情。

【论吉凶格】

返首一战成功，跌穴伏兵必胜。天遁大开旗鼓，所战必克。地遁安置营垒，埋伏出奇兵。人遁利侦探，神遁便阴谋。鬼遁偷劫可行，龙遁祈祷大利。虎遁招讨，威振远方。风云二遁，抽避为良。三诈争战定胜，五假变动成功。三奇得使，偏裨效力。玉女守门，阴私可行。三诈宫百战皆捷，天辅时有罪可原。天三门宜张招扶之旗，地四户须置埋伏之卒。地私门潜藏之路，天马方逃难之乡。门吉星吉符吉，战胜攻取均亨。乙加辛宜防败北，辛加乙且勾图谋。癸加丁军谣有变，丁加癸将撤生疑。伏干当虑暴出之师，飞干恐堕敌人之计，伏宫劲敌难御，飞宫先锋失机。大格主营生变，月格偏将受伤。日时格岂堪搦战，五不遇且苟进征。荧入白兮诈退而必返，白入荧兮穷寇而莫追。网罗岂避坑陷，返伏却忌交兵。三奇入墓与刑制，副将授兵不协情。六伏击刑，战虽利而有损，门空制迫，营虽固而防冲。

2. 实例分析

实例一

1999 年农历三月二十一日（公历五月六日）中午，与几个朋友一块聊天，大伙对南联盟局势都很关注，我回家后，用抽占的方法对此进行了预测，当时抽戌时，干支历为：

己卯年，己巳月，戊午日（空：子、丑），壬戌时（空：子、丑），谷雨中元阳遁二局，天柱值符落乾宫，惊门值使落乾宫。

白虎　天禽 甲戌己+甲申庚 伤　巽	玄武　天蓬 甲申庚+丙 杜　离	九地　天冲 丙+甲子戊 甲午辛 景　坤
六合　天辅 丁+甲戌己 生　震	天心 甲午辛 寄二坤　中宫	九天　天任 甲子戊 甲午辛+甲寅癸 死　兑
太阴　天英 乙+丁 休　艮	螣蛇　天芮 甲辰壬+乙 开　坎	值符　天柱 甲寅癸+甲辰壬 惊　乾

分析：

1. 六庚为客方——为以美国为首的北约，乘天蓬、玄武凶恶之星临离宫，庚加丙为“太白入荧”之凶格，占贼必来，为客进利，为主破财，战争利于北约，六庚、蓬、玄同宫，团伙作恶之象，正是以美国为首的北约，不顾国际社会的谴责，打着“维护人权”之旗号，合伙加害南斯拉夫的象征。

2. 值符为主方——为南联盟，乘惊门、天柱临乾宫，癸加壬为“复见螣蛇”之格，又为“天网终狱”，凡事不利。虽惊门临值符宫，但休于月建，战争不利于南联盟。

3. 六庚落宫克值符宫（离火克乾金），且六庚落宫夏季临旺，胜在北约。六庚临离，离为火、为日，在天之象，主北约对南联盟主要进行空中打击，预测之日，辰时交立夏节，夏季火旺之时，北约对南联盟会加大打击力度，午月火旺之极，金处死地，南联盟必会束手接受美国的条件。

我当时测过之后，完全没想到，南斯拉夫当地时间五月七日晚，以美国为首的北约竟悍然发射五枚导弹袭击我国驻南斯拉夫大使馆，新华社记者邵云环、光明日报记者许可虎和妻子朱颖以身殉职。这是由于我国政府主张正义，坚决反对以美国为首的北约的罪恶行径，而美国对我国进行的野蛮报复，使美国称霸全球的野心图谋充分暴露。激起了我国政府最强烈的抗击，全国上下民众、海外华人、国际社会强烈遣责北约的暴力行径，对此表示极大的愤慨。

回头分析，就会发现这些信息已完全包含于奇门局象之中。

4. 日干甲子戊为我国，乘九天、死门、天任临于兑宫，受六庚落宫之克（离火克兑金），是北约加害我方的信息标志。兑宫戊加癸为“青龙华盖”之格，门凶多乖；辛加癸为“天牢华盖”之格，日月失明，误入天网，动止乖张。九天主飞机，是北约用飞机从空中发射导弹袭击我驻南使馆的标志。

5. 玄武临庚，主奸诈险邪、诡辩，是北约袭击我国驻南斯拉夫大使馆后，耍伎俩、作诡辩，掩盖事实的象征。

6. 六己加六庚，五月七日（南期拉夫时间）为己巳月、己未日，为月、日之格，应期之时，是北约袭击我国驻南使馆的时间标志。

1999 年公历 6 月 10 日（午月、巳日、火旺极之时），北约宣布暂停对南联盟的空袭，联合国安理会通过了政治解决科索沃危机的决议，南联盟国土上燃烧了七十八天的战火终于熄灭了。

北约 78 天的狂轰滥炸，使南联盟遭到了极其严重的损失，为了自己的民族生存和国家的长远利益，南联盟政府和人民迫切希望尽快结束这场战争，如果顶下去，将会面临更大的民族灾难。国此南联盟在俄罗斯和联合国积极参与，并确保国家主权及领土完整的前提下，接受了北约提出的种种苛刻条件和无理要求。

实例二

1998 年年初，由于伊拉克政府同联合国特别委员会在武器核查问题上发生分歧与冲突，海湾局势剑拔弩张，一触即发，美、英等国宣称将对伊拉克进行军事打击，俄罗斯领导人则宣称，如美、英等国对伊动武，俄将做出必要的反应。战争一旦打响，将会引爆第三次世界大战。农历正月初十日（阳历二月六日）晚，中央电视台新闻联播报道海湾局势之后，自己起局分析预测海湾战争是否会再次爆发，当时的干支历为：

戊寅年，甲寅月，甲申日（空：午、未），甲戌时（空：申、酉），立春中元阳遁五局，天心值符落乾宫，开门值使落乾宫。

白虎 天辅 乙+乙 杜 巽	玄武 天英 甲辰壬+甲辰壬 景 离	九地 天芮 丁 丁 甲子戊 + 甲子戊 死 坤
六合 天冲 丙+丙 伤 震	天禽 甲子戊 寄二坤 中宫	九天 天柱 甲申庚+甲申庚 惊 兑
太阴 天任 甲午辛+甲午辛 生 艮	螣蛇 天蓬 甲寅癸+甲寅癸 休 坎	值符 天心 甲戌己+甲戌己 开 乾

分析：

1. 天、地、人三盘伏吟，不动之象。

2. 六庚为客方，为美方，落兑宫，庚加庚为“太白同宫”格，又名“战格”，兄弟雷攻之象，正符合美、英联合对伊拉克动武的迹象。但兑宫为空亡之地，庚加庚又为伏吟，上乘九天，主虚张声势或布置空中打击计划，下乘惊门，利于客方。

3. 值符为主方，为伊方，临乾宫，六己加六己为“地户逢鬼”之凶格，病者必死，百事不遂，正合伊拉克现状。

4. 六庚、惊门落宫与值符相比和，有言和之象。且六庚惊门在兑宫为落空，不实之象，亦主美方虚造声势，在气势上征服伊方，迫使伊方接受种种条件。

5. 太岁甲子戊为最高领导机构，为联合国组织，甲子戊在中宫寄二坤宫临死门，说明联合国领导人处境也很艰难。甲子戊落宫生六庚及值符落宫，象征联合国组织会向美、伊两方说好话，作出调解，平息局面。但坤宫为旬空之地，待未、申之日填实，联合国组织将会作出决定。

测后不久，公历二月十七日（农历正月二十一日乙未日，正好为坤宫未土填实之期）晚七点，联合国秘书长安南在新闻发布会上宣布，他将于二月二十日前往巴格达进行斡旋。二十二日晚终于同伊方政府就结束核查危机达成协议，海湾危机终于平息了。

实例三

2001年9月11日，美国发生了严重的恐怖事件。恐怖分子劫持了三架美国国内航机，分别撞向纽约世界贸易中心双塔和美国国防部所在地五角大楼，导致世贸双塔大楼倒塌，3200多人死亡或失踪，直接和间接经济损失达数千亿美元。美国仅资本市场方面的损失就将超过1000亿美元。所有这些损失，均将由于全球经济的运行，而或多或少地传导至全世界的每个角落。9月16日（阴历七月二十九日）晚，中央电视台新闻联播报道美国总统布什发表电视讲话，确认本·拉登为策划“9·11”事件的重大嫌疑人，并宣布美国将发动反恐怖主义的全面战争，我遂测何时开战。当时的干支历为：

辛巳年，丙申月，壬午日（空申、酉），庚戌时（空寅、卯）。白露上元阴遁九局。天禽为值符，死门为值使。

六合 天芮 丁+甲寅癸 开 巽	太阴 天柱 甲寅癸+甲子戊 休 离	螣蛇 天英 丙 甲子戊+ 甲辰壬 生 坤
白虎 天蓬 甲戌己+丁 惊 震	天冲 甲辰壬 寄二坤 中宫	值符 天禽 丙 +甲申庚 甲辰壬 伤 兑
玄武 天心 乙+甲戌己 死 艮	九地 天任 甲午辛+乙 景 坎	九天 天辅 甲申庚+甲午辛 杜 乾

分析：

1. 八门反吟，主战争必打无疑。

2. 天蓬为凶恶之星，主本·拉登，天蓬与白虎、惊门同落震宫，白虎主暴力血光，惊门主战争恐怖事件，象征着本·拉登策划制造流血恐怖事件的迹象。

3. 以六庚为发动战争攻击的一方，主美国，六庚加六辛为兄弟联手之象，象征美国会联合盟国参战，六庚临乾宫属金，旺于秋令，克天蓬落宫震木，赢在美方，九天临乾宫，美将首先布署空中打击计划。

4. 日干六壬（主我方）与月干六丙（主其他国家）临兑宫与六庚落宫比和（兑乾比和）其他国家不会干预美国的行动。并给予支持。

5. 何时开战，六庚落乾宫，对应戌、亥之月，故美国最快也要进入月令戌月，才会开战。

实际情况：美英于北京时间阳历十月八日（阴历八月二十二日）凌晨零点三十七分正式开战，此日正值寒露节，是进入戌月的标志。

笔者按：为了证明奇门九星用飞盘的准确性与其实性，现将同时间起出的卦象进行验证，进而得出信息同步之结论。卦象如下：

六爻分析：

震宫：泽风大过（游魂）　震宫：雷风恒

六神	伏神	本卦			变卦	
白虎		妻财未土 ▅ ▅			妻财戌土 ▅ ▅	应
螣蛇		官鬼酉金 ▅▅▅	○ →		官鬼申金 ▅ ▅	
勾陈	子孙午火	父母亥水 ▅▅▅	世		子孙午火 ▅▅▅	
朱雀		官鬼酉金 ▅▅▅			官鬼酉金 ▅▅▅	世
青龙	兄弟寅木	父母亥水 ▅▅▅	应		父母亥水 ▅▅▅	
玄武		妻财丑土 ▅ ▅	应		妻财丑土 ▅ ▅	

金鬼临螣蛇发动主战争之象，但旬空，出空之日，当为开战之时，阴历八月初三日乙酉日为出空之时，但此时属甲申旬，上六爻未土落空，未土临白虎主血光，亦主战争之象，落空则主时机未到，待未土出空、官鬼酉金值日，方是开战之时，阴历八月二十二日丁酉日，酉金值日，此时上六爻未土已出空，为美英发动战争之时，与实际情况相符。

梅花易分析：

主卦	互卦	变卦
▅ ▅	▅▅▅	▅ ▅
▅▅▅	▅▅▅	▅ ▅
▅▅▅	▅▅▅	▅▅▅
▅▅▅	▅▅▅	▅▅▅
▅▅▅	▅▅▅	▅▅▅
▅ ▅	▅▅▅	▅ ▅

全卦形成了金木相战的局面，主战争必打无疑，用卦为兑卦为主克方，属美国；体卦为巽卦为被克方，属阿富汗。秋季金旺木处死地，胜在美方，主、互、变卦数加动爻数 2+5+1+1+4+5=23 数，离开战日期还有 23 天，与实际情况相符。

十四、风 水

1. 判断原则

(1) **阳宅风水**：以日干为人，时干为宅，生门为屋舍，死门为宅基。以其旺相休囚乘格局以及相互间的生克制化关系判断吉凶。如时干落宫乘旺相之气带奇门吉格来生日干落宫者，为大吉之宅；时干落宫虽不带奇门吉格，但却乘旺相之气吉神吉星来生日干落宫者，亦为吉宅；如时干落宫所临之星门吉凶不一，不克日干落宫者，为一般住宅；时干落宫乘凶神凶格克日干落宫者，必为大凶之宅。又以值符为新宅，值使为旧宅，参以决之。

(2) **阴宅风水**：以死门落宫之天地二盘之星判断，地盘之星为死者，天盘之星为生人。又以求测者与葬者的六亲关系取用神，看其落宫的格局组合以断吉凶。

死门乘三奇吉格与地盘之星相生比和，不相克制者，主死者安；死门落宫地盘星生天盘星，又有三奇吉格者，为吉地，主存亡俱安，后主兴旺；若死门与天地盘之星相克者，主存亡不安；地盘之星克天盘之星不得三奇吉格护持者，为不吉之地，主存亡俱凶；死门反吟者，迁之斯吉；死门落空者，主无地气。再以何干何神何格推之，吉星吉格，生旺者吉；凶神凶格，克制者凶。

附录一：《遁甲元灵经·占地理法》

地理有形皆有法，分门定局预能明。
相生圆活并长厚，相克浅斜尖狭轻。
天蓬方满带奇刑，天任高冈驿路深。
得遇奇门园径在，相逢凶格拟坟墩。
天冲树木多丛杂，天辅三义近阁亭。

天英窑灶兼枯涩，庙宇溪沟在芮禽。
天柱桥梁并曲径，园林寺观合天心。
休门淹水井泉多，道路桥梁生上过。
伤门闹市兼亭院，杜上斜沟曲涧波。
景上绵绣直罕见，四园土阜有山窝。
死门山野兼林木，葬有长堤对酒炉。
惊门灰堑兼污秽，开处通衢入画图。
时池高底多短长，且使符使总端详。
时旺相得加倍算，休囚失令照寻常。
门迫受伤因减半，路逢远近有规方。
锱铢瓦砾穿物色，更把天星合地详。
伤冲大小水兼三，四杜辅中五六纤。
休蓬一六数为先，生任排来七八间。
惟有景英三九数，芮禽死使二三连。
惊柱数中应二七，开心六九勿虚言。
休囚旺相从心豁，虽得千金莫浪传。
符加丙兮生穿地，黄玄物色自新鲜。
加休土块深青紫，开若逢之见水津。
加惊壕堑疑坚石，加死多年骸骨深。
加景微尘兼灰土，杜门击瓮饬刑伤。
伤上一宫殊物异，远年朽木地煤坑。
丙加符甲在开门，地色红黄雾气腾。
休门有水多漂白，生上顽砖及古坟。
伤门枯木兼藤蔓，杜上禽毛气赤青。
景门板龟泥枯壑，死门布帛及衣襟。
惊上锁匙尘铁索，傍边兼有石灰瓶。
丙丁如加天任宫，土中沙起色黄红。
冲星若也来相遇，蒲包草席有形踪。

辅星绳索有连钞，英上加之器是钞。
芮禽穿下多文墨，更有车辕与草茸。
天柱临之有贵物，非丝非帛拟钱筒。
天心奇物投嫌墓，堕坏钱财未落空。
天蓬沙石泥无实，如掘渊泉水溢冲。
丙己加生土色黄，如加伤位色如糖。
杜门碧绿还兼紫，景亦斑斑点血苍。
死门乱石兼磁器，土色玄红不是良。
惊门如镜有明亮，轻浮白色时开方。
休门色若污泥黑，再看天星辨隐藏。
丙加庚兮荧入白，八位移来有吉凶。
休门不可利言凶，蓬宫之宫非吉得。
如生怪石势嵯峨，加震穿寻多发积。
杜门铁索与香炉，加尸棺材有污骨。
惊门灰炉飞又沙，玩器巾杯开上集。
庚加丙上白入荧，开门加之不一同。
簪头器皿并钮扣，土色穿来定赤红。
休加土色如牲血，毁筋残杯在艮宫。
伤门狸洞兼蚯蚓，杜上青森亦草虫。
景门干燥如螺蚌，死上丝罗不尚空。
惊门枯井堆砖砾，此格由来多咎凶。
青龙逃走乙加辛，开遇乘龙拟宝珍。
休门吐血藏牲骨，生艮黔啄是羽鳞。
伤门遇遁多清洁，果核桃李在杜门。
景上蛤蜊兼骨梗，死门旺相小尸灵。
羊角如难惊上得，更兼蛋壳应如神。
辛加乙上号猖狂，生杜宫中仔细详。
七八局中如合此，回凶转吉不寻常。

辛加伤上土色青，地中蛇穴洞何深。
景门桥木并盔甲，黄土沙泥在死门。
惊门铁瓮多白色，刀柄枪头开位临。
休门驼物兼色骨，生杜门中地可钦。
癸加丁上蛇夭娇，若遇休门气渐消。
开门物贵形如朽，惊上川流水自滔。
死门畜骨兼牛角，景得奇门有滔滔。
杜门乐气兼古鼎，伤门有木鱼不敲。
生上一宫无外物，木梳毁折破磁稍。
朱雀投江丁加癸，如加死上古坟基。
惊和加水无泥溢，开上穿来旧石灰。
休门疑有头枯骨，生遇蓬之死犬猫。
伤门堕板无丁钉，杜有山林古石碑。
景门锦雉直文彩，土色红黄地穴奇。

占安葬迁改补遗

此时日合贵人、禄马，合山头神龙，生旺有气为主。如某龙旺于某季，在春夏秋冬二十四气之内，按阴阳二遁取用日时。合太阳照临向坐，若太阴、太阳映照更美。其乙、丙、丁、六仪不临墓绝之时，合于吉格，与亡命祭主山运分金，补泄得宜，水口相生相合，并门宫有奇，得死、景、生门到坐，余门到向相生，乃万全之吉也。

造宅三白占家宅歌

飞符入于鬼乡，看其休囚之类。虎入门兮人散，雀带刑兮吏追。勾刑门兮宅祸，虎害干兮人灾。螣附蓬星为直战，小口惊忧；武会任宿而当权，小人邪孽。六合天柱子女怨尤，太阴景英宠婢窃位。九地庚辛为伏两，若遇惊伤而带刑害，暗中有损；九天丙丁为飞牒，若乘甲乙而逢克战，鬼怪须防。朱雀再附丙丁，喧争聒耳；玄武更加壬癸，宵小跳梁。庚辛白虎得地而凶势愈张，戊己勾陈刑冲而破败立见。烧身之虎，先凶后吉；入土之蛇，蛰后须伤。返首兮画栋雕梁，跌穴兮藏龙聚气。九遁则知拱获有情，得挟定然堂构森列。守门在家清吉，游仪出外更良。乙加辛门廊有损，辛加乙虎首房强。癸加丁厨厕不利，丁加癸祟魅为殃。伏干人宅俱不顺，飞干基址招殃。伏宫人宅皆妨害，飞宫祸起萧墙。大格小格邻家有冲射，刑格悖格眷属不安康。白入荧防有怪异，荧入白火烛惊惶。五不遇兮人有损，网罗布兮事怪张。六仪击刑凶灾迭见，三奇入墓暗室幽房。反吟不吉，伏吟不祥。

占家宅

此时遇门生宫，上干生合下支，乙丙丁、六仪临旺禄生宫，主宅舍清宁，人口平安，进益田产。如生门生宫有田产、布帛、五谷进益之利，如开门生宫有金玉、宝珍、财物贵人之益。详八门生克，推之若凶星、门克宫，地盘临衰墓而又受伤者，口舌、灾厄、狱病、小人、忧惊不免。如阳星被伤则阳人灾非，如阴星受克必阴口灾病。如阴阳皆被克则生阴人男子之忧。如乾为父、坤为母、震为长男之例，若其人本命在墓绝之宫，又被冲克，其灾非病命绝，若有比和逢生为难中有救。

占起造

此时门生宫，合吉格，三奇六仪加临禄旺、长生之宫，或日时遇贵人拱照，宅主与坐向相合，或天禽坐镇中宫，或太阳照映坐向，乃为完全吉庆，发禄非常。若有诸家恶星反为我制，则为我之用神，百无忌也。

占修宅舍

凡修宅，以生门为主，必得全吉日辰。地基上有又得生门为上，宜修造。如生门为天禽，此时在中宫，亦吉。若修方生门在其宫，忌宫门犯迫。阴宅同此。

占迁移以九星论之，以九宫分方向定可否

看迁移方上一宫，有三奇、吉门再得天禽星，四季皆吉；天辅星春夏大吉；天心星秋冬大吉；其余星皆不利。各以其来时占之，以定天乙也，即以所占时看何星为天乙定之亦同。

占分居以宫分支干照月定日期

坎离两宫为阴阳分位之始。自十一月至四月为阳，以坎艮震巽为内，离坤兑乾为外；自五月至十一月为阴，以乾兑离坤为内，以坎艮震巽为外。又以年为父母，月兄弟，日为己身，时为子息，按本局中支干推之。欲分兄弟，照日月支干看宫分内外。支干如在内外两处，为分居；一处为不分居。欲分子息，看日时支干可类推也。再以旺相休囚定吉凶。

附录二：《诸葛武侯千金诀·家宅占》

【值符】

值：宅艮山向。
蛇：小婢、惊痫。
阴：女婢。
合：子女、弟兄、亲友。
勾白：奴婢、道路。
朱玄：光棍、口舌、盗贼、小人。
天：明堂。
地：暗室。

【值使】

休：坎宅门路。
生：艮宅门路。
伤：震宅门路。
杜：巽宅门路。
景：离宅门路。
死：坤宅门路。
惊：兑宅门路。
开：乾宅门路。

【十干】

甲：栋柱。
乙：梁柱、福杈、车门、卧榻。
丙：香火堂。
丁：窑灶。
戊：墙院、厂房。
己：住居、天井、房屋。
庚：过道、屋脊、炉堂。
辛：围积、户牖、釜甑。
壬：小路、门扇，井。
癸：厕后门路。

【九星】

蓬：房屋、亭院、神、中男、妇女。
任：少男、道士、道路。
冲：长男、经纪、户牖、棺。
辅：长女、僧尼、鼎、筐。
英：中女、堂室。
芮：老眷、道路、井院。

禽：母、姨、堂室。

柱：少女、门户、父、叔、厕阁。

心：墙。

【九宫】

一：得令秀正委曲，失令高低参差。

二：得令幅圆宽广。

三：得高低中院，大破低路。

四：节申子辰、气巳酉丑。

五：节居四维土，气居四库土。

六：节寅午戌近罔冶，气亥卯未近桥梁。

七：得令四齐院密，失令缺凹破败。

八：失令倾颓凸凹。

九：得令曲直新鲜，失令折中。

【门户】

朱白忌登天门，勾玄忌居地户，门户合阳星旺相者宅宇轩昂，门户合阴星休囚者低矮。

【三甲】

孟前门路，开旺光明，阖囚歪破；仲甲中门堂，阳开整齐，阴开破漏；季甲后门墙，开旺壁光新，阖破损坏。

【论干支】

日干为人时干宅，人宅相生多利益，人若克宅庶可居，宅若伤人住不得，纳音生克与刑冲，较取年命定祸福，值符从中作生授，福神到堂喜安逸。

【论值符】

占宅值符逢休废，人眷房屋疑衰替。

飞宫上下两无伤，前后新旧皆遂意。

【论值使】

值使得来怕悖迫，克仪落宫及反伏。

水木漂流火金劳，土值刑伤灾疫逐。

金水刑囚露风声，木火猖狂防回禄。

开杜生死若失宜，算来门向须改革。

【论十干】

三奇六仪所临宫，逢生乘旺必兴隆。

刑墓空亡悖格害，休囚其间断其踪。

【论九星】

九星五行占六亲，得旺无伤喜庆新。

反伏二吟刑囚星，宅眷灾迍当推寻。

【论九宫】

九宫起元论风水，乘旺临生为福祉。

假令飞伏入鬼乡，从旁休囚因类推。

【论吉凶格】

返首宅宇轩昂，跌穴雕梁画栋。藏风聚气遁格里，参详拱护有情。诈局中理会。得使而堂构森严，守门而家居清吉。五假抽添偏宜，三胜修造获吉。乙加辛而房廊有损，辛加乙而虎首房强。癸加丁而厨厕不利，丁加癸而魅祟为殃。伏干入宅欠顺，飞干基业招殃。伏宫招入加害，飞宫祸起萧墙。大格小格冲射不利，刑格悖格宅眷不昌，荧入白兮防怪异，白入荧兮慎火光。五不遇兮人有损，罗网张兮见乖张。六仪击刑凶灾伏，三奇入墓暗幽房。天马空陷无出路，反伏门迫总非祥。吉凶格见防其类，检点六亲何者当。

又附：《诸葛武侯千金诀·埋藏占》

【值符】

符：茔圹龙神结聚，形势起伏。

蛇：道路罗星，对岸去脉。

阴：穴顺起风，吉伸昌弓。

合：向道植树，左吉右弓。

勾白：护沙，内势拱对，外势古沙。

朱玄：明堂，原长水主凶乘龙。

地：穴窝脐跌歇之情。

天：向屏障照临之势。

【值使】

休：壬子癸黄泉在辰，忌辰戌日时。

生：丑艮寅黄泉在寅，忌丙寅日时。

伤：甲卯乙黄泉在申，忌庚申日时。

杜：辰巽巳黄泉在酉，忌辛酉日时。

景：丙午丁黄泉在亥，忌己亥日时。

死：未坤申黄泉在卯，忌乙卯日时。

惊：庚酉辛黄泉在巳，忌丁巳日时。

开：戌干亥黄泉在午，忌丙午日时。

【十干】

甲：黄泉艮库在未，忌寅，水向忌亥流。

乙：黄泉巽库在戌，忌辰，水向忌丑流。

丙：黄泉巽库在戌，忌午，水向忌寅流。

丁：黄泉坤库在丑，忌未，水向忌寅流。

戊：居坎。

己：居离。

庚：黄泉坤库在丑，忌申，水向忌申流。

辛：黄泉乾库在辰，忌戌，水向忌辰流。

壬：黄泉乾库在辰，忌亥，水向忌巳流。

癸：黄泉艮库在未，忌丑，水向忌巳流。

【九星】

蓬：水形方。

冲：木形长斜。

英：火形尖虚。

任：土形曲尖。

辅：木形秀丽。

芮：土形偏侧。

禽：土形方正。 柱：金形仰缺。

心：金形门窝。

【九宫：】

一：结穴水局。 二：四维土。

三：结穴木局。 四：节申子辰，气巳酉丑。

五：节气结穴土局。 六：节寅午戌，气亥卯未。

七：结穴金局。 八：四库土。

九：结穴火局。

【门户】

迎向朝对看天门，拥护过峡看地户。门贵合天乙、天马、三吉门者吉，户贵合阴贵、九遁、五假者佳。

【三甲】

孟甲看左势（主龙），仲甲看中势（主穴），季甲看右势（主河水）。开忌无刑阖忌隔，内外开阖前后测。全开沙水没收拦，全合不化欠利益。

【论干支】

日干为人时干地，纳音所藏山向寄。

两干生合可迁葬，地克人兮不惬意。

日纳山情时纳向，山向无伤堪茔圹。

其中有一犯刑伤，酌分改山与迁向。

山向未可克地元，时师点向无真传。

若克人死亡者害，劝君另议向山看。

化合中间定龙神，化旺须真假囚困。

化气纳音相生合，得此衣紫与腰金。

若再符使乘健旺，终始迪吉可安坟。

【论值符】

值符占地火势刑，木火金土水类情。

旺相休囚与孤虚，审时考宫可辨明。

太阴穴情九地穴，明堂路案考朱蛇。

向对屏障九天问，主山砂势玄白陈。

用神不犯刑孤格，得合生合可圹茔。

【论值使】

值使分占山与向，其中转折多情况。

休囚飞旺可立茔，旺飞休废莫交创。

好将飞伏两参详，彼此无伤宜山向。

所忌煞曜时日逢，端的其山有此状。

更忌此使入此宫，宜速改迁方无恙。

【论十干】

十干贵查分所主，莫教鬼克入关栏。

尤嫌坐临忌煞位，此地当年拟废间。

甲乙兴龙左脉威，制主须教林木芰。

庚辛眠外无惊险，昂首冲空右脉线。

丙丁得令跳峰秀，一有瑕疵口舌关。

壬癸得元来脉厚，枯涩休囚后裔难。

戊己毯檐胎息地，须要生煞入其间。

细查何干孤克缺，堪断其方缺废残。

子父财官区以别，富贵儿孙一局颁。

【论九星】

大概九星要纯粹，脱脱变鬼定衰替。

吉报吉星吉更多，凶助凶威凶主畏。

只要本星生本茔，飞伏两宫顾主利。

欲查形势折换形，进退加临考星仪。

旺相休囚逐一详，便知其形成兴废。

【论九宫】

九宫起元论山祖，元局不孤才可许。

若有一局坠旬空，化气不真非为美。

即令全局总无伤，再将本局细参取。

起从何宫飞何向，穿田过峡须寻迤。
更看归局历几辰，详考变脱可脱体。
倘得节次入生乡，此是佳城天付与。
上局得令左偏宜，中元依中下右取。
应从节气别元情，得令失令因时举。

【论门户】

门户休囚易得征，只看阴阳贵人星。
阳吉星临门发早，阴吉星临户后兴。
门吉户凶门渐替，户吉门凶先指情。
若见门户全凶吉，终始如类说前程。

【论三甲】

三甲区分左右中，龙穴砂水定其踪。
开合就里有微妙，用神得地是仙宫。

【论吉凶格】

返首兮回龙顾祖，跌穴兮蛇入龙窝。虎狂兮须推右水反跳，龙走兮只怕左脉奔腾。遁格各有取用，地遁得之喜非常；假格各有区别，鬼假逢之大吉利。三诈之格，圹当论深浅，三胜之宫，临山城为妙地。得使而气脉远布，守门而拱护森严。天门四户切莫刑伤值使与时元日元。天马私门要值六合九天与值符值使。蛇夭矫而穴情不实，须防道路穿伤；雀投江而案山低陷，还疑元神直流。伏干飞干，此地必有更变，犹恐日后作边场；伏宫飞宫，此地必见凶咎，待看蚁屯与风透。大格小格，水不朝而反射；刑格勃格，砂石合而门伤。荧入白兮丑声官非迭出，白入荧兮尸糜棺烂遭殃。年月日时皆带刑煞。反伏门迫山向那得祯祥。符使休囚，纵葬而不发，时日刑害，虽用而丧亡。两元纳音无刑陷，符使生旺葬之良。

2. 实例分析

实例一

2000 年农历九月十七日晚上八点多，朋友李某打来电话，说自己最近看好了一套房子，想买下来，要我测一下房子的风水如何。当时的干支历为：

庚辰年，丙戌月，乙巳日（空：寅、卯），丙戌时（空：午、未），寒露中元阴遁三局，天蓬为值符落中宫寄二坤宫，休门为值使落艮宫。

太阴 天英 甲寅癸+乙 伤 巽	螣蛇 天禽 丁+甲午辛 杜 离	值符 天柱 甲申庚+甲戌己丙 景 坤
六合 天任 甲戌己丙+甲子戊 生 震	天蓬 丙 寄二坤 中宫	九天 天冲 甲辰壬+甲寅癸 死 兑
白虎 天辅 甲午辛+甲辰壬 休 艮	玄武 天心 乙+甲申庚 开 坎	九地 天芮 甲子戊+丁 惊 乾

分析：

1. 生门为屋舍，时干六丙为住宅，今时干六丙与生门同临震宫，六丙加六戊为“飞鸟跌穴”之吉格，谋为百事顺遂。六巳加六戊为“犬遇青龙”之格，门吉谋望遂意，上人见喜之象，可断为吉宅。震宫为旬空之地，为其宅暂时无主之象。

2. 日干为求测者，落坎宫，生时干、生门落宫（坎水生震木），二宫相生为吉，又是求测者想将此宅买下的信息标志。

3. 开门临日干为吉象，又是日主身任领导职务的标志。

4. 死门为宅基，落兑宫，生日干落宫，为吉。

5. 值符天蓬临时干六丙为新宅。

根据以上分析，我对朋友李某说，此宅为吉祥之宅，应买下来，不必犹豫。

后来，李某于农历九月二十七日（己卯日，为生门、时干落宫填实之日）正式签定了购房合同，将此宅买了下来。我又为其进行了风水布局，选择了乔迁良辰，住入后，百事顺遂。

实例二

1994 年农历六月二十一日，王某找我预测生意，测过之后，他说：今年四月份，家母去世，请当地的风水师点了一处新茔地，想请我去实地再考证一下，究竟风水如何。我按问事之时起局，进行了分析预测。当时的干支历为：

甲戌年，辛未月，丙辰日（空：子、丑），甲午时（空：辰、巳），大寒中元阴遁一局，天柱值符落兑宫，惊门值使落兑宫。

六合　天辅 丁+丁 杜　巽	太阴　天英 甲戌己+甲戌己 景　离	螣蛇　天芮 乙　+　乙 甲寅癸　甲寅癸 死　坤
白虎　天冲 丙+丙 伤　震	天禽 甲寅癸 寄二坤　中宫	值符　天柱 甲午辛+甲午辛 惊　兑
玄武　天任 甲申庚+甲申庚 生　艮	九地　天蓬 甲子戊+甲子戊 休　坎	九天　天心 甲辰壬+甲辰壬 开　乾

分析：

1. 测父母之墓地，以年柱为其用神，今年柱甲戌己落离宫，必为坐南向北之墓，离宫六己加六己为“地户逢鬼”之格，墓下必有阴尸。

2. 死门在坤宫伏吟，死门主墓地。阴遁坤为内卦，坐山西南不远处必有坟地。

3. 东南巽宫为旬空之地，空则不实，必为来水之处。

4. 左右震、兑龙虎砂之宫，伏吟微起，丙辛相合，环抱有情。

5. 向上坎宫为日支旬空之地，天蓬、休门属水，近处无案山，明堂之外必为沟壑。

6. 甲辰壬临开门在乾宫伏吟，水口必在西北方位乾宫。

7. 全局天、地、人三盘伏吟，千金诀云：“反伏门迫，山向那得祯祥”。其穴必无地气。

根据以上分析，我对王某说："你母所葬之地，为坐南朝北之向，已被前人所葬，其下必有阴尸，坐山西南方不远处必有坟地，巽方来水，消于乾宫，龙虎砂微起，环抱有情，墓地近无案山，明堂外必为沟壑，为右水倒左之火局。"王某听后，惊讶的说："您说的太对了！墓地为坐南朝北丁山癸向，开穴时才发现下面早已有葬下之墓，最后我们按其风水师的指使，将我母亲的棺木落在了上面，称之为'楼上楼'，墓地的西南方不到百米有一处坟地，其余都跟您说的差不多。"

丁山癸向，七远葬，双星会向之局，向上有水，虽为吉。但乾为后天之位，不宜流破，且挨星三、二为"斗牛煞"，古诀云："后天水口主破财"，"斗牛煞起惹官刑"，均主不吉，且坐山高大，山盘六白为退气之星，亦属不吉。

三合家言、丁山癸向，右水倒左、乾亥消出为火局养向，名为"贵人禄马上御街"之吉格，岂不知乾为后天之位，不能流破，葬在七运却为不吉，宜当慎之。

后来王某又请我到实地观察了一番，实情与卦象无异。

十五、气　象

1. 判断原则

现代科学已对天气变化能作出准确的预报，笔者对此未作深入的研究，这里将古人的预测经验整理出，供读者参考。

(1) **占晴**：以天辅主风，天英主火。天盘天辅乘旺相之气并落离宫或坤、艮二宫，或日、时之干为戊、己者，天气必会起风放晴。天盘天英乘旺相之气落震、巽二宫，或日、时之干为庚、辛，天气也会晴。至于何日可晴，则以天英所落之宫的奇仪来判断。

(2) **占雨**：古以天蓬为水神，天柱为雨师，天英为闪电，天辅为风伯。

天蓬或天柱乘壬癸二干落于坎、震、兑三宫，必有雨，壬主大雨，癸主小雨，如天英、天辅落宫之天盘克地盘者，必雷雨交作，又看天英、天辅落宫之奇仪，以定日期，与值符近，则雨速，与值符远，则雨迟。天蓬、天柱乘壬、癸二干临坤宫，主密云不雨。天蓬、天柱如不乘壬、癸二干，即使落于一、三、七宫，亦主不雨。天蓬、天柱临休囚之地，又为空亡之宫者，主亢旱不雨。

(3) 占雪：天盘天心星乘壬、癸落兑宫，或天柱乘壬、癸到乾宫，必主下雪。以天柱、天心二星落宫的地盘奇仪而定应期。

(4) 占河水消涨：以天蓬、休门为用神而诀之。天蓬、休门乘旺相气而得三奇者，水虽涨而不致泛滥；天蓬、休门乘旺相气而值庚格，主河水壅塞泛滥成灾；天蓬、休门乘甲辰壬临螣蛇，则洪水肆虐为害。天蓬、休门落于二、五、八宫，水被土克，主洪水立消或无洪水；天蓬、休门不乘庚格与甲辰壬者，水虽旺发，但不出岸。

附录一：《遁甲元灵经·天时占》

天地风雨九遁间，端倪朕兆妙难言。
吉凶悔吝从生克，索隐钩深理自然。
六仪三奇分顺逆，八门九曜递归圈。
如能穷此阴阳理，何问天仙与地仙。
二三五八多风雨，四九局中春日阳。
一六七防阴滞气，细推凶吉格中藏。
夏日炎天不若春，三四二七恐多惊。
不测雨声五六九，局中一八日晖生。
秋来坤艮日光移，乾兑巽宫风雨凄。
二三四九弥漫雨，坎若逢之闪电霓。
值符蓬芮不宜冬，霾雾阴云日不红。
五六三内多风雪，四七八局好天宫。
一遁乙丙加休门，天开霞彩悦人心。

秋有微风能透骨，冬来肃煞雨沉沉。
二遁乙丙在开门，春夕秋时多蔽刑。
夏日云霓多霁晴，螣蛇玄武半阴晴。
三遁四遁丙庚休，若逢夏令雨阵行。
逢秋掠地风声振，春日秋冬朗朗晴。
五遁丁癸加休门，春夏飞沙日渐昏。
冬景倏然成雨雪，秋虹电霰后开云。
六遁丙戊加乾宫，夏雨秋风春日红。
再逢惊柱临冬节，狂风飒飒雪飞空。
七遁辛加乙上艮，揭地掀天春夏中。
风雨互加秋令集，冬天开雾暖融融。
八九雪宫互六七，风雨龙虎一般同。
细详微理分凶吉，不遇门符应勿从。
天蓬飞入艮宫来，东北乌云一朵栽。
休使加临天任上，东方黄气满楼台。
生任加临在坎宫，黄云北上起穹窿。
苍云东北真华丽，禽芮加之分任同。
冲伤加艮在巽生，东北乌云带紫黄。
直北云霓皆缥缈，东南西方尽光芒。
艮宫杜辅值符临，烟雾腾腾紫气生。
东北方生云障腻，北方又有一轻清。
英景加临乾位上，西北云霞彩映红。
东白北黄青在此，值符克应量无穷。
芮禽若也到休门，北起红黄东淡云。
坤宫上有青蓝气，西北烟尘紫雾生。
惊柱值符临震地，霓云白上又加青。
夏天四下浮云起，骤雨狂风布阵惊。
心开巽上加值符，四处生云气障魔。

北雾南乌西紫霓，坤艮黄云上不多。
休蓬离上值符迫，黑色迷南气渐回。
西有青云冬淹水，北方红紫共徘徊。
值符震位加惊门，碧绿从西云翳青。
东白向云浑四散，巧应云在北方生。
坤艮宫中遇杜辅，蓝云翠绿四方多。
淡红在兑黄在巽，点点斑斑良不差。
景加英兑起红光，白气淹淹东北方。
巽上浅黄加绿色，如逢生旺月华岗。
芮禽入震在冲伤，东起黄云兼白光。
南岭素缟带红色，西南西方黑苍苍。
惊居天辅素罗云，南有红光白带轻。
乾上青云常聚散，坤方黯淡雾沉沉。
相生相克观明色，旺相休囚辨得真。

占晴雨

此时遇阳门阳星飞临阳宫，又有火土星同宫，必定久晴。如阴星阴门合水金星及壬癸休门飞临阴宫，二局并合相生沐浴者，主大雨如注。若遇景门土宿飞临者，主雨时有时无，或日中下雨。如阴星阳门入于阴宫，或阴星阴门加于阳宫，主半阴半晴。若壬癸及甲子辰日时，天蓬、休门亦主有雨。若遇火土星，不逢水日时并沐浴者，无雨。若遇水星冲合，当有大雨。若论风、雷、雨、雪、闪电、星、月、云雾，详交节日时而可知也，内有口诀。

占晴

占晴以天辅、天英为主，盖天辅为风伯，天英为火神也。云雨以风为散，以火为晴。如天辅、天英乘旺相，落于离九宫，或克日时二干，主晴。如天英乘旺相，落于三四宫，或克日时干者，亦主晴。玄武、白虎主雨风，以顶盘八贵神兼看，无不准验。其日期亦以火神、风伯所落宫分系何干定之。

占雨

占雨以天柱为雨师，天芮为闪电，天辅为风伯，天冲为雷祖，天蓬为水神、为云雾，壬癸二干亦水神也。天蓬游于坎兑震，乘壬癸游于坎兑震，或天柱天冲乘壬癸二干游于坎兑震三宫，皆主雨也。又天辅、天英所落天上宫克地下宫，必然雷雨交作。又看天柱等所落宫得何干支，以定其日期。与值符近则雨速，远则雨迟。游于坤二宫主密云不雨，即游坎兑震不乘水神亦无雨也。

如未日子时天冲为值符，甲辰壬在二宫，上乘六壬，下临地盘天冲，亦有壬字，上下皆水木之神，壬子时干天柱七宫为值符主当日雨。

如秋分兑上起甲，次第数到壬，七宫故曰天兑，为兑坤值符相连，故当日雨。

占雪

雪者，凝阴也，水而有寒气，乾兑二宫主之。或天心乘壬癸二干到兑，或柱乘壬癸二干到乾，皆主雪，各以落宫所得之干以定其期。

占岁时丰歉年遁中宫一星

一白居中半多雨雪霜露，五谷丰登，人民无灾，国泰民安。

二黑年交阴雨风烟雾，人口有灾，国家有患物，西南方主荒。

三碧年多风雷，物歉，东南熟，西北荒，民有风寒之灾，多盗贼。

四绿之年有雨水，江南熟，江北荒，人民有小灾。

五黄之年雨阳不时，人多瘟疫，荒熟各地不均。

六白年雨阳时若，国泰民安。

七赤年民遭旱焊，五谷不熟，西方荒，北方安，江南不利。

八白年雨水多，五谷熟，八方宁静，国泰民安。

九紫年风调雨顺，国泰民安，江南小旱。

若三白在巽、离、坤，南方熟；在乾、坎、艮，北方丰；在震、兑、中宫，天下俱美。

占岁内丰歉

立春日某时交春，看九宫以分九州岛岛，见九州岛岛有何星、奇，即知之。坎一冀州，晋魏分；艮八兖州，韩郑分；震三青州，齐分；巽四徐州，鲁分；离九梁州，吴越分；坤二荆州，楚分；兑七梁益州，卫分；乾六雍州，秦分；中五豫州，宋分。

天蓬所临之方，主瘟瘴春作，百姓流离；夏水漂没。奇、神救之减半。

天芮所临之方，奇、神加之人不为灾，七分收成。若加凶宿，人瘟物死，五谷不登。

天冲所临之方吉，奇加之五谷半丰，惟宜果实。春夏人物灾伤。

天辅所临之方，在吉处五谷大成，人民安乐。若加凶宿，主大风溢损伤。

天禽所临之方，在吉处者，主五谷大丰，人物蕃盛。若加凶宿，主长吏不宁，贵人移动，夏初瘟灾。

天心所临之方，有吉宿者，主秋禾熟，长吏贵人频受恩喜。凶星加之，春种离多，夏秋水涝。

天柱所临之方，在吉处半熟，人民瘟瘴。加凶宿，有蝗虎流火为灾，秋冬尤甚。若有三奇德有余庆。

天任所临之方，大有吉庆，奇神加之主生芝草祥瑞，及贵人在位。加凶处，五谷半熟，人离灾而无死。

天英所临之方，亦有祥瑞，得生旺地五谷熟，人民安庆。在克处或凶宿加临，主旱涸灾殃，春种夏枯。凡天乙所在之处，其岁事吉。

占田禾

凡占田禾，以休门合于木土之上为吉，更得三奇及干见合则有利。年景丰啬专看天任，如天任落艮震宫主年丰，再得青龙、六合、功曹、太冲，主四民乐业；若天任不落艮震二宫，主歉收，再以贵神月将分旱涝。天任所在有传送、天后主涝。又生门主麦，伤门主谷。看三奇、太常、功曹、贵人在生门宫则收麦，在伤门宫则收谷。占栽植死生，以天冲为花草，天辅为树木，各看所落之宫。旺相主生，休囚主死；生为生，克为死；吉格为生，凶格为死。旺相吉格生，草木茂盛；休囚凶格克，草木焦枯。吉凶相半，先后荣枯。壬癸戊己来生者为活，不生者死，又三为生五为死也。

又法占田禾

此时合生、休二门与乙丙丁，并六仪临长生、旺、禄之乡而合吉格，其年大熟。如合景、英、心、开，加于土木之宫，或门克宫，或上干克下干，必然无收。如木星克宫，多虫并风灾；如火星、金星克宫，多旱灾，或金风所伤；如水星多壬癸，或日时皆水，或阴星、阴门加于阴宫，必多雨水，连绵水灾；如诸星克制或生死二门宫者，其年未熟；如门克宫，或逢庚辛相制，虽收必有贼盗；若合凶格于命宫，如墓绝或朱雀者，因田生非破财官事。

附录二：《诸葛武侯千金诀·晴雨占》

【值符】

符：九天日月，风雨晦明。　　蛇：电、雷、虹、霓。

阴：霜雪、冰冻、阴云。　　合：和风、丽日。

勾白：呵雾沉晦，疾风暴雨。　　朱玄：天鼓雷电，密云细雨。

地：阴晴苦寒。　　天：晴空爽气。

【值使】

休：白云、甘露、苦寒、细雨。　　生：狂风黄沙。

伤：青气、电雹、风云、暴雨。　　杜：虹霓、闪电、霹雳。

景：虹霓、赤日、炎风。　　开：霞彩、雷雹。

惊：狂风、霹雳、雷雹。

死：阴风、寒冻、冰霜、河瘴。

【十干】

甲：青龙，旭日谷风。

乙：青龙，和风日丽。

丙：朱雀，新月，电光。

丁：朱雀，景星庆云。

戊：勾陈，霜雷瘴气，迷蒙燥湿。

己：勾陈，黄云岚气。

庚、辛：白虎，严霜暴雨，秋冬则严霜，春夏则暴雨，按其时令。

壬：玄武，疾风暴雨。

癸：玄武，洁雨、霓虹，凝冰，肃气，按时令。

【九星】

蓬：乌云苍龙、阴雨怪气。　　任：雾瘴风沙。

冲：风沙、雹、晴爽。　　辅：虹霓详云。

英：彩云、暗岚、霓电。　　芮：雾气、阴霾，黄沙。

禽：晴风、淑气、爽籁、甘露。　　柱：风声、霹雳、寒水。

心：雷电、寒光、赤霞、白气。

【门户】

晴霁责天门，风云责地户，合阳宫阳星晴，合阴宫阴星雨。

【三甲】

孟甲多阴雨，合阴开晴取。仲甲半阴晴，开合细搜寻。季甲晴堪许，开合从星举。

【论干支】

日干为天时干地，纳音五行阴阳帝。

天克地兮风生林，地克天兮空雾气。

天地生合论化神，金水甘露天未霁。

细雨纳音生克情，五行时令消息意。

假如合水纳日金，管教刻下风雨至。

【论值符】

水局主雨全局寒，门金符水教出潭。

若是符金门到水，只疑飞龙入九渊。

土局阴霾未有涯，时或田野起黄沙。

冬深符土门金栋，门土符金飞六花。

符门之间火木局，天地晴和实可夸。

木局风生火局晴，春夏逢之断可灵。

惟惧囚墓废时日，反致风停细雨霖。

【论值使】

值使各逐本宫求，旺气逢生从类搜。

刑制隔害吟反伏，阴阳变易有来由。
休囚死废无定据，纵有风雨霎时收。
【论十干】
三奇六仪所临宫，阴晴克应好推穷。
惟忌背令刑墓格，时逢三合究其综。
【论九星】
九星阴阳判雨晴，符泊旬空未可凭。
阳星阳宫晴堪恕，阴宫阴星主晦蒙。
半开半合晴兼雨，内外开合先后译。
【论九宫】
占验雨晴论天乙，须究五行起元例。
得令失令与刑格，生克制休阴晴别。
太阴玄武司阴雨，六合白虎雷风生。
朱雀蛇辖电雹虹，勾陈阴雾日霾取。
日时月格刑悖逢，阴阳星宫雨阳踪。
九天九地奇仪到，阳开阴合究玄宗。
雨占奇仪化合神，方位时刻可详寻。
白虎到巽六合乾，旺相风生休废烟。
朱雀坎位玄武九，主胜客气雨必然。
惟有太阴并九地，或晴或雨论宫躔。
【论门户】
三门八宫别阴阳，奇仪加临仔细详。
阳门阳星三奇会，断定三光出时方。
阴门阴星三奇会，会着之时不显扬。
日月星奇天门照，中宫乾巽见三光。
风雨仪神会阴星，来临六合阴势生。
地四户兮值阴宫，六仪临之风雨踪。
三奇阴星墓地户，必主其光不照空。

【论三甲】

孟甲季甲判阴阳，须从开合细推详。

再察符使干星类，会合时令下断详。

【论吉凶格】

跌穴主晴，返首主雨。蹶在阳宫方晴，移居阴垣定雨。白虎狂兮立见风生，青龙走兮决然雨至。蛇夭而阴云密布，投江而大雨淋漓。荧入白虹霓顿起，白入荧雷电依衡。庚格阴晴迭变，雨将电日年移。罗网四张，须知遍布阴暗，时日生克，方是晴雨真机。

2. 实例分析

实例一

1994年农历四月二十四日早晨，天有阴云，有下雨之势，我随用抽占的方法，测天何时下雨。抽子时，干支历为：

甲戌年，己巳月，庚申日（空：子、丑），丙子时（空：申、酉），小满下元阳遁八局，天英值符落乾宫，景门值使落坤宫。

丙子时	庚日为五不遇时	
白虎 天柱 甲申庚+甲寅癸 伤 巽	玄武 天冲 甲子戊+甲戌己 杜 离	九地 天禽 甲辰壬+甲午辛丁 景 坤
六合 天心 丙+甲辰壬 生 震	天任 丁 寄二坤 中宫	九天 天蓬 甲寅癸+乙 死 兑
太阴 天芮 乙+甲子戊 休 艮	螣蛇 天辅 甲午辛丁+甲申庚 开 坎	值符 天英 甲戌己+丙 惊 乾

分析：

1. 天蓬为水神，带甲寅癸临于兑宫为有雨之象，但兑宫为时支旬空之地，至酉时填实，可能会有小雨。因癸主小雨之象。

2. 天柱星虽不临一、三、七宫，但却带甲申庚下临地盘癸水，庚金又可助水，也是有雨的标志。

果于下午六点多下起了小雨，次日方晴。

实例二

1994 年农历七月初四日下午，天气逐渐变阴，因为正是农忙季节，晚上十点多，我突然想起测一下明天是否会下雨。当时的干支历为：

甲戌年，壬申月，戊辰日（空：戌、亥），癸亥时（空：子、丑），立秋上元阴遁二局，天心值符落乾宫，开门值使落乾宫。

白虎　天辅 丙+丙 杜　巽	六合　天英 甲申庚+甲申庚 景　离	太阴　天芮 甲子戊 + 甲子戊 丁　丁 死　坤
玄武　天冲 乙+乙 伤　震	天禽 丁 寄二坤　中宫	螣蛇　天柱 甲辰壬+甲辰壬 惊　兑
九地　天任 甲午辛+甲午辛 生　艮	九天　天蓬 甲戌己+甲戌己 休　坎	值符　天心 甲寅癸+甲寅癸 开　乾

分析：

1. 天柱带甲辰壬下临甲辰壬于兑宫，秋季金旺之时，壬主大雨，第二日必有大雨降临。

2. 第二日为己巳日，日柱甲戌己在坎宫，天蓬、休门水神伏吟于坎宫，亦主第二日有雨。

果于第二日下午四点多下起了大雨，为壬申时，兑宫天盘六壬临地盘六壬之故。于第三天庚午日方晴。

3. 第三天晴者，乃庚午之日，天英、景门属火，主晴，带六庚在离宫伏吟，六庚加六庚值日为格，格则为晴之期。

实例三

1997 年农历二月二十四日下午，我内弟来到我家，晚上下起了大雪，第二天一早，还未见雪停的迹象，内弟急着要回去办事，但雪却下个不停，中午十二点多，他要我测一下，天气何时能转晴。当时的干支历为：

丁丑年，癸卯月，甲戌日（空：申、酉），庚午时（空：戌、亥），春分下元阳遁六局，天心值符落艮宫，开门值使落震宫。

庚午时	甲日为五不遇时	
太阴　天芮 甲申庚+丙 休　巽	六合　天柱 丁+甲午辛 生　离	白虎　天英 甲寅癸 丙+ 乙 伤　坤
螣蛇　天蓬 甲辰壬+丁 开　震	天冲 乙 寄二坤　中宫	玄武　天禽 甲午辛+甲戌己 杜　兑
值符　天心 甲子戊+甲申庚 惊　艮	九天　天任 甲戌己+甲辰壬 死　坎	九地　天辅 甲寅癸 +甲子戊 乙 景　乾

分析：

1. 天盘天柱、天心二星不乘壬、癸二干，不临乾兑之宫，且天柱带丁火临离宫，受克，雪停之兆。

2. 何时可晴，以天英落宫而断，今天英带丙火临坤宫，坤为旬空之地，申时出空，雪必停，天必转晴。

果于下午三点多雪停，四点多逐渐转晴。

实例四

2001 年农历二月十二日中午，一位亲戚来找我，说今年准备承包一部分旱地种植豌豆，以便增加一些经济收入，要我测一下年景究竟如何，能否承包。当时的干支历为：

辛巳年，辛卯月，戊辰日（空：戌、亥），戊午时（空：子、丑），惊蛰上元阳遁一局，天心值符落坎宫，开门值使落坎宫。

六合 天英 甲申庚+甲午辛 伤 巽	白虎 天禽 甲午辛+乙 杜 离	玄武 天柱 乙+ 甲戌己 甲辰壬 景 坤
太阴 天任 丙+甲申庚 生 震	天蓬 甲辰壬 寄二坤 中宫	九地 天冲 甲戌己 甲辰壬 +丁 死 兑
螣蛇 天辅 甲子戊+丙 休 艮	值符 天心 甲寅癸+甲子戊 开 坎	九天 天芮 丁+甲寅癸 惊 乾

分析：

1. 求测者占卜的前提是经济效益，故取生门为用神，日干为求测者。今生门落震宫，六丙加六庚为“荧入太白”之凶格，门户破败，盗贼耗失不吉。

2. 生门落宫克日干甲子戊财神落宫（震木克艮土），无利可图之象。

3. 水星休门临艮受克，天蓬入中宫亦为受克，甲辰壬临兑宫与地盘六丁相合，丁壬化木，春天木旺之时，水气化木；甲寅癸临坎宫空亡之地，又与地盘六戊相合，夏天火旺之时，水气被化为火。这些都是亢害无雨的标志。

根据以上分析，我对这位求测者说，今年旱情严重，你千万别承包旱地，否则定会欠收赔本。他听我之言，放弃了原来的计划。

到笔者整理此卦例之时，本地之旱情为历史以来所旱见，旱地欠收已成定局。

十六、其　他

实例一

1995年五月十九日，参加完郑州“第二届周易与未来科技国际研讨会”之后，同两位易友鄢泰阶先生与武生一块到西安游玩，二十二日下午笔者师兄鄢泰阶先生要先回成都，我们一块到车站为他送行，临行前，鄢师兄提出要我测一下他一路是否顺利平安，他的座位旁边坐的是位先生，还是女士，以便日后验证。我按问测时起局，干支历为：

乙亥年，辛巳月，癸丑日（空：寅、卯），庚申时（空：子、丑），小满上元阳遁五局，天蓬值符落兑宫，休门值使落兑宫。

玄武　天柱 丁 甲子戊+乙 死　巽	九地　天冲 甲申庚+甲辰壬 惊　离	九天　天禽 甲戌己+丁 甲子戊 开　坤
白虎　天心 甲辰壬+丙 景　震	天任 甲子戊 寄二坤　中宫	值符　天蓬 甲寅癸+甲申庚 休　兑
六合　天芮 乙+甲午辛 杜　艮	太阴　天辅 丙+甲寅癸 伤　坎	螣蛇　天英 甲午辛+甲戌己 生　乾

分析：

1. 值符、值使临日干甲寅癸于兑宫，为吉象。伤门为车，落坎宫，二宫相生，必主一路平安如意。

2. 时干为他人，六癸加临地盘时干，为日时同宫，主旁边所坐之人，今天盘时干六庚落离宫，离为中女、文人，离宫为阴遁内盘主近，在兑宫之左边。

根据以上分析，我对鄢师兄说，路上一切顺利，坐在你旁边的是一位年青少妇，是知识分子，而且坐在你左边。

我回来之后，阳历六月十三日，收到了鄢师兄的来信，信中写道“西安告别，亦各南、西。我很顺利地到了成都。我座位左边是一位从宁夏邮电系统搞技术的少妇，去重庆邮电学院进修。这些都是你测准了的……”

3. 回头分析：地盘时干甲申庚在兑宫，兑主西方，天盘时干又在离宫，为南方，以西安为太极点预测，这位坐在他左旁的女士是从西边的宁夏而来，向南边的重庆而去学习进修的信息标志。

实例二

1991 年农历十一月初八日下午十点多，我在好友王某的家里，他说近日要去兰州办事，顺便去找一位早年的朋友，因长期未能联系上，要我测一下这次去能否找到，我按问测之时起局预测，当时的干支历为：

辛未年，庚子月，丁巳日（空：子、丑），乙巳时（空：寅、卯），大雪中元阴遁七局，伤门值使落坤宫，天冲值符落艮宫。

九地　天任 丙+甲午辛 休　巽	玄武　天辅 甲寅癸 甲申庚 + 丙 生　离	白虎　天心 甲子戊+甲寅癸 甲申庚 伤　坤
九天　天柱 甲午辛+甲辰壬 开　震	天英 甲申庚 寄二坤　中宫	六合　天芮 甲戌己+甲子戊 杜　兑
值符　天冲 甲辰壬+乙 惊　艮	螣蛇　天禽 乙+丁 死　坎	太阴　天蓬 丁+甲戌己 景　乾

分析：

1. 寻访友人，以所往之方的地盘为主，天盘为客，今所往之方兰州在东南巽宫，天盘丙奇临巽与地盘六辛相合，辛金属阴，主女士，又为丙火之财，所访之人必为日主旧日之恋人。辛金临巽为入墓，九地在巽，又主潜藏，所访之人可能不在。

2. 天盘甲午辛临九天、开门于震宫，甲午辛临太岁为领导，九天开门又主官长，所访之人必为一部门领导。

3. 天盘甲午辛临震宫为旬空之地，空则为虚，主人不在，乘开门，九天主远行，阴遁为外盘，所访之人必是出了远门。

4. 甲午辛临震宫为落空，卯月填实必可找到。

根据以上分析，我对王某说："你这次去找的是一位女士吧，可能是你昔日的恋人，此人现在可能是一部门领导，这次去恐怕人不在，明年农历二月份可能会找到"。王某听后，感到非常惊奇，对我说："确实如此，她是知青下乡时到我们村的，后来我们相爱了，她回城时，由于种种复杂原因，我们只好分手了，现在得知她任某外贸部门财务科长，这次去找她的主要目的，是想从她们单位活动些资金，合伙办一实体。"

1992 年夏天，再次见到王某时，他说，那次到兰州，去朋友的单位找了一趟，的确人不在，是到福建厦门办理业务去了，今年农历二月份到兰州才找到。

补注：日为求测之人，时为所找之人，日干丁落乾宫，时干乙木属阴，主所找之人为女性，乙落坎宫下临丁火日干，亦主往日旧友。地盘时干乙上临值符，故为领导。日干落宫生时干落宫，主动找对方之象。

实例三

2001 年农历二月初十日中午十二点二十分，马营乡新冬村的好友王某略懂周易，打来电话说，他邻居家在院内打一眼吃水井，已挖到了十几米还未见水，可其他人家打的井，十米左右都会见水，惟独这家院内的井还未挖出水。他说邻居辛某摇了一卦为《遁》卦，无动爻，要我断一下，我从卦象分析后，得出结论，难以见水。又以问测之时用奇门起局预测，也是同样的结论。当时的干支历为：

辛巳年，辛卯月，丙寅日（空：戌、亥），甲午时（空：辰、巳），雨水上元阳遁九局，天冲值符落震宫，伤门值使落震宫。

螣蛇　　天辅 甲辰壬+甲辰壬 杜　　巽	太阴　　天英 甲子戊+甲子戊 景　　离	六合　　天芮 甲申庚 + 甲申庚 甲寅癸　甲寅癸 死　　坤
值符　　天冲 甲午辛 +甲午辛 伤　　震	天禽 甲寅癸 寄二坤　　中宫	白虎　　天柱 丙+丙 惊　　兑
九天　　天任 乙+乙 生　　艮	九地　　天蓬 甲戌己+甲戌己 休　　坎	玄武　　天心 丁+丁 开　　乾

分析：

1. 天蓬、休门水星在坎宫伏吟，为不动之象，水主流动，不动则不见，九地、六己之土临坎宫，水受其克，九地又主潜藏，都是无水的标志。

2. 甲辰壬在巽宫伏吟，入墓落空，甲寅癸在中宫伏吟受土之克，寄坤宫为受克又为墓库之地，这些都是无水的标志。

3. 日干丙火在兑宫伏吟，临惊门，主惊恐之状，克太岁甲午辛（同时又为月、时之干）落宫（兑金克震木），为犯太岁，强动必招咎。

六爻预测：

六神	伏神	乾宫：天山遁 本 卦		乾宫：天山遁 变 卦	
青龙		父母戊土 ▅▅▅		戊土 ▅▅▅	
玄武		兄弟申金 ▅▅▅	应	申金 ▅▅▅	应
白虎		官鬼午火 ▅▅▅		午火 ▅▅▅	
螣蛇		兄弟申金 ▅▅▅		申金 ▅▅▅	
勾陈	妻财寅木	官鬼午火 ▅ ▅	世	午火 ▅ ▅	世
朱雀	子孙子水	父母辰土 ▅ ▅		辰土 ▅ ▅	

分析：

“遁”者潜而难寻之意，是找不到水的象意。

卦中六爻不见水，难寻之象。子水伏于初爻辰土之下，辰为水墓，入于其中亦难寻，年月日时上又不见水，子水临辰为真墓，鬼爻持世又主惊险，故断难以见水还要受惊恐。

实际情况，预测后，当天下午，这家主人不甘心，又挖了几米还是未见水，感到越来越危险，再未敢下挖，只好将此井回填。

实例四

1995年农历二月初六日早晨十点多，村民们纷纷议论说相邻花寨村的木匠钱某等三人，用电锯破木料时，锯条突然断裂，将三人击伤，钱某头部被切伤，尤为严重，已被送往县医院抢救，生死未卜，我随用奇门预测其钱某的伤势情况及后果。当时的干支历为：

乙亥年，戊寅月，丙申日（空：辰、巳），癸巳时（空：午、未），惊蛰上元阳遁一局，天冲值符落乾宫，伤门值使落震宫。

白虎　天蓬 丁+甲午辛 杜　巽	玄武　天心 甲寅癸+乙 景　离	九地　天任 甲子戊+甲戌己 甲辰壬 死　坤
六合　天英 甲戌己 甲辰壬+甲申庚 伤　震	天芮 甲辰壬 寄二坤　中宫	九天　天辅 丙+丁 惊　兑
太阴　天禽 乙+丙 生　艮	螣蛇　天柱 甲午辛+甲子戊 休　坎	值符　天冲 甲申庚+甲寅癸 开　乾

分析：

1. 测他人以时干癸水为用神，今时干六癸落离宫，离为首，主头部，景门临离，主血光，玄武在离，亦主流血，是头部被电锯切伤流血的信息。离之先天数为三，又是三人被伤的标志。

2. 天盘天心医星乘六癸下临地盘乙奇，乙奇亦为医星，乙奇旺于月建，天心得日建之助，伤者临危有救，六癸加六乙为“华盖蓬星”，贵人禄位，常人平安。

3. 太岁乙奇（又为医星）临生门于艮宫，与时干宫相生为吉，时干落离宫为旬空之地，近病逢空则愈，以上都是伤者能救治的象征。

根据以上分析，我断伤者钱某临危有救，可以康复。

后果如测，经医院的积极抢救治疗，伤者钱某脱离了危险，并完全康复，未留下任何后遗症。

补注：地盘癸临乾宫，乾主头，庚加癸为“大格”之凶，主头部受伤，好在甲申庚为值符，开门又在乾，故危而有救。

实例五

1994 年农历十月二十七日，午饭后，一堂兄来我家串门聊天，闲谈中与我开玩笑，要我测一下他身上装有多少现金，我说，这样的事还从未测过，试试看吧。当时为未时、干支历为：

甲戌年，乙亥月，己未日（空：子、丑），辛未时（空：戌、亥），小暑下元阴遁二局，天芮值符落艮宫，死门值使落巽宫。

九地　天柱 甲寅癸+丙 死　巽	玄武　天冲 甲戌己+甲申庚 惊　离	白虎　天禽 甲午辛+甲子戊 丁 开　坤
九天　天心 甲辰壬+乙 景　震	天任 丁 寄二坤　中宫	六合　天蓬 乙+甲辰壬 休　兑
值符　天芮 甲子戊 丁+甲午辛 杜　艮	螣蛇　天辅 甲申庚+甲戌己 伤　坎	太阴　天英 丙+甲寅癸 生　乾

分析：

甲子戊为财，为资本，今甲子戊乘天芮值符临于艮宫，艮之后天为八数，天芮主二数。艮宫与天芮俱旺于日建，应为实数。

据此，我顺口而言："你身上装的可能是八十二元钱。"他说："我身上都是些零钱，也不知总共是多少，掏出来数数看。"他将身上的零钱合起来一数，果然是八十二元钱。堂兄惊奇地说："想不到如此准确，连钱数都能算出来。"连我自己也感到神奇。

第九章 文论选录

笔者由于受家庭影响，习易较早，算起来已有二十余载。记得 1990 年参加了河南省文化研究中心的《周易》函授，当时编写教材的主讲老师是吉林大学的金景芳教授和西北大学的费秉勋教授（即后来笔者的恩师），研究中心于 1991 年创办了一份内部发行的小报，每期出一些有一定难度的题让学员写信回答，回答正确者可得到馈赠的易学资料，并在小报上登出名字以示表彰，就这样引出了我写文章的激情，并得到了当时来说比较珍贵的易学资料。到 1993 年小报改版为内部双月刊《民俗文化园》（1995 年下半年就停办了），笔者的《八卦、奇门、六壬预测的综合应用》一文便发表在 1993 年第五期上，由于版面的原因，当时写了八个案例，但只登录了一个案例，其后又在上面发表了好几篇。由此而养成了一种写文章的习惯，在学习中不时写下一些心得出来，后来又在参加各种易学活动时写了一些论文，积累下来也有好几十篇。由于篇幅所限，现从中选录了一些不同时段、不同类别的文章分别附在这次出版的两本书后面，也算是笔者习易以来所走历程的一种表述。文章内容涉及易理、象数、风水、奇门、六壬、命理、六爻等门类，同时有些文章的部分内容在二书中亦有引用，但由于每篇文章都有它的独立性与针对性，单篇阅读可能会更有一种别样的感受，今刊录于此与读者诸君共享。

八卦、奇门、六壬预测的综合应用

尹 锋

笔者按：此文曾发表于河南省文化研究函授中心主办的内部刊物《民俗文化园》1993 年第五期上。

易占之道，原乎八卦、五行之应用，上以观于天文，俯以察于地理，中以测于人事，凡一事一物之巨细，竟能应验如神。现将自己平时将八卦、六壬、奇门综合预测一些应验案例中选出一例，以示同仁：1992 年农历五月二十日亥时，做贩卖六畜生意的赵某问测，说最近联系了一客户，准备将现有的几十头牛出售掉，测利润如何？

一、摇卦占测：

干支：壬申年　丙午月　丁卯日　辛亥时　（日空：戌亥）

		坎宫：水雷屯	坎宫：水雷屯
六神	伏神	本 卦	变 卦
青龙		兄弟戊子水 — —	兄弟戊子水 — —
玄武		官鬼戊戌土 —— 应	官鬼戊戌土 —— 应
白虎		父母戊申金 — —	父母戊申金 — —
螣蛇	妻财戊午火	官鬼庚辰土 — —	官鬼庚辰土 — —
勾陈		子孙庚寅木 — — 世	子孙庚寅木 — — 世
朱雀		兄弟庚子水 ——	兄弟庚子水 ——

分析：

六畜血财尤喜子孙持世，今子孙寅木持世旺于日建，财虽伏神，飞来生伏，且财临月建，日建生之，似为求财可得之象，但不宜应爻官鬼旬空临玄武。黄金策云："世空有财难得，应空难靠他人。"今应临玄武，为对方不守信不可靠，不来之象，买主不到，财从何来。后果如所测，买主未来，生意未成，求财成虚。

二、奇门占测：

壬申年，丙午月，丁卯日，辛亥时，夏至上元阴遁九局。

白虎 天冲 甲戌己+甲寅癸 伤 巽	六合 天任 丁+甲子戊 杜 离	太阴 天蓬 丙 甲寅癸+ 甲辰壬 景 坤
玄武 天芮 乙 +丁 生 震	天辅 甲辰壬 寄二坤 中宫	螣蛇 天心 甲子戊+甲申庚 死 兑
九地 天柱 甲午辛+甲戌己 休 艮	九天 天英 甲申庚+乙 开 坎	值符 天禽 丙 +甲午辛 甲辰壬 惊 乾

分析：

1. 生门在震宫，六乙加六丁又为"奇仪相佐"之格，日柱六丁落离宫，生门宫生日柱宫、求财可得之象。

2. 时柱六辛落艮宫空亡之地，空则不实，言而失信之义，且六辛加六己为"入狱自刑"奴仆背主之象，人无准信，财从何来。

3. 为何对方不来，应看甲子戊落宫，甲子戊代表生意的本金、资本，今甲子戊落死门之地兑宫、火旺金死，死门主困扰、烦恼，且六戊加六庚为"值符飞宫"格，本伤枝亡之象，故对方因资金困扰而不能来做此生意。

三、六壬预测：

壬申年，丙午月，丁卯日，辛亥时，月将申、课为三交，蒿矢之课。

官 甲子 合
财 癸酉 贵
兄 庚午 玄

贵 合 勾 虎
酉 子 丑 辰
子 卯 辰 丁

青 空 虎 常
寅 卯 辰 巳
勾丑 午玄
合子 未阴
亥 戌 酉 申
朱 蛇 贵 后

断：此为谋事不明，求财无益之课。日财酉金乘天乙为牛畜之财也。午月金处死地，日干旺于月建。毕法云："日旺财衰，纵身安而财损"。日鬼子水临辰发用与日相害，日上之神与辰相害，主求谋多阻无成，末传兄弟午火临月建上乘玄武劫财，无财可求。占交易卖物，日为我，辰为彼，今天空加支辰卯木之上，天空乃虚伪狡诈之神，吉凶无成之象，支辰临之，亦主彼难靠无实之象，求财亦主不成。正好与前两种占法结论相同。

同步信息研究

——对邵伟华先生成名卦例的综合分析

尹　锋

笔者按：此文为1995年第二届“周易与未来科技国际研讨会”分组讨论会上的专题发言，当时分会场由邵伟华先生与美国姚锡涛教授主持，主席台上就座的还有台湾及新加坡嘉宾，笔者的发言引起了与会者的极大兴趣与赞扬，邵伟华先生当场亲自给笔者题词。

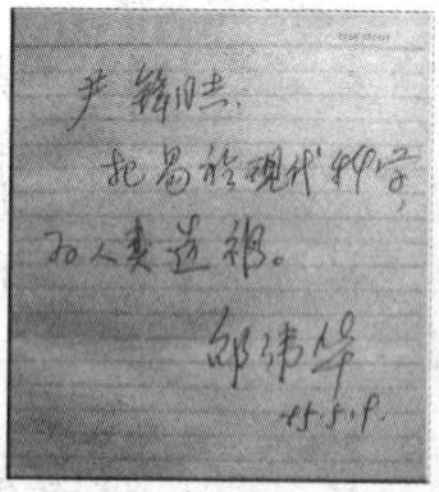

邵伟华先生的题词

易学家邵伟华先生，以其精湛的断卦技术，准确预测出原苏共中央总书记契尔年科的死亡时间，遂得到易学界及社会各界的高度重视，用事实验证了周易预测这门古老科学直至今天仍有其他科学无法代替的重要作用，其应用价值世人瞩目。邵伟华先生在《四柱预测学》一书中道：“一个人如果用四柱、八卦、大六壬、紫微斗数、相学、奇门遁甲、模骨等方法，对自己进行预测，只要技术过硬，所判断命运的结果都是一样的，决不会得出相反的结果”。可见信息同步，同样在预测其他事件时，如以几种方法，同时进行预测，所得结论，亦应相同，且能互补各测法之间之不足，下面笔者用奇门与大六壬两种测法，对邵伟华先生成名卦例进行综合研究，其结论是相同的。

1984年农历十二月十三日申时，邵伟华先生预测契尔年科病情，得《革》之《丰》卦。甲子年，丁丑月，壬申日，戊申时，大寒中元阳遁九局，月将为子。

这里需要说明一点是，契尔年科于1995年正月十九日病逝，但正月十四日已交二月惊蛰节，故为已卯月，戊申日。

一、奇门预测：

戊申时	壬日为五不遇时	
九天 天任 甲午辛+甲辰壬 死 巽	值符 天辅 甲辰壬+甲子戊 惊 离	螣蛇 天心 甲子戊+甲申庚 甲寅癸 开 坤
九地 天柱 乙+甲午辛 景 震	天英 甲寅癸 寄二坤 中宫	太阴 天芮 甲申庚 甲寅癸+丙 休 兑
玄武 天冲 甲戌己+乙 杜 艮	白虎 天禽 丁+甲戌己 伤 坎	六合 天蓬 丙+丁 生 乾

分析：以天芮为病神，今天盘芮星落于兑宫，为旺，不愈，六庚加六丙于兑宫，构成“太白入荧”之凶格，其病难愈，乙奇为医神，今乙奇落于震宫，与地盘六辛构成“青龙逃走”之凶格，天芮病神落宫克乙奇医神落宫，纵有良医，亦不能救，壬申日戊申时为五不遇时，百事占之皆凶。

二、六壬预测：

官 辛未 勾
兄　 亥 常
子 丁卯 贵

蛇 玄 勾 贵
辰 子 未 卯
子 申 卯 壬

空 虎 常 玄
酉 戌 亥 子
青申　　　丑阴
勾未　　　寅后
午 巳 辰 卯
合 朱 蛇 贵

分析：

断病以日为人，辰为病，支上之神子水与日上之神卯木相刑，白虎乘河魁克日干、其病难愈。三传亥卯未木局，与日上卯木，泄日干之气，且丑月水处死地，克泄之甚更为凶逃。契尔年科为苏联高级领导人，其类神应为贵人，用神应为官鬼，今三传合为子孙局而克官鬼，贵人卯木加亥水之上，亥水旬空，贵人为落空，久病逢空则死，日之绝神巳火临丑，未传贵人卯木至卯月亦为实空，故病逝于丑年卯月，三传天地盘相加之数为三十六数，断卦之日起，三十六日为亡期。

由此可以看出，几种测法结合起来看应期，可定为丑年卯月戊申日。

通过以上的综合研究，不难发现，由周易发轫的各种古典预测方法，虽有各自的理论体系，但俱以阴阳五行学说的生克制化原理为依据，推断事物的发展变化，其内在的实质是相通的。任何一门科学，都是在实践中求发展，周易体系中的各种预测学说，有其各自的优点，也有其各自的不足之处，为此，进行综合研究，掌握各种预测方法，在实践中取其合理性的精华，弃其不科学的糟粕，相互为用，提高预测的准确性，使周易这门古老科学为人类做出应有的贡献。

论奇门遁甲学中天人合一的全息原理

尹　锋

笔者按：此文在2007年北戴河举行的第四届“中华易学文化大会”上评为特等奖论文，发表在论文专集上

【内容提要】奇门遁甲以易学原理中的天人合一观为指导，运用天、地、人三才的整体思维模式，探索天人相通、万物相感的全息原理，以其符号系统摹拟出宇宙万象的数学物理模型，为现代人们提供了一种认识把握世界万物的宇宙观和方法论。

【关键词】**奇门遁甲　天人合一　全息思维**

《周易·系辞上》云：“易有太极，是生两仪，两仪生四象，四象生八卦，八卦定吉凶，吉凶生大业。”这种一分为二的推演法，同时又是建立在八卦归四象，四象归两仪，两仪归太极的合二为一的归纳法基础之上的。体现了古人万物一体的整体思维模式。

《周易·说卦》云：“有天地然后有万物，有万物然后有男女，有男女然后有夫妇，有夫妇然后有父子。”先哲认为人是天地的产物，人与自然相通、天地相合，人与天地万物本来就是一个有机统一的整体，天地之道与人合为三才。《周易·系辞下》云：“易之为书也，广大悉备，有天道焉，有人道焉，有地道焉。兼三才而两之，故六；六者非它也，三才之道也。”《易传》中以五、六两爻象征天，初、二两爻象征地，中间三、四爻象征人。《周易·说卦》又云：“昔者圣人之作易也，将以顺性命之理。是以立天之道，曰阴与阳；立地之道，曰柔与刚；立人之道，曰仁与仪；兼三才而两之，故易六画而成卦。分阴分阳，迭用柔刚，故易六位而成章。”这充分说明天地之道与人道所遵循的法则是一致的，均以阴阳、刚柔、仁义作为变化的法

则，它们之间对立统一、和谐共处，有着共同的运行规律，因此可以天人相通，万物相感。天、地、人三才的整体思维模式把人与自然合为一体，不可分离。

我们知道，海潮的涨落是受日、月引力的影响而发生的。同时日、月引力与人体也有着关联，如月亮对女性月经周期的影响，月经来潮与满月时的月引潮力有着一定的关系，这是天体运行周期与人和自然万物之间的关系。科学家通过对天体运行的研究探索，发现了自然界许多事物变化的规律性。如日、月引力与地震，据有关资料分析，地震发生的次数与太阳活动兴衰的十一年和二十二年周期相关。此外，统计分析还得到地震存在13.65的周期，这与月球位置运动的半周期相关，说明地震和月球的位置有关，即日月引潮力可能对地震的发生起到重要的触发作用。另外还有，火星与人的体能，太阳黑子和耀斑活动的高峰期与洪、涝、高温等灾害，厄尔尼诺现象与异常气候，流行病及某些疾病的死亡率等存在着周期性的关系。等等现象表明，人作为地球上有生命的物体（太极宇宙整体的组成部分），天体中的星辰（至少是太阳系中的行星）能够强烈地影响人体的生物周期与节律。然而，日、月等星体引力，即对人类有危害的一面，也有造福人类的一方。

日、月、五星图（刘学富《基础天文学》）

在刘新亭先生主编的《大病大难预测》（中医古籍出版社 1998 年）一书中说："从宏观上看，假如在太阳系里，星体引力都消失了，地球可能会离开太阳，不知掉到何处，我们地球上现在的生存环境就不复存在，一年四季、水、空气可能都没有了，人类可能会像恐龙那样灭绝，甚至，可能还不如恐龙，因为，恐龙灭绝后，还演变成了现在的化石，人类可能连演变化石的条件都没有。由此看来，星体引力对于人类是何等的重要。然而，我们人类总希望在现有的条件下，尽可能把自己的生存环境搞好一点，让自己的生活更舒适一些。比如，美国的一位科学家曾经指出，希望把月亮毁掉，从而改变地球的倾斜，使地球上没有春夏秋冬之分，常年只有温暖的气候。诚然，按照地球上现有的科学技术水平，把月亮炸碎是可能做到的。那么，在月亮被炸碎以后，地球也就失去了自己惟一的卫星。这样，地球首先遇到的问题是，晚上没有了月光，月亮的碎块可能会撞到地球上，核弹爆炸可能严重影响地球环境，……除此之外，从星体引力角度，地球失去了近三分之二的吸引力，地球、地球生物和人类，将会发生多种多样的灾难性变化。美国太空工程师谢鲁·皮尔逊博士在论述月地关系时也曾指出，当太阳系最初形成的时候，月亮即受到地球的吸引，成为地球的卫星。由于月亮对地球的吸引作用，地球上的海洋出现强烈的海汐。海水的这种起伏引起的巨大摩擦力，使地球气温剧增，导致地心熔化，熔化后的岩浆，在巨大引力之下，出现旋转式滚动，随之产生了地球磁场。而这种磁场又成了地球的‘保护盾’，减少了太空辐射对地球的侵袭。如果没有这个保护盾，太空辐射线会将地球上最初出现的生命幼苗全部杀死。所以，谢鲁·皮尔逊认为，月亮对地球所产生的影响，远比太阳大的多（笔者注：太阳及其他星球对地球的影响也绝不可忽视，如地球的自转受着太阳活动的间接影响），没有月亮，地球上可能根本不会有生物存在。我们觉得，无论这种认识的可信程度有多大，而月亮对地球都不是可有可无的，它很可能就是地球的一颗保卫之星，月亮消失之日，或许是人类灭顶之灾到来之时。”从以上的论述中可以看出，天地之间不是孤立的，而是互相感应的，宇宙星辰影响着地球，地球同样也影响着相关星球（如地球对月亮的作用），天地之间的相互感应又影响着自然变化及人类活动。《黄帝内经》中说：“人生于地，悬命于天，天地合气，命之曰人。”又言：“人以天地之气生，四时之法成。”由此表明，在易学思想“天人合一”的整体思维模式中，非常重视天地之道与人类的关系，寓人于天地之中，天人相通，万物相感，突出了人与天地之间的整体互联关系。

现在我们引用有关资料，以月相变化对人体影响的关系为例，作一简略的论述。月球绕地球的公转是由西向东而行的，当月球在绕地球公转的同时随着地球一起绕太阳公转，所以地球上的人类观看到的月亮有周期性的变化。月亮的这种盈亏变化名为月相，月相变化的周期叫朔望月。当月球运行到太阳与地球中间时，地球、月亮、太阳基本上处在同一条直线上，即月亮和太阳都在地球的同一侧，太阳光照射不到的月球的半球对着地球，所以从地球上看不到月亮，这时为“朔”也叫新月，此时太阳和月亮对着地球方向的引力汇聚在一起，对地球形成了同一方向的巨大引力。随着地球的公转，被太阳照射的那半个月面逐渐开始朝向地球，由于月亮对着地球的一面，正好有一半被太阳照亮了，所以从地球上看到的月亮，其形为向右凸出的弯镰形，被称为“上弦”月相，这时月亮与地球的连线和太阳与地球的连线呈九十度的夹角，其综合引力小于朔、望期的引力。上弦之后，从地球上逐渐看到越来越大的月面，当太阳直射的月球那半球正对着地球时，看到的将会是一轮满月，这是由于月亮对着地球的一面，被太阳全照亮了，这种月相被称为“望”也叫满月，此时地球处在太阳与月亮的中间，日、地、月基本上处在一条直线上，使得处在日、月中间的地球受到的引力强于平时。过了望之后，看到月亮的部分又会逐渐变小，看到左边明亮的半圆时，称为“下弦”月，这时月亮与地球的连线和太阳与地球的连线呈二百七十度的夹角，其综合引力小于朔、望期的引力。之后，又逐日减小，成弯镰形，称为“亏月”也叫残月，接着是下个月朔的开始，以此周而复始。

被称为中国古代医学经典的《黄帝内经》中早以认识到了月相对人体周期性的影响，有关这方面的记载道：“月廓满，则血气实，肌肉坚；月廓空，则肌肉减，经络虚，卫气虚，形独居，是以因天时而调血气也……月生无泻，月满无补，月廓空无治，是谓得时而调之。……月生而泻，是谓脏虚；月满而补，血气扬溢，络有留血，命曰重实，月廓空而治，是谓乱经。”（《素问·八正神明论篇》）。《灵枢经》中亦云：“人与天地相参也，与日月相应也，故月满则海水西盛，人血气积，肌肉宽，皮肤致，毛发竖，腠理郄，烟垢著，当是之时，虽遇贼风，其入浅不深。至其月廓空，则海水东盛，人气血虚，其卫气去，形独居，肌肉减，皮肤纵，腠理开，毛发残，腠理薄，烟垢落，当是之时，遇贼风则其入深，其病人也卒暴。”（《灵枢·岁露》）先哲的探索研究与现代科学不谋而合，例如由刘新亭先生主编的《大病大难预测》一书中，通过科学论证，实例分析，阐述了月、日引力与人类疾病、自然死亡、自杀、恐怖事件、空难、人的出生、人体变化等的相应关系。现代科学还证明：太空中日、月、星辰等星体引力作用，不但影响着地球上的人类，而且对其他事物同样也有着巨大的影响，包括植物与非植物，生物与非生物，有形和无形，动态与静态等等。由此可见，天地之间不是孤立的，是相互感应的，地球的运动同时受到日、月及其他星辰的影响，而作为天地精华的人类当与其休戚相关。天地人相互影响、彼此相关，互为一个统一体，由于相互之间存在着物质、能量和信息的流通，从而形成天地万物的自然规律，只有掌握了这种大道规律的人，才能够“与天地合其德，与日月合其明，与四时合其序，与鬼神合其吉凶。先天而天弗违，后天而奉天时。”（《周易·文言》）

生命得已维持的最关键之点是它能够吸收能量，用能量创建复杂性和秩序，这表观上和热力学第二定律矛盾，因为这个定律声称宇宙中的无秩序程度（熵）总是增加的。然而，生物代表的局部熵减少总能被其他某个地方更大的熵增加所抵消。对地球上的生物来说，我们这个减少了的熵是用太阳内部产生我们所需能量的变化造成的大量熵增加予以补偿的。……近来，一些科学家从一个不同角度的看待生命，提出了关于总体宇宙的新观念。1970年代，詹姆斯·拉夫洛克（James Lovelock）提出整个地球可看成一个生命体（盖亚）的假说。这个观念（虽然）是有争议的，但它促进了新的思维方式，对维持我们这类生物在地球上的合适生存条件的各种反应的作用也已经有了新的悟力。纽约锡拉丘兹大学的李·斯莫林将这种类比外推，提出整个星系也可以看成生命系统：“旋涡星系的物理过程中看来存在某种生态体系，通过这一体系，导致恒星形成的结构物——旋臂和与之相连的气体尘埃云——能够以比相关动力学时间尺度长得多的时间尺度维持住……它们必定包含我们在各种非平衡状态以及生物系统中看到的那种自我组织的物质及能量的循环。”斯莫林将这个类比进一步外推，提出整个宇宙也许可能看成有生命的，而且已经进化成功（严格的达尔文进化论意义上）了好几代早期宇宙。安德列·林德也设想过达尔文式的宇宙演化情景。……正如盖亚假说促使地球科学家从不同角度考察我们居住的行星一样，这个“生物学范例”至少鼓励了天文学家以新的洞察力来思考宇宙和它的内容物。天文学家开始使用生物学中诸如进化和种群动力学等概念了，尽管他们小心谨慎地强调这些都“只是隐喻”而已。进化群种思想，比如，已经改变了我们对星系形成和演化的认识。(引自《大宇宙百科全书》，［英］约翰·格里宾著，黄磷译。海南出版社 2001 年)

从上面的引证可以看出，当西方理性科学走入绝境的时候，其微观思维模式只有向中华传统文化中的“天人合一”宏观整体思维模式靠拢，在这种中西文化撞击与融合之中，才会产生最伟大的科学壮举。

常秉义先生在《周易与历法》（中国华侨出版社 1999 年）一书中说：“八十年代，我国科学界发现了地球与人体相一致的经络和穴位系统，从而首创了地球经络穴位结构理论，在国际科学界引起轰动。这一理论的意义在于，地球经络、穴位结构不仅与人体经络、穴位结构完全相对应，而且与《周易系辞》中天、地、人‘三才之道’正相吻合。这就有力的证明了古人‘天人相应’、‘人与天地参’等命题完全是科学的概念。”

奇门遁甲遵循“天人合一”的哲学观，将阴阳五行与四时八方相结合，构成了一个动态的模拟天地万物的系统，由于这个系统的各个子系统每一宫中（天、地、人、神四盘）都包含着整体的全部信息，且分别具有阴阳五行性质，阴阳五行在天、地、人三盘的框架中发展变化，达到“合一”（信息感应沟通），这种以天人感应为核心的“天人合一”理论，是通过阴阳五行四时八方的组合而构成体系的，是以物类的相似和数的机同为感应基础。站在当代科学的高度和辩证法的高度，我们就会发现，奇门遁甲时空数理模型是建立在科学基础上的，它的理论是唯物的，思维方法是辩证的，从多维立体时空的整体角度，对宇宙万物进行全方位综合分析与论证，体现出天人相应、天人合一、对应平衡、中和一致等思维方式，这种思维方式是科学的是符合客观实际的。

易学广大悉备、变化万千、鉴古析今、推断未来，奇门遁甲以其符号系统摹拟出宇宙万象的数学物理模型，以九宫、八卦、八门、九星、三奇、六仪、八神等符号构建起了一个宏观的宇宙系统，体现了宇宙自身及社会万物的运动变化规律。其系统内部，九宫在空间上方位有序，时间上季节相依，随着时空的变化各宫中符号系统也随之发生变化，系统之间互动互联、错综复杂，运用系统之间的生克制化原理辩证分析，便可知此解彼，预测未来。

任何信息必以一定的物质为载体，因为信息出自物质。以奇门遁甲来说，符号便是主要的物质载体。而这种物质载体的主要特点则是符号之间运算的辩证科学性，其间包含了宇宙万象及其运动变化的客观规律，其原因就在于符号系统中蕴藏着深奥的哲理。这种哲理就是由天盘、地盘、人盘三盘相加而摹拟宇宙自然运动和社会变化规律，是天人合一全息原理充分运用。物质是信息的载体，通过对物质现象的演绎归纳与分析，类推比拟出未知领域的变化。这种模拟方法已成为现代科学技术研究中的常用方法，例如现代仿生学就是以生物的许多灵巧、快速、高效的导航、识别、计算、生物合成和能量转换系统为原型，与人造机器进行类比、模拟、仿制而成的。著名逻辑学家格·克劳斯说："一般说，获得正确类比推理的可能性是基于自然界本身是一个合乎规律的体系，其各个部分都是相互联系的。"

在上世纪三、四十年代兴起的系统论、控制论、信息论的研究，为类比推理方式从事物共有的系统、信息、结构、功能等方面沟通各个领域，为实现不同学科的整合创造了条件。在探讨天体演化、生物起源、物质结构之谜时，它已经开始在分子、原子乃至基本粒子水平上运用东方文化的传统思维对微观世界与宏观世界、生物界与非生物界进行重新认识和研究，并借助类比推理方式，从总体上把握不同物质、不同体系、不同形态的各种学科系统。上世纪六十年代以来，闻名于世的十四项重大科研成果，其中有十二项与周易的理论思维不谋而合，如耗散结构理论、浑沌理论、分形几何、一元数学、物元分析、生物全息等等……国外科学家通过研究周易原理，启发出了许多新观点，新思路，创立出了许多新学说。周易学中蕴藏的深刻哲理、思维模式，为现代科学的高速发展起到了推波助澜的作用。

中华传统文化中蕴藏着超前的人类智慧，只要我们认真地探索、研究、挖掘、借鉴，能够与现代科技有机结合，将会成为现代科学发展与人类文明进步的巨大力量。

论洛书九宫与奇门遁甲结构模式之关系

尹 锋

笔者按：此文曾发表在笔者的易学网上。

【内容提要】奇门结构模式是基于古天文观天左旋而地右旋和太一下行九宫的模式而建立起来的，空间的数理分布便是洛书九宫，整个奇门遁甲的排局布式是融天文、律历、八卦、太极、洛书为一体的整体结构，从而体现了天地万物蕴藏的阴阳五行普遍原理及相互间的联系与影响。

【关键词】**奇门遁甲、洛书九宫、天文背景、结构模式。**

奇门结构模式是基于古天文观天左旋而地右旋和太一（又名天乙，以下同）下行九宫的模式而建立起来的，阴阳局中逆布六仪顺布三奇与顺布六仪逆布三奇，就是遵循着天地相对运行的规律和太乙下行九宫的自然模式。六仪代表天和地的背景格局，三奇代表日、月、星，即太阳、月亮和金、木、水、火、土五大行星。从古天文观来看，天地运行有逆顺，人居天地间，下观地动为顺（顺天而行），上观天动为逆，即与地动方向相反，反过来，从太空观察地球，则天动为顺，而地动为逆，这便是阴阳局奇仪顺逆的天文背景。

在奇门遁甲中“九星”是指《黄帝内经·素问》中“九星悬朗”的九星。清江慎修著《河洛精蕴》中云：“北斗七星，一枢、二机、三璇、四权为魁、五衡、六开阳、七摇光为杓，开阳、摇光之旁有小星，左为辅、右为弼，合为九星。”奇门遁甲中又将九星命名为天蓬、天芮、天冲、天辅、天禽、天心、天柱、天任、天英，并与地之九宫相对应。《南齐书·高帝纪》中说：“九宫者，一为天蓬，以制冀州之野；二为天芮，以制荆州之野；三为天冲，其应在青；四为天辅，其应在徐；五为天禽，其应在豫；六为天心，七为天柱，八为天任，九为天英，其应在雍、在梁、在扬、在兖。”

九宫八卦图

先哲在观测天象时发现，北斗七星（九星）绕北极星顺时针左旋一周为一年。古人以北极星为体，北斗为用，以北斗为北极帝星所乘之车，北斗绕北极而旋转，就是北极帝星乘车临御八方之象，谓：“太乙下行九宫”。根据太乙游宫斗柄旋指的八宫方位，便能推知四时、八节及二十四节气的节令转移和气象变化。《灵枢·九宫八风篇》中云：“是故太乙入徙，立于中宫，乃朝八风，以占吉凶也。”《易纬·乾凿度》中又说“易一阴一阳合为十五之谓道。阳变七之九，阴变八之六，亦合于十五，则象变之数若一。阳动而进，变七之九，象其气之息也。阴动而退，变八之六，象其气消也。故太乙取其数以行九宫，四维四正皆合于十五。”郑玄注：“太乙者，北辰之神名也。居其所曰太乙出入所游，息于紫宫之内外，其星因以为名焉。四正四维，以八卦神所居，故亦名之曰宫。太乙下行八卦之宫，每回还于中央，中央者，北辰之所居，故因谓之九宫。天数大分以阳出，以阴入，阳起于子，阴起于午，是以太乙下九宫，从坎宫始，坎中男，是以言无始也；自此而从于坤宫，坤母也；又自此而震宫，震长男也；又自此而巽宫，巽，长女也；所行者半矣，还息于中央之宫；即又此而从于乾宫，乾，父也；自此而从于兑宫，兑，少女也；又自此而从于艮宫，艮，少男也；又自此而从于离宫，离，中女也；行则周矣，上游息于太乙天一之宫。”由此可见太乙（天一）运行与地之九宫的对应关系。

《灵枢·九宫八风篇》中云：“太乙常以冬至之日，居叶蛰之宫四十六日，明日居天留四十六日，明日居仓门四十六日，明日居阴洛四十五日明日居上天（又叫天宫）四十六日，明日居玄委四十六日，明日居仓果四十六日，明日居新洛四十五日，明日复居叶蛰之宫，曰冬至矣。”据此可以推出，太乙下行九宫与地球方位季节的对应关系为：从冬至日开始，北斗七星的斗柄正好对着北方坎位的叶蛰宫，而地上正值冬至、小寒、大寒三个节气，为期四十六日；然后依次是：东北艮位的天留宫，值立春、雨水、惊蛰，为期四十六日；东方震位的仓门宫，值春分、清明、谷雨，为期四十六日；东南方巽位的阴洛宫，值立夏、小满、芒种，为期四十五日；南方离位的上天宫即中宫（中宫是虚位），值夏至、小暑、大暑，为期四十六日；西南方位的玄委宫，值立秋、处暑、白露，为期四十六日；西方兑位的仓果宫，值秋分、寒露、霜降，为期四十六日；西北乾位的新洛宫，值立冬、小雪、大雪，为期四十五日；最后回到叶蛰宫，周而复始。

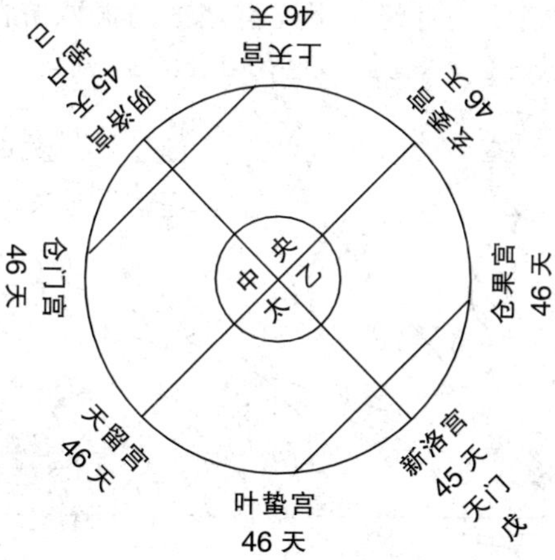

九宫应日图（天门地户图）（田合禄《周易真原》）

《灵枢·九宫八风篇》还说：“太乙日游，以冬至之日居叶蛰之宫。数所在日，从一处，至九日，复返于一。常无是无已，终而复始。太乙移日，天必应之以风雨，以其日风雨则吉，岁美民安少病矣。先之则多雨，后之则多旱。”由此可见太乙除每四十六日或四十五日居八宫之一外，还有每天游一宫之说，且与自然界的气候变化有着对应关系。由“从一处，至九日，复返于一”可知，太乙日游必合洛书九宫之飞宫法，当第一日在叶蛰坎一宫，第二日则飞行到玄委坤二宫宫，第三日则飞行到仓门震三宫，第四日则飞行到阴洛巽四宫，第五日则飞行到中央招摇宫，第六日则飞行到新洛乾六宫，第七日则飞行到仓果兑七宫，第八日则飞行到天留艮八宫，第九日则飞行到上天离九宫，然后回归叶蛰坎一宫。往复三次可知太乙在第二十八日、三十七日、四十六日都居叶蛰宫。这样就会推出太乙“明日居天留宫四十六日”之说。然后顺行至仓门、阴洛、上天、玄委、仓果、新洛等宫。从太乙在八宫分布的日数可知，阴洛巽宫与新洛乾宫只有四十五日，这样运行一周的日数为 366 日正应一岁之日数。因阴洛、新洛夏至、冬至二节之前，古人为了对历法的周年日数作出综合调整，所以在二至日之前除去一日以作平衡。由上述推论可知太乙游行八宫时，虚其中宫，但太乙日游时，在每一节令都飞行九宫，而对应“太乙入徙，立于中宫，乃朝八风”之说，因此才能“以占吉凶也”。这一飞行路线便是奇门遁甲飞宫之法的根源所在。

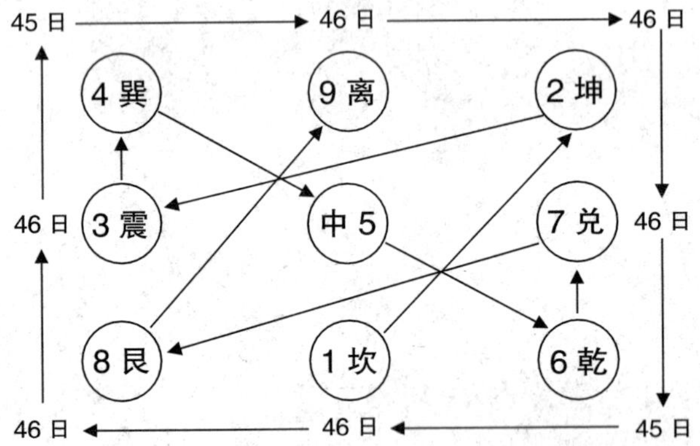

太乙游宫示意图（田合禄《周易与日月崇拜》）

田合禄先生在《周易与日月崇拜》一书中说“……为什么阴洛宫和新洛宫只停留 45 天呢？这是因为古人用立杆测影的方法，以冬至、夏至为校对时间的标准，如《乾凿度》郑玄注所说‘阳起于子，阴起于午的缘故’。在冬至日中日影最长时测日影，到夏至日中日影最短时为上半年的时间段，如果阴洛宫还用 46 天，就要超过夏至日中的时间，即超过半年 183 天的时间，故校正只用45天。同理新洛宫也只用45天。这跟刘尧汉发掘出的彝族十月太阳历在冬至、夏至过大小年是一个道理。说明这两种历法的应用年代是比较早的。这同是奇门遁甲术中阳遁和阴遁所分的时间段的分法。由此可知，奇门遁甲术是根源于《九宫八分篇》的理论的。”

同时奇门历法运用干支六十甲子历，结合太乙日游九宫之法，按节气日游，《素问·六节藏象论》中说：“天以六六为节，地以九九制会；天有十日，日六竟而周甲，甲六复而终岁，三百六十日法也。……五日谓之候，三候谓之气，六气谓之时，四时谓之岁，而各从其主治矣。”六六为节者，一年365.25日，进位则为366日，合九宫八卦历一年周期；九九制会者，洛书九宫也。当奇门局为阳遁时，如甲子在坎一宫，乙丑则顺飞行到坤二宫，依次为丙寅震三宫，丁卯巽四宫，戊辰中五宫，己巳乾六宫，庚午兑七宫，辛未艮八宫，壬申离九宫，癸酉又回至坎一宫；而后甲戌又飞行到坤二宫，……如此顺飞九宫，则甲申到震三宫，……甲午到巽四宫，……甲辰到中五宫，……甲寅到乾六宫，……最后癸亥落乾宫。六十甲子周矣。如此第二轮甲子将从兑七宫开始，依次行宫……癸亥落震三宫。第三轮甲子将从巽四宫开始，……癸亥落离九宫，完成了三个甲子周期。然后甲子又到坎宫，为一七四宫甲子周期规律。当甲子在坤二宫时，当完成三个甲子周期，为二八五宫甲子周期规律；当甲子在震三宫时，当完成三个甲子周期，为三九六宫甲子周期规律；最终可得出一七四、二八五、三九六、四一七、五二八、六三九、七四一、八五二、九六三宫等甲子周期规律，正与奇门阳遁三元之说相合。当奇门局为阴遁时，如甲子在离九宫，乙丑则逆飞行到艮八宫，依次为丙寅兑七宫，丁卯乾六宫，戊辰中五宫，己巳巽四宫，庚午震三宫，辛未坤二宫，壬申坎一宫，癸酉又回至离九宫；而后甲戌又飞行到艮八宫，……如此逆飞九宫，则甲申到兑七宫，……甲午到乾六宫，……甲辰到中五宫，……甲寅到巽四宫，……最后癸亥落巽宫。六十甲子周矣。如此第二轮甲子将从震三宫开始，依次行宫……癸亥落兑七宫。第三轮甲子将从乾六宫开始，……癸亥落坎一宫，完成了三个甲子周期。然后甲子又到离宫，为九三六宫甲子周期规律。当甲子在艮八宫时，当完成三个甲子周期，为八二五宫甲子周期规律；当甲子在兑七宫时，当完成三个甲子周期，为七一四宫甲子周期规律；最终可得出九三六、八二五、七一四、六九三、五八二、四七一、三六九、二五八等甲子周期规律，正好与奇门阴遁三元之说相合。在古籍《奇门五总龟》中的三元歌道：

冬至小寒及大寒，天地人元一二三。
立春雨水并惊蛰，依艮顺增八九一。
春分清明并谷雨，但起震宫三四五。
立夏小满芒种气，四五六兮依此列。
夏至小暑及大暑，九八七兮还退数。
立秋处暑并白露，从二却行于一九。
秋分寒露及霜降，七六五兮依此向。
立冬小雪及大雪，六五四兮依此诀。

以上歌诀中，运用阴阳局阳顺阴逆之法运行九宫，可得出三元甲子周期之数。并按照《易纬·乾凿度》中所说的太乙下行九宫“阳起于子，阴起于午”的法则，且与二十四节气相为表里。如冬至开始“阳起于子”，子属坎一宫，为阳遁一局，其上、中、下三元为一七四周期之数；小寒上元进至坤二宫，为阳遁二局，其上、中、下三元为二八五周期之数；大寒上元再进至震三宫，为阳遁三局，其上、中、下三元为三九六周期之数；由此可知“冬至小寒及大寒，天地人元一二三”之奥妙，一卦统三节，“一二三”者，冬至、小寒、大寒三节上元之数，阳气递次顺进之时也。夏至开始“阴起于午”，午属离九宫，为阴遁九局，逆行之气始，其上、中、下三元为九三六周期之数；小暑上元退至艮八宫，为阴遁八局，其上、中、下三元为八二五周期之数；大暑上元再退至兑七宫，为阴遁七局，其上、中、下三元为七一四周期之数；由此可知“夏至小暑及大暑，九八七兮还退数”之奥妙，一卦统三节，“九八七”者，夏至、小暑、大暑三节上元之数，阳气减而阴气增，为逆行之气，故有“还退数”之说。其上、中、下三元组合为逆行周期之数。知此六节，其他各节之气数则通矣。

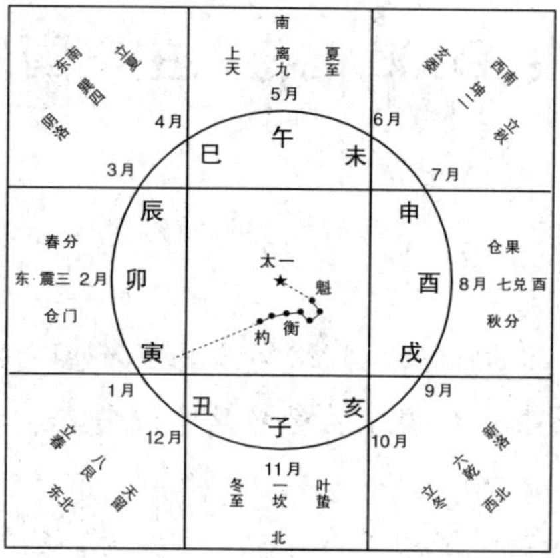

洛书历图（杨力《中华五千年科学精典》）

奇门在二十四节气的基础上，将每一个节气分为上、中、下三元，每一元五日，三元十五日为一气，一年共七十二元，实与古天文七十二候相对应。由于“元”与标志四时坐标的二十四节气相联系，每一节气的某元，就决定了所用活盘的阴阳与序数。每个节气上、中、下三元便有三局，根据具体时间（日辰所属的节气和干支）就确定了用某盘活局，这样就建立了时间与空间的具体联系。确定用某局活盘的依据是当日的干支和所属的那个节气。使用活盘时，盘上的干支就代表当日的具体时辰。在根据日辰所确定的活盘上，时间与空间的联系是静态的，如冬至上元阳遁一局活盘，甲子戊在正北坎一宫，甲戌已在西南坤二宫，甲申庚在正东震三宫等等。但如果将具体时辰输入活盘，除地盘之外的其他三层就一起运动变化，从而形成新的格局。一个时辰有一个总的格局，与时间相联系的活盘局数，同时也与空间密切联系着，这个空间的数理分布便是洛书九宫，在九宫基础上确立具体的活盘局数。由此可见，奇门遁甲的天盘是围绕地盘而运行变化的，地盘结构的基础是八卦九宫。这就表明，整个奇门遁甲的排局布式是融天文、律历、八卦、太极、洛书为一体的整体结构，从而体现了天地万物蕴藏的阴阳五行普遍原理及相互间的联系与影响。

预测：2008谁将入主美国白宫

尹　锋

笔者按：此文在2008年10月20日发表在中国易学院网站上，即提前16天预测出了大选结果，赢得了易学界的广泛赞扬，同时也证明了易学预测在当代现实生活中的可利用价值。

随着时间的推移，美国总统大选已近尾声，谁主沉浮，成为人们关注的焦点，笔者于今天上午即2008年10月19日10点多，从凤凰网发现一则刚发的消息，称美国大选仅剩16天，对两党阵营来说，丑闻攻势、政策比拼以及轰轰烈烈的拉票运动都已经进入冲刺阶段。18日，麦凯恩和奥巴马阵营又互相指控猖獗且普遍的选举舞弊行为，同时就哪些人有资格在总统大选投票展开法律攻防战……笔者有感而动，随测麦凯恩和奥巴马在竞选中谁将胜出。

戊子年，壬戌月，壬辰日（空：午、未），乙巳时（空：寅、卯），月将辰，阴遁三局，天任值符落巽宫，生门值使落兑宫。奥巴马1961年生，辛丑命；麦凯恩1936年生，丙子命。

注：笔者九星用飞盘。

一、奇门预测：

值符 天任 甲辰壬+乙 惊 巽	九天 天辅 甲子戊+甲午辛 开 离	九地 天心 乙+ 甲戌己 丙 休 坤
螣蛇 天柱 甲申庚+甲子戊 死 震	天英 丙 寄二坤 中宫	玄武 天芮 甲午辛+甲寅癸 生 兑
太阴 天冲 丁+甲辰壬 景 艮	六合 天禽 甲寅癸+甲申庚 杜 坎	白虎 天蓬 甲戌己 丙 + 丁 伤 乾

分析：

1. 奥巴马辛丑命，其命干丙火天地盘落宫情况及综合分析为：

天盘命干辛金下临癸水于兑宫，金水通源主智慧，兑宫为辛金禄旺之乡，为得地，会得到选民的较大支持；生门到宫，主有生机，人气旺，生门又为值使之门，有值班当差之意，为得位之象；玄武到宫，灵活机动，有策略；天芮临宫，美中不足还有点问题。

地盘命干辛金落离宫，离主高亢，离为先天之乾位，乾为首为君，引申为总统；太岁戊土临于命干辛金之上，太岁有人君之象，主一国之尊；九天到宫，气势如虹，是登上总统位置的象征；开门到宫，开门象征竞争的总统位置，到宫则为必得之象。

2. 麦凯恩丙子命，其命干丙火天地盘落宫情况及综合分析为：

地盘命干丙火落坤宫，坤为卑下、平民之象；天盘乙临丙上，看似为吉，但九地到坤，九地为下、为阴，是竞争中下落之象；休门到宫，事已休矣，大势所去。

天盘命干丙火落乾宫，乾为贵人位，又主君位，丙下临丁，看似吉象，但丙临乾却为墓地，入墓休囚吉事危，逢生不起；伤门在乾受克，不利竞争；白虎、天蓬到宫，有手段强硬，气势凶猛之象。

二、六壬预测：

官	丙戌	虎
父	乙酉	空
父	甲申	青

后	贵	空	虎
寅	卯	酉	戌
卯	辰	戌	壬

	蛇	朱	合	勾	
	辰	巳	午	未	
贵	卯			申	青
后	寅			酉	空
	丑	子	亥	戌	
	阴	玄	常	虎	

分析：

课体斩关，正合双方竞争激烈之象；龙虎入传，呈龙虎相争之局。

奥巴马命与行年俱为丑土，太岁子水加临其年命丑土之上，太岁有人君之象，是登上九五之尊的象征；三传会金局生其年命丑上之神太岁子水，太岁子水又与其年命丑土相合，奥巴马占尽天时、地理、人和之象，在竞争中必将胜出。

麦凯恩年命子上临亥水，行年寅上临丑土，与奥巴马命与行年上临太岁相合比较，所占条件与奥巴马相差甚远。

综合以上两种预测方法分析，得出结论：奥巴马将成为美国历史上的第一位黑人总统！

这一预测将有待验证！

附一：当时所看到之消息

美国大选投票日渐近 奥麦互控对手舞弊 [图]

2008 年 10 月 19 日 08:34 金羊网–新快报

17 日，奥巴马在弗吉尼亚州，麦凯恩在佛罗里达州分头卖力拉票，神态手势出奇相似。

新快报 10 月 19 日报道 距离 11 月 4 日美国大选仅剩 16 天，对两党阵营来说，丑闻攻势、政策比拼以及轰轰烈烈的拉票运动都已经进入冲刺阶段。18 日，麦凯恩和奥巴马阵营又互相指控猖獗且普遍的选举舞弊行为，同时就哪些人有资格在总统大选投票展开法律攻防战。

根据一项统计，大约有 900 万新选民登记参加 11 月 4 日举行的总统选举投票。

奥巴马阵营表示，民主党选民的登记数超过共和党，比例高达 4:1。

麦凯恩阵营则强调，其中有许多登记表格资料有误，并警告非法投票可能改变选举结果，且侵蚀大众对民主的信心。对此，奥巴马阵营首席法律顾问保尔指控对手不择手段“策划”封锁合法选票。

共和党人提出多项法律诉讼以阻止投假票，其中包括质疑俄亥俄州 60 万新登记选民中，有高达 20 万名登记资料不符合州政府记录。共和党认为，俄亥俄州民主党州务卿布伦纳违反联邦选举法，发现新登记选民的资料与州政府记录不符时，并未通报地方选务单位，形同“积极隐瞒欺骗行为”。联邦上诉法院随后判决俄州选举官员必须列出不符政府资料的名单，不过最高法院于 18 日已推翻该判决。

俄亥俄州目前选情火热。2004 年，布什在俄州斩获近 11.9 万票，这对于他当选美国总统功不可没。

奥麦比拼社保议题

奥：征税填补财库危机

麦：年轻人莫指望政府

鉴于今年大选背景特殊，经济危机一直是奥麦阵营辩论的中心议题，直至大选日近，双方才提及退休储蓄今告急的社保议题。

民主党总统候选人奥巴马认为，提高高收入工作者的税收是缓解国民社保财库危机的解决之道，共和党候选人麦凯恩则倾向于支持年轻工作者为自己设立私人账户，表示现在的年轻人不能指望向老一辈退休者那样依靠政府安度晚年了。

不过，两名总统候选人一致认定不应提高退休年龄限制。

http://news.ifeng.com/world/3/200810/1019_2592_836707.shtml

附二：三月份预测希拉里和奥巴马争夺总统候选人案例

2008 年 3 月 17 日未时，与几位好友吃饭时，谈到美国大选之事，都说民主党内竞争激烈，希拉里（克林顿妻子）和奥巴马争夺总统候选人势均力敌，但奥巴马气势如虹，人气非常高，要我测一下最终结局如何。我以此时起好局，但当时不知其各自的生年，吃完饭后到办公室在网上查了一下：希拉里 1947 年生丁亥命，奥巴马 1961 年生辛丑命，以此进行了分析。

戊子年，乙卯月，丙辰日（空：子、丑），乙未时（空：辰、巳），阳遁七局，天蓬值符落乾宫，休门值使落坤宫。

白虎 天任 甲申庚+丁 惊 巽	玄武 天辅 甲辰壬丙+甲申庚 开 离	九地 天心 甲子戊+甲辰壬丙 休 坤
六合 天柱 丁+甲寅癸 死 震	天英 丙 寄二坤 中宫	九天 天芮 乙 +甲子戊 生 兑
太阴 天冲 甲寅癸+甲戌己 景 艮	螣蛇 天禽 甲戌己+甲午辛 杜 坎	值符 天蓬 甲午辛+乙 伤 乾

分析：

1. 希拉里丁亥命

地盘丁落巽宫，庚加丁上，庚为阻隔之神，不利竞争；临白虎，竞争有力度；临天任，主务实；临惊门，主口舌是非。

天盘丁落震宫，丁下临癸为“朱雀投江”之凶格，主文书口舌是非；临死门；处死地无生机；时柱主选民，时柱乙落兑宫，天地盘丁之落宫俱受时柱落宫之克，选民对希拉里支持力度不够。

2. 奥巴马辛丑命

地盘辛落坎宫，辛上临己，为“游魂入墓”格，密谋策划之象；临杜门，主计划周密；临螣蛇，变化多端。

天盘辛落乾宫，乾为首为君，辛下临乙，“白虎猖狂”气势凶猛，临天蓬，手段强硬，临值符，贵人相助，有元首之象；临伤门，有竞争力；与时柱宫比和，得选民支持力度大。

综合分析后得出结论：奥巴马将胜出，成为民主党总统候选人。

改名的效应

尹　锋

笔者按：此文曾发表在本人的易学网站上。

2000年夏，某工程处处长李某通过朋友关系找笔者，说儿子身体太弱，学习虽用功，成绩却上不去，让我看看究竟是咋回事，我问其名字与四柱后，找其原因。

姓名：李林　生于1986年正月17日凌晨2点45分。

乾造：**丙寅　庚寅　庚子　丁丑**　(辰巳空)

大运：	辛卯	壬辰	癸巳	甲午	乙未	丙申	丁酉	戊戌
	3岁	13	23	33	43	53	63	73
始于：	1989	1999	2009	2019	2029	2039	2049	2059
流年：	己巳	己卯	己丑	己亥	己酉	己未	己巳	己卯
	庚午	庚辰	庚寅	庚子	庚戌	庚申	庚午	庚辰
	辛未	辛巳	辛卯	辛丑	辛亥	辛酉	辛未	辛巳
	壬申	壬午	壬辰	壬寅	壬子	壬戌	壬申	壬午
	癸酉	癸未	癸巳	癸卯	癸丑	癸亥	癸酉	癸未
	甲戌	甲申	甲午	甲辰	甲寅	甲子	甲戌	甲申
	乙亥	乙酉	乙未	乙巳	乙卯	乙丑	乙亥	乙酉
	丙子	丙戌	丙申	丙午	丙辰	丙寅	丙子	丙戌
	丁丑	丁亥	丁酉	丁未	丁巳	丁卯	丁丑	丁亥
	戊寅	戊子	戊戌	戊申	戊午	戊辰	戊寅	戊子
止于：	1998	2008	2018	2028	2038	2048	2058	2068

分析：

1. 庚金日柱生春季休囚，丑中有余气根，为弱。年、月二寅木相并，丑子半会生木，木气为旺。丙丁火官杀以寅木为根，日柱弱而遭克。身弱又遭克泄耗，其身体必为虚弱之体。

2. 再看名字“李林”，李字上面是木，下面是子水，水生木，林字双是二木，水生木，木重叠生火克日柱，由此可见名字为日主之忌神。

3. 木太旺，当取金助日柱，克木断官杀之源，才能抗官胜财。在名字中应以加金为主，辅以土气通关，改名：“李鑫”。 三金助日主，必可胜财官。

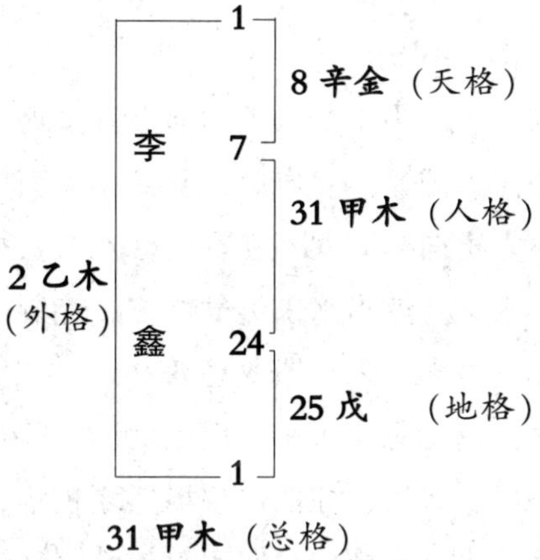

五格俱吉，虽有甲乙木气，但辛金克甲冲乙，戊土生辛金助日柱为吉，最要紧的是三“金”助日柱，能使日主与官杀平衡。

实际情况：此男孩经改名后，身体状况明显好转，学习成绩不断上升，于2004年考取了兰州大学国防生，一家人皆大欢喜。

我觉得起名应该从四柱组合的五行平衡角度抓住用神，结合大运综合分析，其五格组合只做辅助参考，应分清主次，以上例为证。

变煞为官解

尹　锋

笔者按：此文曾先后发表在本人易学网与中国易学院网站上。

龙上八煞诀云：

坎龙坤兔震山猴，巽鸡乾马兑蛇头。

艮虎离猪为煞曜，宅墓逢之一旦休。

其意有二：一为向上八煞，一为水上八煞，向上八煞比较直观；坎龙不立辰、戌二向、坤龙不立卯向、震龙不立申向，巽龙不立酉向，乾龙不立午向，兑龙不立巳向、艮龙不立寅向、离龙不立亥向。八煞实指八卦龙气之官鬼爻，克制龙气，故为忌，水上八煞指水来煞气之方，克制龙气，坎龙忌辰戌水来，坤龙忌卯水来，震龙忌申水来，巽龙忌酉水来、乾龙忌午水来，兑龙忌巳水来，艮龙忌寅水来，离龙忌亥水来。但大地结穴往往于此，因龙变水，依水立向，化煞为官，尽为我用，才能体现堪舆之精华，造福于人。

如坎龙，辰方来水为官煞水，立坤向，向起辅星，则坎方为武曲，坎纳癸、申、辰、辰方水为武曲朝来，变煞为官，诀云：

武曲水来发众房，世代为官近帝王。

武曲水去血光死，男女离乡走外邦。

如图所示：

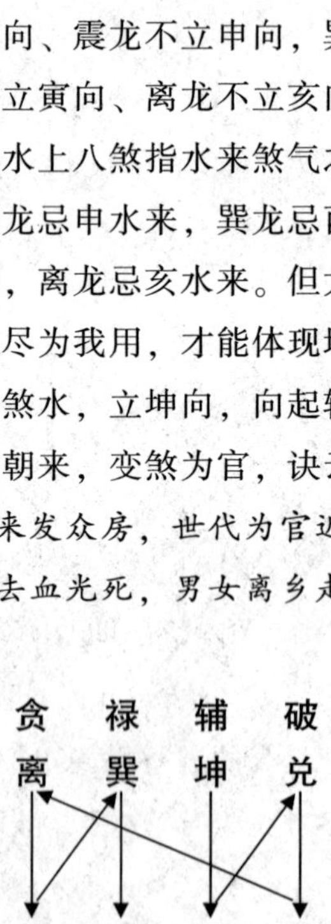

为方便易友，今将变煞为官之龙水向局罗列于后，可直接查用。

坎龙，辰水来，立坤、乙向为武曲水，立离、壬、寅、戌向为巨门水。戌水来，立离、壬、寅、戌向为辅星水，立坎癸、申、辰向为巨门水。

坤龙，卯水来，立震、庚、亥、未向为辅星水，立兑、丁、丑向为武曲水，立艮、丙向为贪狼水。

震龙，申水来，立坎、癸、申、辰向为辅星水，立坤、乙向为武曲水，立乾、甲向为贪狼水。

巽龙，酉水来，立兑、丁、巳、丑向为辅星水，立震、庚、亥、未向为武曲水，立巽、辛向为贪狼水。

乾龙，午水来，立离、壬、寅、戌向为辅星水，立乾、甲向为武曲水，立坤、乙向为贪狼水，立坎、癸、申、辰向为巨门水。

兑龙，巳水来，立兑、丁、巳、丑向为辅星水，立震、庚、亥、未向为武曲水，立巽、辛向为贪狼水。

艮龙、寅水来，立离、壬、寅、戌向为辅星水，立坤、乙向为贪狼水，立坎、癸、申、辰向巨门水。

离龙，亥水来，立震、庚、亥、未向为辅星水，立兑、丁、巳、丑向为武曲水，立艮、丙向为贪狼水。

何为五鬼运财

尹　锋

笔者按：此文曾发表在本人易学网与中国易学院网站上。

风水学上的五鬼运财之法，历来被传得神秘莫测，懂此法者，更作为不传之秘，高价兜售、招摇过市，孰不知此法在风水经典《地理铅弹子》一书上早有阐述，今披露于此，有缘者识之。

所谓五鬼，就是九星的廉贞，要把来龙的向立在廉贞位上，巨门水为财，用辅星水法（排山掌决）排卦位，来水如正好排在巨门位上，就为五鬼运财。具体操作如下：

一、首先要知道排山掌与纳甲三合诀，排山掌的定位如图所示：

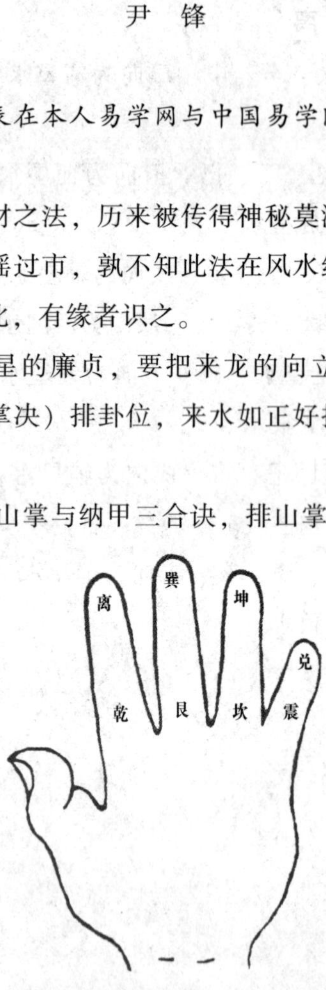

掌上排八卦图(又名排山掌)

纳甲三合：乾纳甲，坤纳乙，离纳壬、寅、戌，坎纳癸、申、辰，艮纳丙，巽纳辛、震纳庚、亥、未，兑纳丁、巳、丑。

纳甲三合在排龙位与用辅星水法时俱用到，必熟悉掌握。

二、排龙位时用翻卦掌诀：

乾翻兑来兑翻乾，巽坎翻来颠倒颠。

艮坤坤艮相对起，震离离震是根源。

如图所示：

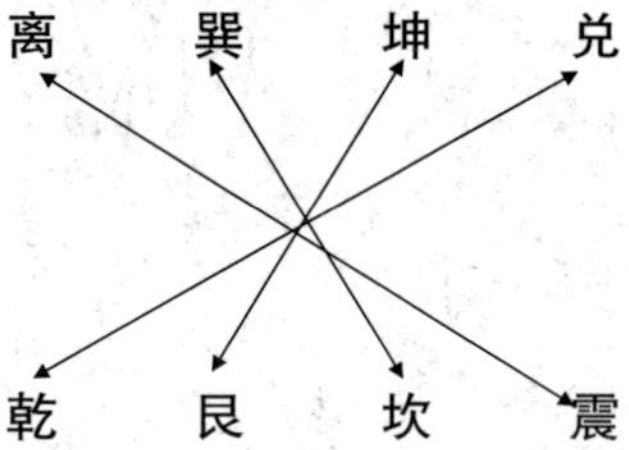

龙位起诀为：贪、巨、禄文、廉、武、破、辅。（起法：边起边落、中起中落、上起下落、下起上落）。

如辛龙来，巽纳辛，巽坎对翻，从坎上起贪狼，则巨门到坤，禄存到震，文曲到兑，廉贞到乾，武曲到离，破军到艮，辅弼到巽，如图所示：

如在掌上排出则如下图：

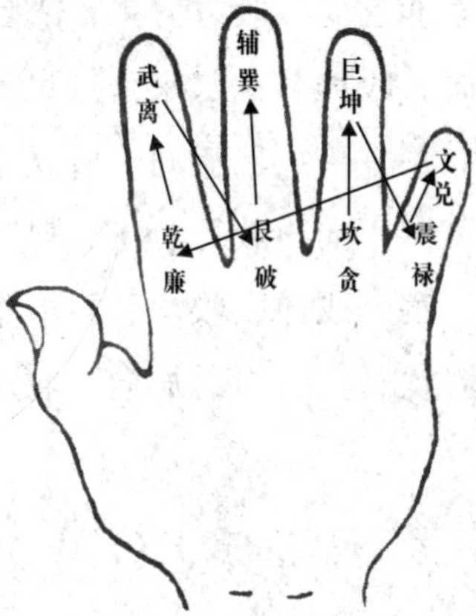

由上可知，廉贞在乾上，辛龙立乾向或甲向（乾纳甲）即为廉贞向。

三、辅星水法诀：

辅、武、破、廉、贪、巨、禄、文。与龙的排法完全不一样。是从向上起辅星，用排山掌即可，不用翻卦。如宅立甲向，乾纳甲，从乾上起辅，则离上为武曲，艮上为破军，巽上为文曲。由此可知坤方来水为巨门水。

从以上推断可得出，辛龙立乾 、甲向，坤方来水即为五鬼运财来。

如下图所示：

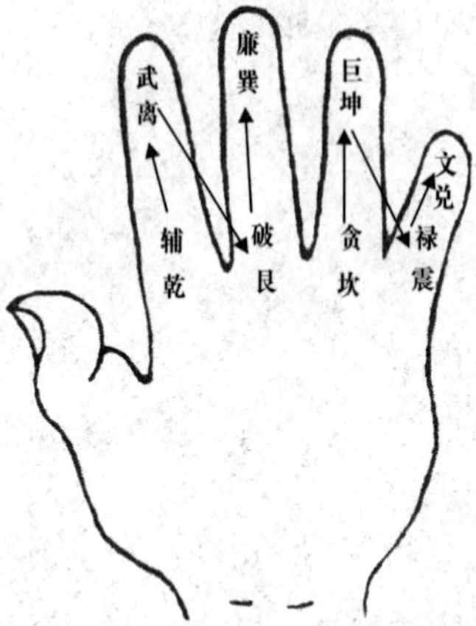

为方便易友，今将五鬼运财定局罗列于后，运用不熟者可直接查用。

乾 、甲龙、立巽、辛向，收震、庚、亥、未水为五鬼运财。

坤、乙龙，立震、庚、亥、未向，收巽、辛水来为五鬼运财。

震、庚、亥、未龙，立坤乙向，收乾、甲水来为五鬼运财。

巽、辛龙，立乾、甲向，收坤、乙水来为五鬼运财。

坎、癸、申、辰龙，立兑、丁、巳丑向，收艮、丙水为五鬼运财。

离、壬、寅、戌龙立艮、丙向，收兑、丁、巳、丑水为五鬼运财。

艮、丙龙，立离、壬、寅、戌向，收坎、癸、申、辰水为五鬼运财。

兑、丁、巳、丑龙，立坎、癸、申、辰向，收离、壬、寅、戌水为五鬼运财。

后 记

《周易》是中国文化的源头活水，是一部涵括万有的哲学经典，也是世界上惟一部占卜与哲理融为一体的经世致用宝典。她以独特的结构模式和深刻的思想内涵，在中国传统文化的殿堂里散发出耀眼的光彩，数千年来不同思想、不同学派的学者，从哲学、伦理、科学、医学、军事、社会与经济等领域，以不同的角度和各种研究方法，开辟了一个广阔的易学天地，时至今日高科技信息时代也可以为人类解决种种面临的难题。

奇门遁甲是易学体系的一个重要组成部分，在古代号称“帝王之术”，与“太乙”“六壬”合称为“古传三式”。古代有精通“三式”乃为神之说。由于其构建模式是源于《周易》法天象地的思想，通过对时空流转、日月运行、四时交替、昼夜循环等自然法则，建立了一种模拟天、地、人三才之道的象数模型，其排局布式是融天文、律历、八卦、太极、洛书为一体的整体结构，从而体现了天地万物蕴藏的阴阳五行普遍原理及相互间的联系与影响。其阴阳局的排布，局象的分析判断，无不是在浓厚的天文背景下依据“观象授时”的历法原理与万物之间的全息对应规律进行的，从而为人们提供了一个从时间、空间、环境、条件等方面直观认识事物、分析问题的思维方式，这也是奇门遁甲结构模式的唯物论基础。

笔者生于风水世家，传至本人已历五代，家父尹正文先生在家乡河西走廊一带为民间做风水服务五十余载，有口皆碑。笔者由于受家庭影响，对易学中的风水接触较早，后又涉及易理、象数、遁甲、六壬、四柱、六爻等易学门类。20 世纪 90 年代得机缘师从著名国学、易学大家、西北大学中文系教授费秉勋先生，得以聆听恩师教诲，从先生那里不但学到了知识，更重要的是从他身上学到了做人、做事、做学问的正确态度，真可谓今生受用无穷；后经恩师介绍与刘一恒先生相识，刘先生对科学易研究颇有心得，亦使笔者多有收获；2004年幸遇著名国学、易学大家、国家社科院一级研究员俞长江教授及著名玄空风水学大家、深圳大学教授胡京国先生，得二老错爱，投其门下再求深造；又在参加几次易学活动时结识了常秉义、卢泰、陈汝善等学界前辈，得其赐教，受益匪浅；加上长时间来与众多易友的交流与探讨，方能完成新作《掌上乾坤》与《斗转星移》，二书出版之际，在此对前辈们给予的关爱表示由衷的敬意！对易友们的支持与厚爱表示真诚的谢意！

感谢两位恩师费老和俞老在百忙中抽时间为拙著作序，同时感谢易学前辈刘一恒先生的钟爱，亦为二书作序，甚感荣幸！

还要感谢的就是多年来支持易学事业发展的梁奕明先生，梁先生在二书的出版上，从策划到校稿至最后发行，可谓一丝不苟，尽职尽责，给了笔者大力的支持，二书的出版有他的一份心血包含其中！

尽管笔者在二书中已竭尽全力，但由于学识所限，难免管孔之见，纰缪之处，还望易道同仁匡正。并欢迎易学界同仁和读者与本人作学术探讨交流，通讯地址：西安市南二环西段395号亚美伟博广场21层，邮编：710075，电话：13991139336或13993639338，网址：http//www.zgyxy.com.cn

尹　锋

2008年12月2日于西安